中国新石器時代の
変遷と交流

―環太行山脈地区文化圏の成立過程とその背景―

Shinji Kubota 久保田慎二

六一書房

まえがき

　本書は，8000年以上にわたって続いた中国新石器時代に焦点を絞り，変遷と交流という切り口から考古遺物の背景にあるヒトやモノの動態を明らかにし，その結果，いかにして考古学的に捉えられる地域的まとまりが形成されるのかを論じるものである。特に，これまで相互の強い関係性が注目されてこなかった太行山脈周辺の地域を「環太行山脈地区」として設定し，当該地区を中心に論を進めていきたい。

　近年，中国国内では夏商周断代工程に始まり中華文明探源工程など，巨額の公的資金を投じたプロジェクトが進められ，初期王朝期以前の研究が急速に進展した。これらはいずれも中華文明の存在を示し，その起源がどこまで遡るのかを明らかにすることを目的としている。そのため，どうしても研究の中心が初期王朝の中心地をメインにした地域に偏る傾向がある。中国で確実に存在が確認できる最古の王朝は，殷墟で出土した甲骨文字と『史記』殷本紀王名が多く対応する殷王朝である。その殷王朝の考古学的特徴から系統を追い，文献史学の研究成果と併せていわゆる二里頭文化が一般に夏王朝と認識されている。これらはいずれも河南省を中心とした中原地区であり，さらにその夏王朝の起源を探ろうとすれば自然と同一地区の新石器時代末期に注目することになる。

　このような巨大なプロジェクトが進められてはいるが，その研究の中心は中原にあり，周辺地域については中原との相対的な関係から論じられる傾向が強い。しかし，当然，周辺にもそれぞれの地域内における変遷と地域間の交流が存在した。特に本書で扱う環太行山脈地区は，中原と北方世界をつなぐ重要な位置にある。さらに殷文化に特徴的な鬲などの空三足器が広く分布する地域であるため，二里頭文化期から殷文化期にかけての地域間における相対的関係を理解するうえで，確実に明らかにしておかなければならない地域である。本書はこのような問題意識をもちながら執筆したものである。

　研究の過程では自らが使用に一定の制約がある外国の資料を扱っていることを自覚し，現地の研究者とは異なるより精微な研究を行い，違う切り口から分析・考察を進めるよう心がけた。中国からみれば筆者は外国人研究者であり，そのような立場からいかに中国考古学へ貢献できるかを考えたつもりである。

　現在の日本において，中国の新石器時代考古学を志す若手研究者は片手で数えられる程度である。中国考古学を学ぶ学生がいても，春秋戦国時代以降の日本と交流をもちはじめる時期が中心である。確かに中国新石器時代において日本との直接的な交流の痕跡をみつけ出すのはきわめて難しい。だからといって研究を放棄してしまっては，グローバル化した現代において日本考古学の研究成果を隣国の研究成果と比較することもできないし，日本へ計り知れないほどの影響を与

えた古代中国文化の源を日本人が主体的に知ることもできない。このような点から，本書が日本考古学へ貢献できる部分も少なくないのではなかろうか。

　本書は，考古学研究者として歩みはじめたばかりである筆者の現在までの研究成果である。扱う資料や時代，地域も限定的であり，まだ不十分な点ばかりであるが，日本考古学，中国考古学の発展に少しでも寄与できればと思い，書き上げた内容である。今後，ますます繁栄していくであろう両国考古学のなかで，礎の一つとなることができれば幸いである。

久保田　慎二

目　次

まえがき……………………………………………………………………………………… i

序　章 ………………………………………………………………………………………… 1
 第1節　本書の目的 ……………………………………………………………………… 1
 第2節　新石器時代の研究史における環太行山脈地区の位置づけ ……………………… 2
  1　許永傑，卜工の研究　2
  2　新石器時代研究における環太行山脈地区　3
 第3節　対象資料と研究手順 …………………………………………………………… 5
  1　対象資料　5
  2　研究手順　5

第1章　地域区分と時期区分 …………………………………………………………… 7
 第1節　環太行山脈地区の地域区分 …………………………………………………… 7
 第2節　新石器時代の時期区分 ………………………………………………………… 8

第2章　環太行山脈地区の自然地形と気候 ………………………………………… 11
 第1節　中国および環太行山脈地区の自然地形 …………………………………… 11
  1　自然地形　11
  2　太行山脈の東西ルート　14
 第2節　環太行山脈地区の気候 ………………………………………………………… 15
 第3節　環太行山脈地区の古気候 ……………………………………………………… 16
  1　古気候の変遷に関する先行研究　16
  2　研究方法と作業手順　18
  3　古気候の復元　19
  4　古気候の変遷　25

第3章　環太行山脈地区の土器編年と交流関係 …………………………………… 29
 第1節　用語概念の説明と研究方法 …………………………………………………… 29
  1　用語概念の説明　29
  2　研究方法　30

第2節　山西の土器編年と地域間交流 ……………………………………………………… 31
　　1　対象とする地域および資料　31
　　2　研究史　32
　　3　土器編年の構築　34
　　4　地域間における交流関係　54
　　5　山西における地域間交流　60

第3節　内蒙古中南部の土器編年と地域間交流 …………………………………………… 61
　　1　対象とする地域および資料　62
　　2　研究史　63
　　3　土器編年の構築　66
　　4　地域間における交流関係　87
　　5　内蒙古中南部における地域間交流　94

第4節　河北の土器編年と地域間交流 ……………………………………………………… 95
　　1　対象とする地域および資料　95
　　2　研究史　96
　　3　土器編年の構築　98
　　4　地域間における交流関係　117
　　5　河北における地域間交流　124

第5節　環太行山脈地区における交流の変遷と環太行山脈地区文化圏の形成 …… 125
　　1　環太行山脈地区の地域間関係　125
　　2　環太行山脈地区文化圏の形成過程　134

第4章　環太行山脈地区文化圏形成の背景 ………………………………………………………… 137
　第1節　空三足器の伝播形態からみた環太行山脈地区文化圏 …………………………… 137
　　1　空三足器の定義と対象資料の選定　138
　　2　研究史　139
　　3　研究手順　141
　　4　空三足器の分類　141
　　5　形態からみた空三足器の時期・地域別出土傾向　144
　　6　文様・色調などからみた空三足器の出土傾向　148
　　7　機能からみた伝播形態の差異　152
　　8　新石器時代における空三足器の伝播形態と環太行山脈地区の位置づけ　153

第2節　実験考古学からみた鬲の分布圏拡大の背景……………………………………155
　　　　1　研究史　156
　　　　2　研究手順　157
　　　　3　実験前の基礎作業　157
　　　　4　使用土器の製作　162
　　　　5　煮沸実験　164
　　　　6　鬲の分布域拡大の要因　169
　　第3節　陶鈴からみた環太行山脈地区文化圏……………………………………………171
　　　　1　陶鈴の位置づけと研究史　172
　　　　2　陶鈴の定義　173
　　　　3　分類基準　174
　　　　4　時空間における分布　174
　　　　5　銅鈴との形態比較　179
　　　　6　陶寺遺跡と二里頭遺跡の銅鈴に関する鋳銅技術の比較　179
　　　　7　出土状況の検討　180
　　　　8　陶鈴から銅鈴への変遷と礼制への組み入れ　181
　　　　9　環太行山脈地区文化圏における陶鈴の位置づけ　182
　　第4節　小　結……………………………………………………………………………184

終　章……………………………………………………………………………………………187
　　第1節　論点の整理………………………………………………………………………187
　　第2節　環太行山脈地区文化圏の形成過程とその背景…………………………………189
　　第3節　初期王朝時代の環太行山脈地区文化圏…………………………………………192

あとがき…………………………………………………………………………………………195

引用参考文献　198
中国語要旨　220

図表目次

第1図　本書の地域区分 …………………………………………………………………… 7
第2図　中国の各階梯とその断面 ………………………………………………………… 12
第3図　黄河の河道変遷 …………………………………………………………………… 13
第4図　環太行山脈地区を中心とした水系の違い ……………………………………… 13
第5図　太行山脈東西をつなぐルート …………………………………………………… 14
第6図　中国の気候区分 …………………………………………………………………… 15
第7図　分析対象とする主な遺跡の分布 ………………………………………………… 17
第8図　東洋区哺乳類の時期別出土状況 ………………………………………………… 26
第9図　対象遺跡の分布 …………………………………………………………………… 32
第10図-1　属性分類一覧① ……………………………………………………………… 35
第10図-2　属性分類一覧② ……………………………………………………………… 39
第10図-3　属性分類一覧③ ……………………………………………………………… 43
第11図-1　山西土器編年（第Ⅰ―Ⅲ期の煮沸器・貯蔵器） ………………………… 46
第11図-2　山西土器編年（第Ⅰ―Ⅲ期の供膳器） …………………………………… 47
第11図-3　山西土器編年（第Ⅳ―Ⅴ期の煮沸器・貯蔵器） ………………………… 48
第11図-4　山西土器編年（第Ⅳ―Ⅴ期の供膳器） …………………………………… 49
第12図　対象遺跡の所属年代 …………………………………………………………… 52
第13図　東荘遺跡出土の半坡文化系土器 ……………………………………………… 53
第14図-1　時期別土器分布（第Ⅰ―Ⅱ期） …………………………………………… 55
第14図-2　時期別土器分布（第Ⅲ―Ⅳ期） …………………………………………… 57
第14図-3　時期別土器分布（第Ⅴ期） ………………………………………………… 59
第15図　対象遺跡の分布 ………………………………………………………………… 62
第16図-1　属性分類一覧① ……………………………………………………………… 67
第16図-2　属性分類一覧② ……………………………………………………………… 71
第17図-1　内蒙古中南部の岱海・黄旗海地区土器編年（第Ⅰ―Ⅲ期の煮沸器・貯蔵器） ………… 76
第17図-2　内蒙古中南部の岱海・黄旗海地区土器編年（第Ⅰ―Ⅲ期の供膳器） …………………… 77
第17図-3　内蒙古中南部の岱海・黄旗海地区土器編年（第Ⅲ―Ⅳ期の煮沸器・貯蔵器） ………… 78
第17図-4　内蒙古中南部の岱海・黄旗海地区土器編年（第Ⅲ―Ⅳ期の供膳器） …………………… 79
第18図-1　内蒙古中南部の黄河両岸地区土器編年（第Ⅰ―Ⅲ期の煮沸器・貯蔵器） ……………… 80
第18図-2　内蒙古中南部の黄河両岸地区土器編年（第Ⅰ―Ⅲ期の貯蔵器・供膳器） ……………… 81
第18図-3　内蒙古中南部の黄河両岸地区土器編年（第Ⅳ―Ⅴ期の煮沸器・貯蔵器） ……………… 82

第18図-4	内蒙古中南部の黄河両岸地区土器編年（第Ⅳ―Ⅴ期の貯蔵器・供膳器）	83
第19図	内蒙古中南部の陰山地区土器編年	84
第20図	岱海・黄旗海地区にみられる対象遺跡の所属年代	85
第21図	黄河両岸地区にみられる対象遺跡の所属年代	85
第22図	陰山地区にみられる対象遺跡の所属年代	85
第23図	各地区間における時期の対応関係	86
第24図	第4期における3地区の類似土器	87
第25図-1	時期別土器分布（第1―3期）	89
第25図-2	時期別土器分布（第4―5期）	91
第26図	対象遺跡の分布	96
第27図-1	属性分類一覧①	101
第27図-2	属性分類一覧②	105
第27図-3	属性分類一覧③	107
第28図-1	河北土器編年（第Ⅰ―Ⅲ期の煮沸器）	110
第28図-2	河北土器編年（第Ⅰ―Ⅲ期の貯蔵器・供膳器）	111
第28図-3	河北土器編年（第Ⅳ―Ⅴ期の煮沸器）	112
第28図-4	河北土器編年（第Ⅳ―Ⅴ期の貯蔵器・供膳器）	113
第29図	対象遺跡の所属年代	115
第30図	釣魚台類型の土器	117
第31図	馬茂荘遺跡出土の鉢	117
第32図-1	時期別土器分布（第Ⅰ―Ⅱ期）	119
第32図-2	時期別土器分布（第Ⅲ―Ⅳ期）	121
第32図-3	時期別土器分布（第Ⅴ期）	123
第33図	環太行山脈地区の併行関係	126
第34図-1	環太行山脈地区の地域間関係（広域第2―3期）	127
第34図-2	環太行山脈地区の地域間関係（広域第4―5期）	129
第34図-3	環太行山脈地区の地域間関係（広域第6期）	131
第35図	空三足器出土地域の時期区分	138
第36図	空三足器出土地域の区分	139
第37図	鬲の分類基準	143
第38図	斝の分類基準	143
第39図	鬶の分類基準	143
第40図	鬲の地域別出土傾向	144
第41図	斝の地域別出土傾向	146
第42図	鬶の地域別出土傾向	147

第43図	鬲fの地域別にみた色調	149
第44図	鬲fの地域別にみた器高	149
第45図	斝の各要素の地域別出現比	150
第46図	鬲の各要素の地域別出現比	151
第47図	新石器時代における空三足器伝播のモデル図	154
第48図	臨汾盆地における山西第Ⅳ期後葉から山西第Ⅴ期の煮沸器	158
第49図	口径からみた臨汾盆地の煮沸器	158
第50図	陶寺遺跡の鼎と鬲にみられる煤付着パターン	159
第51図	陶寺遺跡から検出された炭化種子比率	161
第52図	斗門鎮，後岡遺跡および陶寺遺跡出土の空三足の模	163
第53図	製作した鬲と鼎	164
第54図	1回目の実験データ	166
第55図	2回目の実験データ	167
第56図	3回目の実験データ	168
第57図	1回目と2回目の実験後の煤付着状況	169
第58図	実験の状況	170
第59図	本節における新石器時代の年代観	172
第60図	陶鈴の分類基準	175
第61図	陶鈴および銅鈴の典型例	175
第62図	第1期の陶鈴と属性間対応関係	176
第63図	第2期の陶鈴と属性間対応関係	177
第64図	第3期の陶鈴と属性間対応関係	178

第1表	環太行山脈地区の放射性炭素年代一覧	133
第2表	土器焼成窯から検出された植物遺存体	162
第3表	製作した鬲と鼎のサイズ	164
第4表	陶鈴出土・採集遺跡一覧	183

序　章

第 1 節　本書の目的

　本書の目的は，中国新石器時代の環太行山脈地区における地域間交流を土器から明らかにし，新石器時代末期後葉にみられるようになる環太行山脈地区文化圏の形成過程を解明する点にある。また，土器の伝播から明らかにする地域間交流の背景についても，ヒトの移住や土器の機能性などの視点から自らの見解を提示する。

　太行山脈は，中国華北地方の中央を南北に 400 km 以上にわたって走る山脈である。その周囲には現在の行政区分でいう山西省，河北省，河南省があり，さらに山西省と河北省が接する地域の北側には内蒙古自治区，河北省を挟んだ東側には北京市が位置する。本書で使用する「環太行山脈地区」という用語は筆者のオリジナルであり，主に上記した行政区分のうちの山西省，河北省，北京市，内蒙古自治区を含む。また，環太行山脈地区が示す範囲は単純に行政区分や自然地理的区分から線引きしたものではなく，考古学的認識も加味している。つまり，太行山脈南側の河南省についてはその大部分が新石器時代を通して淮河流域や長江流域に属する地域との交流を多く行っているため，他の太行山脈周辺地域とは分けて考えるべきである。したがって，河北省北部の安陽市周辺を除いて，本書で使用する環太行山脈地区からは外すことにする。

　中国新石器時代において，環太行山脈地区における土器の出現は新石器時代前期に遡る。完形での出土は確認されていないものの，河北省の于家溝遺跡，南荘頭遺跡，北京市の東胡林遺跡，転年遺跡などで土器片が出土している（中国社会科学院考古研究所 2010）。新石器時代中期以降は河北省を中心に土器の出土が増加し，次第に地域間交流が活発になる。特に新石器時代後期中葉のいわゆる廟底溝文化は，環太行山脈地区に留まらず，長江中流域や山東，四川，甘粛などでもその影響の痕跡が確認されている。後続する時期には廟底溝文化が各地に生み落とした共通の「卵」が孵化し，一定の共通性は有するが，独自化された似て非なる土器文化が各地で成立する。そして新石器時代末期になると，ある程度の差異を有していた環太行山脈地区の内部において，一定数の共通した特徴をもつ土器形式がみられるようになる。筆者は，この共通した土器形式，つまり同系統で兄弟関係にある鬲を中心とする空三足器の分布が環太行山脈地区とほぼ重なることに注目し，これを「環太行山脈文化圏」と呼ぶことにした。本書で明らかにするのは，まさにこの環太行山脈地区文化圏の形成過程である。

　この環太行山脈地区文化圏は鬲をはじめとした空三足器から特徴づけられ，新石器時代に後続する二里頭文化併行期において，後の殷王朝へとつながる先商文化とされている下七垣文化[1]の

主要な煮沸器となる。一方，環太行山脈地区に含めない黄河以南を中心とする二里頭文化では空三足器ではなく中実の三足をもつ鼎や深腹罐が主な煮沸器となる。このように考えると，空三足器が環太行山脈地区において受容される過程を描き出す作業は，新石器時代の地域間関係を理解するに留まらず，中国の初期王朝とされる二里頭文化期や一連の殷系諸文化期を理解するうえでも，非常に有意義な研究であることがわかろう。

第2節　新石器時代の研究史における環太行山脈地区の位置づけ

1　許永傑，卜工の研究

　環太行山脈地区という概念は，筆者独自の考えであることはすでに述べた。したがって，この地区を対象範囲に絞った先行研究は，残念ながら現在のところみられない。あえて最も近い地域概念を提出した研究を挙げるならば，許永傑と卜工の論考であろう。

　許などは，龍山文化期の河北省および山西省北部の桑干河流域，山西省中北部の汾河と滹沱河流域，山西省と陝西省北部および内蒙古南部の黄河両岸地区を中心に，非常に共通性の高い土器の器種組成がみられると指摘した（許永傑ほか 1992）。具体的には双鋬[2]をもつ鬲，盃，斝，甗，瓮，罐，盆，甑などである。そして，それを根拠として「三北地区」という概念を提示し，さらにその文化名称を「游邀文化」とした。この三北地区にみられる単耳をもつ鬲を涇河や渭河流域の影響とする点など筆者と異なる見解もあるが，主に太行山脈北側を中心とする地域の共通性を見出した点では非常に評価できる。この三北地区は本書で明らかにする環太行山脈地区に最も近い概念といえる。さらに具体的にいえば，環太行山脈地区文化圏に含まれる地域のなかで，より土器様式の共通性の高い地域を抽出した概念が三北地区の游邀文化といえる。許などが挙げる三北地区に共通する鬲を大別形式，斝や甗などを細別形式レベルでみると，確実に太行山脈東西にも分布しており，それを根拠に環太行山脈地区文化圏を定義することができるのである。また，韓建業も許などに続いて三北地区を中心に研究を行っており，それを游邀文化ではなく老虎山文化としてまとめている（韓 2003a）。さらに，その南下現象についても論じている（韓 2007）。ただし，これを一つの文化圏として捉えるところまでは言及していない。

　このように部分的に環太行山脈地区と関連するような研究はみることができる。しかし，本書の最終的な目的と一部でも合致する先行研究は他には見当たらない。したがって，以下では中国新石器時代における地域間関係の大きな流れを追った先行研究を挙げ，環太行山脈地区の研究史上の位置づけを確かめつつ研究を行ううえでの指針を明確にし，そこから抽出できる問題点に対して，本書で明らかにしうる点を提示したい。なお，主な対象資料とする環太行山脈地区の土器に関する詳細な研究史については，各章あるいは各節ごとに行うことにする。

2 新石器時代研究における環太行山脈地区

　中国考古学の幕開けは1921年のアンダーソンによる河南省澠池県仰韶村の発掘にあり，まさに新石器時代の遺跡から中国考古学が始まったといえる。その後，中国人による発掘調査が行われたのは，ハーバード大学で人類学を修めた李済による1926年の山西省夏県西陰村が最初であった。なお，この西陰村遺跡は1994年にも発掘調査が行われており（山西省考古研究所 1996），本書でも分析対象に含めている。西陰村の発掘以後，城子崖遺跡や殷墟，後岡遺跡などの発掘調査を経て，それまでわからなかった新石器時代以降の編年観が整えられていく。それに伴い古典籍にある記述を考古学的に立証しようとする研究がみられるようになる。特に徐中舒が傅斯年の夷夏東西説を受けて論じた，彩陶と黒陶の東西の分布状況を夏王朝と殷王朝に重ね合わせた研究は，最たる例として挙げられよう。このように，主に中国における考古学の草創期には，日中戦争などで中断した時期も存在したものの，一定の発掘調査は行われていた。また，古典籍にみられる集団を考古学から解明することが大きな目的の一つとなり，そのために発掘調査は長く中原を中心に行われることとなった。そして，結果的に1970年代まで中国新石器時代の枠組みについても中原中心史観的に描かれることが多く，その周辺地域は一段階遅れて発展するというような認識がなされていた。1970年代に訪中した日本人研究者は，当時中国の玄関であった香港から入国したが，その後に立ち寄った広州の博物館でみた当時の年代観が，中原の諸文化を基準としていたことに驚いたというエピソードは有名である。

　このような雰囲気のなかで1960—70年代，特に文化大革命の終息とともに中国全土で遺跡の発掘調査が増加し，各地方の考古学的様相が次第に明確になってくる。また，70年代における夏鼐を中心とした放射性炭素年代測定法の導入により，中原と周辺地域の絶対年代の併行関係も提示されはじめ，夏鼐自身も自らこのことについて論じている（夏 1977）。

　そして中国考古学の一つの転機となったのが，蘇秉琦による区系類型論である。蘇はその論考のなかで，黄河流域の重要性は認めつつも，それだけを中心とした一元論ではなく，各地域もそれぞれ独自の特徴をもち多元的に発展を果たしつつ相互に影響を与え合ったと論じた（蘇ほか 1981）。また，その後に張光直も，B.C.4000年ほどからそれぞれの「区域文化」が相互に影響を与えあって一定の共通性をもつようになるとし，その大きなまとまりを「相互作用圏」とした（張光直 1989）。これも相互作用圏内における区域文化が相互に影響を与え合うことで成立するため，その基礎には蘇秉琦と同様の考え方がある。また，区域文化の内部の「区域類型」として，黄河中流域の龍山文化内に豫西豫中類型，晋南類型，豫北冀南類型などを認めるが，そのような新石器時代末期における地域性の形成過程のなかで，本書が主張する環太行山脈地区文化圏も形成されたのである。

　また，近年でも，趙輝は中原に新石器時代以降の王朝が出現した要因を探るなかで，新石器時代各時期の文化動態について論じた。そして，各地方文化が相互に自立し，影響を受け合うなかで最終的に地理的ネットワークの中心にある中原に物流や情報が集まり，発展したと述べた（趙

輝 2000)。これもまた基礎には各地域の自立性があり，それらが動き影響し合うことを前提としている。

　このように，現在の中国ではすでに一元論はほとんど語られず，各地域が多様な文化をつくり上げたとする多元論が自明の理となっている。そして，このような方向性を土器を前面に出して証明したのが厳文明の研究である。厳はまず新石器時代を中原文化区を中心として，その周囲に五つの文化区を設定した（厳 1987）。そして相互が関係性をもつなかで，特に自然地理的に優位な位置にある中原が各地の文化要素を取り込み発展したと論じた。これは一般的に「多元一統説」といわれる。この考えを基礎に，厳はそのなかでも特に重要な地域文化として別稿で三つの地域を挙げる（厳 1994）。一つは中原を中心とする華北系統であり，鬲を最も早く生み出した地域として鬲文化系統とも呼んでいる。二つ目は長江中・下流域および山東を中心とする東南系統である。この地域は鼎が早くに出現し，長期にわたって流行したため鼎文化系統としている。そして最後は遼河を中心とする東北系統であり，筒形平底罐を煮沸器に用いることから罐文化系統としている。これら三つの系統が相互に影響し合うことで最終的に今日の中華が形成されたとし，これを「3系統説」と呼んでいる。土器の分布は流動的であるため，各地域を固定した3地域に分けることは難しく，3系統説をそのまま受け入れることはできない。また，華北系統にも鼎はみられるし，東北系統にも鬲が分布することから，単純にこの3系統が成り立たないことがわかる。ただ，新石器時代における地域間関係の大枠を示した見解としては非常に興味深い。本書と関係するところを考えれば，特に環太行山脈地区の位置はちょうど3系統の交錯地帯に位置し，後述するように実際これらの3系統の煮沸器が出土する。このような土器の分布圏が成立した要因として，筆者は太行山脈の存在が一つの重要な要素となると考える。また，3系統の交錯地帯に，共通の土器をもつ環太行山脈地区文化圏が成立するということは，非常に画期的な変化であったことがわかる。

　その他，厳と同様に戴向明も土器を中心に黄河流域の新石器時代における文化動態を論じている。そして，やはり最終的に各地域文化が中原の王湾三期文化と関係をもつことで夏王朝が成立するとしている（戴 1998）。

　以上のように中国新石器時代は各地域でそれぞれ独自の文化が形成され，それらが相互に影響を与え合ってきた。また，大枠では土器からもそのような流れが把握できるとされる。ただし，各地域文化が相互に影響を与えるなかで，その境界はもちろん変動したはずである。また，影響の方向や強弱にも時期ごとに変化があったであろう。本書で明らかにする環太行山脈地区もこのような地域間の影響関係のなかで成立したと考えられ，成立の過程でどのような地域間でいかなる影響関係があったのかを明らかにする必要がある。特に，研究史を振り返っても三北地区というやや近い概念が主張されたことがあるだけで，環太行山脈地区というより広い括りで地域文化を捉えた研究はみられず，さらに3系統説ではちょうど三つの系統が交錯する地域に位置する。そのような微妙な地域間バランスの上に位置する地域に新たな文化圏を設定するためには，より慎重かつ精緻な分析を行う必要があろう。

　また，厳文明や趙輝，戴向明などの先行研究が指摘するように，環太行山脈地区の南側にその

後の夏王朝とされる二里頭文化が成立するが，それは周辺文化の要素を取り込んだことが大きな要因の一つとされている。つまり，大部分の研究では周辺地域と中原のつながりに焦点を絞る。また，各研究では周辺地域間についても相互の影響関係を重視している。しかし，筆者はむしろ地域文化間のつながりや影響の増加ばかりに注目するのではなく，影響関係が減少する点も無視できないと考える。つまり，環太行山脈地区文化圏を代表とする空三足器は，ほぼその分布が黄河以北に限られる。また，後述するように環太行山脈地区文化圏の形成過程では太行山脈を境として異なる土器様式がみられる時期が多々存在する。このような地域文化の境界が形成された背景についても，新石器時代以降の二里頭文化と下七垣文化の関係などを考えるうえで重要と考える。これまでの研究史では現象面の把握に終始し，その背景についての考察は見過ごされてきた感がある。本書では，以下，このような点を注意しながら，気候や地形なども考慮して論を進めていきたい。

第3節　対象資料と研究手順

1　対象資料

　まず，具体的な分析に先立ち，本書で用いる対象資料について説明する。対象資料は大きく3種類に分けられる。一つは第2章第3節で分析する花粉および動物遺体である。二つは第4章第3節で用いる陶鈴である。三つは，それ以外で分析対象とした土器である。

　これらの各資料は，基本的に遺跡から出土し，さらに簡報あるいは報告書という形で刊行されたものを分析対象とする。ただし，一部に筆者の現地調査の際に実見した資料も含めている。また，土器のなかには採集資料も含まれる。一方，簡報や報告書に図面の掲載はないが文中にその形態などが言及される資料については，実際の遺物を実見したものを除いて，対象資料に含めていない。

　なお土器については主に編年や地域間交流を明らかにするための資料とするので，一部にみられる威信財あるいは祭祀的な性格を有する特殊な土器は，地域差や時期差ではなく土器自体のランク差を示す可能性があるため除外する。つまり，より普遍性の高い一般生活に使用したと思われる土器を主な対象資料とする。

2　研究手順

　本書で採用する研究方法はいくつかに分かれるため，ここでは全体的な研究手順の流れだけを説明し，具体的な方法については各章あるいは各節で詳述することにしたい。

　第1章では，環太行山脈地区の広域編年を組むにあたり，その基礎となる地域編年を構築するために太行山脈を中心に地域区分を行う。さらに中国考古学の現状を考慮しながら，新石器時代の時期区分について筆者の見解を述べる。

　第2章では，環太行山脈地区の中国における自然地理的な位置づけを明確にするため，まず第1節で地形について論じる。さらに，太行山脈の東西を抜けるルートにも言及し，第3章で論じ

る土器から復元する交流ルートの一つとして示しておく。第2節では，現在の気候について説明を加える。また，第3節では新石器時代の古気候の変遷について論じる。主に，花粉分析と動物遺体の分析から，新石器時代の各時期における環太行山脈地区を中心とした地域の古気候を復元する。そのうえで，通時的な気候の変化を明らかにし，本書の最後に土器動態との連動性などを検証する材料とする。環太行山脈地区は第2節でも説明するように非常に気候の変化を受けやすい位置にある。また，近年，気候と土器型式の変化に注目した論考などもみられるため，古気候の変遷については，比較的詳細に論じることにする。

　第3章では，第1章で行った環太行山脈地区の地域区分に沿って，それぞれの土器編年を構築し，地域内における交流関係を整理する。その際に土器の分類を行うが，土器一個体を属性ごとに分けて分類する方法を採る。そして，土器の一個体における属性の組み合わせから型式を設定する。次に各型式の一遺構内における共伴関係から土器様式を明らかにし，それらを時間軸に沿って並べ替えることで土器編年を構築する。構築した編年について，土器様式の変化を指標に時期区分を行い，各時期ごとに土器様式の差異を主な目安として空間的な様式分布圏を明らかにし，地域内や周辺地域との交流も明確にする。この作業を各地域で行ったあと，土器様式や型式の類似などから地域間における併行関係を整理したうえで広域編年を構築し，環太行山脈地区における地域間交流の様相を明らかにする。そして最後に，環太行山脈地区文化圏がいかなる過程を経て成立したのかを明確にする。

　第4章では，第1節において中国でみられる空三足器の分析を通して，環太行山脈地区文化圏を形成した空三足器の伝播形態を明らかにし，そこから空三足器伝播の背景を論じる。それをもとに実験考古学的研究から鬲の熱効率について論じ，空三足器の伝播が生じた具体的要因の一つを推測する。また，陶鈴を主に形態面から分析することで環太行山脈地区文化圏の一体性を検証し，さらにその出土状況の変化から伝播の背景にまで言及し，空三足器の伝播の背景との整合性を確かめる。

　終章では，それまで論じた内容を整理し，環太行山脈地区文化圏の成立を歴史の流れのなかに位置づける作業を行う。そして，新石器時代以降に与えた環太行山脈地区文化圏の影響にまで言及したい。

註

1) 先商文化は，「成湯滅夏」以前の殷王朝成立前に商族により担われた文化とされる（鄒1980，中国社会科学院考古研究所2003など）。しかし，これはあくまでも殷王朝という文字史料から明らかにされた王朝の存在を前提としての呼称であり，考古学的に使用するには問題が少なくない。したがって，本書では考古学的な基準に則った李伯謙による「下七垣文化」を使用する（李伯謙1989）。下七垣文化が先商文化かどうかという問題も残るが，少なくとも土器系統から判断すれば間違いなかろう。
2) 中国では舌状の把手を「鋬」，環状の把手を「耳」という。したがって，双鋬とは二つの舌状の把手をもつことを意味し，双耳とは二つの環状の把手を指す。

第1章　地域区分と時期区分

第1節　環太行山脈地区の地域区分

　環太行山脈地区は太行山脈を中心とした地域を指し，自然地理的区分だけではなく考古学的な認識も加味して設定したことはすでに述べた。具体的な地域としては山西省，河北省，北京市，内蒙古自治区などの行政地区を含む。本書では，これらの地域を**第1図**のように3地区に分けて論を進めることにする。

　まず一つは，太行山脈西側の「山西」である。行政区分の名称をより一般的な地域区分に近づけるために，「省」を省略してこう呼ぶことにする。詳細な地理的特徴の説明は第3章に譲り，ここではその範囲の大枠だけを示しておく。山西は東を太行山脈が南北に走り，西は呂梁山とそのさらに西側の黄河により区分される。また，北は恒山を越えて長城地帯，南は大まかに黄河により区分される。

　太行山脈の北側には内蒙古自治区が位置する。内蒙古自治区は東西2400 km以上，南北1700 km以上に及ぶ広大な面積を占めるが，本書で対象とするのは太行山脈北側のみであるため，主

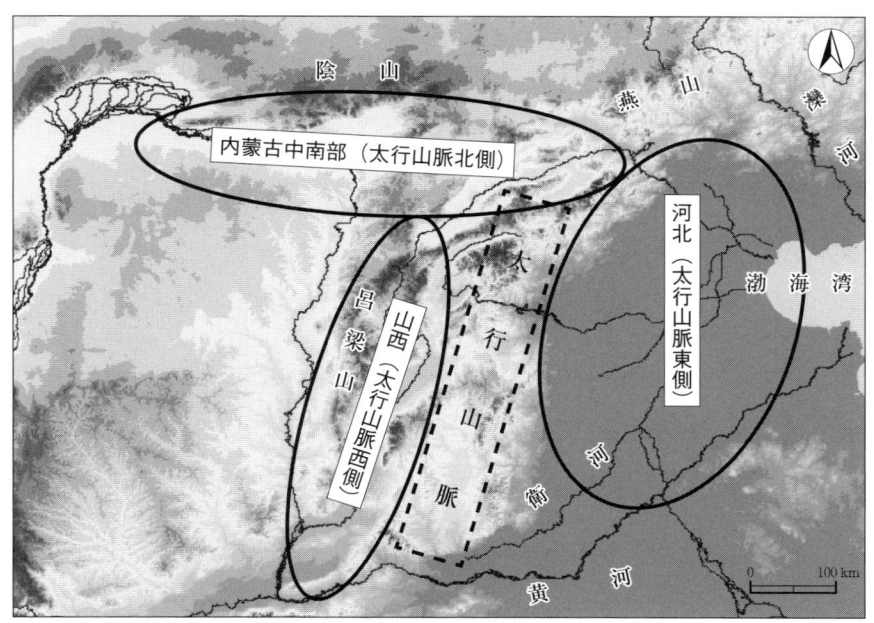

第1図　本書の地域区分

に内蒙古中部となる。内蒙古中部には東西に陰山が走っており，その北側は牧畜地帯に当たり土器が出土するような定住集落の遺跡はほとんどみられない。したがって，太行山脈北側の示す範囲は陰山の南側，つまり「内蒙古中南部」ということになる。その地域範囲については第3章第2節で詳述するように，東は現在の烏蘭察布市，西は賀蘭山から黄河が北流する一帯，北はもちろん陰山，南は山西と接する長城地帯とする。

最後に，山西省東側には「河北」が位置する。河北には行政区分でいう北京市も含める。地理的にみれば当然天津市も含めるべきだが，現在のところ天津市からは良好な新石器時代の資料を出土する遺跡が報告されていないため，実際には対象に含めていない。その要因として，天津は太行山脈から華北平原へ流入する河川が合流して渤海へと流れ出る位置にあり，そのため遺跡が河川による堆積作用により埋没したこと，またヒプシサーマル期を頂点とする温暖化に伴う海進により遺跡がみられないことなどが考えられる（施ほか 1992）。また，河北省東北部の灤河流域以東および燕山以北については明らかに本書の中心とは外れる東北系の土器が分布する地域に含まれるため，対象地域に含めていない。これらについては，やはり第3章第3節で詳述する。したがって，本書でいう太行山脈東側の河北は，北は燕山，南は漳河流域とする。この漳河流域には河南省北部の漳河や衛河の流域に位置する安陽地区も一部含める。また，東は灤河流域から渤海湾，西は太行山脈とする。

以上が，本書で採用する地域区分である。この3地区を基準としながら，論を進めていきたい。

第2節　新石器時代の時期区分

現在，新石器時代は各地に地域文化が設定され，基本的にはそれらの名称を挙げることで相対的な年代観が認識されている。しかし，地域間の併行関係などを大まかに捉えるときにもう一段階上位の年代を区分する概念がある。つまり，新石器時代自体を早期・中期・晩期などと区分する方法である。

このような区分方法の変遷を少し振り返ってみたい。中国では当時の中国科学院考古研究所，現在の中国社会科学院考古研究所が中心となり，1962年よりほぼ20年ごとに考古学における進展をまとめた大部の概説書を出版している。その第1冊の『新中国的考古収穫』が出版された当時は，まだ磁山遺跡や裴李崗遺跡が発見されておらず，新石器時代を唯物史観に則って原始社会とし，大きく仰韶文化と龍山文化に分けている（中国科学院考古研究所 1962a）。つまり，この段階では新石器時代という考古学的な時代区分は前面に出ず，さらに周辺地域の考古学的内容が不明であったために，中原を中心に据えた時代区分を行っていた。その背景として，大躍進の失敗から文化大革命へと向かう急速な社会主義的改革期であったことが関係しよう。

その後，1984年には『新中国的考古発現与研究』が出版される。そのなかでは旧石器時代に続いて新石器時代が設定されており，さらに70年代に発見された磁山遺跡や裴李崗遺跡出土の遺物について新石器時代早期という言葉を用いている（中国社会科学院考古研究所 1984）。しかし，

磁山遺跡や裴李崗遺跡よりもさらに早い段階の江西省仙人洞遺跡なども新石器時代早期に含めているため，大まかに仰韶文化以前というような意味で使用していたと考えられる。また，黄河流域では仰韶文化や龍山文化について新石器時代の何々期という時期区分は行っていない。しかし，磁山遺跡や裴李崗遺跡を新石器時代早期としているため，当時の認識としては仰韶文化を新石器時代中期，龍山文化を晩期として扱っていたと考えられる。

近年では，2010年に『中国考古学』のなかの一冊として新石器時代巻が刊行された。そのなかでは新たに中国新石器時代を早・中・晩・末期の4期に区分している（中国社会科学院考古研究所 2010）。その最大の要因は，磁山文化や裴李崗文化に先行する遺跡が，南方だけではなく河北省や北京市でも一定数が確認されるようになったためだと考えられる。それまでのように新石器時代早期を磁山文化や裴李崗文化に当てると，それ以前の遺跡の適当な呼称がなくなるため，それぞれの対応関係を一つずつずらし，磁山文化と裴李崗文化以前の遺跡を早期，磁山文化や裴李崗文化を新石器時代中期，仰韶文化を晩期，そして新たに加えた末期を龍山文化とした。この見解は，現在の中国考古学の進展に対し，きわめて適当な区分方法であると考える。したがって，筆者の年代観も基本的にはこれに則る。ただし，用語の使用方法として，早期から末期をそれぞれ日本語風に前期，中期，後期，末期というように言い換える。本書のなかでも独自の時期区分を行うが，それぞれがこの新石器時代の4期区分に包括されることになる。

翻って，日本における中国新石器時代考古学の時期区分をみると，近年刊行された『中国の考古学』ではやはり1984年の『新中国的考古発現与研究』と同様に新石器時代を前・中・後期の3期に区分する（小澤ほか 1999）。また2003年に飯島武次氏により刊行された『中国考古学概論』でも同様に3期に区分している（飯島 2003）。このように日本ではいまだ3期区分が主流となっている。筆者としては，現在の中国考古学の現状を鑑みて，やはり4期区分を導入するべきだと考える。

上記のほかに，厳文明は新石器時代末期に相当する龍山文化期を銅石併用時代として，新石器時代から分離する見解を提示したことがある（厳 1984）。これについては，龍山文化期の銅器の出土量から推測する実用程度を考えれば，やはり賛成しがたい見解といえよう。

ここまで述べたように，本書では第3章で行う自らの時期区分のほかに，より大きな枠組みとしての年代観を示すため，新石器時代を4期に区分した呼称を必要に応じて使用していきたい。

第2章　環太行山脈地区の自然地形と気候

　考古遺物や遺構，あるいは遺跡分布などから抽出できる現象は，往々にして当時の地形や気候から決定される自然環境による制約のなかで形づくられる。つまり，地形や気候は人間の生活方式を決定する一つの重要な要素であるといえる。もちろん人間側が自然に働きかけ，その制約を克服していくこともあろうが，いずれにせよ人間と自然は相互に影響し合っているのである。

　このような考えを前提として，本章では具体的な考古遺物の分析に入る前に，環太行山脈地区の自然地理的側面を明らかにしておきたい。以下，まず環太行山脈地区における地形の特徴などを説明し，さらに現代の気候に言及する。そして最後に，最も本書の結論と関係するであろう新石器時代の気候について論じる。

第1節　中国および環太行山脈地区の自然地形

1　自然地形

　中国はユーラシア大陸の南東端に位置し，総面積960万km²に及ぶ面積を有する。その地勢は西高東低を呈し，**第2図**のように大きく三つの階梯に分けて理解されることが多い。第1級階梯は青蔵高原に相当し，平均海抜は4000mを超える。第2級階梯は雲貴高原，四川盆地，タリム盆地，ジュンガル盆地，内蒙古高原，黄土高原などを含み，各地の海抜はおよそ500─2000mほどの間におさまる。そして第3級階梯は，長江中・下流や河北平原，東北平原をはじめとする海抜200m以下の地域となる（《中国国家地理地図》編委会 2010）。本書で対象とする環太行山脈地区は，特に第2級階梯と第3級階梯に跨っており，その中心となる位置で南北へ連なるのが太行山脈である。

　太行山脈は，北は北京市西側，南は黄河北岸近くまで続く海抜1200mを超える山脈である。主に太行山脈東側の正断層を境として，地殻運動の一つである造陸運動により高低差が生まれ，その結果として太行山脈が形成されたといわれる（清川 2010）。

　太行山脈西側には現在の行政区分でいう山西省が位置し，西方のタクラマカン砂漠などから飛来した黄砂が堆積して形成された黄土高原が大部分を占める。第3章で地理的特徴などについては詳述するが，この太行山脈西側では発達した黄土高原を河川が浸食し，起伏に富んださまざまな地形をつくり出している。

　一方，東側には河北省をはじめ河南省北部や北京市が位置しており，一般に華北平原と呼ばれる広大な平地が広がる。華北平原には多くの河川が流入し，それらが合流しながら渤海に注ぐ。

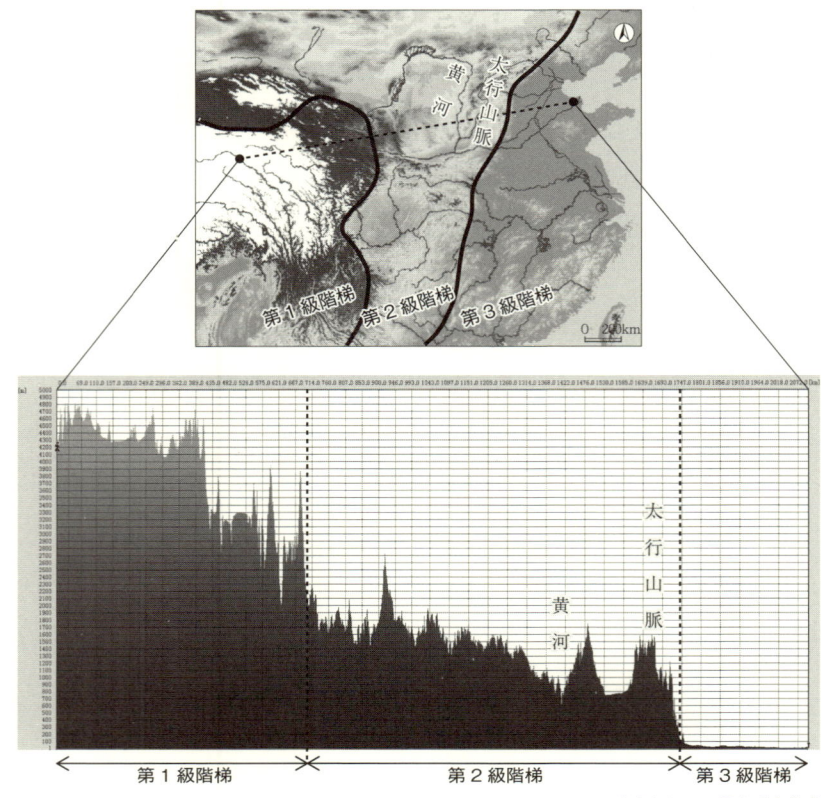

第2図　中国の各階梯とその断面

華北平原は，これらの河川による堆積作用により形成された沖積平野であるといえる。河川は高低差が少ない平原を緩やかに流れるため，氾濫を起こすたびにその河道を変えた。特に黄河は豊富な土砂を含むため天井河となり，何度も氾濫を起こしたようである。歴史的にみれば26回も河道が変化したとされており（任 1986，浜川 2009），そのたびごとに人間生活に大きな影響を及ぼしたと考えられる。新石器時代においては第3図のとおり，現在の河道よりもだいぶ北側を流れたとされるため，遺跡分布や交流ルートなどを考える際に，その前提として理解しておく必要がある。

太行山脈北側の内蒙古自治区中南部も，基本的には山西省と同様に黄土高原の一部に含まれる。しかし，後述するように気候的により乾燥するため，オルドスでは砂漠もみられる。また，黄河の堆積作用により形成された河套平原など，部分的に平坦な地形も存在する。つまり，場所によって比較的大きな地形の変化がみられるといえよう。

以上のように，環太行山脈地区には各地で異なる自然地形が存在する。それは第4図のように水系の違いにも表れる。中央に太行山脈が位置し分水嶺となるため，東側は各河川が東流して最終的に海河をはじめとした河川に流れ込み渤海へと注ぐ。一方，西側はすべての河川が黄河へ

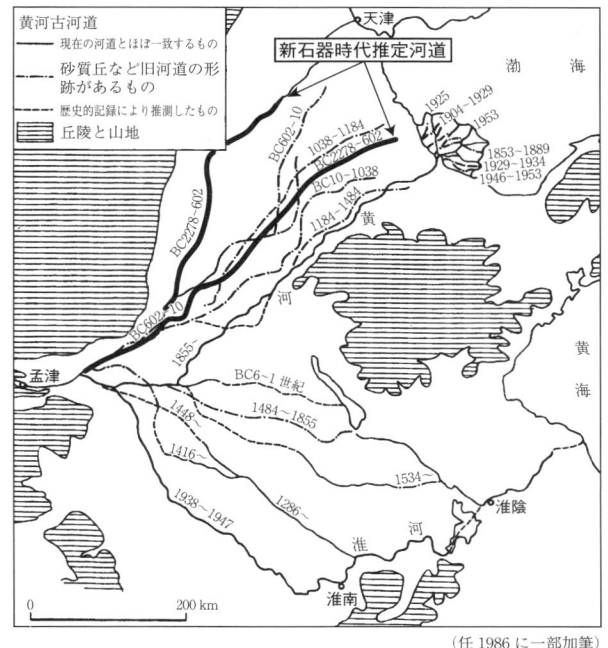

第3図　黄河の河道変遷

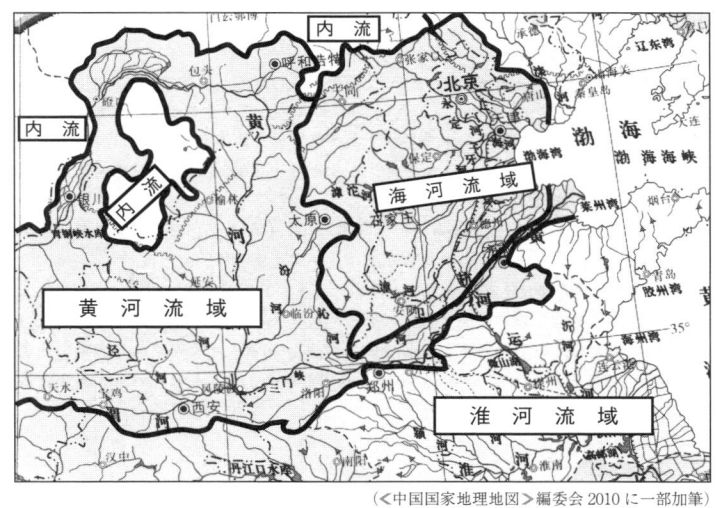

第4図　環太行山脈地区を中心とした水系の違い

と流れ込む。また，北側の内蒙古中南部もその多くの河川が黄河へと流れ込むが，岱海周辺やオルドスの一部には内陸湖へと流入する河川もみられる。河川は谷を形成し，交流の重要なルートになることを考慮すれば，環太行山脈地区は特にその東西で異なる水系に属すため，相互の関係を強化するのが難しい地理的環境にあったことがわかる。

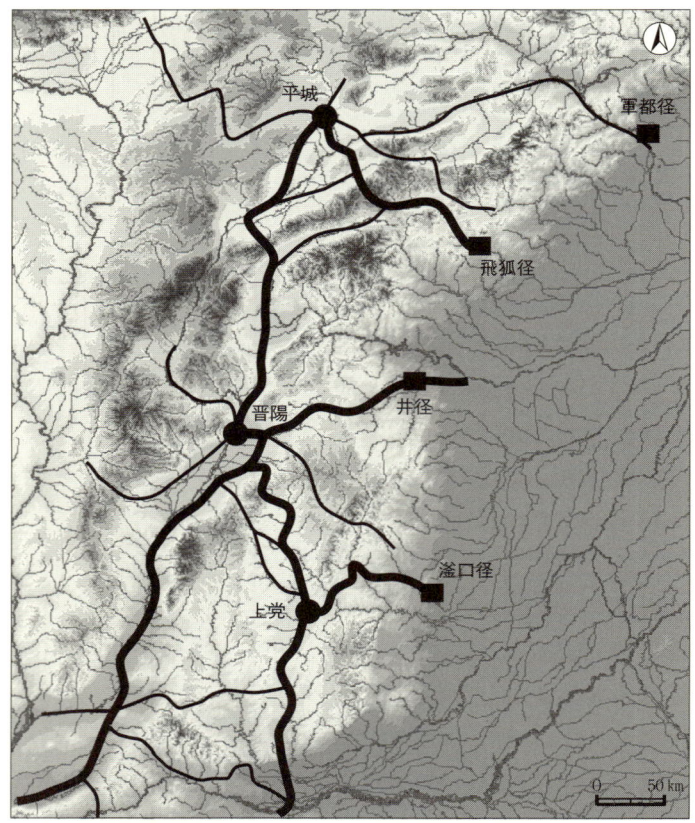

(山西省歴史地図集編纂委員会 2000, 後藤 2009, 《中国国家地理地図》編委会 2010 より作成)

第5図 太行山脈東西をつなぐルート

2 太行山脈の東西ルート

　ここまで述べたように，環太行山脈地区には地域によって地形や水系などに一定の差異がみられる。それでは，環太行山脈地区をつなぐ交流がなかったのかといえば，そうではない。中国では歴史的に開拓された太行山脈東西をつなぐルートとして，「太行八径」と呼ばれる関がよく挙げられる（《中国国家地理地図》編委会 2010）。これらは太行山脈の南北にそれぞれみられ，軍事的・経済的な面から重要視され，河北と山西をつなぐ要衝であったとされる。また，『山西省歴史地図集』では，古典籍を参考に先秦から清までの山西省と他地域をつなぐルートについて示している（山西省歴史地図集編纂委員会 2000）。特に先秦や秦漢，魏晋南北朝までのルートをみると，第5図に示すように大まかに河川に沿って 4―6 ルートほどが想定されている。

　これらのなかでも太行山脈中央を横断する井径に至るルートは，特に漢代において現在の太原から東へ太行山脈を抜けられるため，重要視されていたようである。大きな河川はないが，井径に至る地域一帯は山が低く，現在でも高速道路や鉄道が通っている。また，魏晋南北朝期では各王朝の都との位置関係より，桑干河沿いのルートから至る飛狐径，漳河沿いのルートから至る滏

口径なども重要な交通路であったとされる（後藤 2009）。その他，『山西省歴史地図集』にはないが，北からのルートとして永定河に近く現在も高速道路や鉄道が通る軍都径も要衝の一つといえよう。

このように，自然地形や水系などからは明確に東西に分かれるが，通時的にみても常に一定の交流ルートが存在したことがわかる。これらはすべて歴史時代のものだが，新石器時代においてもこのうちのいくつかは存在したと考えてよいのではなかろうか。

以上を踏まえて，次に環太行山脈地区の気候について述べる。

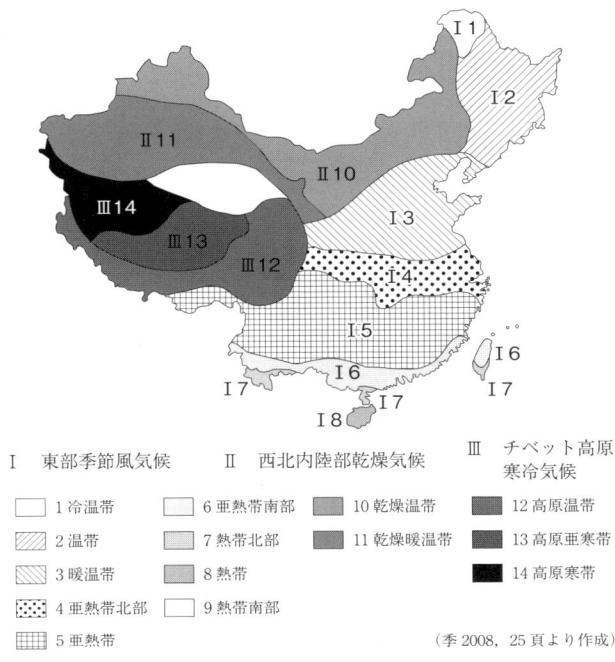

第6図　中国の気候区分

第2節　環太行山脈地区の気候

広大な面積を誇る中国は大きくチベット高原寒冷気候，西北内陸部乾燥気候，東部季節風気候に分かれる。さらにこれら3類型は気温の総和などから，第6図のとおり冷温帯から熱帯まで地域によってさまざまな気候帯に区分される（季 2008）。

特に本書で対象地域とする環太行山脈地区は大部分が東部季節風気候に相当し，一部が西北内陸部乾燥気候にかかる。その境界についてもちろん明確に線引きすることはできないが，大まかにみれば太行山脈北側の山西省北部から内蒙古中南部に境界を設けることができそうである。つまり，その境界よりも北側に位置する内蒙古中南部は，現在の気候区分でいう西北内陸部乾燥気候の温帯に属する。また，東部季節風気候と西北内陸乾燥気候の境界であるということは，まさに南北からの季節風がともに作用する範囲の境であることを意味し，冬にはシベリアやモンゴルの高気圧からの冷たく乾燥した風が吹き込み寒冷乾燥な気候となるが，夏にはそれが低気圧に変わるため南からの暖かく湿った風が入り込む（《中国国家地理地図》編委会 2010）。ただし，内陸に位置するために夏の季節風の影響は限られ，雨季は1—2ヶ月のみとされる（任 1986）。このように太行山脈北側は南北からの季節風の非常に微妙なバランスの上に気候が成り立っているので，少しの気候変化によりその生業などに大きな影響が及ぶと考えられる。また，内蒙古中南部の植生である温帯乾燥ステップも，このような気候のもとで形成されたものである。

一方，太行山脈の東西は，基本的に東部季節風気候に属する。さらに積算温度により区分され

る暖温帯に相当する（季 2008）。暖温帯は、大まかに北は長城地帯、南は秦嶺―淮河線に及ぶ。また、秦嶺―淮河線以南は亜熱帯に分類される。この秦嶺―淮河線は一般的に畑作と稲作の境界として知られており、それが気候の違いと連動することがわかる。基本的に夏は南の海上からの暖かく湿った風が吹き込み温暖多雨な気候とされる。一方、冬は北の高気圧から吹く冷たく乾燥した季節風の影響により、寒く乾燥した気候となる（季 2008）。結果的に、季節による気候の変化がきわめて明瞭な地域となっている。

太行山脈東西は、気候区分としては同じ暖温帯に属する。しかし、前節でみたように東西で明確な地形の差異や標高差があり、実際に暖温帯に相当するのは東側の河北平原である。一方、西側の山西の黄土高原は気温の積算からいえば内蒙古中南部と同様の温帯に区分されるという。それに伴い、当然太行山脈東西で植生も異なる。つまり、東の落葉広葉樹林帯と西の森林ステップ帯というように分かれる（任 1986）。

以上のように、現在の環太行山脈地区は、西北内陸部乾燥気候の北側および東部季節風気候の東側と西側に大きく分けられ、さらに地形や標高により東西を細分することができる。このような現在の気候を念頭に、次に新石器時代の気候がどのようなものであり、いかなる変遷を辿ったのかについて少し詳しく論じてみたい。

第3節　環太行山脈地区の古気候

新石器時代は相対的に周辺環境に依拠する部分が多く、周辺環境はその時々の気候に左右される。したがって、本書のなかで新石器時代の社会や地域間交流を語るうえでも、その前提として当時の気候を論じておく必要がある。また、近年では土器動態と気候変化の関係にも一定の注目が集まっており（山本 2010, 安斎 2012）、第3章で論じる土器編年の画期と気候変化についての整合性を確認するためにも、ここで古気候について論じておく意味は大きい。

なお、本節では植物花粉および胞子と哺乳類を中心とする動物遺体を対象資料とする。主な対象地域は、もちろん環太行山脈地区とする。ただし、一定の資料数を確保するため、**第7図**のとおり周辺の陝西や甘粛東部、山東、安徽北部などの遺跡も対象に含めることにする。

1　古気候の変遷に関する先行研究

中国で環境考古学という概念が意識されながら調査・研究に組み込まれたのは1985年に行われた北京平谷に位置する上宅遺跡の発掘からとされる（楊ほか 2001）。その後、次第に古環境の復元を目的とする環境考古学の研究が増加し、現在までに多くの成果が蓄積されてきた。ここでは、まず新石器時代を中心とした完新世の古環境に関する主要な論文を挙げ、気候変化の全体像を把握するとともに、いくらかの問題点を抽出する。

まず、最も代表的な論考として施雅風などの研究が挙げられる。施などは花粉分析、土壌分析、氷床コアなどの多角的な分析を通して完新世の最温暖期（Megathermal）を 8500BP―3000BP

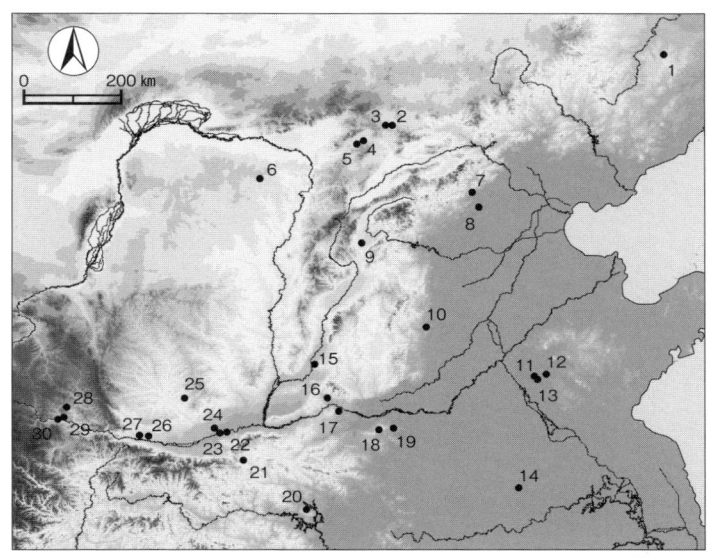

1：趙宝溝遺跡　2：廟子溝遺跡　3：大壩溝遺跡　4：石虎山遺跡　5：王墓山坡上遺跡　6：朱開溝遺跡　7：北福地遺跡　8：南荘頭遺跡　9：游邀遺跡　10：磁山遺跡　11：西呉寺遺跡　12：尹家城遺跡　13：六里井遺跡　14：尉遅寺遺跡　15：陶寺遺跡　16：東関遺跡　17：妯娌遺跡　18：王城崗遺跡　19：新寨遺跡　20：下王崗遺跡　21：紫荊遺跡　22：零口村遺跡　23：姜寨遺跡　24：東営遺跡　25：下魏洛遺跡　26：案板遺跡　27：関桃園遺跡　28：大地湾遺跡　29：師趙村遺跡　30：西山坪遺跡

第7図　分析対象とする主な遺跡の分布

とした（施ほか 1992）。ただ最も安定するのは7200BP—6000BPまでの間であり，その前後は寒暖や乾湿が繰り返したとする。特に6000BP—5000BPの間には激しい変化があり，明らかな寒冷化現象があったとする。また5000BP—4000BPの間は比較的温暖湿潤で安定し，その後3000BPまでは気候の変動が激化したとする。

　莫多聞などは甘粛省葫芦河流域の崖面から採取したサンプルから，鉱物分析や花粉分析などを通して古環境の変遷を論じた（莫ほか 1996）。分析によると，8500BP前後を契機として気候が寒冷乾燥から温暖湿潤へ転換する。そして8000BP以後は温暖湿潤な気候が6000BPほどまで継続する。6000BP—5000BPの間には気候が寒冷乾燥化した痕跡がみられるとするが，人類が周辺環境を破壊した結果，植生が変化して寒冷乾燥化したようにみえる可能性も指摘する。5000BP以降は考古学的成果も合わせて論じ，3000BPまでは乾燥化が進む劣悪な環境であったとした。

　王瑸瑜などは内蒙古土黙特平原に位置する察素斉泥炭層の分析から，古環境の変遷を論じた（王瑸瑜ほか 1996）。主に花粉分析から，9100BP—7400BPはやや寒冷乾燥化した気候であったが，7400BP—6000BPに気温がやや上がり，さらに6000BP—5000BPに温暖半湿潤な気候へと変化したとする。また5000BP—4100BPには完全に温暖湿潤化し，完新世で最も安定した気候になったとする。その後4100BP—2400BPに至るとやや乾燥化しはじめるとする。

　河北省懐来県では靳桂雲により太師荘泥炭層の分析が行われた（靳 2004）。花粉および酸素同位体比を通して，6000BP—5400BPには低温で不安定な気候であったが，5400BP—4800BPには

温暖湿潤な気候へと変化するとした。また，4800BP—4200BP には次第に寒冷乾燥化が進むが，4200BP—3300BP には温暖乾燥状態の気候へと至るとする。

以上に挙げた研究は，中国における新石器時代を通した気候変動を捉えるのに非常に有用である。大まかな変化としては，寒冷乾燥状態の気候から 8000BP—7000BP の間に温暖湿潤化に転じ，間に不安定な時期を挟みつつ温暖湿潤な気候が 5000BP—4000BP ほどまで継続する。その後は，寒冷乾燥化が進行する。この温暖湿潤な気候はいわゆるヒプシサーマル期に相当し，世界的な温暖化が起こった時期と重なる。一方，寒冷乾燥化も世界規模で確認されており，鳥取県の東郷池などで確認される日本の気候変化とも大まかに連動する（福沢ほか 1998）。したがって，中国新石器時代における気候変動も，基本的には世界規模の気候変動に連動したことがわかる。

しかし，各論考を詳細に比較すると，温暖湿潤化や寒冷乾燥化のタイミングは必ずしも一致しない。その原因には，甲元眞之氏が指摘するように花粉分析であれば花粉を包含する層位の形成時間を考慮しない過度な生態環境の概念化，^{14}C 年代測定法による対象資料の所属年代の決定方法（甲元 2008），分析対象遺跡が所在する地域の局地環境の特殊性などさまざまな要因が考えられるが，公表された資料でしか分析できない状況では，これらの問題を克服することは難しい。したがって本節では前述した先行研究の成果を一つの参考とし，改めて遺跡から出土した花粉や動物遺体を分析対象に新石器時代の気候変化の復元を試みる。遺跡出土の資料を用いる理由としては，所属する相対年代のわかる考古遺物と確実に同一層位から採集，出土した花粉や動物遺体を分析することで，復元した環境の年代の誤差を極力少なくするためである。

2　研究方法と作業手順

まず，花粉分析に関する報告から古気候の復元を試みる。植物は気候に適応することで生存する。つまり，気候の制約を受け，植生分布が決定される。したがって遺跡でみられる顕花植物の花粉は，自然あるいは人為的な関わりもあろうが，基本的には採取された場所の古気候を直接的に示す。一方，動物もある程度はダイレクトに気候の影響を受けると考えられるが，それ以上にその生息域に分布する植生の影響が大きい。特に草食動物などは気候の変化よりも，気候の変化によって変わった植生変化の影響をより強く受ける。このような理由から，まず花粉分析の報告を扱うことで古環境を復元し，それから動物遺体を分析することで花粉分析との相関性を確認する方法を採る。

花粉および動物遺体の分析は環太行山脈地区を中心に周辺地区も含め，それらの資料を通時的に分析して古気候の変化を明らかにする。また現在の区分をみてもわかるように，気候は単純に緯度に沿って変化するのではなく，地形や標高なども重要な決定因子となっている。したがって，各遺跡をみる際に，その所在する地域も考慮する。以上のような手順で論を進めていきたい。

3 古気候の復元

（1） 花粉分析からみた古気候[1]

既述したように中国新石器時代は大きく4時期に区分されるが，本節の対象地域で前期段階に属するのは河北省南荘頭遺跡のみである。南荘頭遺跡では花粉分析が行われている（原ほか1992）。花粉の具体的な数字は挙げられていないが，土器や石器を出土するT3第5層を中心とする層では，ヨモギ属（*Artemisia sp*）を主として，キク科（Compositae），アカザ科（Chenopodiaceae）などの草本類が大部分を占め，それにマツ属（*Pinus sp*）が次ぐ。その他に木本類としてトウヒ属（*Picea sp*）やモミ属（*Abies sp*）がみられるため，気候はやや寒冷であった可能性がある。一方で，ヌルデ属（*Rhus sp*）やシナノキ属（*Tilia sp*）もみられることから，ある程度は気温が高かったことも想定する必要がある。甲元氏も指摘するように，南荘頭遺跡の花粉ダイヤグラムからは遺跡形成期に多かった水生植物が次第に減少し，ヨモギ属などが増加する乾燥化傾向を読み取ることができる（甲元 2001）。それは木本類の減少と草本類の増加からもわかる。このように南荘頭遺跡では一定の時間幅の間に気候が変化しているが，報告は時期を細分して花粉を示していないため，トウヒ属やモミ属とヌルデ属やシナノキ属が共存する結果となったのだろう。いずれにせよ，新石器時代前期は，寒冷から温暖への過渡期であったことが推測できる。

新石器時代中期では，甘粛省西山坪遺跡で老官台文化併行期の地層について花粉分析が行われている（中国社会科学院考古研究所 1999）。草本類が全体の約94％を占め，木本類は約2％しか出土しない。また草本類の約85％はヨモギ属であり，それにアカザ属が次ぐ。つまり，乾燥した草原環境を復元できる。一方で，木本類にはクマシデ属（*Carpinus sp*）の他にモミ属があり，やや寒冷な気候を想定できる。

遺物は伴わないが河北省北福地遺跡でも花粉分析が行われている（河北省文物研究所 2007）。北福地遺跡形成段階では木本類20—50％，草本類42—72％という割合で示される。報告では，それ以前の比較的温暖湿潤な気候からマツ属，トウヒ属，カバノキ属（*Betula sp*）が出現し，さらに水生植物が減少するために寒冷乾燥化が進んだとする。また，その後は再び温暖湿潤化したと想定している。

このように新石器時代中期ではいまだ気候が安定せずに低温状態を示す花粉の出土がみられ，寒暖や乾湿の波がある程度あったと考えられる。それとともに内陸と沿海では木本類と草本類の出現比が異なり，甘粛などの内陸がより乾燥した状態であったことがわかる。

新石器時代後期前葉では，内蒙古中南部に位置する石虎山Ⅰ遺跡の環濠から採取したサンプルの花粉分析が行われている（鈴木 2001）。花粉はヨモギ属を主とし，それにアカザ科，禾本科（Gramineae），カヤツリグサ科（Cyperaceae），カラマツソウ属（*Thalictrum sp*）が次ぐ草本類が大半を占める。木本類にはマツ属，コナラ属（*Quercus sp*），カバノキ属，ニレ属（*Ulmus sp*）などがみられるが，草本類に比して少なく，遺跡周囲の環境は疎林草原であったと考えられる。気候としてはやや寒冷で乾燥した状況を想定できるが，現在主に黄河流域以南に分布するシナノ

キ属やクワ科（Moraceae）が一定数出土することから，現在よりも相対的に温暖な気候を想定できる。

　陝西省零口村遺跡では，T13 からサンプルが採取されている（陝西省考古研究所 2004）。零口村文化から半坡文化までの変遷をみると，零口村文化段階ではマツ属を主に，トウヒ属，モミ属，ツガ属（*Tsuga sp*），カバノキ属などから成る木本類が 9.2—24.2％ を占める。草本類にはヨモギ属を主とするキク科が多く，それにアカザ科やキンポウゲ科（Ranunculaceae）が続く。その他，湿生植物としてガマ属（*Typha sp*）が一定数みられる。また，シダ植物として現在では長江以南に分布するウラボシ科（Polypodiaceae）が確認されている。半坡文化段階になると，木本類のマツ属が減少し，トウヒ属やモミ属，カバノキ属がみられなくなる。さらに草本類ではヨモギ属を含むキク科が大きく減少し，禾本科が最多となる。その他，ガマ属は減少するが，ウラボシ科はやはり一定数がみられる。以上より，零口村文化から半坡文化にかけて気候が次第に温暖化し，ある程度湿潤な状態が継続したことがわかる。

　このように，新石器時代後期前葉には寒冷な気候を示す木本類が存在するが，一方で温暖な気候を示す花粉の出土が増加する。したがって，前時期よりも相対的に温暖な気候を想定することができよう。

　現在，新石器時代後期中葉における環太行山脈地区には，花粉分析の良好なデータがない。ここではとりあえず陝西省案板遺跡の分析結果を示しておく。案板遺跡では南部崖面の第 2 層で仰韶文化の土器が確認されており，同層のサンプルで花粉分析が行われている（王世和ほか 1988）。具体的な数値は記されていないが，木本類にはマツ属，ヒノキ属（*Chamaecyparis sp*），カバノキ属，コナラ属，クルミ属（*Juglans sp*）を主に，シナノキ属，カキノキ属（*Diospyros sp*），ヌルデ属など中国南方に多く分布する木本類もみられる。また草本類はヨモギ属やアカザ属を主とするが，カラナハソウ属（*Humulus sp*）やアカネ科（Rubiaceae）などやはり南方に多く分布するものがみられる。シダ植物にもウラボシ科，イノモトソウ属（*Pteris sp*），メシダ属（*Athyrium sp*）など熱帯，亜熱帯にみられるものが確認できる。これらより当時の気候はかなり温暖であったと考えてよかろう。

　新石器時代後期後葉では，内蒙古中南部の王墓山坡上遺跡で花粉分析が行われている（鈴木 2001）。木本類にはマツ属，コナラ属，カバノキ属，クワ科がみられる。また草本類はヨモギ属を主に禾本科がそれに次ぎ，若干アカザ属が確認できる。全体をみると草本類が 98％ 前後を占めるため，当時は草原景観であったことがわかる。ただし，草本類でも耐乾性の高いヨモギ属と比べ禾本科が 20—40％ を占めるので，ある程度の湿潤状態を想定できる。また，比較的温暖な気候を好むクワ科やヒメハギ属（*Polygala sp*）なども確認できるため，比較的温暖であったと考えられよう。

　甘粛省師趙村遺跡では，馬家窯文化石嶺下類型の層位から採取されたサンプルで花粉分析が行われている（中国社会科学院考古研究所 1999）。木本類にはマツ属，モミ属，トウヒ属などの針葉樹が多くみられる。それに次いでコナラ属，カバノキ属，ハシバミ属（*Corylus sp*）などがある。

草本類はヨモギ属と禾本科を主として，アカザ属がそれに次ぐ。全体の割合をみると，木本類約20％，草本類約80％ほどであるため，当時の遺跡周辺には針葉樹を主とした針葉広葉混交樹林の疎林草原景観を想定できる。一方，温暖な気候を好む木本類のヌルデ属，シダ植物のウラボシ科やゼンマイ属（*Osmunda sp*）がみられ，湿生植物のガマ属やカヤツリグサ科も確認できる。したがって，温暖湿潤な気候を想定することができる。しかし，多くの針葉樹に対する評価は難しく，短期的な寒冷化や高山帯からの木材運搬などを含む人為的な問題も考慮する必要がある。ただ，50 cm の厚みをもつ石嶺下類型の層位上下から採取した5点のサンプルの分析結果をみると，次第にモミ属やトウヒ属が減少する傾向にある。したがって，報告書も指摘するように，石嶺下類型の早い段階に寒冷化があった可能性も否定できない。

　以上より，新石器時代後期後葉には温暖な気候を好む植物が多くみられ，さらに湿潤な環境に多いシダ植物や湿生植物も一定の割合で出現する。これらより，師趙村遺跡で寒冷化の可能性が指摘されるものの，やはり新石器時代後期中葉と同様，基本的には温暖湿潤な気候であったと考えられよう。

　新石器時代末期前葉では，やはり師趙村遺跡で花粉分析が行われている（中国社会科学院考古研究所 1999）。前時期と比較してマツ属など針葉樹の出土が減少し，温帯に多いモクセイ科（Oleaceae），クルミ属などが増加する。草本類は木本類より割合を増し，ヨモギ属やアカザ科が増加するとともに，禾本科が減少する。その他，シダ植物のウラボシ科が一定数みられる。したがって，前時期よりも温暖な気候を想定できるが，やや乾燥化が進んだ可能性もある。

　山西省の陶寺遺跡でも花粉分析が行われている（孔ほか 1992）。ただ，分析されたサンプルは墓で出土した土器内部から採取されたものであり，直接的に当時の気候を反映するか判断が難しい。主な木本類には温帯針葉樹のアブラマツ（Pinus tabulaeformis）が圧倒的に多く，それに若干のカバノキ属がみられる。草本類には，ヨモギ属を含むキク科，禾本科，アカザ科などが確認できる。報告では，温暖乾燥を好むアブラマツが多く確認できることを根拠の一つとして，当時の気候を温暖であったとする。

　安徽省北部の尉遅寺遺跡では，大汶口文化晩期の層位からサンプルが採取されている（中国社会科学院考古研究所 2001）。分析結果をみると，木本類にコナラ属，ツガ属，スギ属（*Cryptomeria sp*），ブナ属（*Fagus sp*），ミカン科（Rutaceae），草本類にカラナハソウ属，シダ植物にウラボシ科，ゼンマイ属など，熱帯から温帯に分布するものが多くみられる。現在，尉遅寺遺跡は温帯の南部に位置することから，当時は現在よりも温暖であったことがわかる。また，このような植生は師趙村遺跡や陶寺遺跡ではみられず，地理的に南からの季節風の影響を受けやすいために温暖湿潤な気候が形成されたのだろう。

　このように新石器時代末期前葉でも，前時期からの温暖な気候が継続したと考えられる。特により低緯度で東部に位置する尉遅寺遺跡では多くの熱帯，亜熱帯の特徴を示す花粉や胞子が確認でき，少なくとも亜熱帯に属した可能性が高い。ただし，案板遺跡では温暖な気候を示すが，前時期ほどではないと報告で指摘する点は注意したい（王世和ほか 1988）。

新石器時代末期後葉の例としては，まず甘粛省西山坪遺跡の花粉分析をみたい（中国社会科学院考古研究所 1999）。この時期の西山坪遺跡では，前時期と比較して木本類にモミ属が増加する。それにマツ属，トウヒ属，コナラ属などが続く。草本類はヨモギ属が主体となり，さらに禾本科がみられる。草本類が全体の約97％を占めるため，まばらに針葉樹を主とした樹木が生えるやや乾燥した草原環境を想定できる。またモミ属が木本の主体を占めることから，やや寒冷な気候であったと考えられる。山西省北部の游邀遺跡をみても，報告されたサンプルの採取深度と地層断面図の比較から時期的には若干晩い可能性もあるが，以前は内蒙古中南部でも確認できた熱帯，亜熱帯系の花粉がほとんどみられなくなり，相対的に低温になったことを示唆している（吉林大学辺疆考古研究中心ほか 2004）。

一方，山西省西南部の陶寺遺跡では，アブラマツの他にカバノキ属，クリ属（*Castanea sp*），クマシデ属，コナラ属などの広葉樹を含めた木本類が約65％を占め，さらに草本類のカラナハソウ属やシダ植物のウラボシ科がみられるため，比較的温暖湿潤であったことがわかる（孔ほか1992）。

また，太行山脈よりもやや南に外れるが，河南省王城崗遺跡ではマツ属を主としてコナラ属，クルミ属が木本類にみられる。草本類はヨモギ属を含むキク科とアカザ科が大部分を占める。サンプルにより多少のばらつきもあるが，草本類が多く確認できるため，報告では疎林草原を復元している（北京大学考古文博学院ほか 2007）。また，この環境は自然林の人為的破壊により，二次的に形成された植生としている。上記のほかに，王城崗遺跡の龍山文化段階では，現在，主に中国南部の亜熱帯に分布するシダ植物のウラボシ科，イノモトソウ属，ヒメウラジロ科（Sinopteridaceae），コケシノブ科（Hymenophyllaceae）などが多く確認できる。つまり，現在よりも温暖湿潤であったと考えられる。

以上のように，新石器時代末期後葉では，西山坪遺跡あるいは游邀遺跡のように相対的に気候が寒冷化したとされる遺跡と，陶寺遺跡や王城崗遺跡のように前時期から温暖湿潤な気候が継続したとされる遺跡に分かれる。西山坪，游邀の両遺跡は，陶寺，王城崗の両遺跡に比べ，高緯度あるいは内陸に位置するという特徴をもつ。これらの地域は東部季節風気候と西北内陸部乾燥気候の境界に位置し，気候の変動に大きく関わる南北からの季節風の影響をより強く受ける地域である。したがって，二里頭文化段階における気候悪化を考慮すれば，その気候変化の影響を真っ先に受けたことを反映する可能性がある。

ここまで花粉分析を通して，通時的に気候変化について論じてきた。新石器時代前期から中期には，温帯植物のほかに一定数の寒冷な気候に育つ樹種の花粉もみられ，気候が安定しない状況にあった。その後，後期前葉から次第に温暖な気候が安定しはじめ，末期前葉までは継続したと考えられる。そして，末期後葉になると，高緯度あるいは内陸から相対的に気候が悪化したと推測できる。以上の分析結果をクロスチェックする意味でも，次に動物遺体から新石器時代の気候について考える。

（2） 哺乳動物遺体からみた古気候

　現生動物は，地理的環境による動物相の違いから大きく六つの動物地理区に分けられる。中国はそのなかの旧北区と東洋区に跨っている。厳密には両区の遷移帯も存在するが，おおまかに秦嶺―淮河線を境とした北に旧北区，南に東洋区が設定されており，それぞれ生息する動物相に違いがみられる。当然，現在よりも温暖な時期にはこの境界が北へ移り，逆ならば南へ移る。それに伴い動物相も変化する。以下，本節では旧北区と東洋区に生息する動物遺体の出土を一つの目安として，気候の変化を論じる。

　現在のところ，環太行山脈地区では新石器時代前期に相当する遺跡から出土した動物遺体の詳細な分析はない。したがって中期から検討する。新石器時代中期では，河北省磁山遺跡で動物遺体の分析がなされている（周 1981）。具体的な数値は述べられていないが，家畜動物のブタ（*Sus domestica*）やイヌ（*Canis familiaris*）以外に，ニホンジカ（*Cervus nippon*），アカシカ（*Cervus elaphus*），ノロジカ（*Capreolus capreolus*），シフゾウ（*Elaphurus davidianus*），キバノロ（*Hydropotes inermis*），ホエジカ属（*Muntiacus sp*）などのシカ科が出土しており，これらが主な狩猟対象であったことがわかる。現在，キバノロやホエジカ属は，長江下流域あるいは長江以南に生息域がある。また，熱帯，亜熱帯に生息するハクビシン（*Paguma larvata*）やアカゲザル（*Macaca mulatta*）などの東洋区の動物も出土するため，当時の気候は現在よりも温暖であったことがわかる。

　また陝西省関桃園遺跡からもキバノロやホエジカ属が出土しており，さらにアジアスイギュウ属（*Bubalus mephistopheles*），スマトラサイ（*Rhinoceros sumatrensis*），タケネズミ（*Rhizomys sinensis*）など東洋区の動物が同定されている（陝西省考古研究院ほか 2007）。したがって，内陸に位置する陝西省でも磁山遺跡と同様にかなり温暖な気候であったことがわかる。一方で内蒙古東南部の趙宝溝遺跡では東洋区の動物は出土せず（中国社会科学院考古研究所 1997），旧北区と東洋区の境界が河北省から内蒙古自治区の間にあったと推測できる。

　新石器時代後期前葉では，内蒙古中南部の石虎山Ⅰ遺跡で動物遺体の同定が行われている（黄 2001）。家畜のブタやイヌのほかに，ノロジカとアカシカの出土が多く，これらが狩猟対象であったと考えられる。最も注目されるのはアジアスイギュウが野生動物の 12.6% を占める点である。アジアスイギュウ以外に明らかな熱帯，亜熱帯に生息する動物は同定されないためその存在には疑問も残るが，前述した花粉分析の結果を考慮しても温暖であったとしてよいのではないか。

　陝西省姜寨遺跡では，史家類型を含めた半坡文化段階の動物遺体が同定されている（半坡博物館ほか 1988）。家畜にはブタを中心にイヌやウシ（*Bos taurus*）が確認でき，野生動物はニホンジカとキバノロを中心としたシカ科が最も多い。またアカゲザルやタケネズミが出土し，さらに黄河以南に多く生息するブタバナアナグマ（*Arctonyx collaris*）などもみられる。陝西省に近い甘粛省大地湾遺跡ではスマトラカモシカ（*Capricornis smatraenisis*），スマトラサイ，アジアゾウ属（*Elephas sp*）などの東洋区の動物も同定されており（甘粛省文物考古研究所 2006），やはり前時期から継続して内陸部でも温暖湿潤な気候であったことがわかる。

新石器時代後期中葉では環太行山脈地区における動物遺体の詳細な分析がなく，その周辺地域の遺跡を分析する。まず，甘粛省大地湾遺跡であるが，ブタやイノシシ（*Sus scrofa*）とシカ科が多く，それにウシ科（*Bovidae*）が次ぐ（甘粛省文物考古研究所 2006）。シカ科のキバノロのほか，タケネズミや熱帯雨林を好むカオジロムササビ（*Petaurista alborufus*）など東洋区の動物も出土しており，やはり温暖湿潤な環境を復元できる。

次に，南下するが河南省下王崗遺跡をみる。下王崗遺跡では具体的な出土数は挙げられないが，主要な動物としてブタ，イヌ，イノシシ，ニホンジカなどが出土する（河南省文物研究所ほか 1989）。さらに重要な点としてホエジカ属，スイギュウ，スマトラサイ，ジャイアントパンダ（*Ailuropoda melanoleuca*），ヤマアラシ属（*Hystrix sp*）など熱帯，亜熱帯地域に生息する動物が多い。下王崗遺跡が秦嶺—淮河線以南に位置することを考慮しても現生動物にはみられないため，熱帯，亜熱帯に属したと考えてよかろう。

新石器時代後期後葉では，内蒙古自治区中南部の廟子溝遺跡とその東8kmに位置する大壩溝遺跡で動物遺体の分析が行われ，近似した結果が得られている（黄 2003）。両遺跡ともにブタやイヌのほか，アカシカ，ノロジカが多く出土する。新石器時代後期前葉の石虎山遺跡では内蒙古中南部にもかかわらず温暖な気候を好むアジアスイギュウがみられたが，廟子溝，大壩溝の両遺跡ではアジアスイギュウや東洋区の動物は一切出土しない。逆に乾燥した環境を好むウマ（*Equus caballus*）やロバ（*Equus hemionus*）を確認できる。つまり，内蒙古中南部では少なくともやや寒冷乾燥化が進んでいた可能性がある。

陝西省紫荊遺跡では，野生動物としてニホンジカを集中的に狩猟していた。その他に現生では中国東南部にしか生息しないキバノロが一定数みられる（王宜濤 1991）。同じ陝西省の姜寨遺跡でもキバノロが多く出土しており，さらにタケネズミも確認できる（半坡博物館ほか 1988）。甘粛省大地湾遺跡ではキバノロ以外にスマトラカモシカやスマトラサイも出土しており，特に温暖な気候であったことを示している（甘粛省文物考古研究所 2006）。

当該期はより高緯度に位置する内蒙古中南部でやや寒冷乾燥状態を示す動物が確認できる一方，陝西省や甘粛省では温暖湿潤な環境にあったと考えられる。その他の地域では良好な資料の報告がないが，河南省の妯娌遺跡や下王崗遺跡，山西省の東関遺跡などでも熱帯，亜熱帯に分布の中心がある動物の出土は確認できないため，前時期ほど温暖ではなくなった可能性がある。

新石器時代末期前葉になると，陝西省下魏洛遺跡でもやはり家畜はブタとイヌが多く，野生動物ではシカ科が突出している。温暖な気候を示す動物としてはタケネズミが出土するが，その他には確認できない（西北大学文化遺産與考古学研究中心ほか 2006）。甘粛省の西山坪遺跡や師趙村遺跡でもほぼ同様の動物遺体が確認されている（中国社会科学院考古研究所 1999）。陝西省案板遺跡ではタケネズミのほかにキバノロやヤマアラシが確認されるが，東洋区に生息する大型哺乳動物はほぼみられなくなり，逆にウマ属など乾燥した気候を好む動物が出現する（傅 1988）。

山東省六里井遺跡ではシカ科の出土が相対的に少なく，ブタとイノシシが多く確認されている（国家文物局考古領隊培訓班 1999）。ただし，シカ科にはキバノロやホエジカがみられる。また，安

徽省尉遅寺遺跡ではホエジカ，キバノロのほかにスイギュウが出土し，さらに爬虫類だがヨウスコウワニ（*Alligator sinensis*）も確認されている[2]（中国社会科学院考古研究所 2001）。しかし，スマトラカモシカやスマトラサイ，アジアゾウ（*Elephas maximus*）など大型の哺乳動物は出土しない。

このように考えると，当該期には内陸部でやや寒冷乾燥化が進行したと読み取れる。さらに東部地域では引き続き温暖な気候であったが，やはり相対的に気温が低下したようである。河南省下王崗遺跡でも温暖な気候を好む動物は出土せず，このような見方を補強する。少なくとも，確実に前時期以前より旧北区と東洋区の境界が南下したと考えてよかろう。

新石器時代末期後葉は，まず内蒙古中南部の朱開溝遺跡をみる（黄 1996）。朱開溝遺跡は5期に区分され，そのうちの第1期が新石器時代末期後葉の龍山文化併行とされる。同定された動物は多くなくすべて家畜でブタ，ウシ，イヌのほかにヒツジ属（*Ovis sp*）がみられる。ヒツジ自体は末期後葉以前にも散見されるが，当該期以降に出土が急増し，安定的に家畜化が進んだと考えられる。ヒツジの存在は草原化を示すため，遺跡周辺が次第に乾燥したと読み取れる。

山西省南部の東関遺跡でもヒツジが出土する（中国歴史博物館考古部 2001）。その他はブタとシカ科が大半を占める。温暖な気候に生息する哺乳類は確認できない。

陝西省東営遺跡ではブタ，イヌ，ヒツジのほかに，ニホンジカを最多とする野生動物が出土する（陝西省考古研究院ほか 2010）。さらにキバノロやスイギュウなど温暖な気候を好む哺乳類が確認できる。姜寨遺跡でもキバノロは出土し，下魏洛遺跡ではタケネズミも出土する。したがって新石器時代末期後葉における当該区の気候は，前時期と同程度だったと考えられるが，やや乾燥化が進んだ可能性がある。

河南省の新寨遺跡や王城崗遺跡，山東省の尹家城遺跡や西呉寺遺跡，安徽省の尉遅寺遺跡でも前時期の同地域とほぼ同様の動物が確認されており，やはり気候に大きな変化はなかったことを示している。

以上のように，新石器時代末期後葉では北方の内蒙古中南部を中心にヒツジが増加し，陝西省などでも乾燥化が進んだ可能性がある。ただ，特に河南省や山東省，安徽省など環太行山脈地区の南側では大きな気候の変化はなかったと考えられる。

動物から環太行山脈地区の気候変化を復元すると，中期から後期中葉までは温暖な気候を想定できる。**第8図**は東洋区に生息する動物の出土数を時期別に示したものだが，中期および後期前葉では黄河中流域を中心に出土が多く，後期中葉までは北方でも出土が確認できる。しかし，後期後葉以降は黄河流域以南でしかみられず，さらに出土数が減少し，ゾウやサイなど大型動物も出土しなくなる。このように，後期中葉から後葉にかけて比較的明確に寒冷化を示唆する現象を把握することができる。

4　古気候の変遷

ここまでみた花粉分析および動物遺体から復元した古気候を比較すると，大まかな部分では一致することがわかる。新石器時代中期以前は次第に温暖化が進む状況を示すが，一部に低温状態

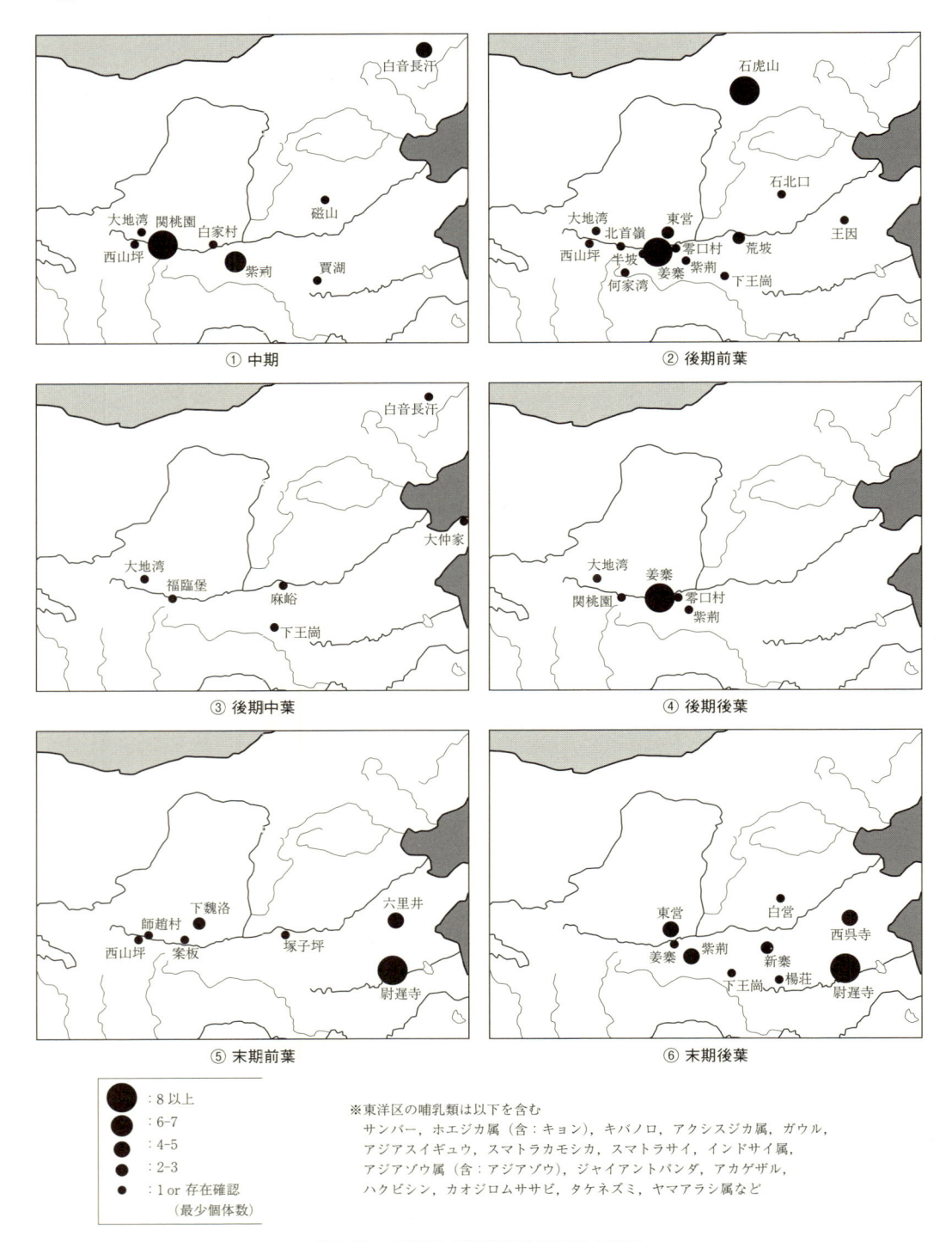

第 8 図　東洋区哺乳類の時期別出土状況

を示唆する花粉や動物遺体がみられ，気候が温暖な状態で安定しなかったと考えられる。しかし，後期前葉以降は一転してきわめて温暖な気候となる。温暖な気候を好む植物の花粉や東洋区に生息する大型哺乳動物が安定して出現する。このような状況は後期前葉から中葉をピークに後期後葉あるいは末期前葉まで継続する。絶対年代では B. C. 5000—B. C. 3000 年ほどに相当し，まさにヒプシサーマル期の絶頂期であったといえる。その後は，花粉分析では新石器時代末期前葉，動物遺体では後期後葉ほどを境として高緯度や内陸から次第に寒冷あるいは乾燥状態を示す資料が増加する。黄河中流域あるいはそれ以南では温暖湿潤な気候が継続する遺跡もあるが，温暖な気候を好む植物花粉や東洋区の大型哺乳動物が減少し，相対的にみれば確実に寒冷乾燥化が進行したことがわかる。

このような大まかな古気候の変化は，研究史で述べた施雅風などや莫多聞の研究と合致する部分が多い。それらの研究では B. C. 6000 年あるいは B. C. 5200—B. C. 4000 年を安定した最温暖期とするが，それは本節の新石器時代後期前葉に相当する。施などの研究ではその前後には寒暖や乾湿が繰り返したとするが，本節の後期中葉でみられた温暖な気候はそのような波の温暖な時期を捉えた可能性がある。また，上記の先行研究では B. C. 4000—B. C. 3000 年を気候の不安定な時期とし，寒冷化の可能性を指摘している。本節でも B. C. 3500—B. C. 3000 年ほどに相当する新石器時代後期後葉に寒冷化あるいは乾燥化の可能性を読み取っており，これらは同一の気候変化を別の角度から表したといえよう。さらに施などは B. C. 2000 年以降を気候の不安定な時期とするが，これは本節の末期後葉における寒冷化や乾燥化と結びつく。近年，ボンド・イベントの一つで 4.3ka イベントと呼ばれる気候の不安定化に伴う短期的な環境悪化が挙げられることもあるが（安斎 2012），中国も例外ではない（方ほか 1998）。本節の末期後葉における寒冷乾燥化もこのような現象を反映するのかもしれない。

以上のように，遺跡にみられる花粉や動物遺体から復元した古気候も，基本的には施などや莫がいくつかの自然科学的な手法を用いて復元した気候と近似する。したがって新石器時代の環太行山脈地区は，このような気候変化を辿ったと考えてよかろう。

本節では中国新石器時代の環太行山脈地区を中心とした地域の古気候を，花粉分析や動物遺体の分析を通して改めて復元した。その過程でいくつかの問題も浮き彫りになった。例えば，花粉と動物では当初の予想とは異なり動物遺体の方が寒冷化をより早い時期に反映した点などである。この問題については後期後葉における気候不安定期の寒冷化した時期を動物遺体が捉えた可能性もあるが，動物と植物の環境適応の実態をより詳細に検討する必要がある。いずれにせよ，古気候の変遷については本節で大体明らかにできたと思う。このような気候の変遷を基礎に置いて，次章では具体的な考古遺物である土器の検討に入りたい。

註
1) 花粉あるいは動物遺体の出土が示す気候は現生のものから推測し，中国科学院中国植物志編輯委員会（1959—2004），鈴木（2012），盛ほか（2000），クラットン＝ブロック（2005）などを参考とした。

2) 新石器時代末期前葉の山西省南部陶寺遺跡でも M3015 より鰐皮を張ったとされる太鼓の出土が報告されている。すなわち，当時は黄河流域にもワニが生息した可能性がある。

第3章　環太行山脈地区の土器編年と交流関係

　本章では環太行山脈地区における地域ごとの土器編年を構築し，さらにそれらの併行関係を確認することで広域編年を構築する。そして，それに基づき各時期における交流関係を明らかにする。最終的には，環太行山脈地区文化圏の成立過程について言及する。それに先立ち，土器編年を構築するために本章で使用する用語について説明を加え，さらに研究の方法についても明示しておく。

第1節　用語概念の説明と研究方法

1　用語概念の説明

　すでに何回か使用した用語もあるが，土器分類に必要となる用語の定義を行うにあたり，まず形式，型式，様式について説明する。形式は土器の用途や機能から区分できる系統性を有した概念であり，器種とほぼ同様の意味をもつ。用途や機能は，土器の形態や胎土，使用痕，出土状況から判断できる。また，形式はさらに大別形式と細別形式に細分することができる。大別形式は同様の用途や機能をもつが異なる系統にあるいくつかの細別形式を含む。逆にいえば，細別形式は同様の用途や機能をもつが異なる系統にあることから分けられる。系統の違いは，主に形態から判断し，さらに出土した年代や地域がわかるものは，その違いからも分けることができよう。具体的に挙げると，例えば大別形式として鬲や深腹罐などがある。さらに細分した細別形式として鬲Ⅰ・Ⅱ・Ⅲ……，深腹罐Ⅰ・Ⅱ・Ⅲ……などがあるということである。また，本書で使用する細別形式は岩永省三氏が用いた細別器種と同じ概念といえる（岩永 1989）。

　形式は系統性を有するとしたが，この形式がいくつか組み合わさって時空間を限定した特徴を示し，ある時期のある地域における土器のセット関係を構成するが，これを様式とする。中国考古学では，この単位を一つの考古学的に認識できる「文化」としても捉えている。なお，本章ではこの様式の変化を生活方式の変化とみなし，時期や地域の区分を行う指標とする。特に時間軸の区分は第1期，第2期などのように表現する。ただ，時空間を問わず，二つの土器様式が重複する中間的様相を呈し，漸次的な変化を示す部分がある。例えば時間的に前後の土器様式で中心となる形式の共伴であったり，隣り合う土器様式分布圏で相互の土器を出土するような状況である。前者の場合は数量を考慮しつつ新たな土器の出現という生活方式の変化に重点を置きながら画期を設定する。また後者の場合は，各形式の系統を明確にすることで様式の主体を確認し線引きを行う。

型式は，細別形式内における系統的な変化を，土器の形態や文様，色調などの諸属性から細分した概念である。これは生活方式の変化などを前提とした時期を区分する概念ではなく，その下位概念として単純に時間的変化として捉える。本節ではこれを前葉や後葉などと表現する。一定量の細別形式にみられる型式変化を指標として，それぞれ期を細分する概念として用いる。

以上を，本書で使用する土器に関する基本的な概念定義とする。

2 研究方法

中国における土器編年の一般的な構築方法は，はじめに層位と遺構間の切り合いから一遺跡内の時期を区分し，それに沿って各層位や遺構から出土した土器を並べ替える。そのうえで，遺跡間で区分した時期間に類似性の強い形式があれば同一時期として，相対編年が組まれていく。つまり，層位学を主な方法として用い，型式学は副次的に用いられる。この方法だと，一遺跡内における時期区分に関しては，遺物の出土量にかかわらず有効であるといえる。しかし，明確な土器型式を設定せずに遺跡間に共通してみられる形式を単発的に類似度の差異から比較するのみであるため，広域に及ぶ編年を組み上げる際には明確な根拠と客観性に欠ける併行関係の設定となりがちである。また，遺跡間を比較する際，一形式のみの比較しかなされずに併行関係を決定することがある。土器は各形式がそれぞれ時間を異にしながら漸次的に変化するため，正確な併行関係を設定するには複数の形式を含めた一つの土器様式として全体を比較する必要がある。以上の中国における編年研究の方法論的問題を考慮しつつ，本書では以下の研究方法を採る。

まず形態や胎土，使用痕，出土状況からわかる用途や機能に基づき土器形式を決定する。そのうえで，特に細別形式ごとの型式分類を進める。分類は，土器一個体において時間的変化をよく示す属性を抽出し，その属性ごとに分類を行う。そして，属性の変化の方向を明らかにするため，層位関係や遺構間の切り合い，さらにはその細別形式と同じあるいは近い系統にある前後する時期の土器との比較や先学の研究成果などを通して，時間的前後関係を決定する。それをもとに，土器一個体内における各属性の組み合わせから型式を決定し，組列を組む。さらに，各細別形式における型式の一遺構内における共伴関係から土器様式を確定し，それを並べ替えることで編年を作成する。そして，土器様式や型式の変化から時期区分を行う。時期区分はすでに述べたように土器様式の変化を主な指標とする。ただし，連続する時期間の関係を明らかにするときに，土器の系統性に注目する必要がある。系統は，連続する時期の継承関係を把握するための重要な指標である。中国では，上述したように遺跡単位で層位や遺構の重複，切り合い関係から時間的枠組みを構築し，その枠組みに土器を当てはめる手法が一般的である。したがって，個々の形式の抽出や系統性が曖昧になり，厳密に把握されない。その結果，前後に連続する時期，つまり土器様式間のつながりが不明確になる。土器様式が変化しても，そのなかのいくつかの細別形式は連続することは多々見受けられる。それが多ければ両時期間のつながりが強いと判断できるし，連続する細別形式がなく，根本的に土器様式が変化するならば，両時期間に関係はみいだせない。このように土器様式間の関係を考えることで，土器の背景にある両時期間におけるヒトの関係に

まで考察を及ぼすことができるだろう。

　次に，区分した各時期ごとに土器様式の空間分布をみることで地域性を抽出し，その変遷から空間的な交流の変化を読み取る。ある一定の土器様式を共有する範囲に，異なる土器様式に含まれる形式がみられればそれは他地域との交流を示すこととなる。ただ，その場合にも交流の継続性の有無などの違いがある。その違いは，別系統の形式が連続して一定量出土するかどうかを定量的に把握することで理解できよう。また，別系統の形式がどの地域に属するのかなどの点にも注意する必要がある。それによりある地域が他のどの地域との結びつきを強めたのかがわかる。さらに，土器が単体で入っているのか，それともセット関係をもって入っているのか，セット関係をもつならば，どのような土器がセットになっているのかという点にも注意する。それにより，交流の背景にまである程度は言及することができよう。

　以上の過程を経て，環太行山脈地区における各地域内の土器編年と交流関係を整理する。そのうえで，最後に地域間の併行関係を確認し，広域編年を構築する。そして，さらに時期を区分したあとで，各時期ごとに環太行山脈地区における交流関係を整理し，いかなる交流を経て環太行山脈地区文化圏が形成されたのかを明らかにする。

第2節　山西の土器編年と地域間交流

　まず本節では，太行山脈西側に位置する山西で出土する土器の分析を進める。山西は太行山脈の東側に位置し，西側の呂梁山との間に挟まれた南北に連なる五つの盆地を中心に遺跡が分布する。各盆地ではその自然地理的単位のなかで比較的まとまりのある土器様式が確認でき，大まかに一つの考古学文化として捉えることも可能である。一方，時期によっては盆地間あるいは周辺地域との交流を通して自然地理的単位を超えたまとまりがみられることもある。このような交流ネットワークの変容に伴う考古学文化の分布変化を何度も繰り返しながら，新石器時代末期には環太行山脈地区で共通の要素を共有し，緩やかなまとまりを示す環太行山脈地区文化圏の一部に組み込まれていくのである。

　山西は特にその地理的特徴から，太行山脈の南北をつなぐ西側のルートとして重要な位置を占める。かつて蘇秉琦が廟底溝文化の東北への影響を説明する際に，山西省の汾河を遡り，桑干河を経て内蒙古へ至り，燕山北側へとつながる「S」字ルートに言及したように（蘇 1999），山西省は非常に重要な位置にあることがわかる。本節では，土器編年や周辺地域との交流関係を再考するとともに，このような山西省の環太行山脈地区の交流に占める重要性も明らかにしていきたい。

1　対象とする地域および資料

　第2章でも触れたように，山西省は西方から飛来する黄砂の堆積により形成された黄土高原に位置し，中国の地形区分でいう第2級階梯に属する。この黄土高原を流れる桑干河や汾河の浸

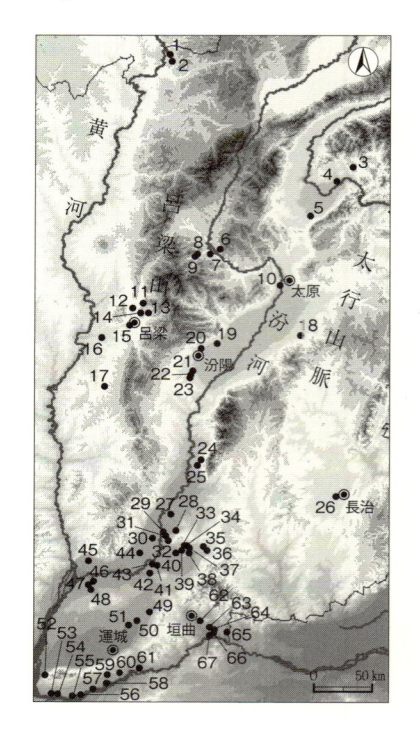

1：老牛湾遺跡　2：大咀遺跡　3：陽白遺跡　4：西社遺跡　5：游邀遺跡　6：廟湾遺跡　7：西街遺跡　8：河家荘遺跡　9：童子崖遺跡　10：義井遺跡　11：双務都遺跡　12：後趙家遺跡　13：吉家村遺跡　14：喬家溝遺跡　15：馬茂荘遺跡　16：楊家坪遺跡　17：岎溝遺跡　18：白燕遺跡　19：杏家村遺跡　20：峪道河遺跡　21：段家荘遺跡　22：任家堡遺跡　23：臨水遺跡　24：耿壁遺跡　25：侯村遺跡　26：小神遺跡　27：下靳遺跡　28：陶寺遺跡　29：陳郭村遺跡　30：南関外遺跡　31：丁村遺跡　32：曲舌頭遺跡　33：方城遺跡　34：南石遺跡　35：棗園遺跡　36：北橄遺跡　37：開化遺跡　38：翼城古城遺跡　39：天馬―曲村遺跡　40：東許遺跡　41：東呈王遺跡　42：西陽呈遺跡　43：褚村遺跡　44：光村遺跡　45：固鎮遺跡　46：北里村遺跡　47：古城遺跡　48：袁家荘遺跡　49：店頭堡遺跡　50：東下馮遺跡　51：西陰村遺跡　52：長旺遺跡　53：西王村遺跡　54：東王村遺跡　55：東荘遺跡　56：南礼教遺跡　57：太安村遺跡　58：大禹渡遺跡　59：清涼寺遺跡　60：西侯遺跡　61：盤南村遺跡　62：龍王崖遺跡　63：豊村遺跡　64：北堡頭遺跡　65：下馬村遺跡　66：東関遺跡　67：小趙遺跡

第 9 図　対象遺跡の分布

食・堆積作用により南北に盆地がいくつも形成され，それらを中心とした地域に遺跡が多くみられる。主な盆地は五つを数え，北から大同盆地，忻定盆地，太原盆地，臨汾盆地，運城盆地が挙げられる（《中国国家地理地図》編委会 2010）。その他に多くの遺跡が確認できる盆地として，運城盆地の東に位置する垣曲盆地がある[1]。調査数に関していえば，李済を中心とした中国人により最も早く科学的な発掘が行われた西陰村遺跡，徐旭生が早くから夏王朝との関わりを注目した汾河下流域，明確な階層差をもつ墓や巨大な城址が確認された陶寺遺跡などがすべて山西省南部あるいは西南部に集中するため，それらの地域が圧倒的に中部や北部よりも調査数が多い状況にある。

また，山西は他地域を中心とする考古学文化の影響を受けつつも，基本的には在地色の強い文化を形成する。そのため，山西の一部が他地域を中心とする文化の一部に組み込まれるような状況にもないので，山西省全域を研究対象に含めても問題はないと考える。したがって，基本的な対象資料は山西省から出土する土器とし，それぞれの遺跡については第 9 図に示しておく。

2　研究史

現在までの新石器時代における山西の土器編年に関する研究を振り返ると，近年，国家文物局がまとめた概括的な変遷を述べたものを除けば（国家文物局 2009），通時的に土器の変遷を扱った研究はほとんど見当たらないことがわかる。また，新石器時代全体に言及した論考でも，基本的

には山西の一部地域に特化した内容となっており，各地域の土器の様相を詳細に論じたうえで地域間関係を明らかにした研究は皆無である。大多数は時間や地域を限定して研究対象を絞っており，山西全体の新石器時代の変遷を捉えるのには不十分といわざるをえない。したがって，とりあえず断片的ではあるが，以下に本書の目的に合致する先行研究を挙げ，その問題点を抽出することで本書が進むべき道筋を明らかにしておきたい。

　まず挙げておきたいのは，許偉が通時的な文化変遷を捉えるために晋中地区の西周以前を20段に区分した研究である（許偉1989）。第1段から第11段までを新石器時代と認識しており，特に空三足器の出現を目安に第8段以降について廟底溝二期文化併行期を含む龍山時代の開始としている。また，晋中地区の新石器時代は周辺地区の影響を受容しつつ，在地の特徴を保持したとする。この許偉の論考は晋中地区の編年の基準として多くの論文で引用されるが，詳細な検討を加えると少なからず問題点を指摘できる。例えば，編年の根拠がまったく示されていない点は大きな問題である。また，仰韶文化晩期は第4段から第7段までの4段に区分されるが，一方で廟底溝文化や廟底溝二期文化，龍山文化はそれぞれ2段にしか区分されず，時期区分の精度が一貫していない。編年の内容についても，仰韶文化晩期の直後に「陶寺類型」早期の第8段が続くが，陶寺遺跡の早期は明らかに廟底溝二期文化の最末期に相当するため，これも適当とは考えられない。したがって，大きな時間の流れをみるのには比較的有用であるが，細部には少なからず問題があるといわざるをえない。

　また国家文物局などは『晋中考古』のなかで晋中地区の新石器時代を5期に区分し，さらに各時期を細分している（国家文物局ほか1998）。基本的には同一遺跡における層位関係と遺跡間における土器形態の比較から時期を区分している。同書の各章に掲載された報告や方法論的な観点からみると，見解は比較的妥当であると考える。しかし，上述した許偉の見解との差異は改めて検討する必要があるし，他地域との比較があまりみられない点は問題として指摘できよう。

　臨汾盆地については新石器時代全体を対象とした編年研究は見当たらないが，龍山文化期については，以前，拙稿で詳細に論じたことがある（久保田2008b）。主に陶寺文化の時期区分を巡って高煒などは早期を陶寺文化に含めて3期に区分し，廟底溝二期文化とは切り離して考えた（高煒ほか1983）。また，この見解は何駑に引き継がれたが，何駑は時間的には陶寺文化早期と廟底溝二期文化晩期が併行するとしている（何2006）。一方，卜工や羅新および田建文，董琦は陶寺文化早期を廟底溝二期文化の文脈のなかで捉え，陶寺文化を2期に区分する（卜1990，羅ほか1991，董1998）。筆者も主に鬲など空三足器の出現を画期として陶寺文化を2期に区分する見解を提示した（久保田2008b）。また，そのなかで晋中地区や運城・垣曲地区の龍山文化期との併行関係も示し，それぞれ2期に区分した。地域間関係については，臨汾盆地の龍山文化期は内蒙古中南部など北方の影響を強く受けた点を指摘した。

　山西南部あるいは西南部に相当する運城盆地や垣曲盆地でも，新石器時代を通した通時的な編年研究はみられない。ただ垣曲古城東関遺跡（以下，「東関遺跡」と記す）では新石器時代のほぼ全時期に及ぶ遺物が出土しており，大まかな当該地区の編年を把握することができる（中国歴史博

物館考古部ほか 2001)。報告書では層位と土器形態から東関遺跡を大きく6期に区分し，さらに各期を細分する。基本的にこれらの編年観は肯定的に捉えることができる。しかし，東関2期の扱いについて上限を東関1期晩段，下限を廟底溝文化以前とし，その内容については一定の在地性を認めながらも東方の影響が強いとした。筆者の個人的な見解としては，より西方との関係を重視すべきと考える。また，東関2期にみられる土器群は山西南部でしか確認できないため，他地域とのより詳細な併行関係を検討するとともに，どのような影響関係のもとで限定された地区にみられるようになったのかを具体的に示す必要がある。したがって，この東関2期の土器群については，特に一項を設けて論じたい。

また，垣曲盆地の龍山文化期に限定した編年研究では，佟偉華の業績が挙げられる。しかし，佟は垣曲盆地の龍山文化を2期に区分したが，対象とする遺跡が東関，龍王崖，豊村の3遺跡のみであり，さらに周辺地域との影響関係については詳細に論じていない（佟 2000)。

その他，地域的にはやや広域を扱うが時期を限定した論考として廟底溝二期文化を対象とした張岱海など，羅新など，張素琳の研究が挙げられる（張岱海ほか 1984，羅ほか 1994，張素琳 2000)。また，龍山文化期を対象としたものには宋建忠の研究がみられる（宋 1993)。これらの研究の大部分は時期区分を行ったうえで地域性を抽出している。限定された時期のなかでは非常に参考になる論考といえるが，当然，時期間の継承関係や地域間関係の変遷などには言及されていない。

以上のように先行研究を振り返ると，時空間をある程度限定した研究は少なからずみられる。しかし，詳細な分析を通して山西全域の新石器文化の変遷を論じた研究はいまだ確認できない。また先行研究の編年も細部に注目すれば区分の方法に差異がみられるし，地域間の影響関係にも見解の相違が存在する。ただし，『晋中考古』や垣曲古城東関遺跡の報告で提示された編年案は比較的妥当と判断できる。本節では，このような参考に値する先行研究を批判的に継承しつつ，さらにここまで抽出した問題点を克服しながら以下に論を進めていきたい。

3 土器編年の構築

(1) 分類基準

山西には，大別形式レベルでいえば，煮沸器には鼓腹罐，深腹罐，鼎，斝，釜灶，鬲，甗，貯蔵器には壺，尖底瓶[2]，葫芦瓶，瓮，扁壺，圈足罐，供膳器には盆，鉢，碗，豆，杯，単耳罐が含まれる。以下，煮沸器から細別形式ごとに分類の基準を説明するが，出土数が少なく型式分類を行うのに適当ではない細別形式については分類しない。また細別形式数が多いため，煮沸器を主とした主要なものだけについて以下に説明を加え，その他については**第10図**を参考にしてほしい。

まず鼓腹罐は，4形式に分かれる。鼓腹罐Ⅰはさらに口径が30 cmのA，20 cm以上30 cm未満のB，20 cm未満のCに細分できるが，基本的な形態変化は同様であるため，同一の基準から分類を行った。分類する属性は口縁部，胴部，文様である。口縁部は緩やかに外湾する a，明確に外反してやや丸みをもち口唇部が外に折れる b，やや厚みをもつ c，直線的に外反する d，口

第3章　環太行山脈地区の土器編年と交流関係

唇部が尖るe，口唇部が平らなf，直線的に外反して口唇部が外に突出するg，緩く外湾しつつ途中から直線的に外傾するhに分ける。胴部はカーブしながら最大径が上位にあるaから，次第に断面縦長になり緩くカーブするhやiへと変化する。jについてはhより変化したと考えられる。文様は上半部に弦文のみを施してその他は無文のa，上半部に弦文を施しさらに粘土紐の付加堆文を張り付けるb，無文のc，籃文のd，全体に籃文を施しその上に粘土帯の付加堆文を張り付けたe，縄文のf，縄文を全体に施して粘土帯を張り付けたg，方格文のhに分ける。現在，山西で最も早い段階とされる棗園遺跡で口縁部や胴部，文様のaがみられ，固鎮遺跡の西王村Ⅲ期文化や廟底溝二期文化段階で口縁部d―fや胴部d―h，小神遺跡の龍山文化段階で口縁部g・h，胴部i・jがみられることから，それぞれ基本的にはaから次第に変化したことが窺える。鼓腹罐Ⅱは口縁部から分類した。それぞれ外湾しながら口唇部が明確に外へ屈曲するa，口唇部がやや内側に突出するb，直立に近く立ち上がり口唇部が外に出るc，cよりも明確に直立するdに分ける。鼓腹罐ⅢとⅣは出土が少なく出土する地域も片寄るため，分類を行わない。

深腹罐は2形式に分類する。深腹罐Ⅰは，鼓腹罐Ⅰと同様に口径から

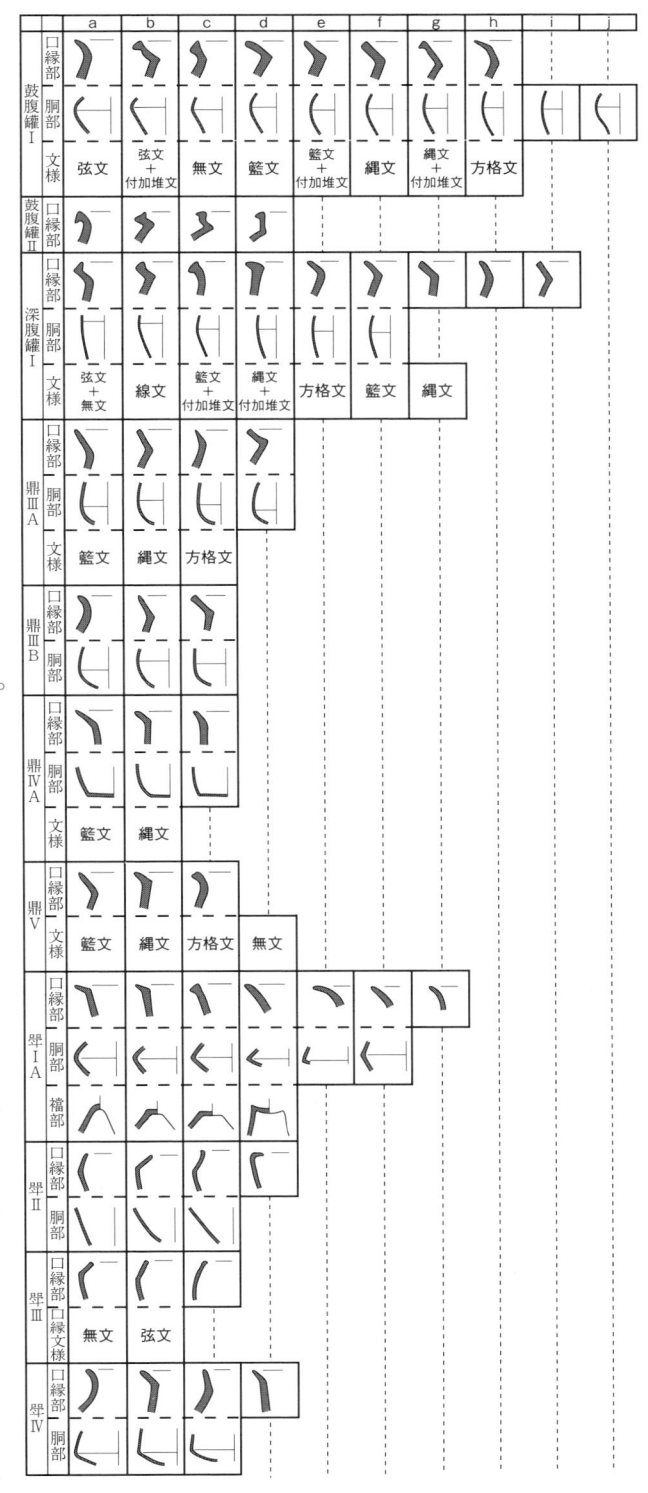

第10図-1　属性分類一覧①

A・B・Cに細分できる。やはり同じ基準から分類が可能であり，口縁部，胴部，文様から分類を行う。口縁部は外反しつつ口唇部が内傾するaから次第に直立し，口唇部が肥厚するdに至る。eは緩く外反するものとし，fは明確に屈曲する。gは口唇部が平坦で，hやiになるとやや外反する角度が緩くなる。胴部は最大径が上位にあり直線的なaから，次第に最大径が中位に移り弧状になるfへと至る。文様は上半に弦文を施してその他は無文のa，非常に細い縄を巻きつけた工具によりタタキを加えた線文と呼ばれるb，全体に籃文を施し粘土帯の付加堆文を張り付けたc，縄文の上に粘土帯の付加堆文を張り付けたd，方格文のe，籃文のf，縄文のgに分ける。東関遺跡では東関1期に口縁部a—d，胴部a・b，文様aがみられ，廟底溝二期文化期に口縁部g・h，胴部d・e，文様c・dが確認できる。したがって，各属性ともにaが時間的に早く，次第に変化したことがわかる。深腹罐Ⅱは陽白遺跡と游邀遺跡から1点ずつの出土しかみられないため，分類を行わない。

　鼎は5形式に分類する。鼎Ⅰは東関遺跡で6点，棗園遺跡で1点しか出土がないため分類は行わない。また，鼎Ⅱも小趙遺跡と西陰村遺跡から計3点が出土するのみなので分類しない。鼎Ⅲは胴部の深いAと浅いBに細分できる。鼎ⅢAは口縁部，胴部，文様から分類する。口縁部は緩く外湾するa，明確に外反するb，口縁部がやや短くなり口唇部が尖るc，口唇部が平坦になるdに分ける。胴部は最大径が中位にあるaやbから，次第に下がるdへと至る。文様は籃文のa，縄文のb，方格文のcに分ける。東関遺跡では，各属性のaが廟底溝二期文化早期，b・cが中・晩期にみられ，さらに口縁部と胴部のdが龍山文化期に確認できることから，それぞれaから各属性が変化すると考えられる。鼎ⅢBは口縁部と胴部から分類する。口縁部は緩くカーブするa，明確に屈曲するb，口唇部上端が平坦になるcに分ける。胴部は最大径が下位にあるa，球形のb，最大径の位置が明確ではなく直線的なcに分ける。これも東関遺跡の廟底溝二期文化中期にそれぞれaがみられ，晩期にbやcが確認できることから，aからbやcへと変化すると考えられる。なお，文様や色調は口縁部や胴部とうまく相関しなかったため，分類対象としなかった。鼎Ⅳは口縁部が明確なAと，胴部からそのまま口縁が立ち上がるBに分けられる。ただし，ⅣBは3点のみの出土であるため，分類は行わない。鼎ⅣAは口縁部，胴部，文様から分類する。口縁部はやや緩く外反するaから次第に短く立ち上がるcへと至る。胴部は外傾しながら立ち上がるaから次第に直立するcへと変化する。文様はaの籃文とbの縄文に分ける。やはり東関遺跡では，廟底溝二期文化早期からは口縁部aや胴部a・bが出土し，晩期からは口縁部b・cと胴部b・cが出土するため，それぞれaから漸次的に変化したことがわかる。鼎Ⅴは口縁部と文様から分類する。口縁部は明確に外反するaから緩く外反して口縁部が短くなるbやcへと至る。文様は，籃文をa，縄文をb，方格文をc，無文でやや磨かれているものをdとしておく。

　斝は7形式に分類できる。とりあえず，斝Ⅰ—Ⅴについて説明を加える。斝Ⅰは，胴部に付加堆文をもたないAと，付加堆文をもつBに分ける。ⅠBは東関遺跡で5点しか出土がないため，ここではⅠAのみを分類対象とする。斝ⅠAは口縁部，胴部，襠部から分ける。口縁部は明確に

外反するａから次第に短くなるｃへと至る。ｄでは直線的に立ち上がり，さらに弧状に外湾するｅから次第に垂直に立ち上がりつつ外湾するｇとなる。また胴部は緩く「く」字状に屈曲するａから，明確に屈曲するｄ―ｆなどへと変化する。襠部は空三足が近接するａから徐々に離れる方向へ変化し，ｄへと至る。最も出土数が豊富な東関遺跡では，廟底溝二期文化早期には圧倒的に各属性のａの出土が多いが，中期には口縁部ｄ・ｅ，胴部ｂ・ｃ，襠部ｂ・ｃが増加し，晩期になると口縁部ｆ，胴部ｄ・ｅ，襠部ｄがみられるようになる。このように斝ⅠＡからは，かなり明確な形態変化を把握することができる。斝Ⅱは口縁部と胴部から分類を行う。口縁部は緩く「く」字状に屈曲するａ，やや内傾が強くなるｂ，内傾しつつ上方に反るｃ，強く内湾するｄに分ける。また胴部はａからｃにかけて次第に外傾していく。筆者が以前，陶寺文化の土器編年を構築した際（久保田 2008b），陶寺文化前期からは口縁部ａ，後期からはｂやｃが出土したことから，口縁部についてはａからｃへと変化したことがわかる。斝Ⅲは口縁部と口縁部の文様から分類を行う。口縁部は屈曲が明確なａから，次第に屈曲部が不明確で丸みを帯びるｃへと至る。口縁部の文様は，無文のａと弦文を施すｂに分けられる。斝Ⅳは口縁部と胴部から分類する。口縁部は弧状に外反するａ，明確に外傾するｂ，直立に近く立ち上がるｃ，胴部から直立しつつ短く外反するｄに分かれる。胴部はやや丸みをもちつつ下位で屈曲するａ，やや明確に屈曲するｂ，胴部が少し浅くなるｃに分類できる。斝Ⅳについては各属性の数量がうまく相関しないため，他の変化が明確な形式との共伴関係から前後関係を決定したい。斝Ⅴも口縁部と胴部から分ける。口縁部は明確に屈曲して外反するａから直立するｃへと至る。胴部はやや内傾しながら立ち上るａから次第に垂直に近く立ち上がるｃに分かれる。これは分類した属性間に層位や切り合いから明確な前後関係が確認できないので，やはり他の細別形式との共伴関係から時間を決定する。

　釜灶は２形式に分ける。釜灶Ⅰはさらに口縁部を明確につくるＡと胴部からそのまま立ち上がるＢに分けられる。釜灶ⅠＡは口縁部および釜部と灶部の接合部の径／釜部と灶部の接合部から口縁部までの高さから分類する。口縁部は緩く外傾するａから次第に傾きが強くなり，口唇部上端が平坦なｃへと変化する。釜部と灶部の接合部の径／釜部と灶部の接合部から口縁部までの高さは，３以上をａ，１以上３未満をｂ，１未満をｃとする。東関遺跡では廟底溝二期文化早期から両属性のａ，晩期からｂが多く出土する。また，龍山文化に属するとされる豊村遺跡では両属性のｃが主にみられる。つまり，ともにａからｃへと変化した可能性が高い。釜灶ⅠＢも口縁部および釜部と灶部の接合部の径／釜部と灶部の接合部から口縁部までの高さから型式を設定する。口縁部は外湾するａ，真直ぐに立ち上がるｂ，内湾するｃに分ける。釜部と灶部の接合部の径／釜部と灶部の接合部から口縁部までの高さは，2.5以上のａ，1.5以上2.5未満のｂ，1.5未満のｃに分ける。両属性の相関関係を確認したがうまく相関しないため，これも他の細別形式から前後関係を確認するしかない。釜灶Ⅱも口縁部および釜部と灶部の接合部の径／釜部と灶部の接合部から口縁部までの高さから分類する。口縁部は外湾するａから次第に内湾が強くなるｂやｃへと変化する。釜部と灶部の接合部の径／釜部と灶部の接合部から口縁部までの高さは，３以上をａ，３未満をｂとする。ただ，これも両属性がうまく相関しないため，他の細別形式との共伴

関係から前後関係を決定する。

　鬲は6形式に分けられる。ここでは，鬲Ⅰ―Ⅳについて説明を行う。鬲Ⅰは口径から25cm以上のA，15cm以上25cm未満のB，15cm未満のCに細分できる。ただ，それぞれ変化は連動するので，分類基準は同一とする。分類は口縁部と襠部から行う。口縁部は直立するaから次第に外湾するeへと変化する。襠部は空三足が離れるaから次第に近接していき，最後は鋭角に接合するdへと至る。杏花村遺跡の報告では襠部cを出土するH9が，H118の襠部aと同じ形態の鬲を出土するH12を切っている（国家文物局ほか 1998）。したがって，少なくとも襠部はaからcという方向で変化したと考えられる。襠部と口縁部の相関関係から考えれば，口縁部もやはりaからc・dという方向で変化したと考えてよかろう。鬲Ⅱも口縁部と襠部から分ける。口縁部は直立に近いaから次第に外傾していきdへと至る。襠部は鬲Ⅰと同様に，空三足が離れるaから近づくcへと変化する。以前，拙稿で行った分析では，陶寺文化前期からは口縁部・襠部のb，後期からは口縁部c・dおよび襠部b・cが出土することを示した（久保田 2008b）。また，層位関係は不明確だが，杏花村遺跡では口縁部・襠部aを出土するH317と口縁部d，襠部bを出土するH6の間に明確な前後関係を認めている（国家文物局ほか 1998）。したがって口縁部と襠部ともにaから次第に変化したと判断できる。鬲Ⅲは口縁部と口径／深さから分類する。口縁部は口唇部上端が斜めに下がるaと平坦なbに分ける。口径／深さはそれぞれ1，1.5，2ほどに若干の集中が認められるため，便宜的に1.3未満をa，1.3以上1.7未満をb，1.7以上をcとする。これも陶寺文化前期では口縁部a，後期ではbというようにきれいに前後関係を把握できる。また，それに伴い口径／深さもaからb・cへと変化することがわかっている。鬲Ⅳは10点ほどと点数が少ないが，とりあえず口縁部から分類しておき，前後関係は他の細別形式から決定したい。口縁部はやや外傾して直線的に立ち上がるaから，次第に外反して口唇部が肥厚するcへと至る。

　次に，貯蔵器の分類を行う。

　壺は7形式に分類できる。ただし壺Ⅰは規則的な変化が読み取れないため，ここでは形式分類を行わない。壺Ⅱは完形の出土があまりみられないため，一定の出土数がみられる口縁部から分類を行う。口縁部は「く」字状を呈するa，上端が平坦なb，やや肥厚するc，断面「コ」字状を呈すdに分ける。棗園遺跡は層位や土器形態から大きく3期に区分されるが（山西省考古研究所 2004），口縁部aは第1期，bは第2期，cとdは第3期に多くみられる。したがって，変化の方向もaからdへ向かうと考えてよい。壺Ⅲも完形が少ないため，口縁部のみから分類する。aはやや肥厚して上端が平坦なもの，bは肥厚せずに垂直に立ち上がるものとする。壺Ⅳは口縁部，胴部，文様から分類する。口縁部は弧状に外湾するaから次第に立ち上がり直線的になるcへ至り，口縁上半部が外反するdを経て，弧状に外湾して口唇部がやや肥厚するeへ向かう。胴部は丸みをもつ肩部から緩やかにカーブするaをはじめとして，次第に肩部の屈曲が明確になっていく。文様はaを籃文，bを縄文，cを胴部に籃文を施しそれ以外の部分をナデ消すもの，dをcの籃文が縄文に代わったもの，eを無文とする。西王村Ⅲ期文化から廟底溝二期文化早期

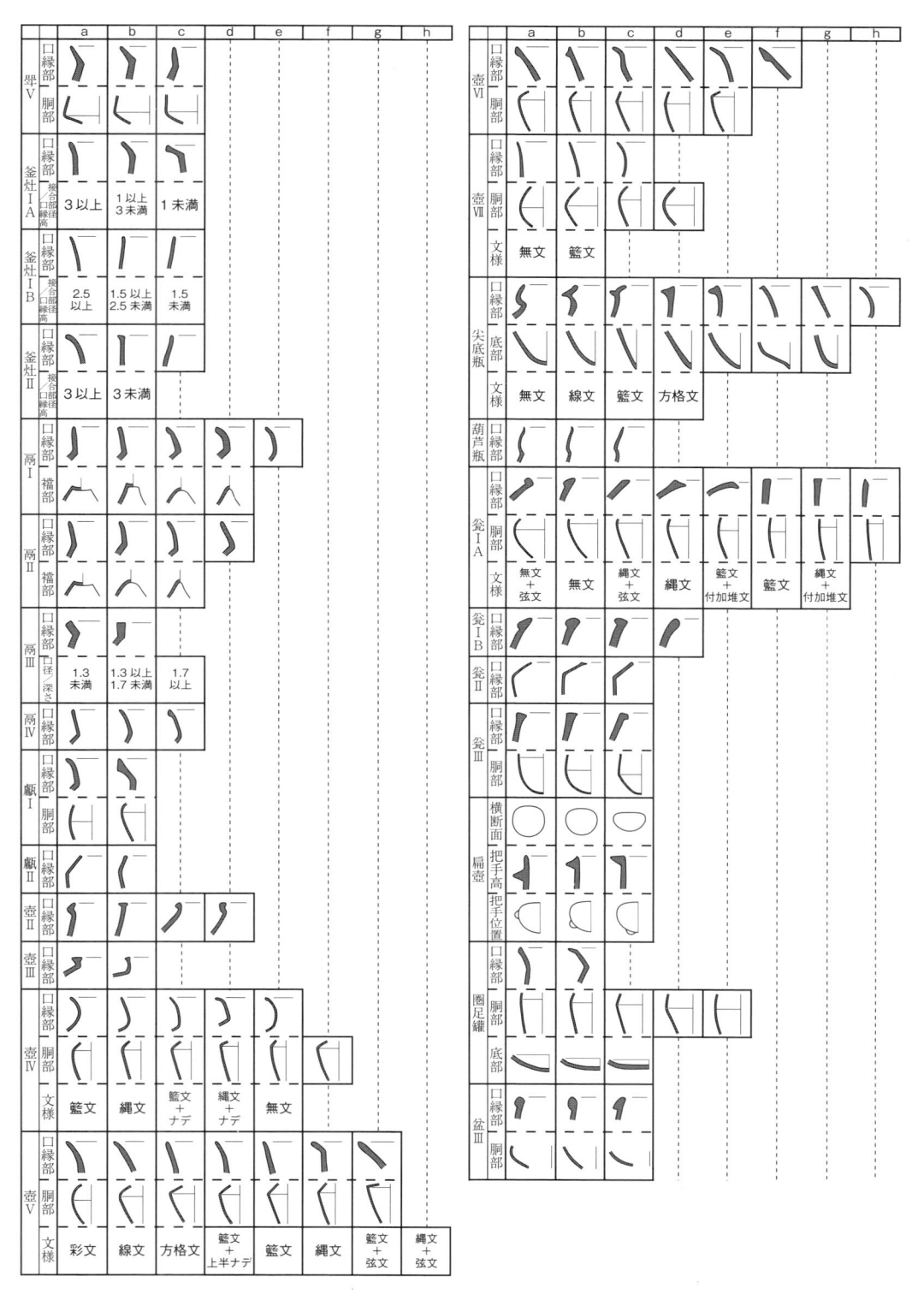

第 3 章　環太行山脈地区の土器編年と交流関係　39

第 10 図-2　属性分類一覧②

に相当する固鎮遺跡では口縁部a・b，胴部a・b・c，文様a・bがみられる。また，廟底溝二期文化晩期に相当する陶寺遺跡廟底溝二期文化段階では各属性のdが出土し，さらに龍山文化に相当する杏花村遺跡第4期では口縁部e，胴部fがみられる。したがって，基本的にはそれぞれaから順次変化したと考えてよい。壺Ⅴも口縁部，胴部，文様から分類する。口縁部は緩やかに外湾するa・bから次第に立ち上がるd・eへと変化する。口縁上半部が外反するfはdから派生したと考えられ，gへと至る。胴部は弧状のaから次第に最大径が上位に移り，肩部が明確になるgへと向かう。文様は彩文を施すものをa，線文をb，方格文をc，全体に籃文を施し肩部以上をナデ消すものをd，籃文をe，縄文をf，籃文を施し肩部から頸部にかけて弦文を施すものをg，gの籃文が縄文に代わるhに分ける。『晋中考古』では新石器時代を8期に区分するが（国家文物局ほか 1998），そのなかの西王村Ⅲ期文化併行に相当する第2・3期では口縁部や胴部のa・b・cなどが出土する。一方，龍山文化併行の陶寺遺跡後期などからは口縁部e・f，胴部e・f，文様g・hが多くみられる。したがって，大まかな変化の方向としては，やはり各属性ともにaからgやhに向かうと考えられよう。

　尖底瓶は1形式である。尖底瓶は非常に形態変化が明確であり，年代を決定する際に重要な指標となる。口縁部は弧状のaから次第に弧がつぶれてbのような「く」字状のいわゆる重唇口縁になる。そしてbの内側の凹部が消えていくようにcやdに至り，さらにそれが外反するeに至る。その後は重唇口縁の名残である外側への突出が次第に消え，外反が強くなるhへと至る。底部はやや先端が丸みを帯びるaから次第に角度が急になるcやdに向かい，その後は再び角度が緩くなりfやgなどへ至る。文様はaを無文，bを線文，cを籃文，dを方格文とする。尖底瓶の各属性の変化についてはすでに多くの先行研究があるため，明白である。口縁部と底部aについては廟底溝文化の前段階に位置づけられる北橄遺跡1・2期で主に確認されている（宋ほか 2002）。また口縁部b・c，底部b・cは廟底溝文化の典型的な形態である。東関遺跡では東関2期から口縁部d・e，底部dが出土し，第4期からは口縁部f・gや底部eなども出土するようになる。このように口縁部や胴部の変化の方向としては，aから次第に形態を変化させたと考えてよかろう。

　甕は6形式に分ける。甕Ⅰは器高が高いAと低いBに細分できるが，ここでは甕ⅠAのみについて説明を加える。甕ⅠAは口縁部，胴部，文様から分類する。口縁部は，胴部から内傾しながら立ち上がり口唇部が短く外反するa，やや肥厚するb，口唇部上端が平坦なc，口唇部上端が斜めに下がるd，内傾が強くなるe，胴部から直線的に立ち上がるf，直線的に立ち上がり上端が平坦なg，斜めに下がるhに分ける。胴部は最大径が上位にあり弧状を呈するaから次第に全体が細く直線的になるhへと変化する。文様は，無文で上半部に弦文を施すa，全面が無文のb，全面に縄文を施し上半部に弦文を施すc，全面が縄文のd，全面に籃文を施し粘土紐の付加堆文を貼り付けるe，全面が籃文のf，eの籃文が縄文に代わるgに分かれる。童子崖遺跡1期では口縁部と胴部a・bがみられ，3期では口縁部e，胴部c・eが出土している。また東関遺跡では東関1期に口縁部a，胴部bがみられ，東関4期に口縁部c，胴部c，廟底溝二期文化早・

中期に口縁部 e・f, 胴部 e・f, 廟底溝二期文化晩期に口縁部 h, 胴部 g・h が出土する。したがって, 変化の方向も a から次第に変わったことがわかる。

　扁壺は横断面, 把手の高さ, 把手の平面位置から分類する。横断面は楕円形を呈する a, 楕円形の一方がややつぶれる b, 楕円形の一方がほぼ平面に近い c に分ける。把手高さは把手が頸部付近に位置する a, 口縁部付近に位置する b, 把手上端が口唇部と平面をつくる c に分ける。把手の平面位置は二つの把手が口縁部の相対する位置にある a, やや口縁断面の突出方向に近づく b, 口縁断面の突出方向で隣り合う c に分ける。変化の方向は, 廟底溝二期文化にみられる扁壺が断面円形[3]で把手が頸部に位置することから, 各属性とも a から c への変化を想定できる。

　圏足罐は口縁部, 胴部, 底部より型式を設定する。口縁部は外傾しながら立ち上がり外側に面をつくる a, 外傾しながら立ち上がり口唇部が外反する b に分ける。胴部は緩い弧状を呈する a, 最大径が上位にある b, 胴部中位やや上にある c, 胴部中位にあり屈曲が明確な d, 弧状を呈する e に分かれる。底部は丸底を呈する a, a よりも浅い丸底を呈する b, 平底を呈する c に分かれる。文様との相関関係をみると, 口縁部 b や胴部 d・e, 底部 c に対して龍山文化後期に多くみられる籃文あるいは方格文が相関するため, これらを型式組列の晩い段階に置くことができる。

　ここからは供膳器について述べる。盆は 13 形式に分けられる。ただし盆 I や II は出土数が少なく分類を行わないように, 主に分類対象としたのは 8 形式である。そのなかでも特に盆 IVA・V・VII・IX・X について詳述する。盆 IV は口縁部の長い A と短い B に細分できる。盆 IVA は口縁部, 胴部, 文様から分類を行う。口縁部は直角に近い角度で外反する a, 鋭角に外反する b, c からは次第に上向きに変化して e に至る。胴部は外傾する a から次第に上半部が屈曲する d や e に至り, f では直線的に外傾して器高が低くなる。文様は無文を a, 彩文を b・c に分け, さらに口唇部に彩帯を施すものを d, 口唇部に彩文を施すものを e, 縄文を f, 籃文を g とする。東関遺跡では東関 1 期に口縁部と胴部の a・b, 文様 a, 東関 2 期に口縁部 c, 東関 3 期に口縁部 d, 東関 4 期に口縁部 d・e, 胴部 d, 廟底溝二期文化期に口縁部 e, 胴部 f がみられることから, それぞれ a から順に変化したと考えてよい。盆 V は口縁部, 胴部, 文様から分ける。口縁部は垂直に立ち上がり口唇部が外へ突出する a から, 次第に内湾した胴部から口縁部が長く外反する f へと分けることができる。胴部は最大径が上位にある a から, 徐々に最大径が下がり屈曲部が明確になる e や f に分かれる。文様は無文を a, 口唇部に彩帯を施すものを b, 縄文を c, 彩文の一つである回旋勾連文[4]を d, その他の彩文を e とする。北橄遺跡では第 1 期で各属性の a, 第 3 期では口縁部 c・d, 胴部 c, 文様 d, 第 4 期では口縁部 e が出土するため, 基本的には各属性ともに a を起点に変化したと考えられる。盆 VII は底部と文様から分ける。底部は胴部が明確に屈曲して底部に至る a から, 次第に屈曲が消えていき最終的になくなる d へと至る。文様は籃文を a, 縄文を b, 無文を c とする。東関遺跡では底部 a の出土はみられないものの, 廟底溝二期文化早期に底部 b・c, 廟底溝二期文化晩期から龍山文化期に底部 d が多く出土する。また, 底部と文様の相関関係をみると, 底部 d と文様 c が相関しており, 文様 c がより後出であったことがわかる。盆 IX も口縁部と胴部から分類を行う。口縁部は垂直に立ち上がる胴部から短い口縁が外反

するaをはじめとして，やや上方に外反するb，外傾しながら立ち上がる胴部から直角に近い角度で外反するc，緩やかに外反するd，外反が不明確なe，強く外反して口唇部が肥厚するfに分ける。胴部は緩い弧状のaから，c以降は次第に屈曲部が明確になり，gに至ると全体が横長に変化する。東関遺跡では廟底溝二期文化段階で口縁部と胴部のa・b，龍山文化段階で両属性のc・dが多くみられる。一方，口縁部e・fや胴部e・f・gはすべて龍山文化期にみられるため，時期差ではなく同一時期における形態のバラエティとして捉えるべきであろう。盆Ⅹも口縁部と胴部から分ける。口縁部は口唇部が肥厚するa，短い口縁が外反するb，口縁がより長くなるcに分ける。胴部は明確な段をもつaから次第に弱い屈曲をもつcへと変化する。東関遺跡の龍山文化早期では口縁部と胴部ともにa・bが中心となり，龍山文化晩期になると両属性のcがみられるようになる。したがって，多少の時間的併行関係はあるが，a・bからcへの変化を想定できる。

　鉢は15形式に分ける。ただし，ここで説明するのは分類する属性が比較的豊富なパターンをもつ鉢Ⅵ・Ⅷ・Ⅸ・Ⅹのみである。鉢Ⅵは底部が丸底のAと平底のBに分かれる。さらに口縁部に紅帯を施すア，黒帯を施すイ，無文のウに細分できる。鉢Ⅵはそれぞれ口縁部から型式を設定した。鉢Ⅷは口縁部，文様，色調から分類する。口縁部は丸みをもちつつ内湾するaから次第に屈曲が明確になるeへと至る。文様は無文をa，黒帯をbとして，彩文はcの豆莢文をはじめとしたc—hに細分し，例外的なものはiでその他の彩文としてまとめる。また籃文はj，縄文はkとする。色調は紅陶や紅褐陶を含む紅系をa，黄褐色をb，灰色をc，黒色をdとしておく。廟底溝文化に属する西陰村遺跡では口縁部a・b，文様a—d，色調aが多くみられ，馬茂荘遺跡や杏花村遺跡の西王村Ⅱ期文化併行期には口縁部c・d，文様e・f・hなどが出土する。したがって，口縁部はaから漸次的に変化し，文様は彩文のなかでもc・dが先行して出現し，その後にe—hなどが出現したことがわかる。また色調は，口縁部や文様との相関関係からみれば，紅系が早く出現したと考えられる。鉢Ⅸは口縁部と文様から分類する。口縁部は弧状にやや内湾しながら立ち上がるaから，次第に屈曲部が明確になるcへと変わる。文様は無文をa，黒帯をb，彩文をc—gに細分し，単発的にみられる彩文はhにまとめた。固鎮遺跡や西陰村遺跡の廟底溝文化段階では口縁部a・b，文様a—cがみられ，仰韶文化晩期に相当する東関遺跡の東関4期では口縁部b・c，文様f—hが確認できる。したがって，口縁部はa・bからc，文様はa—cからf—hへと変化したといえる。鉢Ⅹも口縁部と文様から分類する。口縁部は丸みをもちながら内湾するaから，次第に屈曲が強くなりeやfへと至る。文様は無文をa，黒帯をbとして，彩文はc—gに細分し，籃文はhとした。北橄遺跡では第2期に口縁部b，第3期に口縁部c・dが出土する。東関遺跡では東関3期に口縁部b・c・d，第4期にはeもみられるようになる。したがって，口縁部は次第に屈曲が明確になる方向に変化することがわかる。文様は，口縁部との相関関係から判断すると，a—cが先行して出現し，d—gが後出すると判断できる。

　碗は3形式に分かれる。なお，碗Ⅰと Ⅲは出土数が少ないため，分類を行わない。碗Ⅱは口径／器高，底部，文様から分類を行う。口径／器高は2未満をa，2—2.5をb，2.5—3をc，3

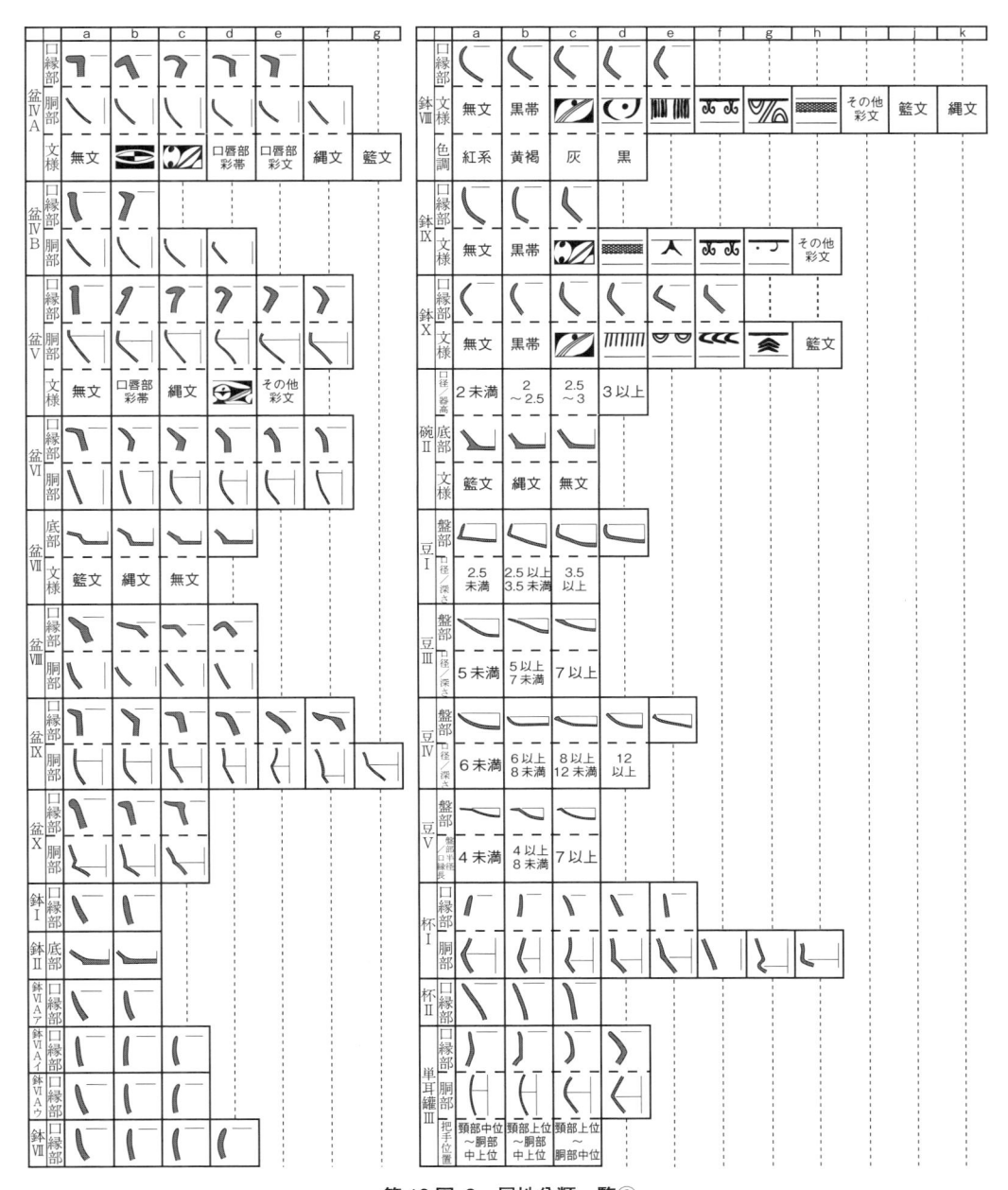

第 3 章　環太行山脈地区の土器編年と交流関係　43

第 10 図-3　属性分類一覧③

以上をdとする。底部は外側に突出するaから，次第に突出部が消失するbやcに分類できる。文様は籃文をa，縄文をb，無文をcとする。明確な層位関係や切り合いから判断できる報告はないが，全体的に廟底溝二期文化に属する遺跡からは口径／器高のa・b・c，底部のa・b，龍山文化に属する遺跡からは口径／器高のb・c・d，底部のb・cが出土する傾向にある。したがって，それぞれ口径／器高b・cあるいは底部bを媒介として口径／器高a，底部aの消失と口

径／器高d，底部cの出現という変化があったといえよう。

　豆は7形式に分類した。ただし詳述するのは豆I・IVのみである。豆Iは盤部と口径／盤部深さから分類する。盤部は内底面が平坦で口縁部へ強く屈曲するaから，次第に内底面に角度がつき口縁部に向かう屈曲が弱くなるcやdへと至る。口径／盤部深さは2.5未満をa，2.5以上3.5未満をb，3.5以上をcとする。豆IVもやはり盤部と口径／盤部深さから分類を行う。盤部は緩やかに口縁部へ立ち上がるa，内底面が平坦なb，口唇部が肥厚するc，緩やかに口縁部へ立ち上がり口唇部上端が平坦なd，口唇部外側がやや突出するeに分ける。口径／盤部深さは6未満をa，6以上8未満をb，8以上12未満をc，12以上をdとする。固鎮遺跡の西王村III期文化併行では両属性のa，廟底溝二期文化期では口縁部bが出土し，東関遺跡や陶寺遺跡などの龍山文化期からは口縁部c・d・e，口径／盤部深さb・c・dなどがみられるようになる。つまり，両属性ともにaを起点に変化すると考えられるが，龍山文化期にはいくつかのヴァリエーションが同時存在したと推測できる。

　杯は3形式に分ける。杯Iは把手がないA，把手を一つもつB，二つもつCに細分できる。さらに脚部がないアと脚部があるイに分かれる。ただ，分類の基準となる属性は把手や脚部に影響されないため，同一の基準から分類を行う。杯Iは口縁部と胴部から分類を行う。口縁部は内傾するaから次第に外傾するcやdに至り，eは真直ぐに立ち上がるものとする。胴部は屈曲する最大径が中位にあるaから，次第に最大径が下がり上半部が外傾するdやeへ向かう。また，fは外傾しながら直線的に立ち上がるもの，gは下半部に段をつくるもの，hはやや内傾しながら立ち上がり横長のものとする。東関遺跡では廟底溝二期文化で口縁部a・b，胴部a・b・cが出土する。また龍山文化期では口縁部c・d，胴部d・e・fがみられるようになる。つまり，口縁部と胴部ともにaから順次変化したものと考えられる。杯IIは一般に長江中流域の屈家嶺文化系統の土器とされ，ここでは口縁部のみから分類する。口縁部は，強く外湾するaから次第に真直ぐに立ち上がるcへと至る。東関遺跡の廟底溝二期文化早期ではa，晩期ではcが出土するため，aからcへと変化したと推測できる。なお，杯IIIは東関遺跡で5点のみしか出土例がないため，分類対象としない。

　単耳罐は5形式に分けられるが，出土数の問題から単耳罐IIIのみを分類対象とする。単耳罐IIIは口縁部，胴部，把手位置の3属性がよく相関する。口縁部は胴部との境が不明確で垂直に立ち上がるa，胴部と明確な境界をもち垂直に立ち上がるb，やや外傾して立ち上がるc，強く外傾するdに分かれる。胴部は緩い弧状を呈するa，aよりもやや張りが強いb，さらに強く外へ張るc，最大径の位置が明確で強く張るdに分かれる。把手位置は頸部中位から胴部中上位に位置するa，頸部上位から胴部中上位に位置するb，頸部上部から胴部中位に位置するcに分かれる。変化については各属性のa・bに縄文，cに龍山文化晩期に多くみられる無文の上に弦文を施した文様が多く伴うため，それぞれaからcあるいはdという方向が考えられる。

　以上を細別形式内における型式分類の基準とする。これら各属性の土器一個体内における組み合わせから型式を設定し，細別形式間の一遺構内あるいは同一層位における共伴関係に基づき，

型式の早晩や土器様式に矛盾がないよう並べ替え，**第11図**に示す土器編年を作成した。

(2) 時期区分

　時期区分の基準を，ここでもう一度確認しておきたい。同一系統における土器一個体の型式変化は，単純に時間的変化を示すと考えられる。一方，土器のセット関係，つまり土器様式の変化は当時の人間の使用する土器が変化することを意味するため，土器に関わる生活方式自体の変化を示す。したがって，土器様式の変化を一つの時期の画期とする。また同一時期内における一定数の土器型式の変化は，各時期を時間的に細分する根拠とすることができる。このような前提に基づいて山西新石器時代の土器編年を区分すると，大きく5期12段に区分することができる。

　第Ⅰ期はさらに前後2期に区分できる。前葉では煮沸器として深腹罐Ⅰ，貯蔵器として壺Ⅰ—Ⅲがみられる。供膳器は細別形式数が多く，盆と鉢を合わせて10形式近くに及ぶ。この時期の特徴として煮沸器の組成が非常に単純で，深腹罐Ⅰのサイズをつくり分けることでさまざまな煮沸の目的に使い分けていたと考えられる。一方，供膳器は口縁部に紅帯を施すものを中心に，サイズや底部形態などに一定のヴァリエーションがみられる。後葉になると煮沸器は依然として深腹罐Ⅰを中心とするが，新たに鼎Ⅰが出土するようになる。貯蔵器については基本的に前葉の組成を継承しているが，新たに甕ⅠBが出現する。供膳器は碗ⅠやⅡがみられるようになるが，基本的な組成は前葉と同様である。このように，第Ⅰ期は前葉と後葉の間に密接な継承関係があり，一つの考古学文化として認識することができる。ただ，煮沸器について後葉で新たに鼎が出現するが，棗園遺跡の報告書で前葉に相当する遺構と同時期とされるT5④から鼎の出土が報告されているため（山西省考古研究所 2004），鼎Ⅰも前葉段階ですでに存在していた可能性が高い。

　第Ⅱ期は前・中・後葉に細分できる。前葉は北橄遺跡でしか確認することができない。煮沸器には第Ⅰ期からの深腹罐Ⅰに加えて，鼓腹罐Ⅰ・Ⅱがみられるようになる。ただし，鼎Ⅰは出土しなくなり，図11にはないが釜形の鼎Ⅱが若干出土するようになる。貯蔵器には新たに葫芦瓶や尖底瓶，甕ⅠAなどが出現する。尖底瓶については基本的に新出の細別形式として捉えられるが，口縁部形態などを根拠に壺Ⅲとの一定の継承関係を想定すべきである。また，供膳器は盆Ⅳや鉢Ⅵなど部分的に第Ⅰ期の形式を継承するが，紅帯が黒帯に変化するなどの差異もみられる。中葉になると，煮沸器に大きな変化はないが，供膳器に盆Ⅱ，鉢Ⅰ・Ⅳなどがみられなくなる一方で，鉢Ⅶ・Ⅷ・Ⅸ・Ⅹなど新たな形式が出現する。また紅帯は消失し，多くの盆や鉢に彩文が描かれるようになる。後葉はそれほど多くの遺跡が確認されているわけではないが，煮沸器の基本的な組成は中葉と大きく変わらない。また，貯蔵器についても葫芦瓶や尖底瓶，甕ⅠAが主要であり，中葉を継承することがわかる。尖底瓶は各属性の変化が明確で，廟底溝文化に属する遺跡の年代を決定するうえで最も重要な土器である。第Ⅱ期においても，口縁部形態が前葉でa，中葉でb・c，後葉でd・eと明確な変化を示す。この点からも，本節における第Ⅱ期の細分が正しいことがわかる。後葉の供膳器についても大多数が中葉と同系統に属する形式である。ただし，盆ⅥやⅪなど，後続する時期に多く出土するようになる形式が出現しはじめる点は注目に値する。

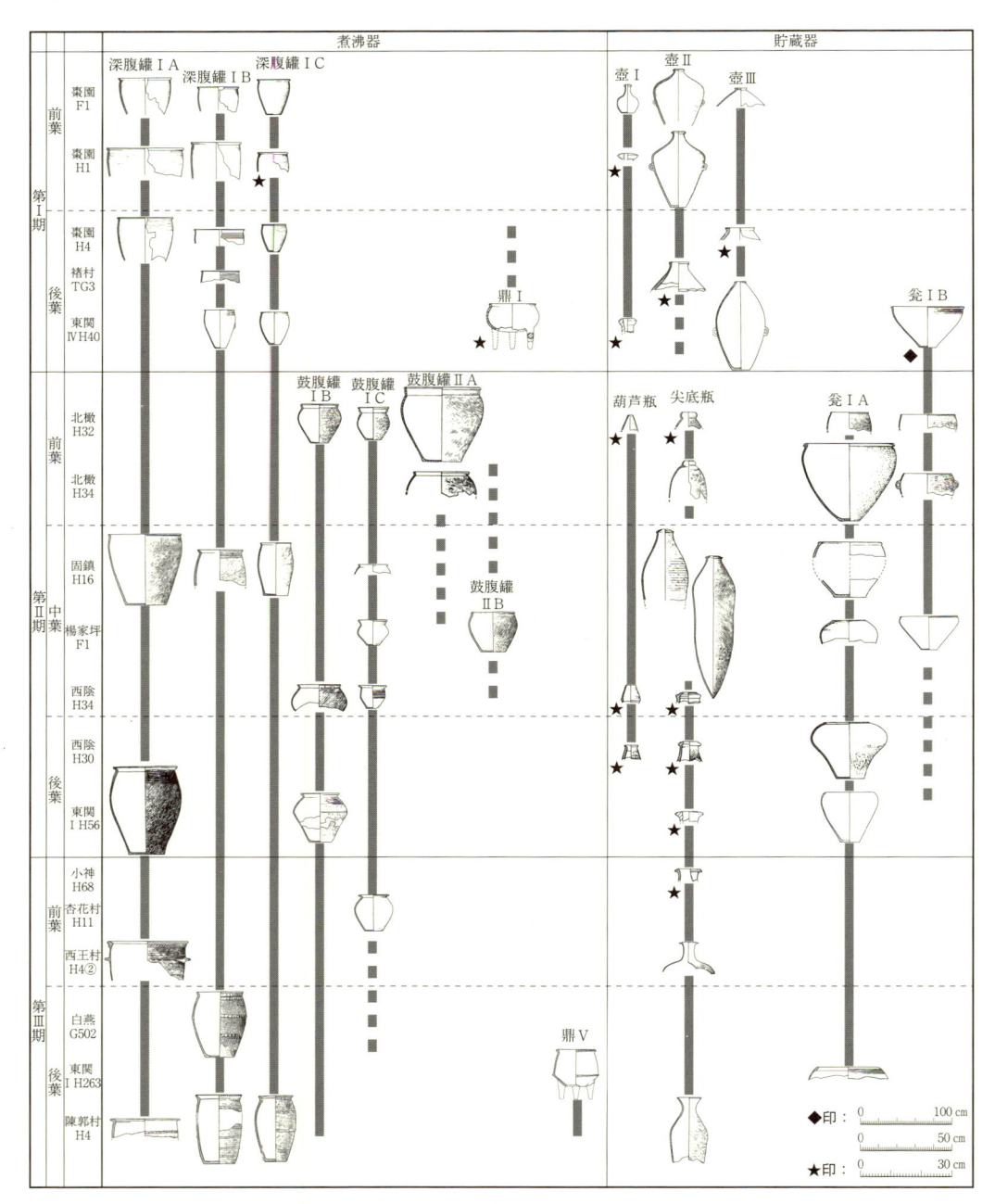

第 11 図-1　山西土器編年（第Ⅰ—Ⅲ期の煮沸器・貯蔵器）

　以上のように，第Ⅱ期は第Ⅰ期の要素を継承しつつも鼓腹罐や葫芦瓶，尖底瓶など，きわめて特徴的な細別形式が新たに出現する。これらをもとに第Ⅰ期から区分することができるのである。また前葉から後葉を通して，少しずつ供膳器をはじめとした形式の変化は認められるものの，煮沸器や供膳器に大きな変化はなく，一つの時期として問題なくまとめることができる。当該期は

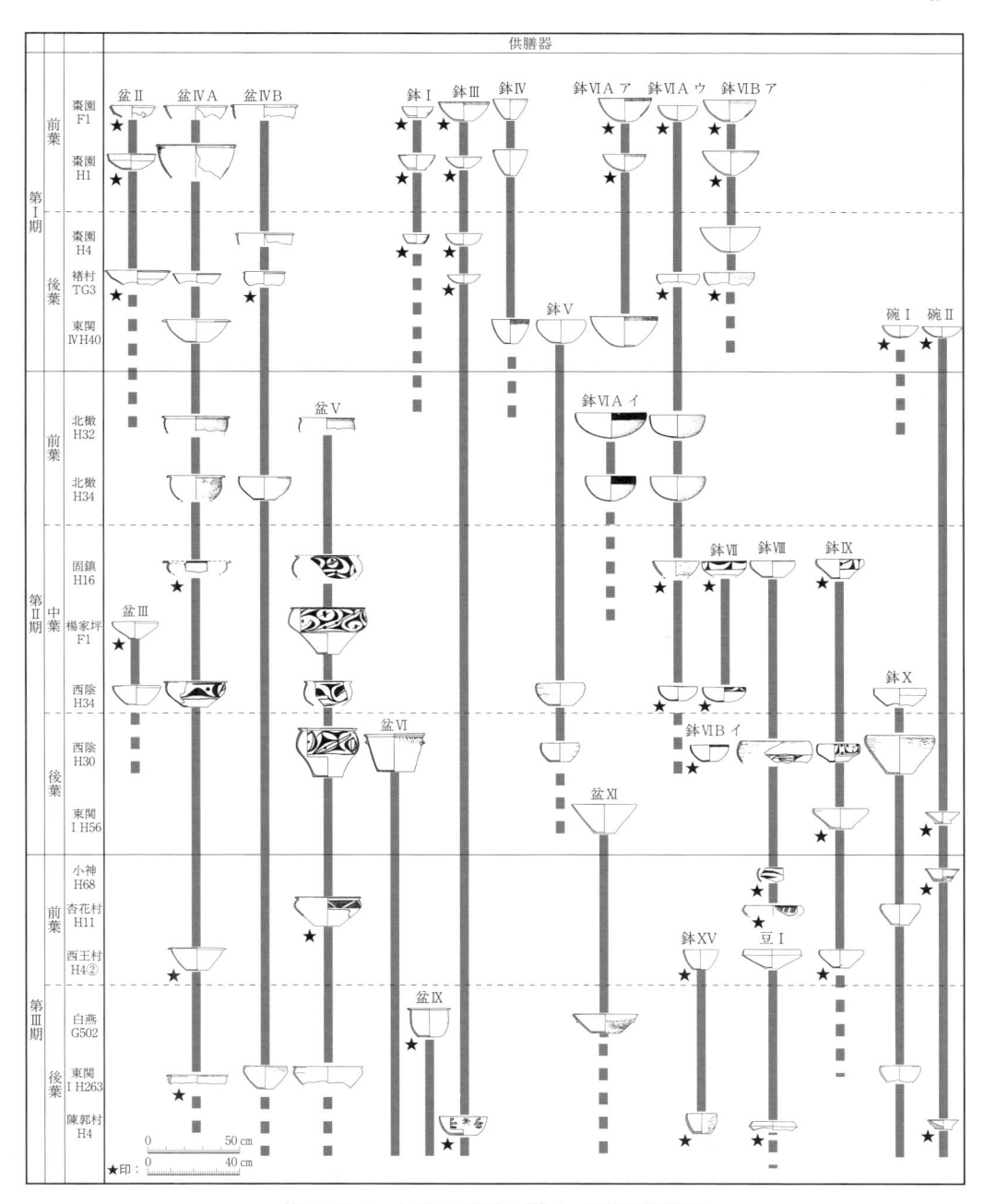

第 11 図-2 山西土器編年（第Ⅰ—Ⅲ期の供膳器）

一般的にいう廟底溝文化に相当しよう。

　第Ⅲ期は前葉と後葉の2期に区分できる。前葉の主な煮沸器は，やはり第Ⅱ期と同様に深腹罐Ⅰと鼓腹罐Ⅰである。ただ，鼓腹罐Ⅱは確認することができない。貯蔵器では尖底瓶と瓮ⅠAが主であり，葫芦瓶はみられなくなる。また，供膳器は盆Ⅳ・Ⅴや鉢Ⅷ・Ⅸ・Ⅹをはじめ第Ⅱ期

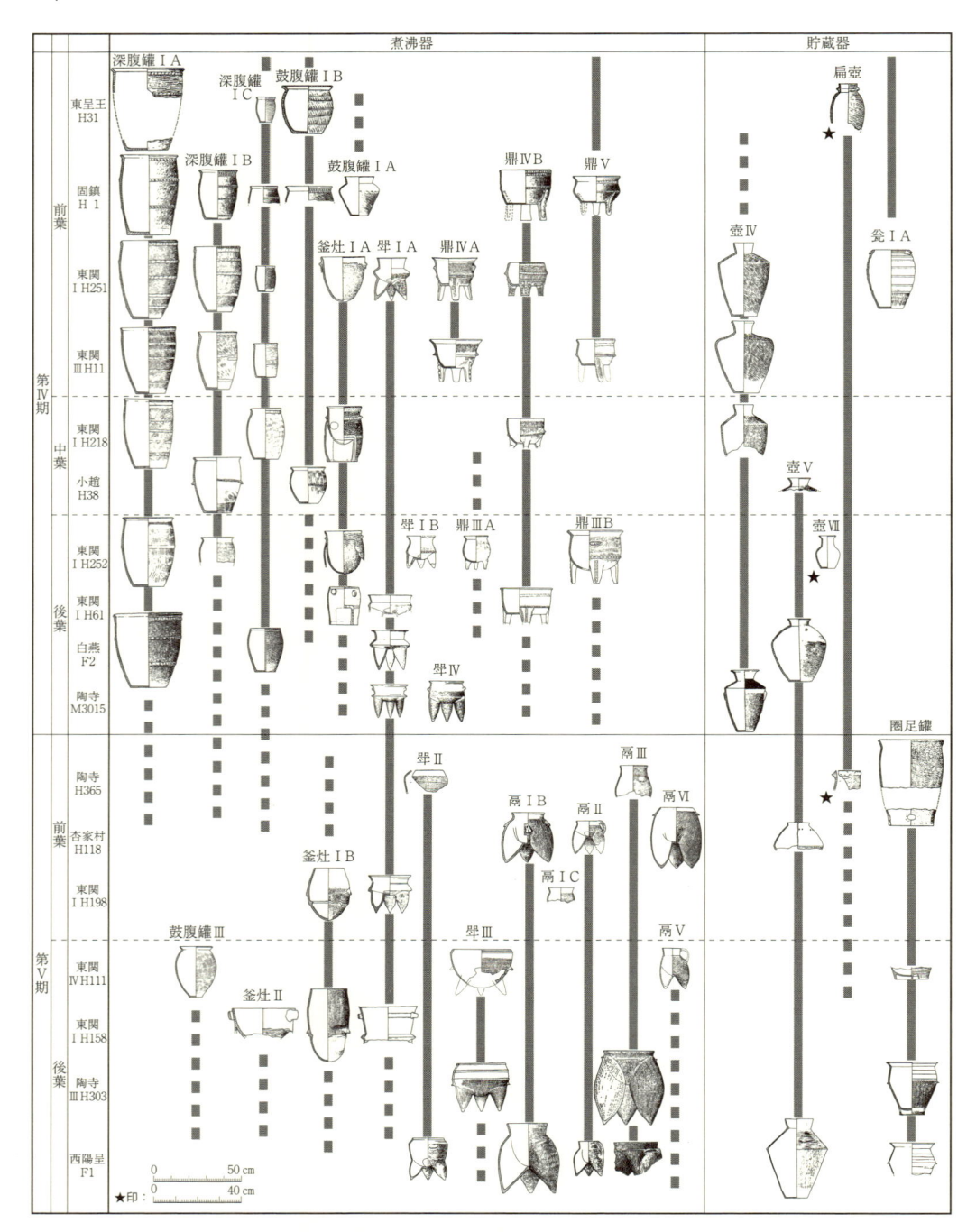

第11図-3 山西土器編年（第Ⅳ―Ⅴ期の煮沸器・貯蔵器）

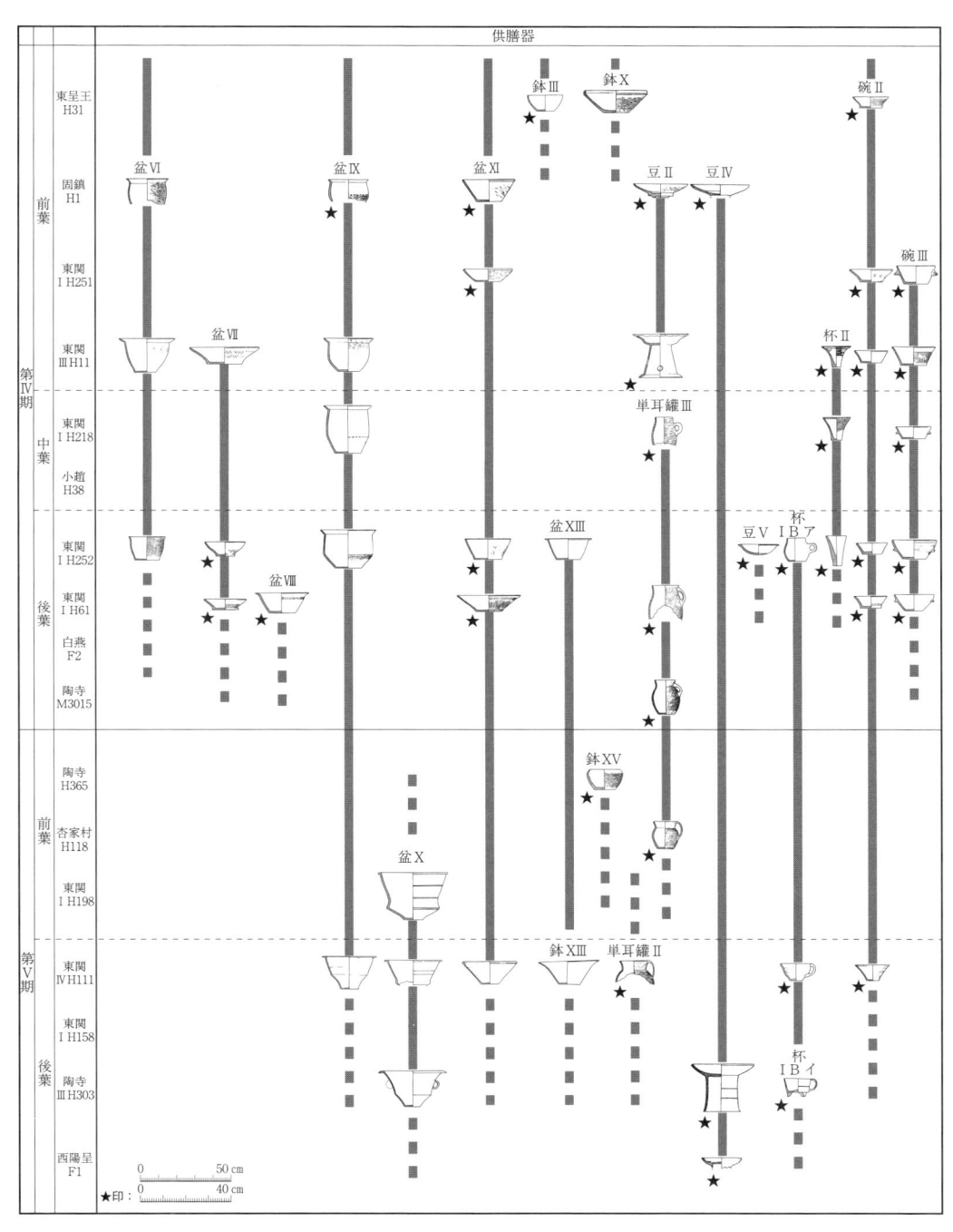

第 3 章　環太行山脈地区の土器編年と交流関係　49

第 11 図-4　山西土器編年（第Ⅳ—Ⅴ期の供膳器）

から継続して出土する形式が多い。しかし、鉢Ⅴ・Ⅵ・Ⅶなど一定数の供膳器が確認できなくなり、彩文の内容も大きく変化する。さらに新たな形式として豆Ⅰが出土している。後葉では継続して深腹罐Ⅰや鼓腹罐Ⅰが煮沸器として出土する。また、東関遺跡では新たに鼎Ⅴの出土が確認できる。貯蔵器は前葉と大きな変化はないが、尖底瓶の口縁部にgやhがみられるようになり、明らかな形態変化を把握することができる。供膳器は大多数が前葉にみられるものと同系統に属するが、盆Ⅸなど後続する時期で多く出土するようになる形式も出現する。第Ⅲ期は第Ⅱ期と比較して若干の鼎が出土するものの、煮沸器の組成に大きな変化はない。しかし、貯蔵器に葫芦瓶がみられなくなる点、供膳器で一定数の形式の交代が起こり、さらに彩文の内容が変化する点、新たに豆が現れる点など、第Ⅱ期とは大きくその土器様式の内容を変える。このような変化こそが、第Ⅲ期を独立した一時期として成立せしめる特徴といえよう。

　第Ⅳ期は前・中・後葉に分けられる。前葉でも第Ⅲ期と同様に深腹罐Ⅰが主要な煮沸器として存在するが、新たに鬲Ⅰ、釜竃Ⅰ、鼎Ⅳなどが出土するようになる。特に鬲の出現は空三足という新たな製作技法の出現を意味するため、時代を画する重要な現象であると評価できる。また、貯蔵器では依然として甕ⅠAは出土するが、尖底瓶がみられなくなり、尖底瓶と継承関係にあると考えられる壺Ⅳが出現する。さらに東呈王遺跡では扁壺が確認されている。供膳器は第Ⅲ期以前と比べてかなり減少する。それに伴い盆Ⅳ・Ⅴ、鉢Ⅷ・Ⅸなど第Ⅲ期以前から長く出土した形式も消失する。一方、第Ⅱ期後葉や第Ⅲ期から現れた盆Ⅵ・Ⅺ、碗Ⅱなどが継続して出土する。豆は第Ⅲ期に出現したⅠに続いて、ⅡやⅣなどが新たに加わる。中葉は、基本的な土器様式は前葉と変わらない。ただし、第11図にはないが新たに鼎ⅢAが出現し、さらに壺Ⅴなどもみられるようになる。また、深腹罐Ⅰの口縁部などは前葉がg中心であるのに対して中葉ではhが主要となり、釜竃ⅠAでも前葉の口縁部a・bに対しcがみられるようになるなど、型式面で確実な変化を認識できる。後葉も主要な土器の組み合わせには変化がない。煮沸器は深腹罐Ⅰ、鬲ⅠA、釜竃ⅠA、鼎ⅢAなどから成る。新出の形式としては鬲ⅠBや鬲Ⅳ、鼎ⅢBなどが挙げられる。ただし、鬲ⅠAなどは明確に形態が変化しており、第Ⅳ期を細分する指標となっている。貯蔵器には継続して壺ⅣとⅤがみられる。陶寺遺跡などでは扁壺も出土するが、これは臨汾盆地という地理的に限定された範囲からしか出土しない。供膳器は基本的に中葉から大きな変化はないが、盆ⅩⅢなど後続する時期に出土する形式もみられるようになる。このように、第Ⅳ期は第Ⅲ期と土器様式においてまったく異なる様相を呈す。特に鬲の出現や第Ⅲ期以前から長期間存在した尖底瓶の消失、また彩文の急減や籃文の増加などは、第Ⅳ期を新たな枠組みのなかで捉えなければならないことを十分に示す。しかし、深腹罐Ⅰは明らかに第Ⅲ期から続く形式であるし、壺Ⅳも尖底瓶と継承関係にあるなど、第Ⅲ期と一定のつながりを有する点は無視できない。また第Ⅲ期には煮沸器の形式数が増加し、逆に供膳器が減少するが、このような変化の背景に何があったのかも重要な問題の一つである。

　第Ⅴ期は前葉と後葉の2期に細分できる。前葉は煮沸器として若干の深腹罐が出土するが、主に鬲Ⅰ・Ⅱ・Ⅲ、斝Ⅱへと移行する。東関遺跡をはじめとする垣曲盆地や運城盆地の遺跡では

前時期から引き続いて釜灶も出土する。貯蔵器にはやはり壺Ⅴや扁壺がみられるほか，臨汾盆地では圏足罐が新たに出現する。供膳器は盆Ⅸ・ⅩⅢ，碗Ⅱ，単耳罐Ⅲなど第Ⅳ期から続けて出土するものもあるが，王湾三期文化に多い盆Ⅹなどが出土するようになる。後葉でも煮沸器の基本的な組成は変わらないが，東関遺跡など山西省南部で客省荘二期文化に関係する鬲Ⅴ，王湾三期文化に多い鼓腹罐Ⅲなどがみられる。貯蔵器や供膳器についても特筆すべき大きな変化はみられず，基本的には前葉の土器様式を引き継いだものと考えられる。第Ⅴ期で最も重要な変化は，鬲の出現であるといえよう。東関遺跡など山西南部からは第Ⅳ期からの斝Ⅰや釜灶Ⅰを一定数引き継ぐが，山西全域で鬲の出土が顕著になる。また煮沸器に占める鬲の割合をみると，臨汾盆地や太原盆地などのより北方に位置する地域ほど高くなることがわかる。このような鬲の出現は，山西が新たな文化に移行したことの重要な指標となろう。ただし，土器様式全体をみれば，第Ⅳ期からの形式も一定数が存在する。したがって，基本的には第Ⅳ期の土器様式を踏襲しながら，新たな影響のもとで鬲などの新出の形式を受容し，第Ⅴ期の文化内容が形成されたと考えられよう。

　山西の土器編年は，以上のような内容に区分できる。全体を概観すると，深腹罐Ⅰや尖底瓶および壺Ⅳなどの継続性から，各時期間に根本的な土器様式の交代はなかったと判断できる。つまり，一方で前時期の形式を踏襲しつつ，他方で新たな形式を創出あるいは外部から受容する。これを繰り返して，各時期の土器様式が成立することがわかる。しかし，各時期間で関係性の強弱はみられる。例えば第Ⅲ期までは供膳器の形式数が圧倒的に多いが，第Ⅳ期以降は煮沸器の形式が豊富になる。まず，これを根拠に第Ⅲ期と第Ⅳ期の間には一定の土器文化の差異があったと推測できる。さらに第Ⅰ期から第Ⅲ期の間でも，第Ⅰ期と第Ⅱ期の関係は第Ⅱ期と第Ⅲ期の関係に比して，鼓腹罐や尖底瓶，彩文の有無などについて一定の距離があると考えられる。また，第Ⅳ期と第Ⅴ期の間にも鬲の有無という大きな差異が存在する。このように，各時期間で一定のつながりを有すると同時に，差異も顕在化している。また，差異を創出した要因は，内的な変化と外的な影響の両方があろう。このような状況から土器様式の変化の背景を推測するのは難しいが，少なくとも土器様式が明確な画期をもって根本的に変化することはないので，大規模なヒトの移住などは想定する必要はなかろう。なお，第12図には本節で対象とした遺跡の存続期間を示しておく。

（3）　半坡文化系土器の編年上の位置づけ

　ここまで構築した土器編年では，基本的に山西に出土の中心がある資料を扱った。しかしながら，あえて分析対象に含めなかった土器群がある。それらの土器群には，第13図に示すような口縁部が丸く張り出すいわゆる杯形口縁の尖底瓶，魚文や変形魚文と呼称される彩文を施す盆および鉢が含まれる。つまり，この一群の土器は陝西を中心に分布した半坡文化，特にその最晩期の史家類型に属することがわかる。これらは東関遺跡や東荘遺跡，太安村遺跡など山西最南端だけで出土しており，洛陽盆地に位置する河南省王湾遺跡でもみられることから，渭河から黄河を

時期 遺跡	第Ⅰ期 前葉	第Ⅰ期 後葉	第Ⅱ期 前葉	第Ⅱ期 中葉	第Ⅱ期 後葉	第Ⅲ期 前葉	第Ⅲ期 後葉	第Ⅳ期 前葉	第Ⅳ期 中葉	第Ⅳ期 後葉	第Ⅴ期 前葉	第Ⅴ期 後葉
棗園	F1	H4	▪▪▪									
後趙家			▬▬									
吉家村			▬▬	F1								
童子崖		F2		F3			H8					
褚村		TG3		▪▪▪	▪▪▪							
東関		Ⅳ H40			ⅠH56	ⅡH27	ⅠH263	ⅠH251	ⅠH218	ⅠH252	ⅠH198	ⅣH111
西街			▬▬									
北橄			H34	H10								
東荘			H117		T124:3	▪▪▪		▪▪▪			▪▪▪	
廟湾												
馬茂荘				F1			H5					
楊家坪				F1								
杏家村					H262	H11			H23	H2	H118	
峪道河												H1
段家荘				H3								
耿壁				T4③								
固鎮				H16			H18	F1				
北里村				H1								
古城				▬▬	▬▬	▬▬				H2		
店頭堡				▪▪▪								
西陰村				H34			H37	F3				
西王村				H31		H4	H18					
大禹渡												
西侯				▬▬							H1	
北堡頭									▪▪▪			
下馬村												
小趙				H34			H2	H38				
岔溝					F16						H1	
小神					H68							H17
陽白						H206						H206
義井村						▪▪▪	▪▪▪					H4
翼城故城						▬▬						
光村						▪▪▪	▪▪▪					
東王村												
老牛湾							▬▬					
白燕						G502			F2	F219		
任家堡						T1③						M2
臨水						H1						
陶寺						H356			M3015	H365	ⅢH303	
陳郭村						H4						
東下馮						H203					H240	
盤南村						H105	▪▪▪					
豊村								T201:3C				
東呈王							H31					
下靳												
曲舌頭									ⅠH36	ⅠH13	▪▪▪	
開化												
天馬―曲村									趙東D1③	▪▪▪		
清凉寺									M79			
龍王崖									H106	T202:3B	H01	
游邀										H291	H551	
河家荘										F1		
喬家溝										H6		
侯村										H7	H1	
丁村										T3⑥		
方城										H1009	H1007	
袁家荘										T1⑤		
南礼教										H102		
大咀											▪▪▪	
西社											▬▬	
双務都												H1
南関外												H2
南石												H11
東許												F1
西陽呈											▬▬	
長旺村												

第12図　対象遺跡の所属年代

主要な伝播ルートとして広がったことがわかる。

　山西の黄河北岸地区以外では，一般に半坡文化の土器はほとんど出土しない。その代わり，概説書などで半坡文化に後続するとされる廟底溝文化の遺跡が多くみられる。半坡文化と廟底溝文化の関係については同一系統で時間的に前後関係にあるとする見解や，別系統で併存したとする見解が存在する。この問題についてはいくつかの先行研究があり（田建文 1994，王仁湘 2003 など），筆者も以前これについて論じ，両文化は別系統で併存したとする見方が妥当と判断したことがある（久保田 2008a）。それでは廟底溝文化が山西を中心とし，

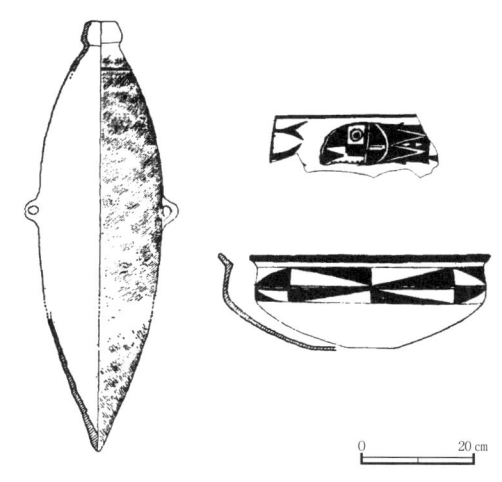

第 13 図　東荘遺跡出土の半坡文化系土器

半坡文化が陝西を中心とするなら，両文化の併行関係がどうであったのかが問題となる。

　東関遺跡では東関 2 期とされる時期に半坡文化系統の尖底瓶が報告されている（中国歴史博物館考古部ほか 2001）。東関 1 期が本節の第 I 期後葉，東関 3 期が本節の第 II 期後葉に相当することを考慮すれば，東関 2 期は本節の第 II 期前葉あるいは中葉に当たることになる。また，陝西省零口村遺跡では，明確な層位関係をもって本節の第 I 期に併行する零口村文化層の上に半坡文化層がのる（陝西省考古研究所 2004）。したがって，やはり半坡文化は本節の第 I 期よりおくれることになる。さらに東荘遺跡では H117 から本節の尖底瓶の口縁部分類の b と半坡文化系の尖底瓶が共伴する。また本節の尖底瓶の口縁部分類 a あるいは b を出土する H116 は，魚文や変形魚文を多く出土する H115 に切られている（中国科学院考古研究所山西工作隊 1973）。以上より，少なくとも山西でみられる半坡文化の土器は，本節の土器編年の第 II 期前葉あるいは中葉に併行すると考えられる。山西で出土する半坡文化の土器は史家類型に属するため，半坡文化でも晩い時期に当たる。このように考えると，史家類型以前の半坡文化は本節の第 I 期と併行することになる。

　これで山西における廟底溝文化と半坡文化の時間軸における相対的関係は整理できたが，すでに拙稿で指摘したことがあるように，この半坡文化の東方への影響力拡大が廟底溝文化の成立に深く関与している（久保田 2008a）。つまり，廟底溝文化の特徴として尖底瓶や彩文が挙げられるが，本節の第 I 期の段階では壺の重唇口縁や鉢の紅帯に多少の継承関係が認められるものの，その他に尖底瓶や彩文に関係する要素はほぼみられない。逆に開始が廟底溝文化に先行する半坡文化には尖底瓶や彩文が豊富にみられる。おそらく半坡文化の影響を本節第 I 期が受容し，在地の文化と融合することで廟底溝文化の土器様式を形成したと考えてよかろう。

　以上のように，山西出土の半坡文化系統の土器は本節の第 II 期前葉あるいは中葉に属する。これらの土器は半坡文化がその晩期に至り東方へ影響力を強めた証拠であり，それを契機として山西在地の文化と融合し，廟底溝文化が成立したと考えられよう。

4 地域間における交流関係

(1) 各時期における地域間関係

i) 第Ⅰ期

ここからは各時期における地域間関係を第14図に沿ってみていく。第Ⅰ期は7遺跡でしか確認されていない。特に前葉は棗園遺跡でしかみられない。まとまった数の土器が報告されているのは臨汾盆地の褚村遺跡と棗園遺跡，垣曲盆地の東関遺跡など3遺跡のみである。すべての遺跡で煮沸器に深腹罐Ⅰと鼎，供膳器に壺Ⅲ，供膳器に紅帯を施す鉢がみられる。また褚村遺跡では出土数の問題から確認できないが，棗園遺跡と東関遺跡では壺Ⅱも出土する。特に注目すべき点として，東関遺跡から出土した河北の同時期にみられる双耳壺が挙げられる。これより山西南部が太行山脈を越えて現在の河北と多少の交流関係をもったことがわかる。一方，太原盆地北側の汾河沿いに位置する童子崖遺跡や西街遺跡では報告された土器が少なく全体像を把握できない。ただし，壺Ⅱあるいは Ⅲ の口縁部や鉢ⅣAウなど，臨汾盆地以南と共通する形式がみられる。しかし，臨汾盆地以南ではみられない甕ⅠAが両遺跡で出土し，さらに深腹罐Ⅰや鼎，紅帯を施す鉢も確認できない。

以上より，第Ⅰ期は臨汾盆地および垣曲盆地を含む南部と太原盆地北部の，少なくとも二つの土器様式分布圏に区分できる。つまり，自然地理的な区分に沿って，一定の異なる土器伝統を有した集団を抽出することができる。東関遺跡は河北系の土器も出土するが客体的な存在であり，その他の形式の共通性から判断すれば，臨汾盆地と同一の文化圏に含めてよかろう。しかし，壺Ⅱあるいは Ⅲ，鉢の共通性からわかるように，両文化圏の間には一定の交流関係があったと判断できる。

ii) 第Ⅱ期

第Ⅱ期では，もともと遺跡数が少ない山西北部を除いた地域で，遺跡数が増加する。特に南部の運城盆地，垣曲盆地，臨汾盆地では顕著である。中部では太原盆地の他に呂梁山西麓で多くの遺跡が確認されている。各遺跡の出土土器をみると，すべて煮沸器は鼓腹罐Ⅰを主体としており，貯蔵器には尖底瓶や甕ⅠA，供膳器には豆莢文や回旋勾連文，花弁文などを施した盆や鉢が確認できる。ただ，南部の北橄遺跡，西陰村遺跡，小趙遺跡などでは煮沸器に釜形の鼎Ⅱ，釜および灶も出土しており，中部とは若干異なる土器様式を構成する。しかし，これらの煮沸器は組成のなかで中心的な位置を占めず，出土数などから判断すれば，あくまでも従属的な位置づけにある。

以上より，第Ⅱ期における山西の土器様式は，少なくとも北部以外の地域では非常に共通性が高いことがわかる。各盆地を貫く汾河や黄河を通し，自然地理的な境界を越えて各集団が活発に交流したことがわかる。南部でみられる一部の煮沸器も基本的な土器様式を大きく変えるものではない。第Ⅱ期は一般的にいう廟底溝文化に相当するが，その影響は現在の山東省や内蒙古自治区，甘粛省，湖北省など広域に及ぶ（戴 2005，段 1991）。山西省南部はその中心ともいうべき核

第3章　環太行山脈地区の土器編年と交流関係　55

第Ⅰ期

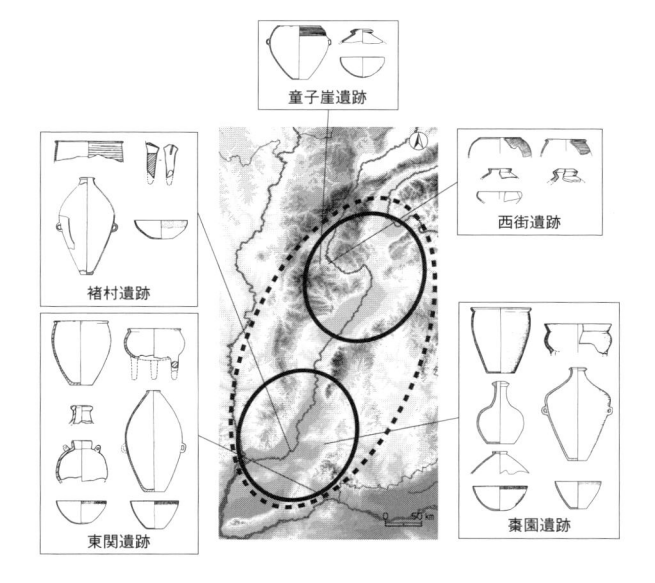

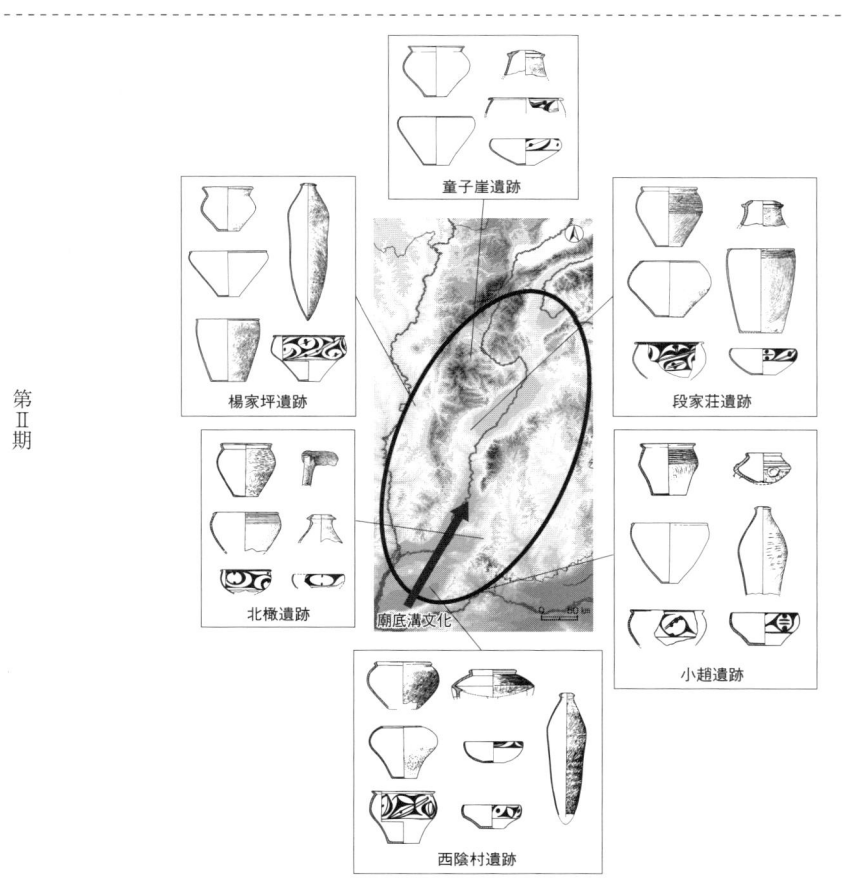

童子崖遺跡
褚村遺跡
西街遺跡
東関遺跡
棗園遺跡

第Ⅱ期

童子崖遺跡
楊家坪遺跡
段家荘遺跡
北橄遺跡
廟底溝文化
小趙遺跡
西陰村遺跡

第14図-1　時期別土器分布（第Ⅰ―Ⅱ期）

心地帯に当たるため，廟底溝文化の強い拡散力のもとで高い共通性が形成されたとしても不思議ではなかろう。

iii) 第Ⅲ期

第Ⅲ期でも，継続して中部と南部に多くの遺跡がみられる。また，北部でも老牛湾遺跡で遺物が確認されている。当該期は全域で煮沸器として深腹罐Ⅰを中心に鼓腹罐などを採用する。一方，貯蔵器では地域差が顕在化する。南部や呂梁山西麓の黄河沿いでは依然として尖底瓶が使用されるものの，中部では尖底瓶に代わって壺Ⅴが採用される。壺Ⅴは同時期の内蒙古自治区中南部でも同系統と思われる形式が出現しており，相互に連動した動きであると捉えられる。供膳器でも新たな変化を抽出できる。すでに指摘されたことがあるが，中部と南部全体で太行山脈東側の河北に設定される大司空文化系の彩文が出土する（許永傑 2010）。一方，西南部の黄河北岸の遺跡からは大司空文化系の彩文が出土しないため，河北からの距離に応じ傾斜して出土が減少することがわかる。その他，東関遺跡などの垣曲盆地では，鼎をはじめとした河南でみられる土器を出土する。これは，山西の他地域とは異なり，垣曲盆地が黄河を挟んで距離的に近い河南と交流をもったことを示す。

以上から判断すると，第Ⅲ期は深腹罐Ⅰや大司空文化系の彩文を施す鉢など，大部分の地域で共通する要素を抽出できるが，壺Ⅴがみられる太原盆地，河南の影響を受ける垣曲盆地など一定の地域性も抽出することができる。臨汾盆地と呂梁山西麓は比較的類似する土器様式を保持する。運城盆地については臨汾盆地にみられる土器様式を主体としつつ，一部に垣曲盆地と同様，河南系の土器が出土する。このことから，運城盆地一帯が各系統の土器が出土する交錯地帯であったと考えられる。このように当該期には，各地域の集団が隣接する外部と交流をもち始め，次第に地域色を強めるようになる。

iv) 第Ⅳ期

第Ⅳ期は，北部以外の全域で引き続き多くの遺跡が確認できる。また，土器編年からは第Ⅲ期と第Ⅳ期の間で比較的明確な変化が認められたが，地域性に関しては第Ⅲ期と第Ⅳ期の間に近似した様相を抽出することができる。具体的には，煮沸器をみると全域に深腹罐Ⅰ，鼎ⅣあるいはⅤ，斝Ⅰが分布するが，臨汾盆地以南では加えて釜灶ⅠあるいはⅡがみられ，さらに垣曲盆地では丸底の鼎Ⅲも多く出土する。この鼎Ⅲはやはり黄河以南でも多く出土する形式であり，第Ⅲ期と同様に両地域間で各集団が恒常的な交流を行っていたことがわかる。また貯蔵器でも第Ⅲ期と同様，太原盆地では壺Ⅴが出土する一方で，臨汾盆地以南では尖底瓶の流れを引く壺Ⅳを主に採用している。

このように第Ⅳ期でも比較的明確な地域性を描出することができる[5]。それぞれ太原盆地，臨汾盆地，垣曲盆地を中心とした地域に分けられ，各地域内で密な交流を行う集団の存在を想定できるが，運城盆地からは鼎Ⅲの出土がほとんどないため臨汾盆地により近い土器様式と理解でき

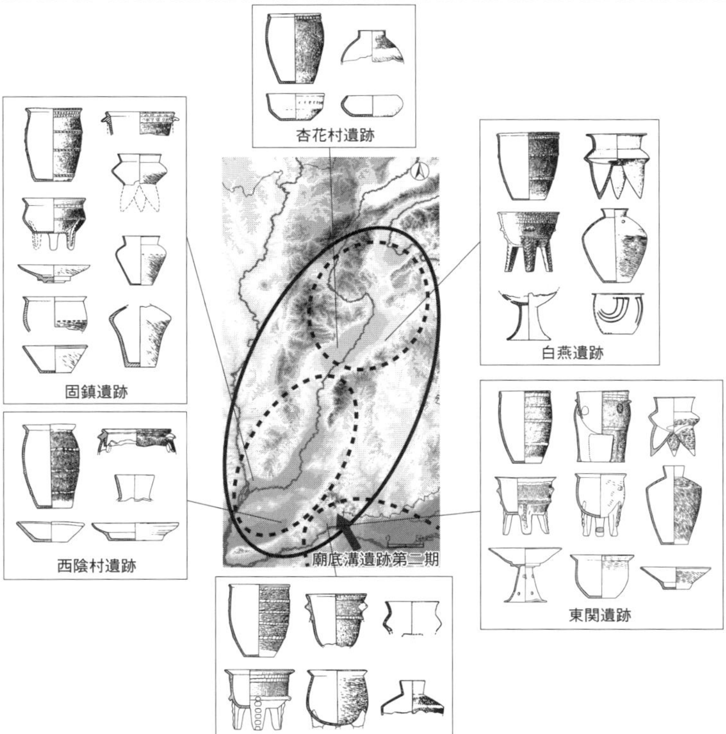

第 14 図-2　時期別土器分布（第Ⅲ—Ⅳ期）

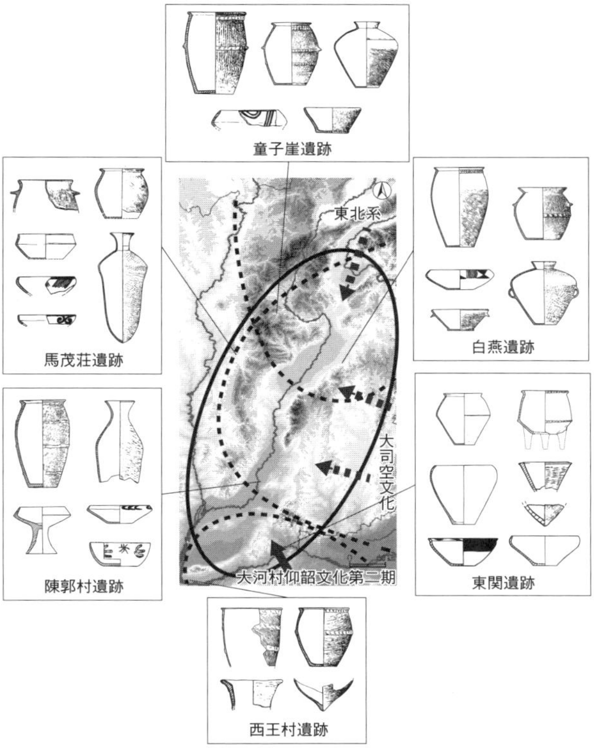

よう。さらに指摘しておきたい点として，第Ⅳ期には斝Ⅰや鼎Ⅳ・Ⅴなど新たな煮沸器が山西の広域に分布するようになる。その他に豆Ⅱも各地で出土するようになる。周辺地域の土器様式を考慮すると，これらは黄河以南から伝播してきた形式であるとされる（徳留 2004）。これらの形式が他の貯蔵器や供膳器とセット関係をもたず山西の広域に分布するようになった背景は，今後考えていく必要がある。

 v) 第Ⅴ期

　第Ⅴ期には北部の大但遺跡も含め，山西全域で遺跡が報告されている。当該期には新たに鬲が各地で出土するようになり，第Ⅳ期とは異なる土器様式が成立する。煮沸器には鬲のほかに斝Ⅱ・Ⅲや釜灶Ⅰ・Ⅱ，鼎Ⅲ，鼓腹罐Ⅲなどがみられるが，それぞれ各地域で組み合わせが異なる。游邀遺跡が位置する忻定盆地や太原盆地では鬲Ⅰ・Ⅱ，斝Ⅱが主となるが，臨汾盆地の陶寺遺跡などではさらに鬲Ⅲが加わる。垣曲盆地の東関遺跡では鬲Ⅰ・Ⅱ・Ⅲ，斝Ⅱが減少し，代わりに鬲Ⅴが出現する。また第Ⅳ期で多くみられた釜灶Ⅰ・Ⅱや斝Ⅰが依然として出土し，さらに河南の王湾三期文化に多い鼓腹罐Ⅲも散見される。このようにみると，鬲Ⅰ・Ⅱ，斝Ⅱは忻定盆地と太原盆地および臨汾盆地を中心に分布し，臨汾盆地の集団はさらに独自の鬲Ⅲを創出したことがわかる。一方，南部の垣曲盆地や運城盆地では鬲Ⅰ・Ⅱ・Ⅲ，斝Ⅱの出土が相対的に減少し，その代わりに第Ⅳ期以来の釜灶や鼎が残り，客省荘二期文化に起源が辿れる鬲Ⅴや王湾三期文化に多い鼓腹罐Ⅲが使用されたと考えられる。これらの土器様式を基準に，現在では三里橋文化が設定されている。貯蔵器では太原盆地以北では壺Ⅴ・Ⅵや甕Ⅲが出土するが，臨汾盆地では扁壺，圏足罐など独自の形式を創出している。また垣曲盆地では甕Ⅴや王湾三期文化系の甕などが出土する。

　第Ⅳ期以降は煮沸器が増加し，各地の地域性をよく示すようになる。第Ⅴ期では忻定盆地や太原盆地などより北方に近い地域に鬲Ⅰ・Ⅱや斝Ⅳが多く，これらの形式が北方で創出され，各地域に伝播したことがわかる。一方，北部から距離的に離れる南部の垣曲盆地や運城盆地では周辺の王湾三期文化や客省荘二期文化の影響を受容しつつ，第Ⅳ期からの釜灶や鼎を使用しつづける。ここまで地域性が明確に南北に分かれたことは，第Ⅳ期以前にはなかった。また，これは隣接する集団間の交流ネットワークが熟成されたと捉えることもできよう。そのなかで，ちょうど南北の境界に位置する臨汾盆地では，煮沸器の組成からみれば太原盆地に近いものの，鬲Ⅲや圏足罐，扁壺などを含む独自性の高い土器様式を形成していたのである。この独自性の強い土器様式をもって，一般的にいう陶寺文化が設定されている。

（2）　地域間関係の変遷

　すでに土器編年で示したように，山西は一貫して在地の土器を軸に土器様式を成立させてきた。しかし，これはまったく他地域の影響を受容しなかったという意味ではなく，時期ごとに隣接する他地域の集団との交流も行ってきた。第Ⅰ期は太原盆地北部と臨汾盆地以南で若干の地域性の

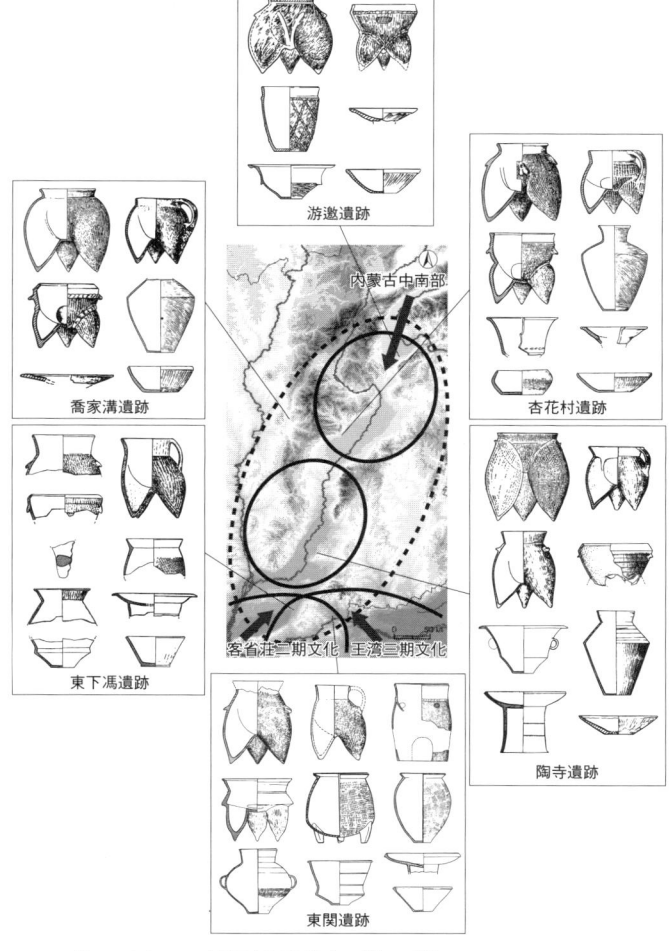

第 14 図-3　時期別土器分布（第 V 期）

差異を抽出できるものの，壺Ⅱ・Ⅲなどでは一定の共通性もみられる。当該期の周辺地区を見渡すと，陝西の北首嶺遺跡や零口村遺跡，内蒙古自治区中南部の石虎山遺跡，河北の鎮江営遺跡など，広域で類似する壺や鉢を出土する遺跡が見受けられる。特に壺類や器面にナデを加えて無文とする調整方法は同時期の河北に多くみられる特徴であり，河北から周辺地域に向けてこれらの特徴が広がる過程で，山西にも第Ⅰ期のような土器様式が成立したと考えられる。

　一方，第Ⅱ期になると急速に地域間の共通性が高まる。南部では鼎Ⅱや釜，灶も出土するものの，中心となる形式は地域間で共通する。これだけ共通する土器がセット関係をもって広域から出土する背景には，おそらくヒトの直接的な移動があったと考えられる。内蒙古中南部の王墓山坡下遺跡では住居址の構造も廟底溝文化の中心である山西南部や河南西部と共通しており，ヒトの移住を強く示唆する。このような直接的な影響関係を含む第Ⅱ期の土器様式の広がりは，地域間に強い交流ネットワークが存在したことを示す。

しかし，第Ⅲ期になると，この地域集団間のネットワークが崩壊し，地域性が顕在化してくる。また河北の大司空文化の影響は比較的大きく，ほぼ山西全域で大司空文化系の彩文がみられるようになる。しかし，それ以外に明確な影響の痕跡は見当たらず，山西の各地域集団が選択的に大司空文化の要素を受容したことがわかる。また北方や黄河以南からの影響も強まり，それによって太原地区，臨汾盆地，垣曲盆地の各地域間の土器様式に差異が生まれる。

第Ⅳ期でも太原盆地や垣曲盆地に北方や黄河以南の要素がみられ，基本的には第Ⅲ期と近似する交流ネットワークや地域性を描出することができる。ただ，最も大きな違いとしては，斝Ⅰや鼎Ⅳ・Ⅴが太原盆地を含む広域で出土する点である。斝は明らかに河南を中心とした地域で成立した形式である。黄河以南の影響は第Ⅲ期以降に垣曲盆地まで確実に及んでおり，第Ⅳ期でも鼎Ⅲがみられる。しかし，斝Ⅰや鼎Ⅳ・Ⅴについてはその影響範囲を超えて，広域に伝播している。どのような要因によりこのような分布範囲の差異が生じたのかは，土器の機能などと結びつけて解明する必要があろう。

第Ⅴ期になると，急激に北方からの影響が強まり，ほぼ全域で鬲が出土するようになる。しかし，忻定盆地と太原盆地では共通性が高いものの，臨汾盆地では鬲Ⅲをはじめとして独自化が進む。これには第Ⅳ期までの地域性が背景にあり，北方から鬲が浸透する過程で各地域集団の生活様式などに沿って形態を改変させたのであろう。一方，黄河以南の影響は再び垣曲盆地におさまるようになる。

以上のように，山西は第Ⅰ期から第Ⅱ期にかけて斉一性を高めるものの，第Ⅲ期以降の交流ネットワーク崩壊に伴い地域性が現出する。しかし依然として地域間の交流は存在したと考えられ，そのネットワークを通して第Ⅲ期の大司空文化系の彩文や第Ⅳ期の斝Ⅰ，鼎Ⅳ・Ⅴ，第Ⅴ期の鬲Ⅰ・Ⅱ，斝Ⅱなどが広域に広がったのである。また，特に第Ⅲ期以降については在地に起源のある形式を軸に，内蒙古中南部を中心とする北方と黄河以南の河南を中心とする南方の影響力の強弱が，山西新石器時代の土器様式に大きく影響したと考えることもできる。

5　山西における地域間交流

山西は，東の太行山脈と西の呂梁山に挟まれた南北に連なる盆地を中心に遺跡が分布する。したがって，太行山脈東側の華北平原や呂梁山西側の黄河と並んで，華北地方を南北につなぐ重要な交流ルートであった。周辺地域から伝播した文化要素はこれらのルートを経て山西へ浸透し，各地の集団に受容されて土器様式を変化させてきた。この土器様式の変化を指標とし，各細別形式の型式変化を加味することで山西の新石器時代を5期12段に区分することができたのである。一方で，東西には太行山脈と呂梁山が聳えるため，東西方向の交流による影響は非常に限定的であった。明確な影響としては第Ⅲ期にみられた大司空文化系の彩文のみである。このような限定された閉鎖的地理環境が自然に山西の南北地域との交流ルートを形成したと考えられる。

周辺地域との交流は各時期における山西内部の地域性の形成にも大きな影響を与えた。特に第Ⅲ期以降は北方と黄河以南の河南の影響が顕著となり，太原盆地や垣曲盆地，運城盆地が独自の

土器様式をもつに至る。さらに第Ⅴ期には北方の影響力が増し，忻定盆地，太原盆地，臨汾盆地で鬲Ⅰ・Ⅱ，斝Ⅱなど共通する煮沸器がみられるようになる。これらの土器は太行山脈周辺で多くみられる形式であり，当該期に山西も環太行山脈地区文化圏に組み込まれるとともに，その文化圏の南限が臨汾盆地周辺であったことを示している。ただ，鬲Ⅰ・Ⅱ，斝Ⅱなどは，垣曲盆地や運城盆地でも一部に確認できるため，これらの地域は環太行山脈地区文化圏の周縁地域に位置づけることができよう。

また，第Ⅴ期の鬲Ⅰ・Ⅱ，斝Ⅱをはじめとして，第Ⅲ期の大司空文化系の彩文や第Ⅳ期の斝Ⅰ，鼎Ⅳ・Ⅴが短期間のうちに山西の広域に広がった共通の背景には，一貫してみられた継続的な地域間交流が挙げられよう。第Ⅱ期以降に密な交流ネットワークは崩壊したが，一部形式の共通性から地域間に一定の交流関係が保持されたことがわかる。おそらく，広域に分布した土器は，このような第Ⅱ期以降に残存したネットワークを通じて広がったのだろう。ただし，各時期における交流には異なる背景が存在したと思われる。廟底溝文化に相当する第Ⅱ期では土器がセット関係をもって広域に分布するのに対し，第Ⅲ期の大司空文化系の彩文や第Ⅳ期の斝Ⅰや鼎Ⅳ・Ⅴ，第Ⅴ期の鬲Ⅰ・Ⅱ，斝Ⅳなどは明確なセット関係をもたずに分布する。第Ⅱ期についてはおそらくヒトの移住がある程度伴ったと考えられる。しかし，第Ⅲ―Ⅴ期については選択的に受容されており，土器自体の機能性や魅力など，さまざまな側面から考える必要があろう。

第Ⅴ期に臨汾盆地を南限として環太行山脈地区文化圏に組み込まれた山西は，その後の二里頭文化併行期にも第Ⅴ期とほぼ同様に臨汾盆地周辺を土器様式分布圏の境界とする。つまり，運城盆地から臨汾盆地にかけては典型的な二里頭文化系の土器が出土し，東下馮文化が設定される。一方，臨汾盆地以北の太原盆地などでは本節の第Ⅴ期を継承するような東太堡文化などと呼ばれる土器様式を保持する。このように，新石器時代末期に緩やかなまとまりを示すようになる環太行山脈地区文化圏は，山西においては新石器時代以降までその影響が残存していくのである。

第3節　内蒙古中南部の土器編年と地域間交流

次に，内蒙古中南部で出土する土器の属性分析を通して土器編年を構築し，時期ごとの地域間関係を明らかにしていく。すでに山西を扱った前節で述べたが，蘇秉琦は廟底溝文化の東北への影響を説明するにあたり山西南部一帯から東北への「S」字状のルートを提示したことがある（蘇 1999）。内蒙古中南部はちょうどその両地域をつなぐ位置にあり，地域間交流が行われるうえで非常に重要な地域であった。また，環太行山脈地区のなかでも，中央南北に太行山脈が走るため，その北側に位置する内蒙古中南部は太行山脈東西をつなぐ重要なルートの一つであったと考えられる。

反面，東北や太行山脈東西からの影響が強く，さらに自然地理的環境も多様であるために，一つの文化圏としてまとまることが難しい地域でもあった。しかし，逆に考えれば，当該地域の変

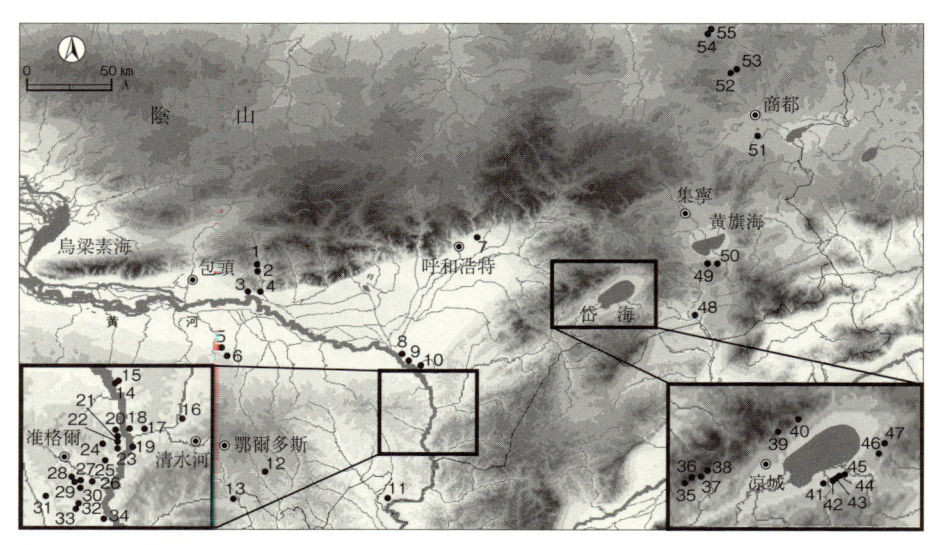

第 15 図　対象遺跡の分布

【陰山南側地区】1：廠汗門遺跡　2：腮大壩遺跡　3：阿善遺跡　4：西園遺跡　5：瓦窯村遺跡　6：草原村遺跡
【黄河両岸地区】7：大㲟遺跡　8：後郝家窯遺跡　9：海生不浪遺跡　10：耿慶溝上游遺跡　11：大口遺跡
12：朱開溝遺跡　13：架子圪旦遺跡　14：台子梁遺跡　15：白泥窯子遺跡　16：荘窩坪遺跡　17：後城嘴遺跡
18：岔河口遺跡　19：城嘴子遺跡　20：牛龍湾遺跡　21：寨子塔遺跡　22：寨子圪旦遺跡　23：白草塔遺跡
24：寨子上遺跡　25：小沙湾遺跡　26：大廟圪旦遺跡　27：張家圪旦遺跡　28：永興店遺跡　29：南濠遺跡
30：周家濠遺跡　31：魯家坡遺跡　32：二里半遺跡　33：官地遺跡　34：洪水溝遺跡
【岱海・黄旗海地区】35：西白玉遺跡　36：面面遺跡　37：老虎山遺跡　38：板城遺跡　39：園子溝遺跡
40：大廟坡遺跡　41：狐子山遺跡　42：王墓山坡下遺跡　43：王墓山坡中遺跡　44：王墓山坡上遺跡　45：石虎山遺跡　46：紅台坡遺跡　47：東灘遺跡　48：北黄土溝遺跡　49：大壩溝遺跡　50：廟子溝遺跡　51：朝天渠遺跡　52：狼窩溝遺跡　53：棒槌梁遺跡　54：風旋卜子遺跡　55：章毛勿素遺跡

遷を明らかにすることで，周辺地域の文化動態をより明確に把握することができるということでもある。さらに，内蒙古中南部は新石器時代末期に流行する鬲が創出された地域としても重要である。外部の影響を受け続けた一方で，この鬲がいかなる土器様式のなかで成立し，対外的に拡散していくのかという点は非常に重要であり，本節でもその過程について詳細に言及するつもりである。

1　対象とする地域および資料

　内蒙古中南部は，田広金により自然地理的な範囲が提唱されている（田広金ほか 1991）。田は，烏蘭察布盟南部の岱海を中心とする黄土丘陵地区，伊克昭盟の鄂爾多斯高原地区，呼和浩特市と包頭市を含む陰山南側地帯の計3地区を内蒙古中南部とした。また，別稿でも内蒙古中南部を自然環境から上記と同様に区分し，岱海流域丘陵・台地・平原・覆沙地区，呼和浩特市―包頭市平原・覆沙地区，鄂爾多斯東部丘陵・覆沙地区の3地区としている（田広金ほか 1997）。これら3地区のうち，岱海流域丘陵・台地・平原・覆沙地区は内陸湖である岱海沿岸やそれに注ぐ河川沿岸に位置する一方で，他の2地域は黄河沿岸およびその支流に位置する。ただ，水系は異なるが，後述するように考古学文化としては共通性が存在しており，一定の交流があったことが窺える。

田の地域区分は自然地理学の研究成果に基づいており，筆者の認識とも大きな違いはない。したがって，本節でもその地域区分に従って内蒙古中南部を一つの大地域として捉え，さらに地域内を三つの小地域として認識する。ただ遺跡立地を考慮して，田が言及しない黄旗海や商都周辺に所在する遺跡を岱海流域と同一の小地域として捉える。また，陰山南部の黄河南側に位置する遺跡は河川が包頭附近の黄河に流入するため，呼和浩特市—包頭市平原・覆沙地区に含める。呼和浩特市周辺に位置する遺跡は，田の定義では呼和浩特市—包頭市平原に含まれるが，河川が黄河の屈曲部に流入するため，鄂爾多斯東部丘陵・覆沙地区に含める。

各小地域の呼称として，便宜的に岱海流域丘陵・台地・平原・覆沙地区を岱海・黄旗海地区，鄂爾多斯東部丘陵・覆沙地区を黄河両岸地区，呼和浩特市—包頭市平原・覆沙地区を陰山地区とする。報告によっては陰山を大青山と表記することもあるが，陰山は大青山を含む内蒙古自治区中央を東西に走る山脈の総称である。限定しつつもより広範な地域を含めるために大青山ではなく陰山という呼称を使用する。なお，対象資料は，これらの地域で行われた調査により報告された土器とする。本節で対象とする遺跡は，**第 15 図**のとおりである。

2 研究史

内蒙古中南部の新石器時代研究では，1950 年代後半の汪宇平による白泥窯子村の調査以来（汪 1961），多くの遺跡が発掘されてきた。ここでは，本節の目的に沿った代表的な研究を時系列に並べながら概観し，現状における内蒙古中南部の編年や地域間関係に関する研究の問題点を抽出する。

内蒙古中南部に関して，最も早く体系的な編年案を提唱したのは 1985 年に発表された崔璇・斯琴両氏の論考である（崔ほか 1985）。両氏は内蒙古中南部の新石器時代を岔河口文化，海生不浪文化，阿善文化，大口一期文化の 4 期に区分した。そのうえで，岔河口文化と海生不浪文化は別系統とし，さらに海生不浪文化を阿善型と海生不浪型に分け，後続する阿善文化と阿善型が継承関係にあることを根拠に，海生不浪型が阿善型に先行するとした。阿善文化の年代については，龍山文化併行に位置づけている。この論文では編年の大枠が示され，内蒙古中南部の新石器時代研究の嚆矢として重要な意味をもつ。しかし，やはり遺跡数や詳細な各時期の年代的位置づけ，地域文化の空間的な広がりなどについては詳述されていない。

高天麟は，本節の黄河両岸地区を含む前套地区の龍山文化について，客省荘二期文化，陶寺文化，光社文化との比較を通してその特殊性を指摘し，「前套龍山文化」と命名した（高天麟 1986）。しかし発表年の問題もあり資料数が少なく，また詳細な編年や地域間関係については言及していない。

張忠培・関強両氏は，各遺跡の層位と土器型式を比較し，新石器時代を 7 期 15 段に区分した（張忠培ほか 1990）。両氏は当該地域を，渭河流域を中心とする地域と泰沂地域の接触地帯とし，両地域からの影響を中心として当該地域の文化内容を論じた。注目すべき点は，老虎山遺跡を廟底溝二期文化併行とする 6 期に含めた点と，鬲の出現をもって龍山時代晩期に相当する 7 期の始

まりとした点である。内蒙古中南部の編年としては非常に精緻であるが，対象とした遺跡数が少ない点，時期間の関係性や各文化要素の空間的分布が明示されない点などの問題が残り，限られた結論しか導くことができていない。

王志浩と楊沢蒙は，鄂爾多斯地区の仰韶文化に関する編年と地域間関係について論じている（王志浩ほか 1991）。両氏は仰韶文化を3期8段に区分し，1期は半坡文化，2期は廟底溝文化との関係が密であるとした。また，3期は次第に地域的な独自性が強まるとした。本節の対象地域と若干ずれるが，大まかな年代的枠組みや地域間関係は首肯できる。しかし，各時期間の系統性や地域間関係を，土器様式の構造的な解釈から明確に示さないため，やや感覚的な内容に終わっている。

許永傑，卜工は河北省，山西省，陝西省の3省北部を三北地区とし，それに内蒙古中南部の黄河両岸地区を加えた地域を対象に，龍山文化期の編年を整理して3期4段に区分した（許永傑ほか 1992）。そのうえで各時期における周辺文化との影響関係について論じた。両氏は三北地区の龍山文化の共通性に注目し，これを「游邀文化」と命名した。内蒙古中南部については3期4段すべてに該当遺跡が存在し，いわゆる老虎山文化の一部を廟底溝二期文化に相当する晋中地区の白燕遺跡2期併行に位置づけ，さらに阿善三期文化に相当する白泥窯子遺跡D点F6出土の土器群と併行するとしている。しかし，北方地区の広い共通性を見出したのは，本書で主張する環太行山脈地区文化圏と共通する視点であり，評価に値すると考えるが，対象遺跡も少なく内蒙古中南部を一地域として捉えるため，地域内における相互関係には言及できていない。

孫周勇は，内蒙古中南部と陝西省北部を含めた河套地区の龍山文化について，研究史を整理したうえで6期に区分した（孫 2002）。特に三足器の割合が増加する3期と4期の間に画期があるとし，異なる文化として捉えた。層位学と型式学に基づいた説得力のある内容だが，地域性を考慮せず，土器型式の差異を時間的差異としか考えない点に問題がある。地域性を考慮しないため，いわゆる阿善三期文化と老虎山文化の関係について，完全に時期差を認めている。両文化を比較する際に，限定された土器形式のみで行ったことも，このような結論を導いた要因の一つであろう。

韓建業は，内蒙古中南部，晋中・北と冀北西，陝北の3地域について，新石器時代の編年を作成して3段階6期14段に区分した（韓 2003a）。また，各地域間の関係についても詳細に論じている。そのなかで注目すべき点として，第4期から第6期に当たる阿善三期類型，老虎山文化老虎山類型，老虎山文化白草塔類型を，明確に時間的に異なる文化とした。内蒙古中南部の遺跡を網羅的に集成した点で，この研究は評価できる。しかし，土器編年を組む際の分類の基準が示されておらず，どのような過程を経て遺跡間の併行関係を決定したのかが不明である。また，各時期間の関係についても明確な論拠が少なく，感覚的な議論に終わっている感が強い。

田広金は，内蒙古中南部の新石器時代に関して最も多くの論考を発表している研究者である。一連の研究のなかでも特に新石器時代を大きく仰韶時代と龍山時代に分け，それぞれ6期9段，3期6段に区分した論考がある（田広金 1991a・b）。特に龍山時代の論考のなかでは，第1期に属

するいわゆる老虎山文化を阿善三期文化，永興店文化と一部併行するとした。また田広金が発表した最後の体系的な編年観と考えられる2001年の論考では，特に岱海周辺地域の新石器時代編年を似後岡類型文化遺存，仰韶文化廟底溝類型遺存，海生不浪文化遺存，老虎山文化遺存に分けた（田広金ほか2001）。これは田が自身で行った調査成果に基づいた編年観であり，非常に説得力に富むが，一方で各時期間にみられる土器の系統関係や周辺文化との関係については首肯できない部分もある。田の研究の全体的な問題点としては，まず報告されている遺跡を網羅していない点が挙げられる。また編年観などで大まかな流れは示せているが，土器の系統や様式の構造的解釈などがなされておらず，時期区分や地域間関係について明確な基準が示されない点も問題である。

　以上に挙げたものが主な先行研究である。調査数が増加するごとに時期が細分化されるが，研究者間で比較的相違が大きいことがわかる。これらの研究から抽出できる問題点は，次の3点に集約できる。

　まず，調査された遺跡を，韓建業以外は網羅していない。したがって，示された各編年も変化の詳細を把握できていないものが多い。それに関連して，内蒙古中南部では内部で地域性がみられるが，その詳細も示すことができていない。内蒙古中南部は既述したように広大な範囲におよび，地理的環境も複雑である。したがって，地域内において差異が存在する。しかし，大部分の研究は内蒙古中南部を一地域として扱うため，内部の差異を明らかにできていない。

　二つは，区分された各時期間の関係について，各時期の土器様式の内容と時期間における細別形式の系統性が明確に示されていない。そのため，各時期間の継承関係を示す根拠が弱い。したがって，各時期に設定された文化が交替する際も，無根拠にヒトの移動などが語られる。例えば田広金は後岡一期文化の出現や仰韶文化半坡―廟底溝類型過渡文化の成立にヒトの移動があったとするが（田広金1997），その根拠は土器の分布範囲の拡大のみであり，在地の地域性や前段階の文化要素との継承関係には触れていない。

　三つは，本節で最も明らかにしなければならない点の一つだが，先学の編年案に差異がみられる。特に阿善三期文化，老虎山文化，永興店文化などと呼ばれる廟底溝二期文化から龍山文化に相当する時期には，老虎山文化が阿善三期文化と併行するのか，あるいは独立した一時期なのか，それとも阿善三期文化と永興店文化の両文化に併行して跨るのかという見解の相違が存在する。この問題は，老虎山文化とそれ以外の二つの文化が分布を異にする点が原因と考えられる。また，細かい部分では，紅台坡上遺跡の位置づけにも差異がある。

　現状では以上のような問題が存在する。これらの問題点を克服しつつ，早速次に土器の分析へ入りたい。内蒙古中南部は範囲が広く地域的な差異が大きいため，まず3地区それぞれの土器編年を作成し，土器様式や型式の変化から時期区分を行う。そして，地域ごとに設定した各時期がいかなる併行関係にあるのかを，地域間に共通する土器型式と組成から判断する。以上の作業過程を経て，内蒙古中南部の土器編年を構築し，それをもとに地域間関係についても論じる。

3 土器編年の構築

(1) 分類基準

土器の分類を行うにあたり，その根拠となる属性の分類基準を以下に示す。ここでも説明は煮沸器を中心とした主要なもののみとし，あとは**第16図**を参考としてほしい。それぞれ煮沸器，貯蔵器，供膳器という順で説明していく。

煮沸器には大別形式レベルで釜，鼓腹罐，深腹罐，鬲などがみられる。それぞれ，形態や胎土が夾砂である点，筆者による実見時に煤の付着などがみられた点などから煮沸器と判断している。

釜は1形式とする。口縁部と文様から型式を設定する。口縁部はaからdに分かれる。文様は無文と縄文に分類でき，それぞれaとbとする。口縁部と文様の相関関係をみると，口縁部a，bは無文のみ，口縁部cは無文と縄文，口縁部dは縄文のみと組み合う。主に釜を出土する石虎山遺跡はⅠ遺跡とⅡ遺跡に分かれる。報告では鎮江営子一期文化や後岡一期文化との比較を通し，Ⅱ遺跡をⅠ遺跡に先行させる（内蒙古文物考古研究所ほか 2001）。Ⅱ遺跡からは無文，Ⅰ遺跡からは縄文が多く出土するため，無文から縄文への変化が想定できる。これは，後続する時期に縄文が増加する現象と符合する。したがって，口縁部は無文のみと組むa・bが早く，dが晩いと考えられる。口縁部cは無文と縄文の両方がみられるため，a・bとdの中間に位置づけられる。

鼓腹罐は，口縁部が外反あるいは直立に近いⅠと口縁部が短いⅡに分ける。ここでは鼓腹罐Ⅰについて説明を加える。鼓腹罐Ⅰは，口径から25 cm以上のA，15 cm以上25 cm未満のB，15 cm未満のCに細分できる。ただ，全体的な形態と変化の方向はサイズに関わりなく一致するため，型式分類の基準は統一する。注目する属性は，口縁部，胴部，文様である。口縁部は外反しつつ内側にやや湾曲し，口唇部が外に突出するaから次第に直線的に立ち上がるcに至り，また外反が強まり口縁部が短くなるgへ至る。さらにhから立ち上がり始め，直立に近いiやjとなる。胴部は中位に明らかな最大径があるaから，次第に最大径が上がり最後は肩部が明確に屈曲して最大径となるkへと至る。文様はa―iの9類に分ける。各属性は一定のまとまりをもちながら相関するため，時代ごとに特定の型式を設定できる。すでに研究史で述べたように，内蒙古中南部の編年は細部で見解の相違がみられるが，大まかな年代観は一致する。それに基づけば，口縁部ではa・bなど王墓山坡下遺跡でみられるものから，d・e・fなど紅台坡上遺跡や大壩溝遺跡，廟子溝遺跡で多くみられるものに変化し，それからg・hなど白泥窯子遺跡D点，i・jなど老虎山遺跡，kの老虎山遺跡や永興店遺跡でみられるものが順に出現する。これらの変化は，阿善遺跡，西園遺跡，官地遺跡，後城嘴遺跡，二里半遺跡などの層位関係からも確認できる。口縁部以外の属性の変化の方向も，口縁部との相関関係や上記した遺跡の層位などから明らかにできる。

深腹罐は，口径から25 cm未満のⅠ，25 cm以上のⅡに分ける。また深腹罐Ⅰは胎土が砂質とされる特徴的な形式である。この2形式はサイズの違いが大まかに形態的差異に結びつき，特にⅠは限定された時期だけにみられる。したがって，分類基準も別々に設ける。深腹罐Ⅰは口縁部，

第3章 環太行山脈地区の土器編年と交流関係

文様，付加堆文から型式を設定する。ここで挙げた文様は地文を指し，付加堆文は文様の一つだが，内蒙古中南部では特に変化に富むため独立した属性として取り上げる。口縁部は内湾するaからやや外傾するdに分かれる。文様は交錯縄文とそれ以外の縄文に分ける。付加堆文は，付加堆文をもたないもの，口縁付近に付加堆文を付した後に上からナデを施すもの，口縁付近に付加堆文を付すものに分ける。口縁部aや交錯縄文，付加堆文をもたない例は，紅台坡上遺跡F2や王墓山坡中遺跡G1などにおいて，彩陶を共伴する。彩陶は深腹罐Iが出土する時期に先行する廟底溝文化の影響を受けた王墓山坡下遺跡などで多くみられる。したがって，口縁部aや交錯縄文，付加堆文をもたない例を時期的に早い段階に位置づけられる。また，口縁部fやg，付加堆文dなどは，老虎山遺跡や白草塔遺跡など比較的晩い段階の遺跡に多くみられるため，基本的には口縁部，付加堆文などはaから次第に変化したと考えられる。深腹罐IIも口縁部，文様，付加堆文から分類を行う。口縁部は上端が平面となるaから次第に外反しながらdへ至り，さらに内湾するeから上端が再び平面となるfへという変化がみられる。g・hでは上端が平面ではなくなる。文様は交錯縄文，

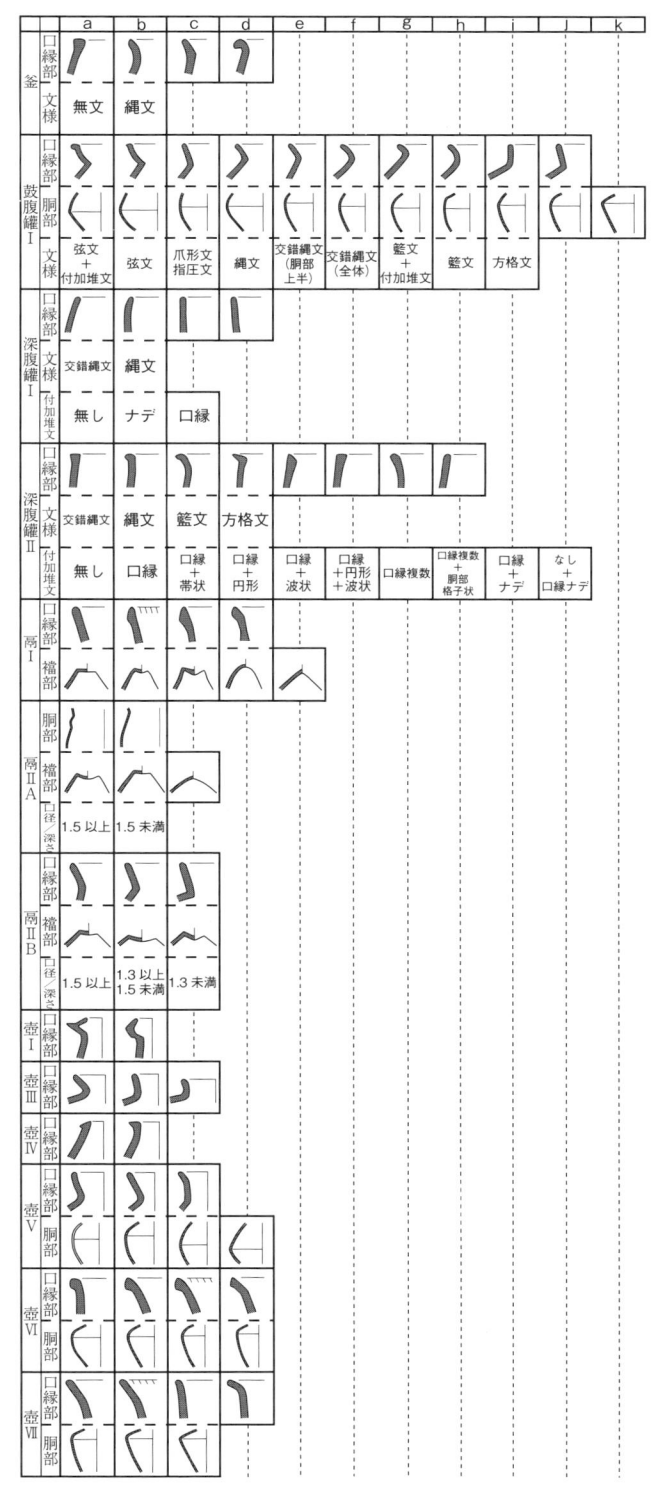

第16図-1　属性分類一覧①

縄文，籃文，方格文の 4 類に分ける。付加堆文は，何も施さない a，口縁のみに貼付する b，口縁とそのすぐ下に紐状のものを貼付する c，それぞれ口縁と円形，波状，円形と波状の付加堆文をもつ d・e・f，口縁から下に複数を貼付する g，口縁複数に加えて胴部に格子状に貼付する h，口縁に付加堆文を貼付してその上部にナデを加える i，付加堆文はもたないがナデのみを加える j の 10 類に細分できる。ただ，各属性の相関をみると，付加堆文 a から f は口縁部 a，文様 a，b と主に組み合い，それぞれ大きく比率も違わないため，付加堆文の多くは時間的にほぼ併行して存在したといえる。これは，大壩溝遺跡や廟子溝遺跡で多量にこれらの付加堆文が共伴する事実からも確認できる。また，口縁部 a，文様 a・b，付加堆文 a から f の組み合わせは，他の細分属性と排他的に組み合うため独立した細別形式として扱うこともできようが，後続する時期と比較して付加堆文やナデを加える技法などに連続的なつながりがみられるため，本節ではこれらを同一の細別形式に分類した。各属性の変化の方向は，白草塔遺跡で口縁部 a，付加堆文 d を出土する F13 が第 2 層下から検出され，口縁部 d，付加堆文 g を出土する H3 が第 1 層下から検出される。また，白草塔遺跡や荘窩坪遺跡において，口縁部 d，付加堆文 g などが，口縁部 e，付加堆文 h・j などに先行する時期に区分される点を参考にすると，大まかに口縁部 a から d，さらに e，付加堆文 a—f から g，さらに h・j という変化が想定できる。口縁部 g・h については岱海周辺で出土するため，地域性を示す可能性がある。

　鬲は大きく双錾をもつ I と環状の把手をもつ II に分ける。II は胎土の違いから夾砂陶の A，泥質陶の B に分類できる。さらに，II A は口径から大小に分かれ，15 cm 以上をア，15 cm 未満をイとするが，分類基準は統一する。鬲 I は口縁部と襠部から型式を設定する。口縁部は外傾しながら直線的に立ち上がる a，口縁部上半が肥厚し刻み目が施される b，b が外傾する c，さらに外傾が強い d に分ける。襠部は上部容器の平底が残る a，次第に底部が尖底化する b・c，容器底部がみられなくなり三足が中央で接する断面弧形の d，さらに断面に角度がつく e に分ける。襠部は客省荘二期文化の例で先学の研究より a—c の三足が離れるものから d・e などの接するものへ変化することが指摘されている（張忠培ほか 2002）。両属性の相関関係をみると，口縁部 a と襠部 a が排他的に組み合うほかは，それぞれ二つ以上の細分属性と一定方向で組み合うため，これらが規則性をもって変化したことがわかる。口縁部 a と襠部 a が排他的に組み合う要因として，岱海周辺で出土するという地域的特徴である可能性と，他の属性と時間的に離れる可能性が考えられる。これは，他形式の空間・時間的関係を総合して判断する必要がある。鬲 II A は，胴部，襠部，口径／深さの値から分類する。胴部に関しては，鬲は空三足部と胴部を別に製作するため，その接合部である胴部付近に顕著な特徴が表れる。a は三足部と胴部の接合部が明確であるもの，b は不明確なものとする。襠部は三足が離れて容器底部が丸底に近い a，やや三足が接近し平底に近くなる b，三足が接する c に分ける。口径／深さは，数値が大きければ大きいほど断面横長となる。ここでは，1.5 以上を a，1.5 未満を b とする。西白玉遺跡では層位関係のわかる鬲 II A が 3 点出土している。T4④からは襠部 a，口径／深さ a，T1②からは襠部 b，口径／深さ b が出土している。したがって，襠部と口径／深さともに，a から b へと変化すること

がわかる。襠部 b と c の関係は層位からは判断できないが，型式学的にみると三足が離れる b から近接する c へという変化を想定できよう。また，胴部については，胴部 a は襠部 a としか相関しない一方で，b は襠部 a―c すべてと相関するため，a が時間的に早く，b が晩いと判断できる。鬲ⅡB は口径や器高が 10 cm 前後と小さく泥質陶であるため，煮沸器として使用されたかは疑問である。明確な使用痕や詳細な出土状況も不明であるが，ここではとりあえず形態を重視して煮沸器として認識しておく。分類は口縁部，襠部，口径／深さの 3 属性から行う。口縁部は緩く外傾する a から次第に頸部との屈曲が明確になる b や c に分ける。襠部は容器底部が平底に近い a，やや尖底化する b，そして緩い丸底で底部の位置が下がる c に分ける。口径／深さは，1.5 以上を a，1.3 以上 1.5 未満を b，1.3 未満を c とする。各属性の相関関係をみると，口縁部 a，襠部 a，口径／深さ a という組み合わせは岱海周辺にしかみられない。可能性としては時間・空間的差異の両方が考えられるが，これは地域間における土器様式の比較を通して内蒙古中南部の編年を整理した後に明確にしうる問題であり，鬲ⅡB を出土する岱海周辺と他地域の時期が併行するなら地域性，時期にずれがあるなら時間の差異ということになる。また，二里半遺跡の同一層より口縁部 b・c，口径／深さ b・c が出土するため，近接した時期にいくつかの組み合わせが存在したことがわかる。

　貯蔵器には，壺，尖底瓶，小口双耳罐，瓮などがある。

　壺は 7 形式に分かれるが，壺Ⅱは出土数の問題から分類を行わないことにし，ここでは壺Ⅵと Ⅶ を説明する。壺Ⅵは口縁部と胴部から分類する。口縁部は，やや外傾しながら立ち上がり口唇部を肥厚させる a，やはり口唇部を肥厚させるが a よりも外傾する b，b の上端に刻み目を施す c，口縁部中央で屈曲する d に分ける。胴部は，最大径が胴部中位やや上方にあり緩く外に張り出す a，底部から斜め上方に直線的に立ち上がりやや丸みをもちながら肩部が湾曲する b，b に比べて全体が縦長になる c，肩部が明確になる d に分ける。老虎山遺跡 Y3 と H16 はほぼ同一時期の遺構と考えられるが，そこから口縁部 a・b・d が出土する。また，園子溝遺跡Ⅲ区 F3026 と F3042 は共に第 3 層下から検出された同一時期の住居址であるが，口縁部 a・b・d，胴部 b―d を出土する。つまり，壺Ⅵのこれらの属性は近接した時期に存在したと考えられる。ただ，口縁部 c は黄河両岸地区にみられ，これは地域性あるいは時間的差異に起因する可能性が高い。この点は，他の形式と合わせて時空間の関係を整理した後に明らかにできよう。壺Ⅶも口縁部と胴部から分類を行う。口縁部は外傾する a や刻み目を施す b から，次第に立ち上がる c へと移り，d は上半部が外反する。胴部は a から c にかけて肩部が明確になる。

　尖底瓶は口縁部，底部，文様から分類する。口縁部は断面が緩い「く」字状を呈する a，次第に屈曲が強くなる b，外面のみが屈曲して内面は内湾しながら立ち上がる c，外湾する d，外傾しながら直線的に立ち上がる e，外傾しつつ上半が内湾する f に分ける。底部は強く鋭角に尖る a から次第に角度が緩くなる b・c・d を経て，平底に近いが底部に退化器官としての尖底が残る e・f へと至る。文様は無文と，縄文だが特に細かい単位をもつ線文，また籃文，方格文に分ける。尖底瓶は仰韶文化の典型形式として，中原では豊富な研究の蓄積がある。すでに山西で変化

の方向に言及したが，基本的に内蒙古中南部にみられる尖底瓶も中原と同様の型式変化を遂げており，その変化の方向は同様である。つまり，口縁部 a—c，底部 a・b は廟底溝文化，口縁部 d，底部 c・d は西王村Ⅲ期文化に相当する。口縁部 e・f，底部 e・f は中原ではみられない形態であるが，型式変化の方向を考慮すれば西王村Ⅲ期文化併行にみられる形態に後続することは明白である。したがって，内蒙古中南部における尖底瓶は，口縁部と底部が a から f へと変化するといえる。文様については，他属性との相関関係から前後関係を明らかにする。無文は口縁部と底部の各細分属性と相関する。また，縄文はより早く出現し，その後に籃文がみられるようになり，方格文はほぼ籃文と併行して若干出土する程度であったことがわかる。

　小口双耳罐は，頸部が短いⅠと長いⅡに分ける。さらにそれぞれ器高から 30 cm 以上の A，20 cm 以上 30 cm 未満の B，20 cm 未満の C に分けられる。ここでは出土量が多いⅠAを分類する。小口双耳罐ⅠA は胴部と文様に注目する。胴部は，強く外に張り出し上半と下半の屈曲が明確な a から，次第に張り出しが弱くなり，緩く湾曲する e に至る。文様は，a を彩文，b を無文，c を縄文とする。最も豊富な細分属性を出土する廟子溝遺跡ではすべての遺構が同一層を掘り込み，切り合いや重複関係もみられないため，層位から時間的前後関係を決定することは難しい。ただ，文様に関しては，西園遺跡，阿善遺跡，魯家坡遺跡など多くの遺跡において，彩文を多く出土する王墓山坡下遺跡に併行する時期が，小口双耳罐を出土する時期に先行すると層位から明らかにされている。したがって，彩文が無文や縄文に先行すると考えられる。胴部と文様の相関関係をみると，彩文は胴部 a—c と，無文と縄文は b—e，特に c・d と強く相関することがわかる。これより，胴部は彩文と相関する a—c が先行することがわかる。さらに，型式変化の規則性を考慮すれば，a から次第に胴部が緩く湾曲する e へ変化すると想定できる。また，無文と縄文は，ほぼ併行した時期に存在したと考えられよう。

　瓮は，形態からⅠからⅧに分ける。ここでは瓮Ⅱ・Ⅳ・Ⅴについて説明を加える。Ⅱは王墓山坡下遺跡などから出土し，胴部が緩く湾曲しながら口縁部へと至る。Ⅳは白泥窯子遺跡 D 点などで多く出土する。把手を付した胴部がやや外へ張り出して明確な肩部をもち，口縁部は短く外反するものとする。形態的にみれば，小口双耳罐と同一系統であると考えられよう。Ⅴは，胴部はⅣに似るが口縁が内湾する。文様から籃文や縄文を施す A，胴部上半にミガキ，中央に鋸歯文を施す B に細分できる。ただ，分類基準は同一とする。まず，瓮Ⅱは口縁部，胴部，文様から分類する。口縁部は上端の形態から a と b に分ける。胴部は，最大径が中位やや上にあり緩く湾曲する a から，次第に最大径が上がり湾曲部が明確になる d へと至る。文様は上半に弦文を施し下半は無文である a，弦文に加えて下半には縄文を施す b，縄文のみがみられる c に分ける。魯家坡遺跡では，第 2 層下の F5 や H19 から胴部 a や文様 a・b が多く出土する。一方，第 1 層下の F9 からは胴部 c や文様 c が出土する。したがって，各属性の変化の方向としては，胴部は a から次第に最大径が上がる c や d に向かう。文様は弦文を施し無文である a から弦文に縄文が加わる b へ向かい，最後は弦文が消失して縄文のみがみられる c へ至ると想定できる。また，胴部や文様と口縁部の相関関係をみると，口縁部 a は胴部 a・b，口縁部 b は胴部 c・d や

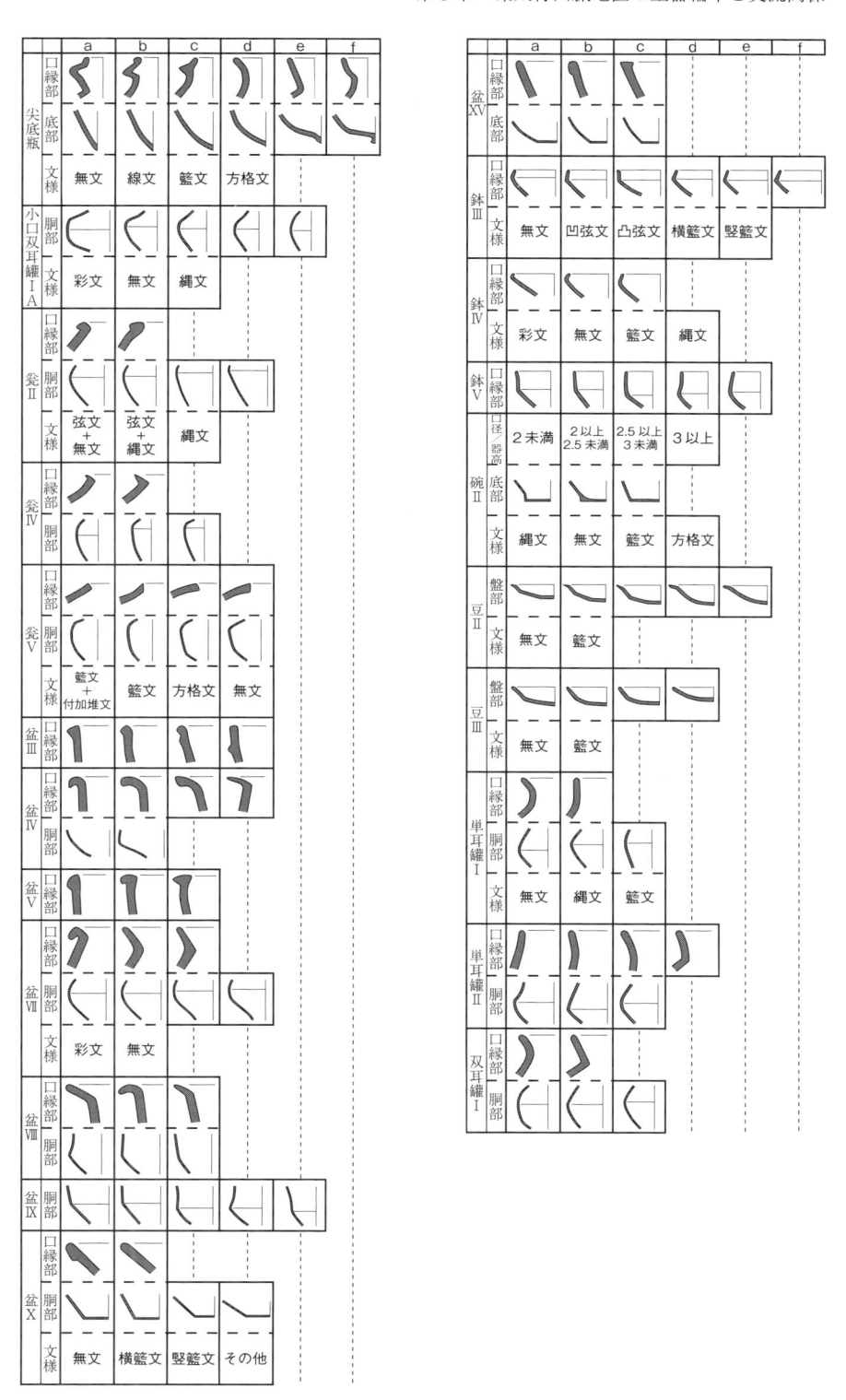

第 3 章 環太行山脈地区の土器編年と交流関係

第 16 図-2 属性分類一覧②

文様cと相関するため，口縁部はaからbへという変化の方向を想定できる。甕Ⅳは口縁部と胴部から分類する。口縁部は，小さく外反するaと大きく外反するbに分ける。胴部は最大径が胴部中位にあるa，より上方に上がるb，さらに最大径が上方に位置して明確な肩部をつくるcに分ける。甕Ⅳはいずれも黄河両岸地区に分布し，いわゆる阿善三期文化に属する遺跡から出土する。また完形の出土は少ないが，白泥窯子遺跡D点F5からは口縁部や胴部の各形態が共伴しており，甕Ⅳの各型式が一定期間併存した可能性が高い。甕Ⅴは口縁部，胴部，文様から分類する。口縁部は，若干上方に反りながら上端が斜めに落ちるa，aと同様に若干反るが上端が垂直に落ちるb，やや内湾しながら上端が斜めに落ちるc，同じくやや内湾するが上端が垂直に落ちるdに分類できる。胴部は，最大径に対して器高が高く肩部を明確につくるa，より肩部が丸みを帯びるb，最大径に対する器高が低くなり肩部がより丸くなるc，最大径が器高と近く肩部の屈曲が明確になるdに分ける。また，文様は籃文の上に付加堆文を貼付するもの，籃文のみ，方格文，無文で磨かれるものに分ける。寨子塔遺跡では，第3層から口縁部a，文様aが出土し，第2層下のH23からは口縁部b，胴部b，文様cが出土する。また，報告では第1層下の遺構を第2段階とするが，そのなかに口縁部c，文様bの甕ⅤAが出土する。したがって，口縁部はaからcへ変化するとわかる。また，文様はaからb・cへ向かうと考えられる。口縁部dは胴部d，文様dのみと相関する。これらはすべて甕ⅤBであり，かなり定型化した形態であったといえる。ただ，洪水溝遺跡の第2層や永興店遺跡G2で甕ⅤAの口縁部cと共伴するため，時間的には併存したと考えられる。甕ⅤBと甕ⅤAの口縁部cが併存するということは，時間的に考えると，精製化した甕ⅤBは甕ⅤAから分化して独自の型式変化を遂げた可能性がある。

　最後に供膳器の分類を行う。盆はかなり細別形式が多く，15形式に分けられる。しかし，一部は出土数の問題などから細分ができないため，ここでは比較的重要な盆Ⅳ・Ⅶ・Ⅷ・Ⅹについて説明する。盆Ⅳは口縁部と胴部から型式を設定する。口縁部は直立した胴部から強く外湾するaから次第に外湾が弱くなるbやc，直角に近く薄い口縁が外反するdに分ける。胴部は弧状のaと明確に屈曲するbに分ける。盆Ⅳは王墓山坡下遺跡および白泥窯子遺跡A点とJ点でしか出土が確認できない。明確な層位関係も把握できないため，変化の方向はとりあえず他の細別形式との共伴関係から判断する。盆Ⅶは口縁部と胴部に加えて文様からも分ける。口縁部は強く反り返るa，やや丸みをもって外反するb，明確に外反するcに分ける。胴部は上位で緩くカーブするaから，次第に下位が締まりわずかに湾曲するdに分ける。文様は単純で，彩文と無文に分ける。盆Ⅶの出土数が最も多い廟子溝遺跡や大壩溝遺跡では口縁部b・c，胴部b・c・d，文様は彩文と無文が共伴する。一方，それらの遺跡よりも早い廟底溝文化に相当するとされる章毛勿遺跡などでは各属性のaが出土する。つまり，各属性のaが早く出現し，その後に廟子溝遺跡などで出土するa以外へと変化したと考えられる。盆Ⅷは，口縁部と胴部から分ける。口縁部は外反して長く伸びるa，外湾するb，外反して短く口唇部が尖るcに分類できる。胴部は最大径がわかりやすく中位にあるaから次第に不明確になるbに至り，そして最大径は上位にあり中位で弱く屈曲するcとなる。盆Ⅷは阿善三期文化や老虎山文化と報告される遺跡で出土する。

両文化は研究史で述べたように併行関係が確定していない。筆者の見解は後述するが，盆Ⅷの各属性の変化の方向もこの問題と関係するため，ここでは言及しないでおく。盆Ⅹはサイズに差異があるため，30 cm以上をA，30 cm以下をBとする。なお，分類基準は同様である。分類対象とする属性は口縁部，胴部，文様とする。口縁部は肥厚するaとしないbに分ける。胴部は立ち上がる角度の違いによりaからdに分ける。文様はaを無文，bを横籃文，cを竪籃文，dをそれ以外の文様とする。これらは基本的に阿善三期文化，老虎山文化，永興店文化と報告される遺跡から出土する。文様について老虎山文化の遺跡から無文のa，永興店文化に属する遺跡からdがみられる以外は，それほど明確な出土傾向が抽出できない。盆Ⅹは比較的短期間に流行した形式と考えてよく，報告される三つの文化もそれぞれ併行あるいは近接した時期にあると推測できる。

　鉢は5形式に分けられるが，ここでは鉢Ⅲとについて記述する。鉢Ⅲは口縁部と文様から分類する。口縁部はaから次第に最大径が下がり，fでは胴部中位で屈曲部をつくる。文様は，aを無文，bを屈曲部に凹弦文を施すもの，cを凸弦文を施すもの，dを横籃文，eを竪籃文とする。廟子溝遺跡や大壩溝遺跡では口縁部aやb，文様a，白泥窯子遺跡D点など阿善三期文化とされる遺跡からは口縁部d・e，文様d，老虎山文化や永興店文化とされる老虎山遺跡や洪水溝遺跡などでは口縁部eやf，文様eが出土する。したがって，基本的な変化の方向は口縁部も文様もaからfやeへと向かうのだろう。鉢Ⅴは口縁部のみから分類する。屈曲した胴部からやや外傾するaをはじめとして，次第に内傾が進んでeなどがみられるようになる。廟子溝遺跡や大壩溝遺跡ではきわめて多くのa・bが出土する一方で，白泥窯子遺跡D点や阿善遺跡などの阿善三期文化とされる遺跡ではd・fが大部分である。したがって，aからeへ変化すると考えられる。

　碗は3形式に分類する。碗ⅠやⅢは出土数もそれほど多くないため，ここでは特に重要と思われる碗Ⅱについて説明を加える。碗Ⅱは口径／器高の値，底部，文様から型式を設定する。口径／器高は2未満をa，2以上2.5未満をb，2.5以上3未満をc，3以上をdとする。底部は内外面ともに底部端から胴部へ垂直に立ち上がるものをa，外面のみが垂直に立ち上がり，内面は斜めに立ち上がるものをb，底部端から斜めに直線的に立ち上がるものをcとする。文様は縄文をa，無文をb，籃文をc，方格文をdとする。最も変化が明確なのは文様であり，廟子溝遺跡や大壩溝遺跡では大部分が縄文か無文である。一方，阿善三期文化や老虎山文化併行の遺跡では籃文が主体となる。文様との相関関係をみると，縄文や無文と口径／器高のa・b，籃文とc・dが相関する傾向にある。一方，底部は廟子溝遺跡などで各形態が共伴しており，うまく時期差を見出せなかった。

　豆は4形式に分けられる。ただ，豆は他の地域と同様に，盤部と脚部が別々に出土することが多い。したがって，分類に耐える資料を確保する意味でも盤部から型式を設定する。ここでは豆Ⅲについて説明する。豆Ⅲは盤部と文様から分ける。盤部はやや浅いaから次第に深いeまで分けられる。文様には無文と籃文がみられる。これらは老虎山文化と永興店文化で確認されている。

しかし，各遺跡内あるいは文化間で層位関係を把握できない。口縁部では老虎山文化の遺跡から a—c，永興店文化の遺跡からさらに d が出土する。多くの口縁部形態を共有する両文化は一部併行する可能性もあるが，口縁部 d については時期差なのか地域差なのか判断が難しい。したがって，他の形式との共伴関係なども確認する必要がある。

以上のほかに，供膳器として単耳罐や双耳罐などもみられるが，主な細別形式の分類基準は**第16図-2**をみてほしい。

ここまで分類した各細別形式について，それらの一遺構内における共伴関係を確認したうえで土器様式を決定し，各細別形式内における型式の早晩に矛盾がないよう並べ替えることで，地域ごとに**第17図—第19図**のような土器編年を作成した。そして，土器様式と各形式内の型式変化をもとに，岱海地区を4期9段，黄河南流両岸地区を5期13段，陰山地区を3期6段に区分した。なお，各地区にみられる遺跡の所属年代も合わせて**第20図—第22図**に示しておく。

（2）各編年の時期区分と対応関係

ここまで小地域ごとに土器編年を作成した。次に，小地域間の併行関係について考える。本節では内蒙古中南部の新石器時代を**第23図**のように大きく5期15段に区分した。この広域編年の各時期は第1期，第2期など算用数字で示し，以下に記す前葉，中葉などは，特記するもの以外，すべて広域編年で区分した各時期内の細分時期を示している。

第1期は岱海地区と黄河両岸地区にみられる。前葉と中葉は岱海・黄旗海地区のみで確認でき，共に煮沸器として釜と鼎がみられる。釜は，前葉では口縁部 a・b に無文のものが中心であるが，中葉になると口縁部 c に縄文を施すものが増加する。貯蔵器には壺があるが，中葉では形式が増加する。また，特徴的な供膳器として口縁部に紅色の彩帯を施す鉢IAアを挙げられる。後葉は黄河両岸地区でのみ確認されるが，煮沸器の報告はみられない。貯蔵器はやはり壺が中心だが，第2期につながる瓮IIもみられ，縄文や弦文が一定数出現する。供膳器には前・中葉にはない黒色の彩帯を施す鉢IAイが現れる。第1期は基本的に無文の土器が主体となるが，中葉から後葉にかけて縄文の割合が増加する。また，後葉には黒色彩帯を施す鉢も出現し，次第に第2期の土器へと類似していく傾向が窺える。ただ，後葉はいまだ第2期の典型形式である尖底瓶や鼓腹罐などがみられず，やはり第1期の範疇で捉えるべきである。これまでは第1期と第2期の間に大きな変化を認めて，ヒトの移動などを背景に想定する見解もあったが（田広金 1997），土器の漸次的な変化をみると，一概にそうとはいえない。

第2期は前・中・後葉の3段に分ける。大別形式レベルの地域性として火種炉がみられる。その他については，山西南部，河南西部などを中心に分布する廟底溝文化と近似した土器様式を呈し，内蒙古中南部がそれらの地域と密接な関係をもっていたことがわかる。前葉は全地域で確認でき，煮沸器として鼓腹罐I，貯蔵器として瓮IIや尖底瓶，供膳器に盆IV・VII，鉢IAイ，鉢IB，その他に火種炉などが中心となり，第1期から土器様式が変化する。陰山地区の報告は少ないが，尖底瓶の口縁形態から考えると前葉に入れることができる。また王墓山坡下遺跡出土の盆IVの彩

文には半坡文化の魚文に起源する変形魚文がみられ，前節で説明した半坡文化と廟底溝文化が交錯する東荘村遺跡で出土する文様に近いため，より早い段階に属すると理解できる。中葉では陰山地区で遺跡が未報告である。土器様式は基本的に前葉と近似する。後葉は，黄河両岸地区でしか確認できない。やはり土器様式は中葉と同様であるが，鼓腹罐Ⅰの口縁部にdやeなど第3期にみられる形態が出現するほか，尖底瓶の口縁部にもcなど他の2地域では確認できない形態がみられる。内蒙古中南部において，鼓腹罐は第2期以降に継続して出土する。外部地域の影響に起因する各時期の独自性を重視して，それぞれの鼓腹罐を別系統に位置づける見解もあろうが，後葉の白泥窯子遺跡A点F2では第3期につながる形態の鼓腹罐が第2期を特色づける盆Ⅶの彩陶と共伴するため，やはり第2期と第3期も漸次的に変化するような一定の継承関係を有していたと考えるべきである。

　第3期も前・中・後葉の3段に分ける。当該期の土器様式は，煮沸器として第2期を継承した鼓腹罐Ⅰ，新出の深腹罐Ⅰ・Ⅱ，貯蔵器として尖底瓶，小口双耳罐Ⅰ・Ⅱ，供膳器として第2期を継承した盆Ⅶ，新出の鉢Ⅲ・Ⅳ・Ⅴを主体とする。前葉は岱海・黄旗海地区，黄河両岸地区で確認できる。基本的に上記の土器様式をもつが，深腹罐に交錯縄文が多くみられる点，大型の深腹罐Ⅱがみられない点，彩陶が多く出土する点などを明らかな特徴として挙げられる。ただ，岱海・黄旗海地区のⅢ期前葉に分類した紅台坡上遺跡は，韓建業が本節の第2期に相当する時期に含めるように（韓 2003a），鼓腹罐Ⅰの形態や文様など，一部に他地域でみられない第2期の要素を含み，第3期で最も早い段階に相当すると考えられる。また，後述するが第3期は東方の紅山文化の影響を受けており，岱海・黄旗海地区が内蒙古中南部で最も東側に位置すること考慮すれば，当該地区が他の2地域に先駆けて第3期の土器様式を成立させた可能性がある。つまり，紅台坡上遺跡が第2期に近い土器の要素を有する点，最も早く東方の紅山文化の影響を受容し得る地理的位置にある点などより，本節では岱海・黄旗海地区Ⅲ期前葉の開始は黄河両岸地区のⅢ期前葉にやや先行すると考える。第3期前葉は紅山文化の影響を受けたことは認められるが，彩陶が多く出土し，鼓腹罐Ⅰや盆Ⅶなど第2期の要素が多くみられるため，やはり第2期との継続性を認めるべきである。中葉は，3地域すべてで確認できる。新たに大型の深腹罐Ⅰが出現する。また，彩陶の出土が減少する。黄河両岸地区を中心にみられる尖底瓶の口縁部dや底部cなどは西王村Ⅲ期文化と酷似する形態を呈しており，尖底瓶の各属性の変化の方向から考えると，内蒙古中南部の集団が第3期に至っても中原に近い地域の集団と一定の交流を保持していたことが窺える。後葉もすべての地域で認められる。顕著な特徴として，完全に彩陶がみられなくなる点を挙げる。また，深腹罐Ⅱには付加堆文e・fなど波状の粘土帯を貼り付ける例が増加する。小口双耳罐は，胴部がd・eなど次第に細くなる傾向にある。

　第4期も3段に分ける。当該期は黄河両岸地区，陰山地区と岱海・黄旗海地区の間に地域性が顕在化する。前葉は，黄河両岸地区と陰山地区に遺跡が確認できる。煮沸器には第3期と同系統に位置づけられる鼓腹罐Ⅰ，深腹罐Ⅱがみられ，深腹罐Ⅰは出土しなくなる。貯蔵器は，やはり第3期からみられる尖底瓶と，小口双耳罐から成立，分化した瓮Ⅳ・Ⅴ・Ⅵが中心となり，第3

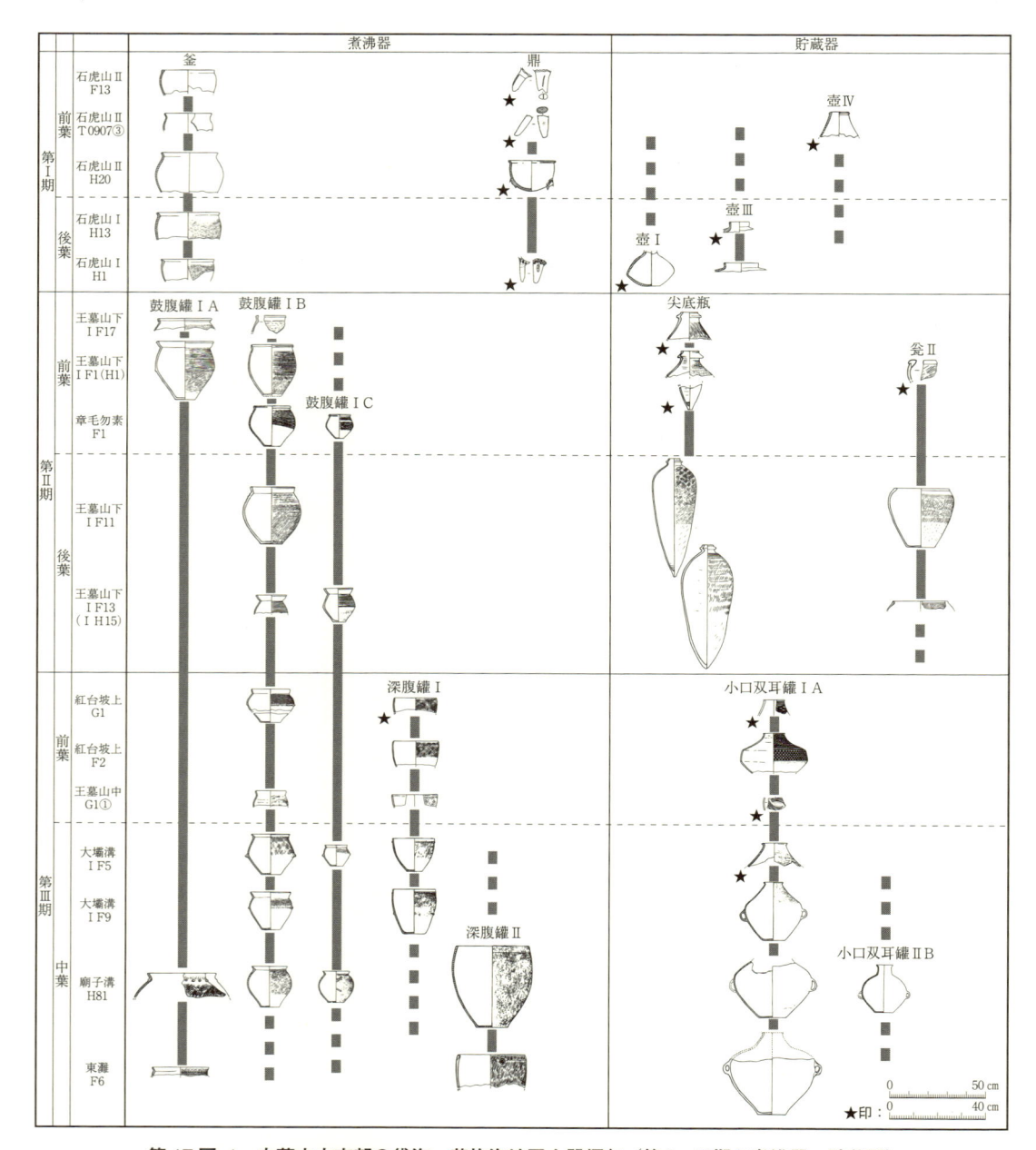

第17図-1　内蒙古中南部の岱海・黄旗海地区土器編年（第Ⅰ―Ⅲ期の煮沸器・貯蔵器）

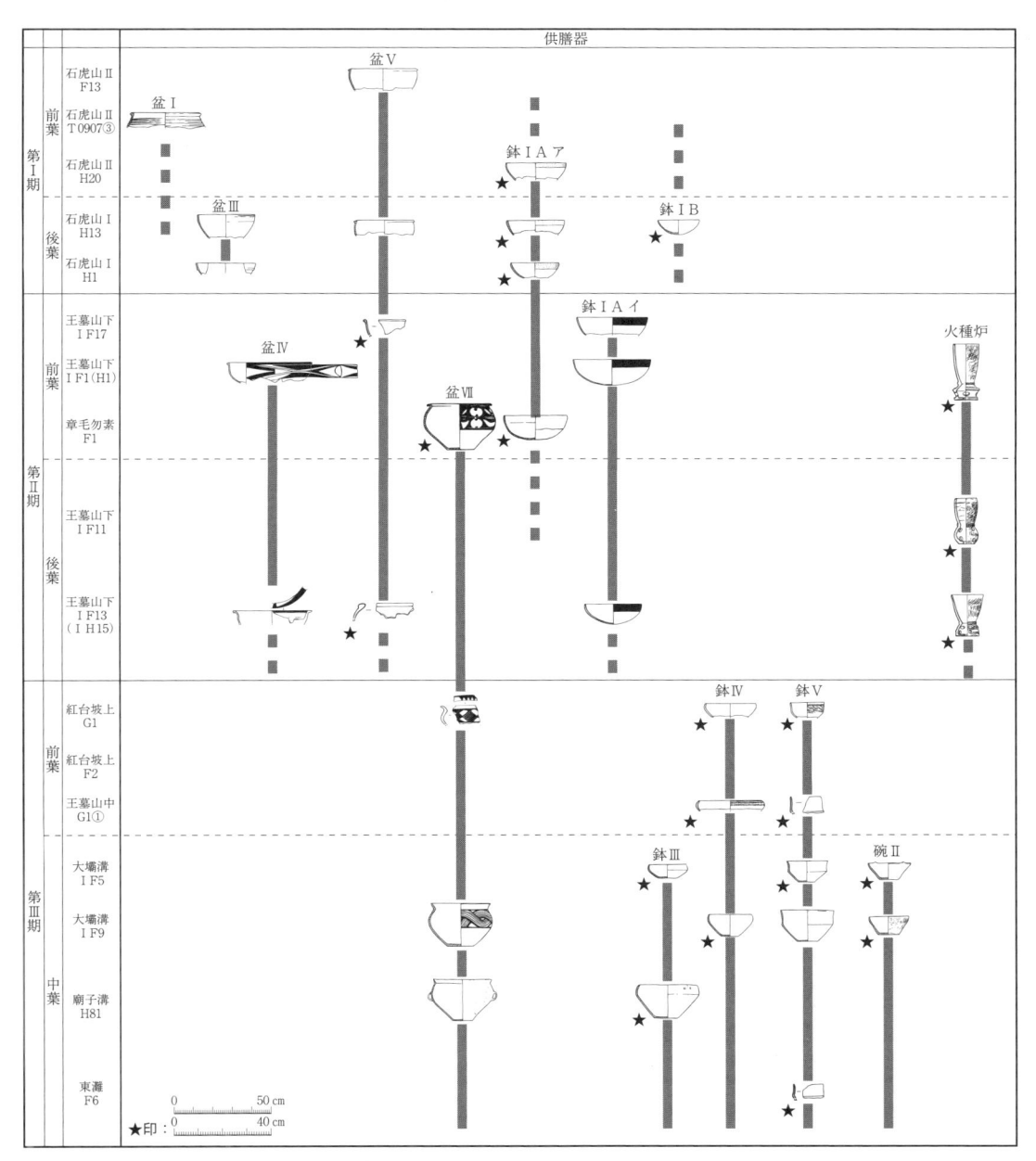

第3章　環太行山脈地区の土器編年と交流関係　77

第17図-2　内蒙古中南部の岱海・黄旗海地区土器編年（第Ⅰ―Ⅲ期の供膳器）

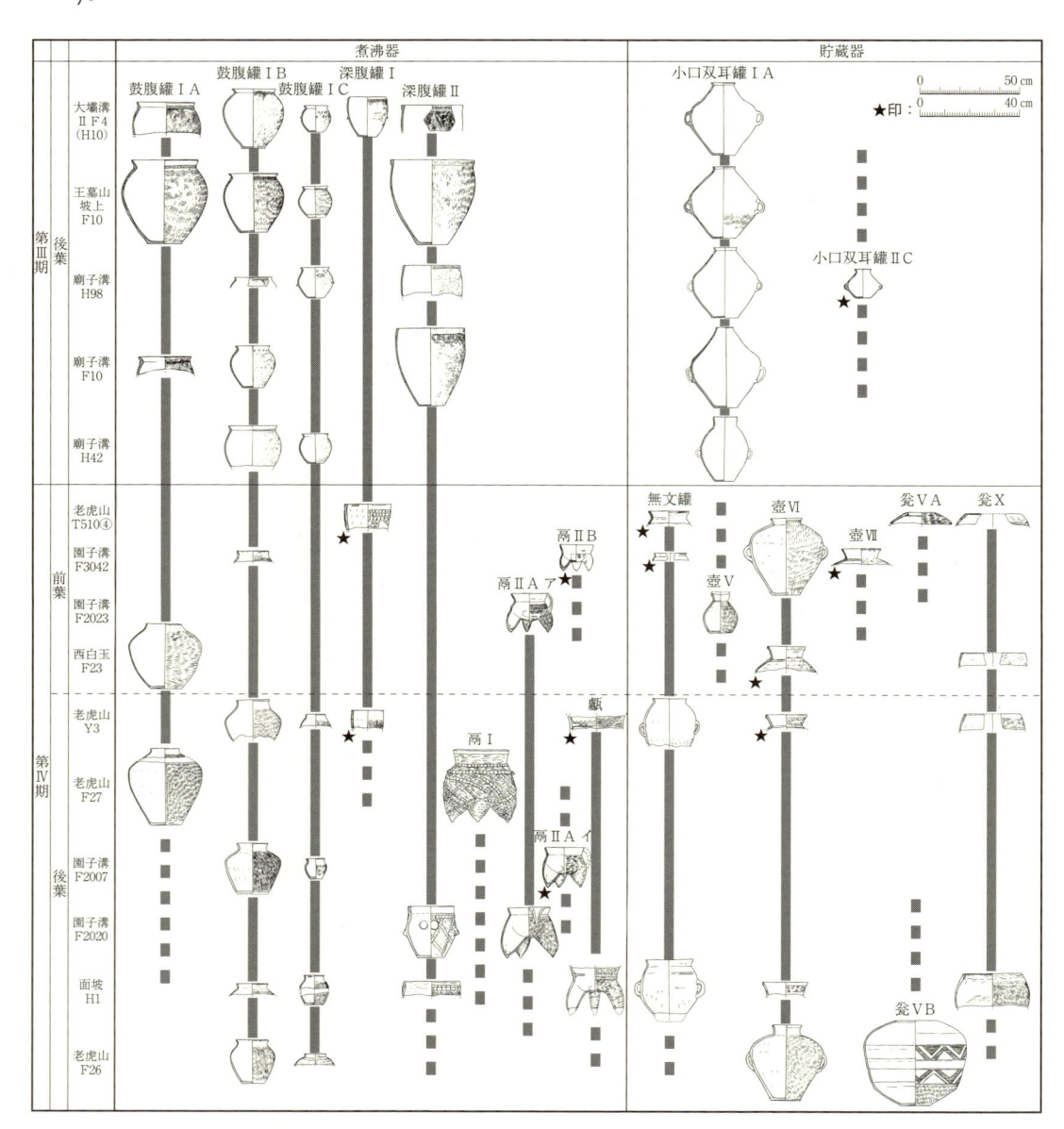

第 17 図-3　内蒙古中南部の岱海・黄旗海地区土器編年（第Ⅲ—Ⅳ期の煮沸器・貯蔵器）

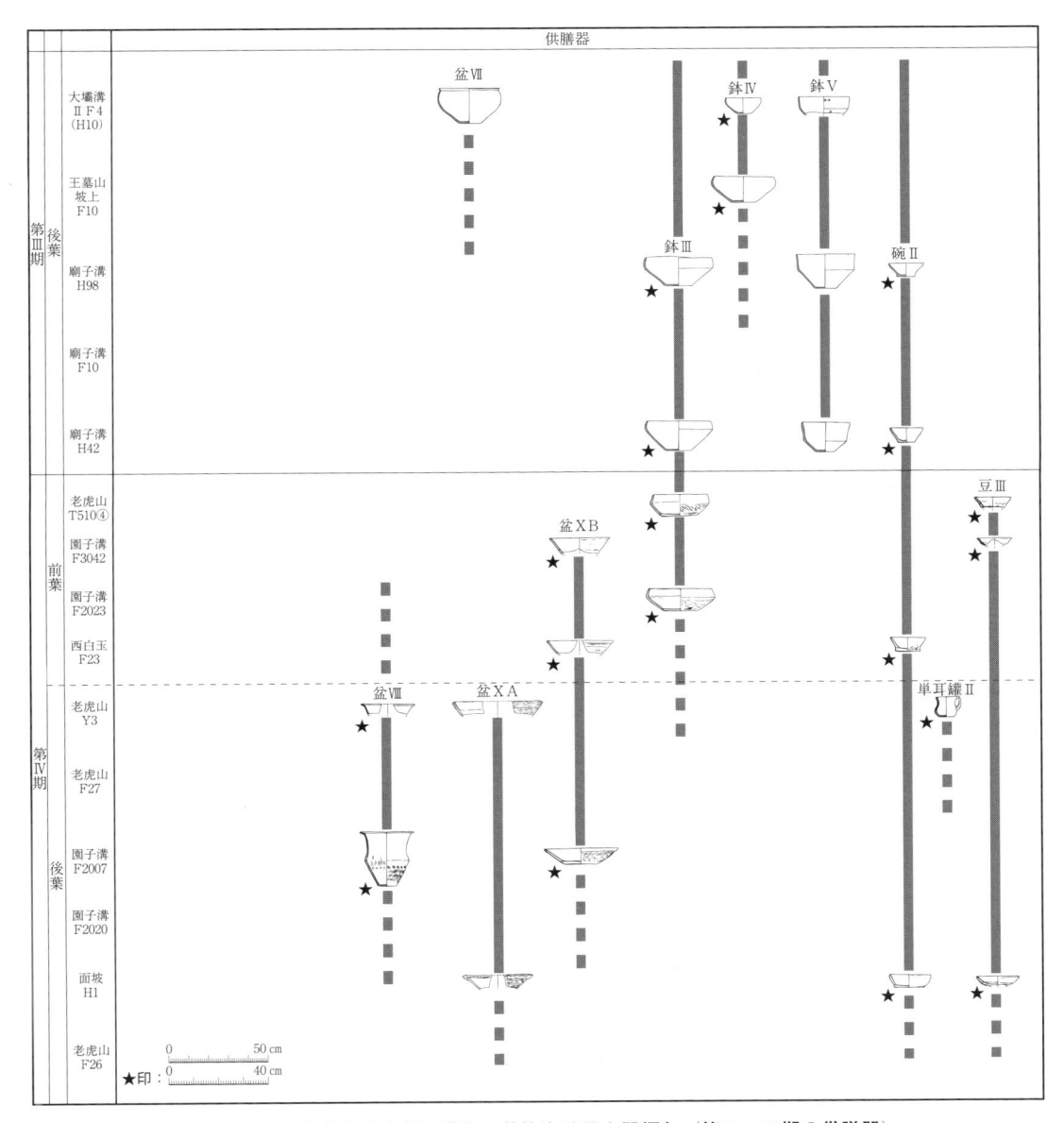

第 3 章　環太行山脈地区の土器編年と交流関係　79

第 17 図-4　内蒙古中南部の岱海・黄旗海地区土器編年（第Ⅲ─Ⅳ期の供膳器）

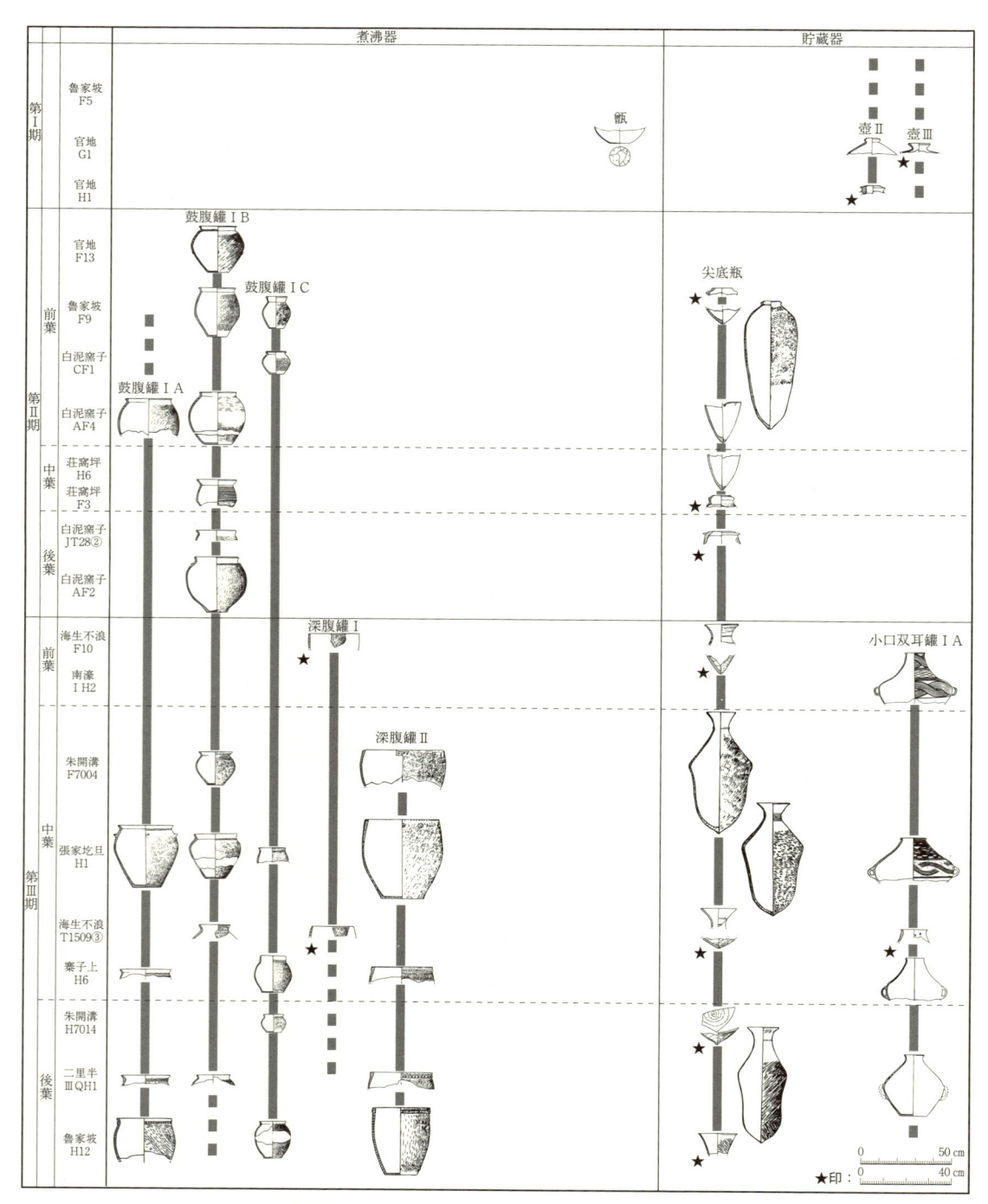

第 18 図-1　内蒙古中南部の黄河両岸地区土器編年（第Ⅰ―Ⅲ期の煮沸器・貯蔵器）

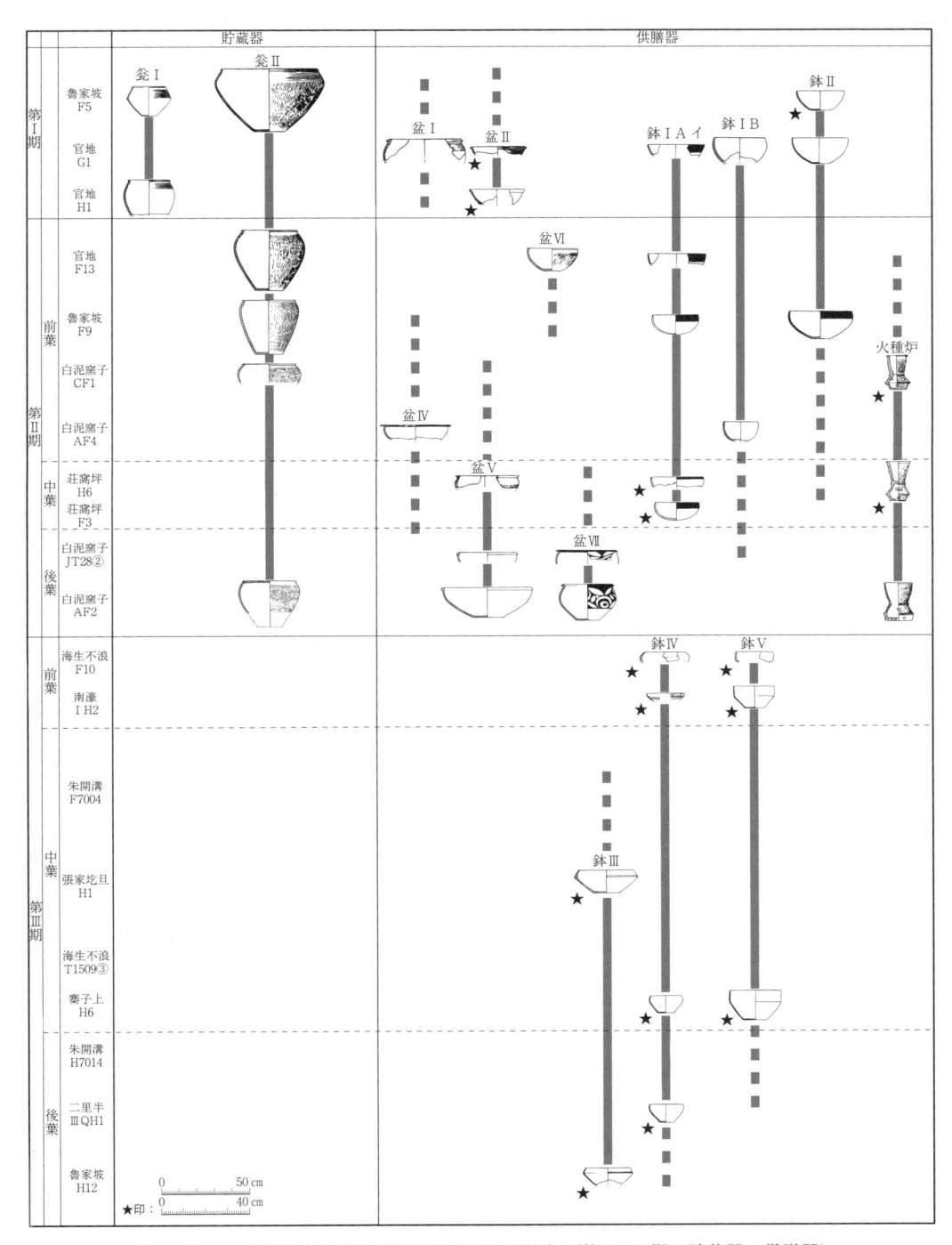

第 18 図-2　内蒙古中南部の黄河両岸地区土器編年（第Ⅰ―Ⅲ期の貯蔵器・供膳器）

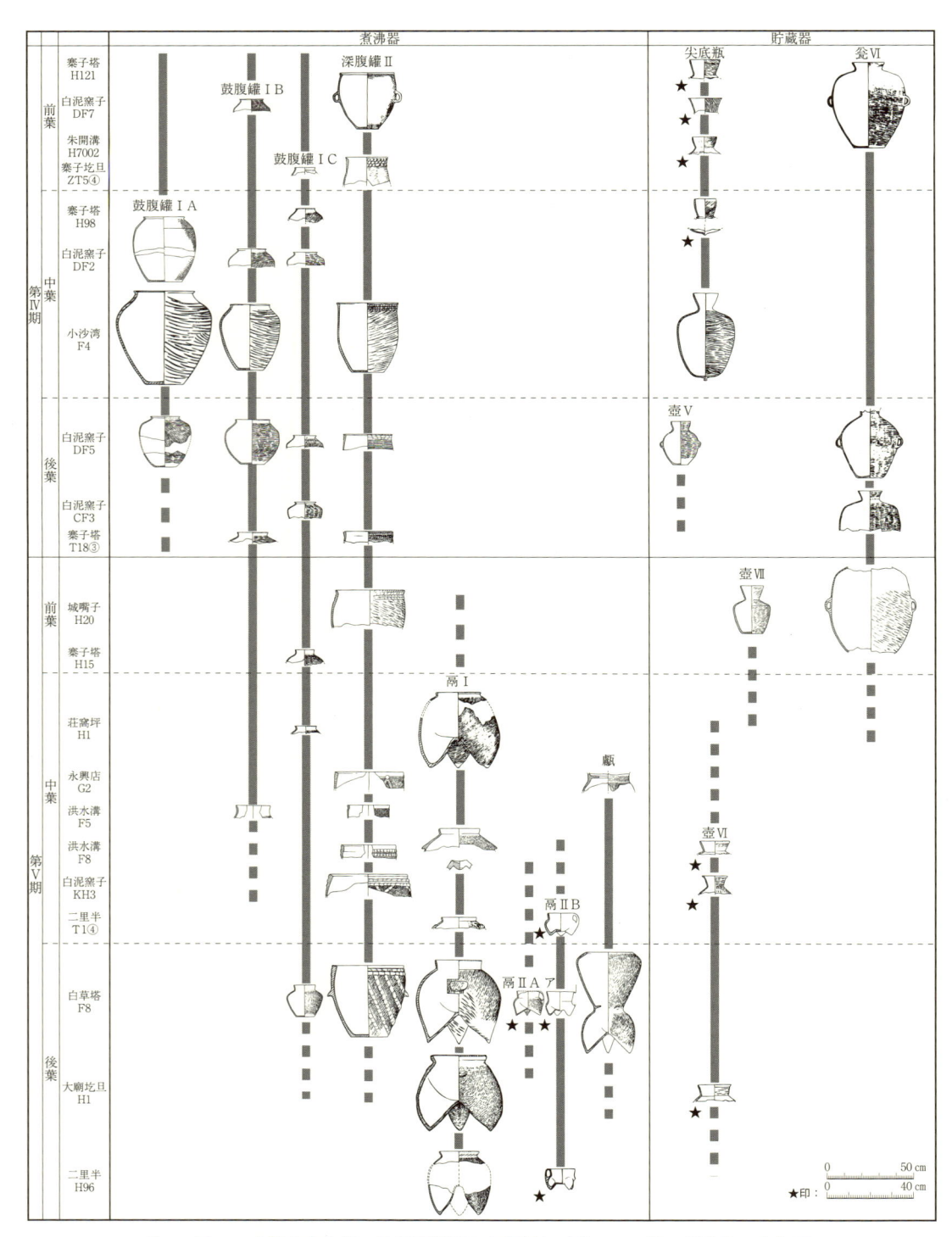

第18図-3 内蒙古中南部の黄河両岸地区土器編年（第Ⅳ—Ⅴ期の煮沸器・貯蔵器）

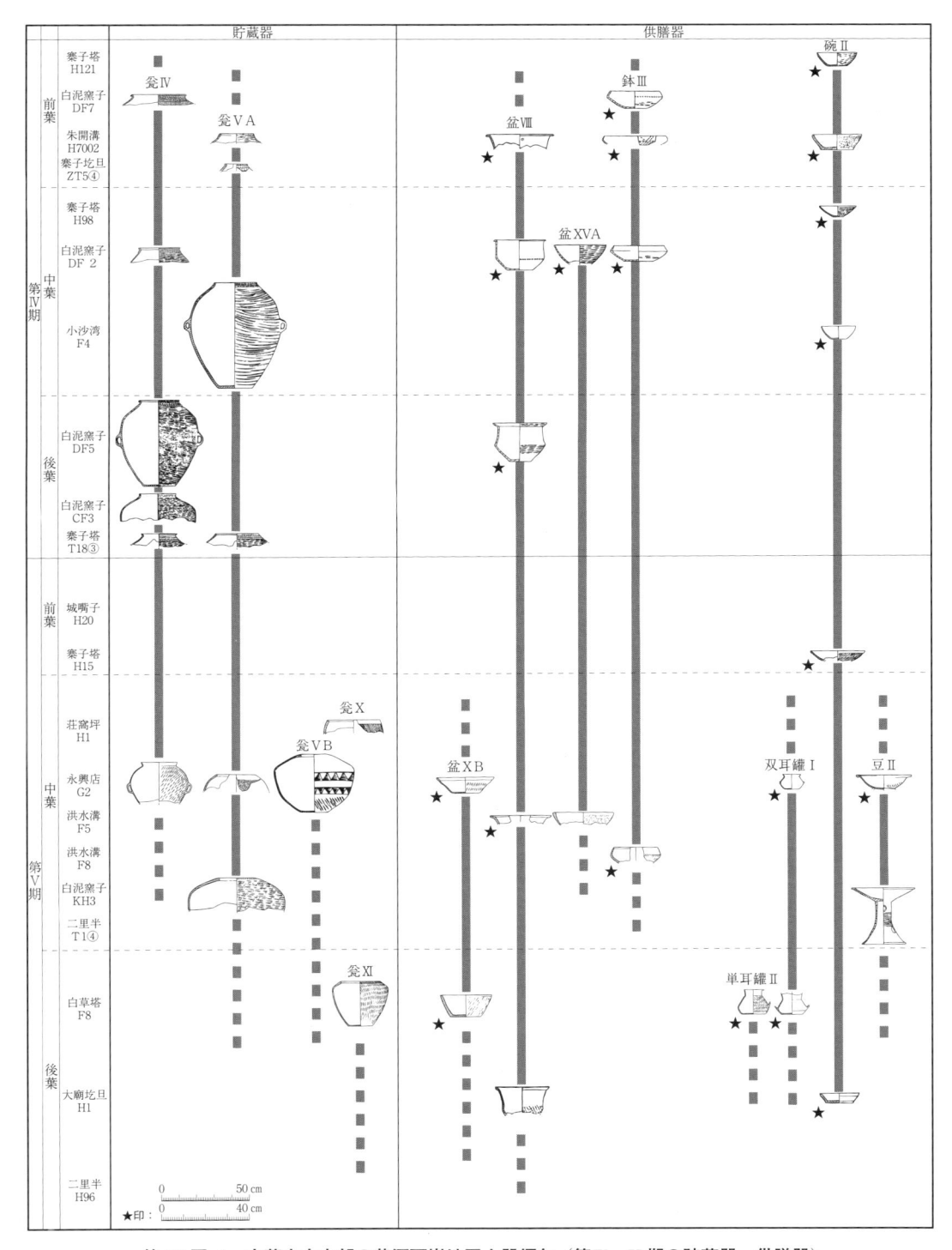

第 3 章　環太行山脈地区の土器編年と交流関係　83

第 18 図-4　内蒙古中南部の黄河両岸地区土器編年（第Ⅳ—Ⅴ期の貯蔵器・供膳器）

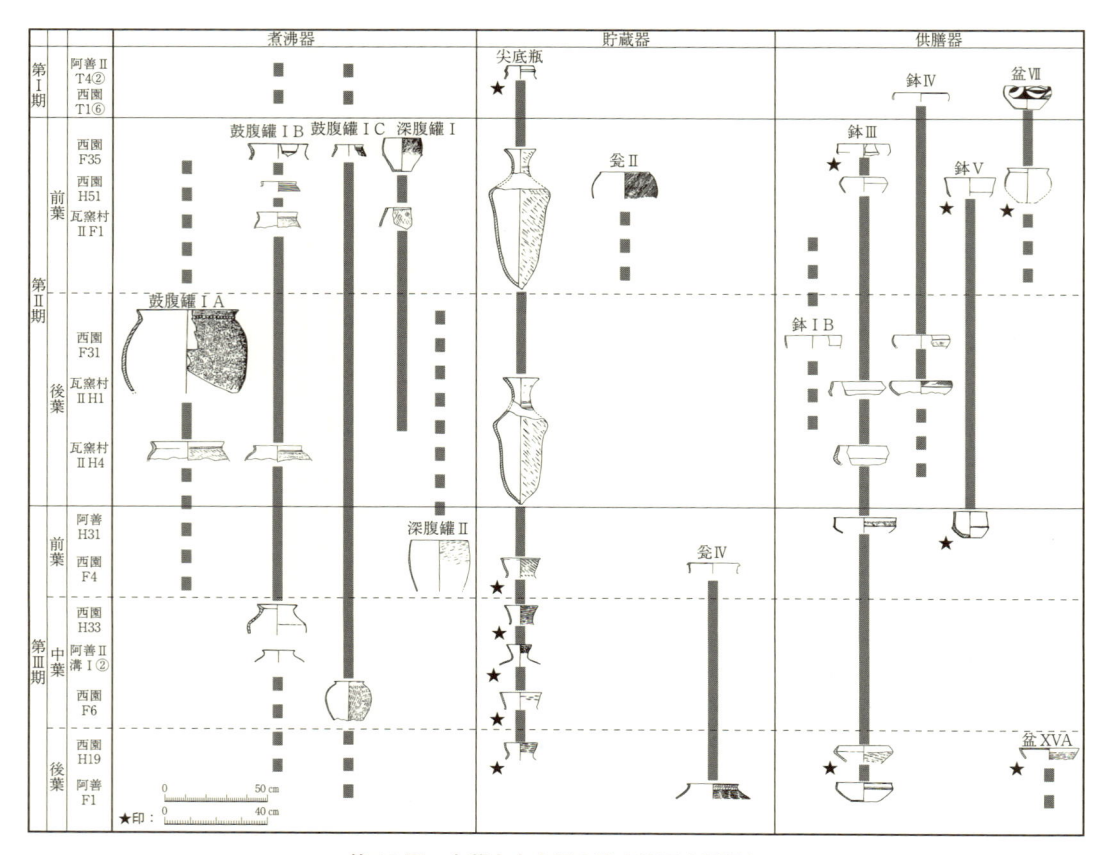

第19図　内蒙古中南部の陰山地区土器編年

期に比べて形式が豊富になる。供膳器は第2期からみられる鉢Ⅲのほか，盆Ⅷや碗Ⅱなどが主体となる。また，全体的に籃文が増加する。中葉も基本的な土器様式は変わらない。しかし，尖底瓶の口縁部dとeが前葉ではほぼ同じ割合でみられるのに対し，中葉ではeが中心になるなど，各形式の形態が変化する。また，尖底瓶の口縁部eやf，底部eやfは中原の西王村Ⅲ期文化に後続する廟底溝二期文化にはみられず，内蒙古中南部で独自に型式変化したものであることがわかる。当該期に至ると，内蒙古中南部と山西南部や陝西東部，河南西部の間に，土器製作の情報を共有するような恒常的な交流がなくなり，地域集団の独自性が顕在化したと想定できる。後葉はすべての地域で確認できるが，研究史で示したように特に岱海・黄旗海地区とその他の2地区の間における併行関係について先学に見解の不一致がみられる。つまり，田広金のように本節の岱海・黄旗海地区と他の2地区の間に部分的な併行関係を認める見解と（田広金 1991b），韓建業のように併行関係を認めない見解が併存する（韓 2003a）。岱海・黄旗海地区と他の2地域にみられる土器群は，様式に大きな差異が存在する。問題は，その土器様式の違いを地域性と捉えるか，それとも時間的差異と捉えるかである。前者ならば併行関係があるし，後者ならばない。両様式の土器群は，一遺跡から層位関係をもって出土しない。したがって，併行関係の決定は個別の土

第3章 環太行山脈地区の土器編年と交流関係　85

遺跡＼時期	第Ⅰ期 前葉	第Ⅰ期 後葉	第Ⅱ期 前葉	第Ⅱ期 後葉	第Ⅲ期 前葉	第Ⅲ期 中葉	第Ⅲ期 後葉	第Ⅳ期 前葉	第Ⅳ期 後葉
石虎山	ⅡH20	ⅠH13							
章毛勿素			F1						
王墓山坡下			ⅠF1(ⅠH1)	ⅠF13(H15)					
紅台坡上					G1				
王墓山坡中					G1①				
東灘					H3	F6			
大壩溝							ⅠH34　ⅡF4(H10)		
廟子溝						H81	H98		
王墓山坡上							F10		
老虎山								F6	Y3
園子溝								F3042	F2007
西白玉								F23	F19
面坡									H1
板城									F7
大廟坡									87F1

第20図　岱海・黄旗海地区にみられる対象遺跡の所属年代

遺跡＼時期	第Ⅰ期	第Ⅱ期 前葉	第Ⅱ期 中葉	第Ⅱ期 後葉	第Ⅲ期 前葉	第Ⅲ期 中葉	第Ⅲ期 後葉	第Ⅳ期 前葉	第Ⅳ期 中葉	第Ⅳ期 後葉	第Ⅴ期 前葉	第Ⅴ期 中葉	第Ⅴ期 後葉
魯家坡	F5	F9					H12	H30・55		H58・60			
官地	F1・G1	F13										H3	
白泥窯子K		F1			採集			H2				H3	
白泥窯子C		F1								F3			
白泥窯子A		F4		F2						H8			
後城嘴		F3						H3-5					
荘窩坪			F3						H10			H1	
白泥窯子J				T28②									
南壕					ⅠH2	ⅠF11	ⅠF6						
海生不浪					F10	H30	Y1						
張家圪旦					H1								
白草塔						F21		H3				F15	F8
二里半						ⅢQH1						ⅡF5・T1④	ⅠH96
白泥窯子L						F5・G1		H3				T1-5②	
西壕頓						H11	H7						
寨子上						H6	H4					F2	
朱開溝Ⅶ区						F7004	H7014	QH7002					
白泥窯子D								F7	F2	F5			
寨子圪旦								ZT5④	TZ5③				
寨子塔								H121	H98	T15③b	F3・H15		
小沙湾									F4				
城嘴子										H20			
永興店											T1③	H5	
大寛灘古城												F1	
大口												T1-5④-⑥	
洪水溝												F8・H9	
大廟圪旦													H1
西岔													⑤

第21図　黄河両岸地区にみられる対象遺跡の所属年代

遺跡＼時期	第Ⅰ期	第Ⅱ期 前葉	第Ⅱ期 後葉	第Ⅲ期 前葉	第Ⅲ期 中葉	第Ⅲ期 後葉
西園	T1⑥	F35	H44	F4	H33	H19
阿善	H32	ⅡF2	T10④	H31	Ⅱ溝1②	F1
瓦窯村		ⅡF1	ⅡH4			

第22図　陰山地区にみられる対象遺跡の所属年代

		岱海・黄旗海地区	黄河両岸地区	陰山地区
第1期	前葉	Ⅰ期前葉		
	中葉	Ⅰ期後葉		
	後葉		Ⅰ期	
第2期	前葉	Ⅱ期前葉	Ⅱ期前葉	Ⅰ期
	中葉	Ⅱ期後葉	Ⅱ期中葉	
	後葉		Ⅱ期後葉	
第3期	前葉	Ⅲ期前葉	Ⅲ期前葉	
	中葉	Ⅲ期中葉	Ⅲ期中葉	Ⅲ期前葉
	後葉	Ⅲ期後葉	Ⅲ期後葉	Ⅲ期後葉
第4期	前葉		Ⅳ期前葉	Ⅲ期前葉
	中葉		Ⅳ期中葉	Ⅲ期中葉
	後葉	Ⅳ期前葉	Ⅳ期後葉	Ⅲ期後葉
第5期	前葉	Ⅳ期後葉	Ⅴ期前葉	
	中葉		Ⅴ期中葉	
	後葉		Ⅴ期後葉	

第23図　各地区間における時期の対応関係

器の比較に頼らざるを得ない。

岱海・黄旗海地区では，煮沸器として鼓腹罐Ⅰ，深腹罐Ⅰ・Ⅱ，鬲Ⅱなどの空三足器，貯蔵器として無文罐，壺Ⅵ・Ⅶ，瓮Ⅴ，供膳器として盆Ⅷ，鉢Ⅲ，碗Ⅱなどを主に使用する。一方，他の2地区では煮沸器として鼓腹罐Ⅰや深腹罐Ⅱ，貯蔵器として瓮Ⅳ・Ⅴ・Ⅵ，供膳器として盆Ⅷ，鉢Ⅲなどを主体とする。つまり，土器様式には一定の差異がみられるといえる。しかし，**第24図**に示したように鼓腹罐，瓮ⅤA，盆Ⅷ，鉢Ⅲなど，一部にきわめて高い類似性を有する土器が存在する。これは，両地域集団間に土器様式が分化するような交流の減少が生じた一方で，依然として一部に交流関係が残存した結果，類似性の高い土器が出土すると考えることもできる。また，岱海・黄旗海地区における当該期の鼓腹罐，無文罐，壺Ⅵ・Ⅶ，鉢Ⅲなどは，一定の空白期間はみられるものの，明らかに第3期の土器と形態面で同系統にあり，時間的にも大きく離れるとは考えがたい。その他の2地域の第4期前・中葉が第3期の土器系統を連続的に継承することを考慮すれば，その併行期に岱海・黄旗海地区で遺跡が確認されない分だけ形態的に距離が開くが，後葉でみられる土器が系統的に同一線上に乗ることは首肯できる。つまり，第3期との距離感から考えると，第4期前葉と中葉を間に挟めば，土器の形態差と同一系統である点が矛盾なく説明できる。このように考えると，岱海・黄旗海地区とその他2地区は，一部が併行関係にあると考えたほうが妥当である。さらに，土器以外をみても，第4期以降に内蒙古中南部の多くで城壁や住居址にみられるようになる石積みなどは，これらの地域間における同時代性を示す好材料といえる。したがって，本節では，岱海・黄旗海地区のⅣ期前葉と黄河両岸地区のⅣ期後葉，陰山地区のⅢ期後葉が併行すると考える。

第5期も前・中・後葉の3段に分ける。前葉は，陰山地区以外の地区で確認できる。黄河両岸地区では鬲の出土がみられないが，中葉以降の土器との共通性から第4期とは切り離すことができ，鬲も存在したと考えるべきである。したがって，前葉は黄河両岸地区と岱海・黄旗海地区ともに鬲と鼓腹罐，深腹罐を煮沸器とし，貯蔵器にはやや差異があるが瓮Ⅳ・Ⅴ・Ⅵ，壺Ⅵ・Ⅶ，供膳器として盆Ⅷ，鉢Ⅲ，碗Ⅱなどが存在したと考えられる。第4期後葉と比較すると，両地域間の土器様式の共通性が高まったことがわかる。中葉は黄河両岸地区でしか確認できない。鬲の

出土数が増加し，前葉にみられた岱海・黄旗海地区との共通形式に加え，罋ⅤB・Ⅹなどの貯蔵器，盆ⅩB，豆Ⅱなどの供膳器がみられるようになる。岱海・黄旗海地区には遺跡がみられなくなるが，より両地域の土器様式が近似するようになる。後葉も黄河両岸地区でしかみられない。基本的な土器様式は，中葉とほぼ同様である。

以上に述べた5期は，いずれも前後する時期と一定の関係性を有しながら成立した。第1期は煮沸器として釜を採用し，鼓腹罐を煮沸器とする第2期と土器様式に差異がみられるが，第1期中葉以降に増加する縄文は，第2期への過渡的現象として捉えることができる。また，第3期には深腹罐や小口双耳罐が出現し，第2期と土器様式に明確な差異が現れるが，胴部の上下に異なる文様を施す鼓腹罐や彩陶の出土は，やはり両時期間に一定の継承関係を認めるべきである。第4期には，特に黄河両岸地区と陰山地区において，第3期と類似性の高い土器様式がみられ，明らかに両時期の間に継承関係を想定できる。一方，岱海・黄旗海地区では第3期との間に一定の空白期間が想定できるうえに，鬲の出現により土器様式に変化がみられる。しかし，やはり第3期と同様に鼓腹罐や深腹罐がみられ，さらに壺Ⅵ・Ⅶや罋も明らかに第3期の小口双耳罐の系統にある。つまり，両時期の間にも一定の継承関係が認められる。第4期と第5期の間には，岱海・黄旗海地区ではきわめて高い類似性がみられる。また，黄河両岸地区では第5期に鬲が出現するが，その他については第4期を継承するものが多い。そして，全体的な土器様式が岱海・黄旗海地区に近づく。その理由として，第4期を挟んで第5期の各地区の土器様式が，基本的には小地域を横断して土器様式の共通性が高かった第3期を基礎としている点や，時間の前後関係からみて，黄河両岸地区が岱海・黄旗海地区の影響を受容した点が挙げられる。

4　地域間における交流関係

（1）各時期における地域間関係

i）第1期

次に，各時期における地域間関係を，第25図をみながら確認したい。第1期は，岱海・黄旗海地区と黄河両岸地区に分かれる。全体としては，器表面にナデを加えた無文や弦文が多く，平

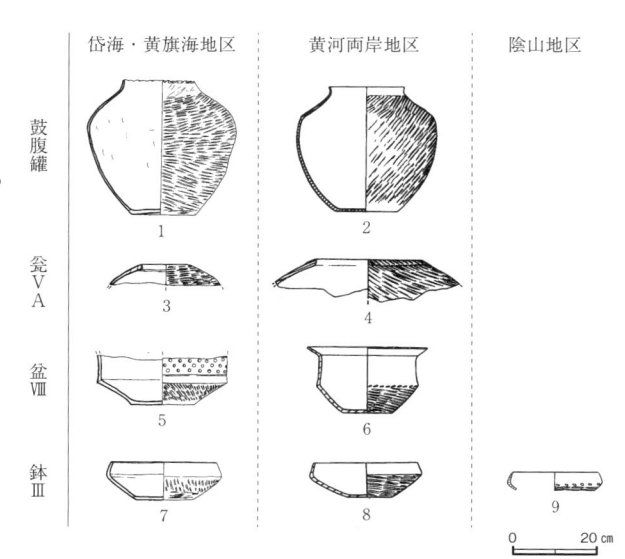

1：西白玉遺跡 F23　2：寨子塔遺跡 F15　3：老虎山遺跡 T510④
4：寨子塔遺跡 T15③b　5：西白玉遺跡 F16　6：白泥窯子遺跡
D点 F3　7：園子溝遺跡 F2023　8：白泥窯子遺跡 D点 F6
9：西園遺跡 H21

第24図　第4期における3地区の類似土器

底の壺などがみられる点で共通性が認められる。一方で，岱海・黄旗海地区では，煮沸器として釜や鼎がみられるが，黄河両岸地区ではそれらが確認できない。黄河両岸地区については夾砂質の甕が多く出土するため，これを煮沸器として使用した可能性がある。その他，時間的差異を考慮する必要もあるが，官地遺跡G1などからは黒彩の鉢IAイが出土しており，紅彩を主とする岱海・黄旗海地区との差異がみられる。これらの地域性は，周辺地域との交流関係の差異に起因する。つまり，同時期の河北中部には鎮江営遺跡第1期や北福地遺跡第2期のように釜や鼎を煮沸器とし，無文土器を多くもつ文化が設定されている。このような土器は河北北部だけではなく河北南部や山東にもみられ，西はすでに詳述したような山西の棗園遺跡や東関遺跡でも確認できる。さらに，一部の要素は零口村遺跡など陝西にまで及ぶ。これら無文土器は陝西を中心とする老官台文化と東西に併存するかたちでみられ，広域に及ぶ無文土器分布圏を形成する。そして，後に河北南部から河南北部では後岡一期文化，山西南部から河南西部では廟底溝文化へと発展する（久保田 2008a）。韓建業は，本節の第1期に含む石虎山遺跡と河北に所在する鎮江営遺跡第1期を比較し，その土器の類似性から石虎山遺跡は鎮江営遺跡第1期を担ったヒトが移住することで成立したと考えた（韓 2003a）。しかし，土器の様式や形態を詳細に観察すると，石虎山遺跡でみられない支脚が鎮江営遺跡ではみられる点，壺や鼎の脚部の形態が異なる点など，両地域間には差異がある。したがって，直接的なヒトの移住を積極的に肯定するのではなく，内蒙古中南部は元々広域に及ぶ無文土器文化圏に属しており，東部との恒常的かつ密な交流のなかで近似した土器様式が形成されたと考える方が，より整合性が高いと考える。ただし，このような早い段階に広域に及ぶ文化圏を形成したその背景については，いまだ明確な答えを見出せない。

　一方，第1期に併行する時期の陝西には老官台文化あるいは半坡文化がみられ，縄文を施す土器を多くもつ。すでに前節で詳述したが，半坡文化は後期になると周辺地域に分布範囲を拡大し，山西南部でも東荘遺跡などで半坡文化の影響が看取できるようになる。石虎山遺跡第1期にみられる縄文の増加現象も，半坡文化の分布範囲拡大のなかで理解するべきである。ただし，山西では半坡文化の直接的な影響が南部までしか及ばないため，内蒙古に影響を及ぼすまでのルートは黄河沿いなどを想定すべきだろう。

　以上のように，内蒙古中南部は，第1期では基本的に東部を中心とする無文土器分布圏に含まれつつも，次第に西部の縄文をもつ土器分布圏の影響を受容したという構図を描出できる。

ii）第2期

　第2期になると，内蒙古中南部全域における土器様式の共通性がきわめて高くなる。陰山地区では遺物の出土が多くないが，各地区で鼓腹罐を煮沸器とし，尖底瓶や花弁文をもつ盆や鉢が出土するようになる。このきわめて高い共通性の出現には，先学が指摘するように，山西南部，河南省西部で成立した廟底溝文化の拡散が影響している（韓 2003a）。廟底溝文化は時間差をもちながら各地に影響力を強め（戴 2005，段 1991），山東，甘粛，湖北など広範囲で豆莢文や回旋勾連文，花弁文を中心とした廟底溝文化の影響を見出すことができる。内蒙古中南部は，すでに第1

期に半坡文化など廟底溝文化に近接した地域にみられる文化要素の影響を受容していたため，それに近い交流ネットワークのなかで廟底溝文化の強烈な影響を受けたと考えられる。ただし，半坡文化は前述したように黄河沿いのルートを想定できるが，廟底溝文化については汾河沿いの山西中央に連なる盆地を抜けるルートを考えてもよかろう。一方，内蒙古中南部の第2期には火種炉など廟底溝文化の中心地にはみられない形式が出土する。この点は，中原との恒常的な交流をもちつつも，在地の自然環境に適応する過程で成立した地域性として重要である。

iii) 第3期

第3期には，再び地域性が顕在化する。特に貯蔵器としての水器に顕著な差異が現れる。岱海・黄旗海地区では小口双耳罐Ⅰ・Ⅱが出土する一方で，その他の2地区では小口双耳罐Ⅰと尖底瓶が出土する。当該期には煮沸器に深腹罐が出現し，小口双耳罐と合わせて，東方の紅山文化，雪山一期文化あるいは大司空文化の影響が想定されている[6]（田広金ほか 2001，韓 2003a）。筆者の私見では，大司空文化の直接的な影響を見出すのは難しいが，少なくとも紅山文化など東北系の影響は顕著にみられる。したがって，内蒙古中南部でもより東部に位置する岱海・黄旗海地区の集団は，いち早くその文化的影響を受容したため，東方の諸文化に近い土器様式へと変化したと考えられる。一方，尖底瓶は第2期から出土する中原との共通性の高い形式である。さらに尖底瓶の型式変化の方向も中原と連動しており，両地域集団が当該時期に至るまで恒常的な交流を保持したことを示す。つまり，第3期では，第2期から続く中原地区との交流関係に加え，東北系の紅山文化や雪山一期文化との交流が開始された段階といえる。その両周辺文化の影響力の境界を岱海・黄旗海地区とその他2地区の間に置くことができる。魏堅は当該期に相当する廟子溝文化を3類型に区分するが（魏 1993），小口双耳罐と尖底瓶の違いから分けた廟子溝類型と海生不浪類型はよいとしても，海生不浪類型と土器様式に大差がない阿善二期類型を設定するには無理がある。したがって，大きく2地域に区分するのが妥当だろう。

また，第3期で重要なのは，内蒙古中南部の独自性が顕在化しはじめる点である。第3期前葉に属する紅台坡下遺跡では，煮沸器として深腹罐Ⅰしか出土せず，形態的にも東方の諸文化と共通性が高い。しかし，第3期中葉以降は新たに深腹罐Ⅱが出現し，東方とは異なる当該地区の独自化が始まる。また，黄河両岸地区でも東方からの影響により第2期とは土器様式が変化し，さらに後述するように第4期になると中原ではみられない型式に尖底瓶が変化する。つまり，次第に中原との交流が減少し，当該地区の集団的独自性が強化されたと理解できる。したがって，第3期は内蒙古中南部が次第に独自の土器文化を形成しはじめた時期といえる。

iv) 第4期

第4期は，第3期を基礎として，より地域性が明確になり，内蒙古中南部の独自性が顕著になる。前葉および後葉では岱海・黄旗海地区に遺跡がみられないため相対的な地域性は不明であるが，他の2地区の土器様式は高い共通性を示す。後葉になると岱海・黄旗海地区にも遺跡が出現

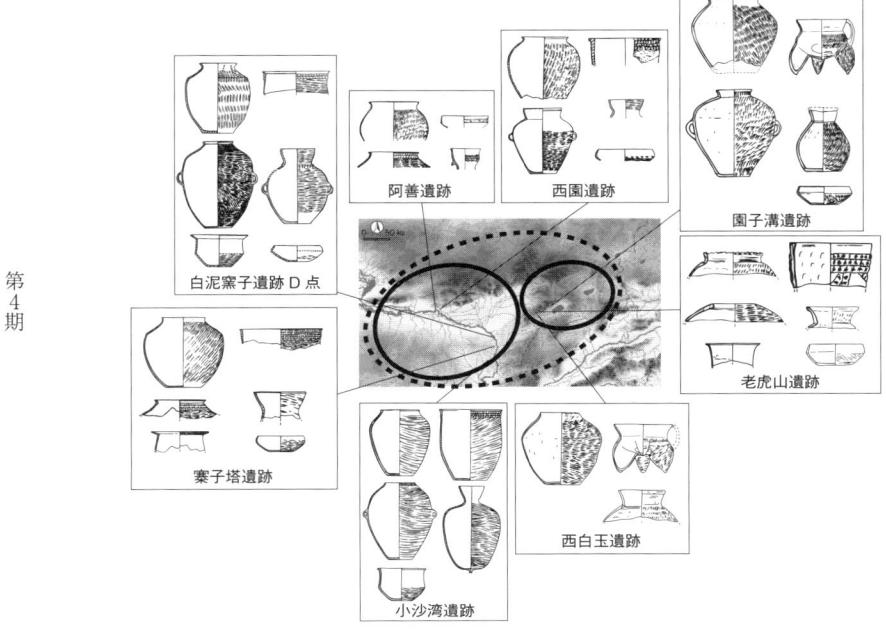

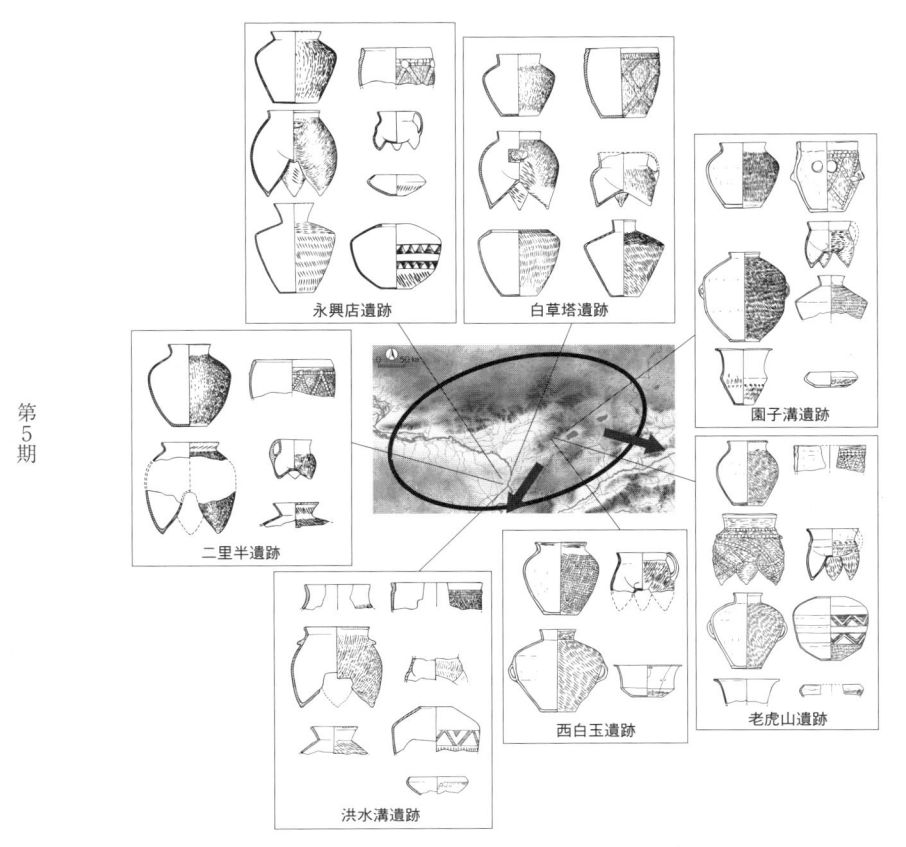

第3章　環太行山脈地区の土器編年と交流関係　91

第4期

白泥窯子遺跡 D 点
阿善遺跡
西園遺跡
園子溝遺跡
老虎山遺跡
寨子塔遺跡
小沙湾遺跡
西白玉遺跡

第5期

永興店遺跡
白草塔遺跡
園子溝遺跡
二里半遺跡
西白玉遺跡
老虎山遺跡
洪水溝遺跡

第 25 図-2　時期別土器分布（第 4―5 期）

し，煮沸器に空三足器，貯蔵器に無文罐と，他の2地区の集団とは異なる形式を採用する。また，その他の形式レベルでは他地区と一定の共通性を有するものの，岱海・黄旗海地区では深腹罐の胴部に付加堆文を施す点や縄文を施す割合が高い点などの細部で差異がみられる。これらの内蒙古中南部における東西の差異は，第3期の地域性を基礎として，地域集団間の交流がより減少した結果と理解できる。また，第3期以前とは異なり，周辺地域からは大きな影響を受けなくなり，さらに地域内の集団間における東西の交流が減少したため，一定の共通性を保持しつつ東西で異なる土器様式と型式が生まれたといえる。また，当該期から出現する空三足器は，廟底溝二期文化以来，黄河中流域を中心に出土する釜形斝をその起源とする。河南省東部の谷水河遺跡などに辿ることができるとされる斝は（張忠培 1997），黄河流域を中心に広く出土し，各地に空三足器という新たな土器形態を伝えた。それをもとに河北や陝西などでは新たな形式の空三足器が出現し，同様に内蒙古中南部の岱海・黄旗海地区でも斝や鬲が成立したと考えることができよう。ただ，現状の問題としては，いまだに内蒙古中南部で広域から出土する中原と直接関連をもつような釜形斝が出土していないことである。太原盆地の白燕遺跡までは出土が確認できるが，これについては今後の調査に期待するしかない。

　　　v) 第5期

　第5期になると，第4期にみられた東西の差異が減少する。陰山地区では遺跡が確認できないが，黄河両岸地区でも多くの鬲が出土するようになり，煮沸器の組成が岱海・黄旗海地区と同様になる。また，第4期の岱海・黄旗海地区にみられた深腹罐の付加堆文や，非常に特徴的な文様をもつ甕ⅤBなども黄河両岸地区で出土するようになり，岱海・黄旗海地区の強い影響を受容したことがわかる。その結果，内蒙古中南部は再び共通性の高い一地域として捉えることができるようになる。このような変化には，きわめて密な集団間の関わりがあったと想定できる。

　第5期に併行する周辺地区をみると，山西中部や南部，河北中部や南部などで，いずれも鬲をはじめとする空三足器が出土するようになる。時間的にみると，鬲の成立は内蒙古中南部の岱海・黄旗海地区が最も早いと考えられるため，周辺地区の鬲は当該地区から伝播したと考えることができる。つまり，これまでは周辺地区の影響を受け続けてきたが，第5期になってはじめて明確な対外的影響力を看取することができるようになる。しかし，周辺地域に広く伝播したのは鬲をはじめとする非常に限定された形式のみであった点は重要であり，その背景については本書の後半部で考えていきたい。

（2）　地域間関係の変遷

　内蒙古中南部における地域間関係の変遷を概観すると，第3期以前については，当該地区の地域性が他地域からの影響のもとで形成されたことがわかる。第1期は鎮江営遺跡第1期などの太行山脈東側に分布の中心をもつ無文土器文化の分布範囲に属しながら黄河中流域の半坡文化の影響を受容し，結果的に東西に異なる地域性が現出する。ただ，半坡文化からの影響は縄文や黒彩

などきわめて限定的であるため，内蒙古中南部の東西の集団間でより頻繁に交流していたと考えられる。また，太行山脈東部とは土器様式にも高い共通性が確認できるため，恒常的かつ直接的な交流が行われていたのだろう。

　第2期になると，第1期にみられた黄河中流域との交流がより密になり，無文土器はみられなくなる。また，火種炉などの在地性の高い土器もあるが，黄河中流域にみられる廟底溝文化の土器様式ときわめて高い類似性を示すようになる。地域内における土器様式の共通性の高さは，廟底溝文化の影響力の強さを示す。前節ですでに言及したが，当該期の住居址をみても，平面が方形で入口付近に深い竪穴炉を設ける廟底溝文化の住居址と同様の構造をもつため，第2期の成立には黄河中流域の廟底溝文化を担った集団が深く関与した可能性が高い。

　第3期になると，深腹罐や小口双耳罐など東北からの影響が強まる。その影響力は，内蒙古中南部の東部に位置する岱海・黄旗海地区に留まらず，黄河両岸地区や陰山地区にも及ぶ。一方，黄河両岸地区や陰山地区には尖底瓶など黄河中流域と共通する形式も残り，さらに型式変化の方向も共通するため，両地域間に一定の交流ネットワークが保持されたことが窺える。この東北と黄河中流域からの影響の間で，内蒙古中南部では再び東西で異なる地域性が現出する。また，当該期で重要なのは，内蒙古中南部が深腹罐など東北で出土する土器を受容した点である。この東西の交流ルートは自然環境の共通性のもとで青銅器時代以降に強化されるが，その嚆矢となったのが当該期であるといえよう。

　一方，第4期になると周辺地域からの影響が減少し，内蒙古中南部が独自の文化内容を形成しはじめる。黄河両岸地区にみられる尖底瓶はきわめて平底に近く，中原地区にはない形態を呈する。また，岱海・黄旗海地区に出現する鬲は中原に起源する釜形斝の影響を受けたと考えられるが，他地域ではみられない形態である。この外部の影響力の低下により，第3期以来の東西における文化内容の差異がより顕著になる。第4期に至って，内蒙古中南部ははじめて外部からの強い影響を受けずに，自らの独自性を形成したといえる。小地域レベルで差異が顕著になると同時に，内蒙古中南部という地域レベルでも独自性が際立つようになる。つまり大地域間と小地域間ともに地域集団間の交流が減少したのである。また，内蒙古中南部の独自性については，他地域ではみられない石積みの城址の出現も，有力な証拠の一つといえる。

　第5期には，第4期に岱海・黄旗海地区にみられた空三足器や胴部に付加堆文を貼付する深腹罐などが内蒙古中南部全域に広がり，地域的な斉一性の高い土器様式が広がるようになる。また，この岱海・黄旗海地区を中心とする影響力の強さは他地域にも及び，山西や河北などでも鬲をはじめとした一部の要素が受容される。つまり第5期には，これまで外部からの影響を受け続けた当該地域が初めて他地域への影響力をもったといえる。しかし，山西や河北の集団に受容された内蒙古中南部の影響は一部の要素に限定されるため，韓建業が言及したようなヒトの移動が伴うような伝播であったとは一概にいえない（韓 2003a・2007）。

　以上のように，内蒙古中南部は周辺地域からの影響を受けながら，その相対的な地理的位置関係や自然地形の差異などに基づく外部影響力の強弱により内部の地域性を形成してきた。第4期

以降では内部の地域性は存続するものの，外部からの影響が減少し在地性が強くなる。そして第5期には内蒙古中南部独自の文化要素が外部地域にも影響力を及ぼすに至るのである。

5 内蒙古中南部における地域間交流

　本節では，報告された遺跡を網羅し，土器分析を通して内蒙古中南部の新石器時代編年を5期15段に区分した。そのなかで研究史の問題点として指摘したいくつかについても一定の答えを出すことができた。まず本節の第1期から第2期にかけて，廟底溝文化が内蒙古中南部に影響を及ぼすようになるが，土器が山西南部や河南西部と同様のセット関係をもち，さらに住居址などにも共通性がみられることから，その背景にはやはりヒトの移住のような現象があったと考えた。ただし，第1期との関係が根本的になくなるわけではなく，第1期後葉には第2期への漸次的変化を示す要素も出現するため，完全な居住者の交代が行われたとは考えられない。

　また，特に第4期と第5期における3地域の併行関係にはこれまで認識の違いがみられたが，本節の分析では岱海・黄旗海地区の第Ⅳ期は他の2地区と部分的な併行関係をもつことを明らかにした。岱海・黄旗海地区第Ⅳ期前葉は黄河両岸地区の第Ⅳ期後葉および陰山地区の第Ⅲ期後葉，岱海・黄旗海地区第Ⅳ期後葉は黄河両岸地区の第Ⅴ期前葉と並行する。つまり，黄河両岸地区では第Ⅳ期から第Ⅴ期へと土器様式が変容する時期に，岱海・黄旗海地区では連続的に一貫した土器様式をもつ集団が存在したことになる。内蒙古中南部という限定された小地域内でこのような現象が生じた理由の一つに，自然地理的な要因が考えられる。岱海・黄旗海地区の諸遺跡は，内陸湖である岱海や黄旗海に流入する水系に属する。一方，他の2地区は，ともに黄河へ流入する支流に沿って分布する。内蒙古中南部が丘陵地帯であることを考慮すれば，河川とその浸食により開析された谷のいくつかは，地域間交流の重要なルートであった。したがって，このような水系の違いが集団間の交流に制約をもたらし，地域間における文化相の差異に反映されたと考えることもできよう。当然，第3期以前は全地区に強い共通性がみられたため，自然地理的要因だけが差異の理由とはみなせないが，その一つであった可能性は高い。

　さらに当該地区で生じた重要な現象として，鬲の出現が挙げられる。本節の年代観に従えば，第4期は中原地区の廟底溝二期文化に相当し，第5期は陶寺文化や王湾三期文化，後岡二期文化などを含む龍山文化に併行する。つまり，岱海・黄旗海地区で第4期後葉に出現し，第5期に増加する空三足器の鬲は，中国国内でも最早期に属する例となる。内蒙古中南部起源の鬲が第5期に山西や河北へ広く伝播することを考慮すれば，後代の二里頭文化期や二里岡文化期以降における中原地区の土器様式に大きな影響を与える重要な現象であったと評価できよう。

　内蒙古中南部は農耕地帯の最北端に位置し，新石器時代に起こった寒冷化のたびに生業基盤が不安定化したと考えられる。また，太行山脈の東西あるいは東北地方には対外的な影響力をもつ文化的中心地が多くの時期に存在し，太行山脈北側に位置する内蒙古中南部はその交流ルートとして重要な位置にあった。このような条件下で，特に第3期以前は一方的に外部の影響を受容するかたちで地域文化を形成してきた。しかし，第4期以降になるとそれらとの太い交流ネットワ

ークを遮断して独自の発展を遂げるようになる。そして第5期には外部からの影響を独自化して創出した鬲などが，それまでとは反対に対外的な影響力を強めるようになる。この受容から発信という地域的性格の変化の背景には，いかなる要因があったのか。自然環境や影響を受容した側の変化なども視野に入れながら，今後は検討する必要がある。

第4節　河北の土器編年と地域間交流

　最後に本節では太行山脈東側の河北省を中心に，北京市や河南省北部を含めた地域の土器編年を論じ，各時期間のつながりやその土器様式の成立に影響を与えた地域間関係を明らかにしたい。
　太行山脈東側は中国の地形区分でいう第3級階梯に当たり，海抜200m以下の平原が広がる。特にこれを華北平原と呼ぶが，すでに第2章で述べたように当該地域は新石器時代に現在よりも北側を流れた黄河の旧河道が存在すると考えられている。そのため，太行山脈と黄河旧河道に挟まれた地域に遺跡が多く分布し，この南北に長い地域を段宏振は「太行山脈東麓走廊」と呼んだ（段 2001b）。周辺の山東や東北，中原には文化的中心地が常に存在し，それらの地域はこの「太行山脈東麓走廊」を通して頻繁な交流関係をもった。したがって，太行山脈東側で出土する土器の様相は非常に複雑である。しかし，逆に言えば，内蒙古中南部と同様に当該地区の様相を明らかにすることで，周辺地区の地域間関係をも明確にすることができ，さらに環太行山脈周辺地区の地域間交流を解き明かすことができよう。

1　対象とする地域および資料

　本節で対象とする地域は，既述したように太行山脈の東部，つまり現在の行政区分でいう河北省を中心に河南省北部，北京市を含む。特に河南省について具体的に挙げると，後岡一期文化や後岡二期文化の標式遺跡である後岡遺跡や大司空文化で学史的な意義のある老磨崗遺跡が所在する河北省との省境に近い安陽を中心とする地域一帯を対象範囲に含める。また，河北省および北京市については基本的に全地域を対象とするが，以下に説明するように一部例外を設ける。
　河北省や北京市は西側の太行山脈と北側の燕山，東側の渤海に挟まれた地域からなる。これらの大半は中原の他地域の文化と密接な関係をもつが，北部の燕山南麓からは異なる文化系統の土器が出土する。それらの土器は興隆洼文化など東北地方を中心に分布する文化系統に属し，中原系統の土器とは様相を異にする。したがって，これらの土器群を理解するには重心を東北地方に置いて分析を進める必要があり，本節が対象とする中原系統の土器群の分析からではその年代観などを把握することができない。このような理由から，燕山南麓の東北系の土器群を出土する遺跡は分析対象に含めない。ただし，同一遺跡から中原と東北の両系統の土器群が出土することがある。例えば西寨遺跡の第1期では完全に東北系統の土器が主体となるが，第2期になると碗や鉢を中心に中原系の土器が出土するようになる（河北省文物研究所ほか 1992）。同様の状況は安新荘遺跡などでもみることができる（河北省文物管理処 1984）。このような場合は，中原系の土器が

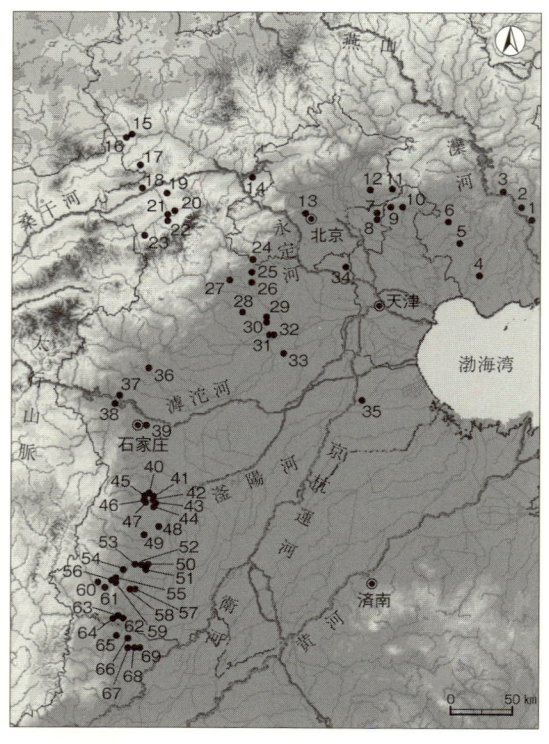

1：白蟒山遺跡　2：安新荘遺跡　3：西寨遺跡　4：大城山遺跡　5：韓家街遺跡　6：西蒙各荘遺跡　7：孟各荘遺跡　8：劉白塔遺跡　9：張家園遺跡　10：囲坊遺跡　11：上宅遺跡　12：北埝頭遺跡　13：燕園遺跡　14：官荘遺跡　15：西大崖遺跡　16：宋家房遺跡　17：水溝口遺跡　18：姜家梁遺跡　19：周家山遺跡　20：荘窠遺跡　21：四十里坡遺跡　22：三関遺跡　23：篩子綾羅遺跡　24：鎮江営遺跡　25：炭山遺跡　26：北封村遺跡　27：北福地遺跡　28：南荘頭遺跡　29：午方遺跡　30：上坡遺跡　31：梁荘遺跡　32：留村遺跡　33：啞叭荘遺跡　34：北旺遺跡　35：陳圩遺跡　36：釣魚台遺跡　37：坡底遺跡　38：中賈壁遺跡　39：南楊荘遺跡　40：小里村東北遺跡　41：西山南遺跡　42：北小霍遺跡　43：西侯南遺跡　44：北村東遺跡　45：崗沿遺跡　46：北台遺跡　47：沙崗地遺跡　48：臥龍崗遺跡　49：柴荘遺跡　50：楡林遺跡　51：洺関遺跡　52：石北口遺跡　53：台口村遺跡　54：趙窰遺跡　55：城二荘遺跡　56：西万年遺跡　57：百家村遺跡　58：澗溝遺跡　59：東万年遺跡　60：牛洼堡遺跡　61：磁山遺跡　62：下潘汪遺跡　63：界段営遺跡　64：義西遺跡　65：老磨崗遺跡　66：後岡遺跡　67：白営遺跡　68：鮑家堂遺跡　69：南崗遺跡

第 26 図　対象遺跡の分布

出土する時期からを分析対象に含めた。これにより，少なくとも中原系土器群の東北系土器群分布地域に対する広がりは理解することができよう。

　また対象資料については，すでに何度も述べているように土器を主に扱う。特に，発掘調査がなされた遺跡で，簡報や報告書のなかに図面が掲載された土器を分析対象とする。さらに，転年遺跡，東胡林遺跡，南荘頭遺跡などから出土する新石器時代前期に相当する資料は，断片的で器形も完全にはわからないため，本節の対象資料からは外すことにする[7]。

　以上を踏まえて，本節で扱う遺跡の分布を第26図に示しておく。

2　研究史

　これまでの河北の土器編年に関する研究は，それほど多いとはいえない。また，新石器時代全

時期を通した詳細な編年も，漠然と認識されているだけで明確に提示されたことはない。その大多数が通時的な文化変化の大枠を論じるか，あるいは特定の時期に焦点を絞った編年研究のみである。

通時的な文化変化を追った代表的な研究として，一連の段宏振の論考が挙げられる。まず1999年に執筆した論考のなかで河北省の特に平原部の編年に関して，一定の地域性の存在を示しながら磁山文化，北福地文化，後岡一期文化―大司空文化，釣魚台類型，台口一期遺存，華北平原龍山文化の順に捉えた。しかし，釣魚台類型の年代の位置づけについては明確に言及していない（文物出版社 1999）。また，2001年の論考でもほぼ同様の編年観を提示し，太行山脈東麓の河北省を周辺文化の交錯地帯と位置づけた（段 2001a）。2001年に発表された別の論考でもやはり同じ編年観を示したが，そのなかで釣魚台類型の年代を明確に後岡一期文化と大司空文化の間に位置づけた（段 2001b）。

また，鄭紹宗も河北省の編年観について論じている。そのなかで，磁山文化，前後岡一期仰韶文化，後岡一期仰韶文化，廟底溝仰韶文化，大司空村仰韶文化，後岡二期龍山文化という編年を提示している。これは，段宏振の年代観とほぼ同様である（鄭 1992）。

その他に喬登雲が研究史をまとめるかたちで，磁山文化，後岡一期文化早期，後岡一期文化晩期，廟底溝文化，大司空文化，早期龍山段階，龍山文化という編年観を示した（喬 2001）。これも段宏振や鄭紹宗と同じ年代観であるといえる。

以上のように，現在までに示されている大まかな年代観は，各段階の呼称は異なるものの，その内容はほぼ一致している。しかしながら，これらの研究では詳細な土器の検討などがなされていないため，各時期間の関連性などは不明である。

各時期間の関係については，それぞれの時期に焦点を絞った論考のなかで示されることが多い。まず，磁山文化については，1981年の簡報で仰韶文化後岡類型，つまり後岡一期文化との関係に言及している（河北省文物管理処ほか 1981）。当時はまだ北福地遺跡や鎮江営遺跡が未調査であり，両文化の中間に位置づけられる文化が設定されていなかった。しかし，簡報のなかでは盂，支脚，三足鉢など磁山文化特有の土器もみられるものの，鉢や壺を通して両文化間に密接なつながりが認められるとした。また，張之恒も磁山文化と後岡一期文化の関係を認めている（張之恒 1989）。一方，梅鵬雲は磁山文化が裴李崗文化の影響を徐々に受容したあと，後続する文化は明確ではないとした。そして，北福地甲類の釜や支脚をはじめとした要素には磁山文化の要素がみられないとした（梅 2002）。また，段宏振と張渭蓮は2003年から2004年に行った北福地遺跡の新たな発掘調査の成果から，磁山文化と併行する北福地一期文化と後岡一期文化に先行する北福地二期文化を設定した（段ほか 2006）。そして，そのなかで両文化の関係を，一期は北方，二期は東方とのつながりが強いとしてほぼ系統的な関係は存在しないとした。このように，磁山文化と北福地文化の関係については，一定の見解はみられるものの，詳細な根拠を示しながら説得力のある見解を提示した研究はみられないといえよう。

次に北福地文化，つまり北福地二期と後岡一期文化の関係であるが，これについては見解が一

致している。過去には後岡一期文化の分布範囲の認識に関する違いから，北辛文化を後岡一期文化の起源とする見解も存在したが（張忠培ほか 1992），現在は後岡一期文化が北福地文化を直接継承したという見解が大部分である。段宏振は特に釜や鉢のつながりが強く，両文化は継承関係にあるとした（段 1992）。また，鎮江営遺跡の報告のなかでも，北福地文化と時間的に併行する鎮江営一期文化を後岡一期文化と直接的な継承関係にあるとした（北京市文物研究所 1999）。ただし，北福地文化と後岡一期文化の土器様式は近似するがゆえに，于孝東が鎮江営遺跡第二期に対して行った研究のように（于 2006），両文化を明確に分ける定義づけを行う必要があろう。

釣魚台類型については，遺跡数が少ないものの，廟底溝文化との関係が指摘されている（段 1991）。在地の文化との関係はないとされ，太行山脈西側との関係のなかで理解するべきである。

後岡一期文化と大司空文化の関係については，1993 年に陳冰白が両文化の間に継承関係を認め，大司空文化成立に当たり廟底溝文化の影響を受容したと論じた（陳冰白 1993）。一方，段宏振は資料の制約があり不明な部分も多いとするが，やはり両文化の間に関連は薄いとした（段 2001a）。このように，後岡一期文化と大司空文化の関係については，いまだに見解の一致をみていない。

それでは大司空文化と龍山文化の関係はどうであろうか。段宏振は両文化の間におそらく継承関係があるとする。しかし北方，中原，山東などとの関係を認め，特に中原との関係が強いとした（段 2001b）。また，1998 年の論考のなかでは，豫北冀南地区の龍山文化の起源を台口一期遺存にあるとした（段 1998）。つまり，在地の文化を継承したということである。その他に河北における龍山文化の起源や他文化との関係に言及した論考はあまりみられず，研究の進展がほとんどないというのが現状である。その要因として，龍山文化の比較的早い段階に属する遺跡が多くはみつかっていないことが挙げられる。この問題を解決するためには，大司空文化と龍山文化の土器を詳細に検討し，さらに龍山文化の早い段階の土器を集成し，その内容を明確にすることで，龍山文化成立に至る大きな枠組みをつくる目途をつける必要がある。

以上のように，研究者間で大まかな年代観は一致するものの，詳細な文化間のつながりについては，北福地文化と後岡一期文化の関係以外は明確な定説がない状況にある。また，釣魚台類型の年代観についても，遺跡数が少なく，河北の一時期を占めた文化に位置づけ難い面もある。これらの問題を解決するために，本節では改めて土器から編年を構築し，通時的な地域間関係の変遷を整理するとともに，土器様式や型式の変化に対する検討を通して各時期あるいは各地域間の関係を明らかにする。以下，早速分析に入る。

3 土器編年の構築

（1） 分類基準

河北にみられる土器のなかで，大別形式の煮沸器として盂，深腹罐，釜，鼎，鼓腹罐，斝，鬲，甗が挙げられる。さらに，直接煮炊きをする器ではないが，盂や釜とセットで使用されるため，ここでは支脚もそのなかに含める。また，貯蔵器には壺，缸，瓮，供膳器には盆，鉢，碗，豆が

第3章　環太行山脈地区の土器編年と交流関係　99

ある。これらのなかで一定の出土数があり，細分可能なものについて，形態などの差異から細別形式に分類した。本節でも細別形式の説明は煮沸器を中心とする主要なもののみにとどめ，あとは第27図を参考としてほしい。

　盂は口径と器高の比率を主な基準として，Ⅰ—Ⅳに分ける。盂Ⅰは口縁部，色調，文様から分類した。口縁部はやや内傾した胴部から明確に屈曲するa，次第に胴部が直線的になり屈曲が緩くなるbやc，さらに直立するd，やや内湾気味になるeに分ける。色調は灰褐色，褐色，紅褐色に分ける。文様は縄文，箆文，無文に分ける。これらのうちの時間軸の早晩を明らかにするため磁山遺跡の簡報をみると，第一文化層には灰褐色，縄文，箆文，第二文化層には紅褐色，無文がそれぞれ多いとしている。口縁部も外反するものから直立するものへ中心が移るとしている（河北省文物管理処ほか1981）。したがって，それぞれの属性もそのような変化に則って前後関係を決めることができる。盂Ⅱは口縁部の形態からさらにAとBに細分できる。盂ⅡAは2点のみの出土であるため，一形式としておく。盂ⅡBは口縁部と文様から分類する。口縁部は直立に近いaから次第に内湾してcに至る。文様はaを縄文，bを付加堆文，cを無文，dを圧印文とする。変化の方向は，報告からでは明確にできないため，他の細別形式との共伴関係から決定する。盂Ⅲも口縁部，文様，色調から分類を行う。口縁部は，やや外傾したa・bから肥厚するc，内湾するdに分かれる。文様はaを縄文，bを無文，c・d・eはそれぞれ付加堆文系，f・g・hは圧印文とする。また，色調は紅色，紅褐色，褐色，灰褐色，黒灰色，黄褐色，黒褐色，灰色に分ける。口縁部については，磁山遺跡の第一文化層でa・bが多く出土し，第二文化層でcがみられることから，a・bからcへという変化が想定できる。また，dは磁山遺跡ではみられず，北福地遺跡や上坡遺跡で出土する。したがって，地域性である可能性が高い。また，文様は縄文や無文が磁山遺跡第一文化層に多く，付加堆文系は第二文化層に多い。圧印文はやはり北福地遺跡や上坡遺跡でみることができる。盂Ⅳも口縁部，文様，色調から分類する。口縁部は直立するaから次第に外傾するc，やや内湾して口唇部上面が平坦なdに分かれる。文様は，aの無文，b—fの圧印文に分ける。色調は基本的に盂Ⅲと同様であるが，黄褐色はみられない。磁山遺跡では第一文化層から口縁部a，第二文化層からbやcが出土する。また，dについては北福地遺跡でみられる。色調では，第一文化層から褐色，第二文化層から紅色や紅褐色が出土するため，前者から後者への変化が想定できる。その他の色の出土に明確な規則性はみられない。文様については，磁山遺跡では無文が大部分を占めるが，上坡遺跡や北福地遺跡では圧印文が多く出土する。

　支脚はⅠ—Ⅵに分けられる。しかし，Ⅰは4点のみ，Ⅳ—Ⅵはほぼ石北口遺跡で1点ずつしか出土しないため，ここでは詳述しない。支脚Ⅱは縦断面の形状からさらに細分し，上部先端が尖るものをA，そうではないものをBとする。支脚ⅡAは横断面と文様から分類する。横断面は中実，中空に加え，中空のものに横から穿孔したものがみられる。文様は，単純に文様があるものとないものに分ける。磁山遺跡の簡報では，第一文化層から中空，第二文化層から中実の支脚が多く出土するため，前者から後者への変化があったと考えられる。支脚ⅡBは縦断面，上面の平面形，文様から分ける。縦断面は先端が広く面をもつものをa，やや狭くなるb，角が落ちて

やや丸みをもつcに分かれる。上面の平面形はaからcにかけて丸みをもった楔形が次第に細くなっていく。文様は無文と有文に分ける。この支脚ⅡBは最も明確に時期的な変化を示す遺物である[8]。特に上面の平面形は磁山遺跡の第一文化層からa，第二文化層からcが出土し，明確な変化を追うことができる。しかし，北福地遺跡では縦断面のcが多く出土するなど，時期差ではなく地域差と考えられる要素もみられる。支脚Ⅲは完形の例が少ないため，横断面のみから分類する。Aは上面が丸みをもつもの，bは平坦なものとする。

　深腹罐はⅠ―Ⅳに分けられる。深腹罐Ⅰは器高25 cm以上をA，25 cm未満をBとする。深腹罐ⅠAは口縁部，胴部，文様から分類する。口縁部はやや内湾し口唇部に面をもつa，外傾するb，aに近いが口唇部に面がないcに分ける。胴部は最大径が中位にあり直線的に口縁部へと立ち上がるa，最大径が上位にあり傾きが強いbに分ける。文様は縄文，器表面を削った痕跡を残す刮圧，無文に分ける。磁山遺跡では口縁部aやb，胴部a，縄文が出土する一方で，時期的に大きく遅れる孟各荘遺跡後岡一期文化段階で口縁部b，胴部b，刮圧，さらに遅れる鎮江営文化第三期で口縁部c，胴部b，無文が出土するため，それぞれこのような方向で変化したことがわかる。深腹罐ⅠBは磁山遺跡における3点のみの出土であるため，一型式とする。深腹罐Ⅱは，口縁部と胴部から分類する。口縁部は緩やかに外湾するaからやや傾きが強くなるb，明確に屈曲するようになるcに分かれる。胴部はaからcにかけて，次第に最大径が下位から上位へと上がる。磁山遺跡の第一文化層では口縁部a，第二文化層ではbが出土するため，aからb，そしてcという方向で変化すると推測できる。深腹罐Ⅲは口縁部から分類する。aは内傾する胴部から「く」字状に屈曲するもの，bはaよりも胴部の傾きが弱くなり口縁部上面が平坦になるもの，cはさらに胴部の傾きが弱まり口縁部の屈曲も緩くなるものとする。深腹罐Ⅳは口縁部と胴部から分ける。口縁部は内傾する胴部から緩やかに外反するa，胴部が直線的に立ち上がり狭い口縁部が緩く外反するb，aに似るが口縁部の幅が狭いcに分ける。胴部は明確に屈曲して最大径が上位にあるa，中位にあるb，屈曲がなくなり緩やかにカーブするcがある。深腹罐Ⅳは一遺跡から複数が出土する例がないため，それぞれの要素の前後関係が把握しにくい。したがって，他の細別形式との共伴関係のなかで時間軸に位置づける。

　釜は4形式に分類する。釜Ⅰは口径と器高の比率を基準に深いものからA，B，Cの3類に細分できる。それぞれ口縁部から分類を行う。釜ⅠAは口縁部内外ともに「く」字状に屈曲するa，aよりも丸みをもって屈曲するb，内面は「く」字状に屈曲するが外面はやや丸みをもつc，広い口縁部が緩い「S」字状を呈するdに分かれる。釜ⅠBは幅広の口縁部が外反するaから次第に幅が狭いb・cやdに至る。eは丸く内湾し，fは胴部から緩く外湾してやや肥厚するものとする。鎮江営遺跡の報告では層位関係と遺構間の切り合いから，bを出土するH479がdを出土するH517より早いことが示されている（北京市文物研究所 1999）。また，同報告では本分類のaからdへの口縁部の変化が指摘されている。したがって，aからdへの変化を認めてよかろう。釜ⅠCのaからdは，ⅠBのa・b・c・eにそれぞれ対応して分けた。釜Ⅱはやはり口径と器高の比率から深いAと浅いBに二分した。釜ⅡAは明確に屈曲するa，屈曲が弱いb，口縁部の幅が

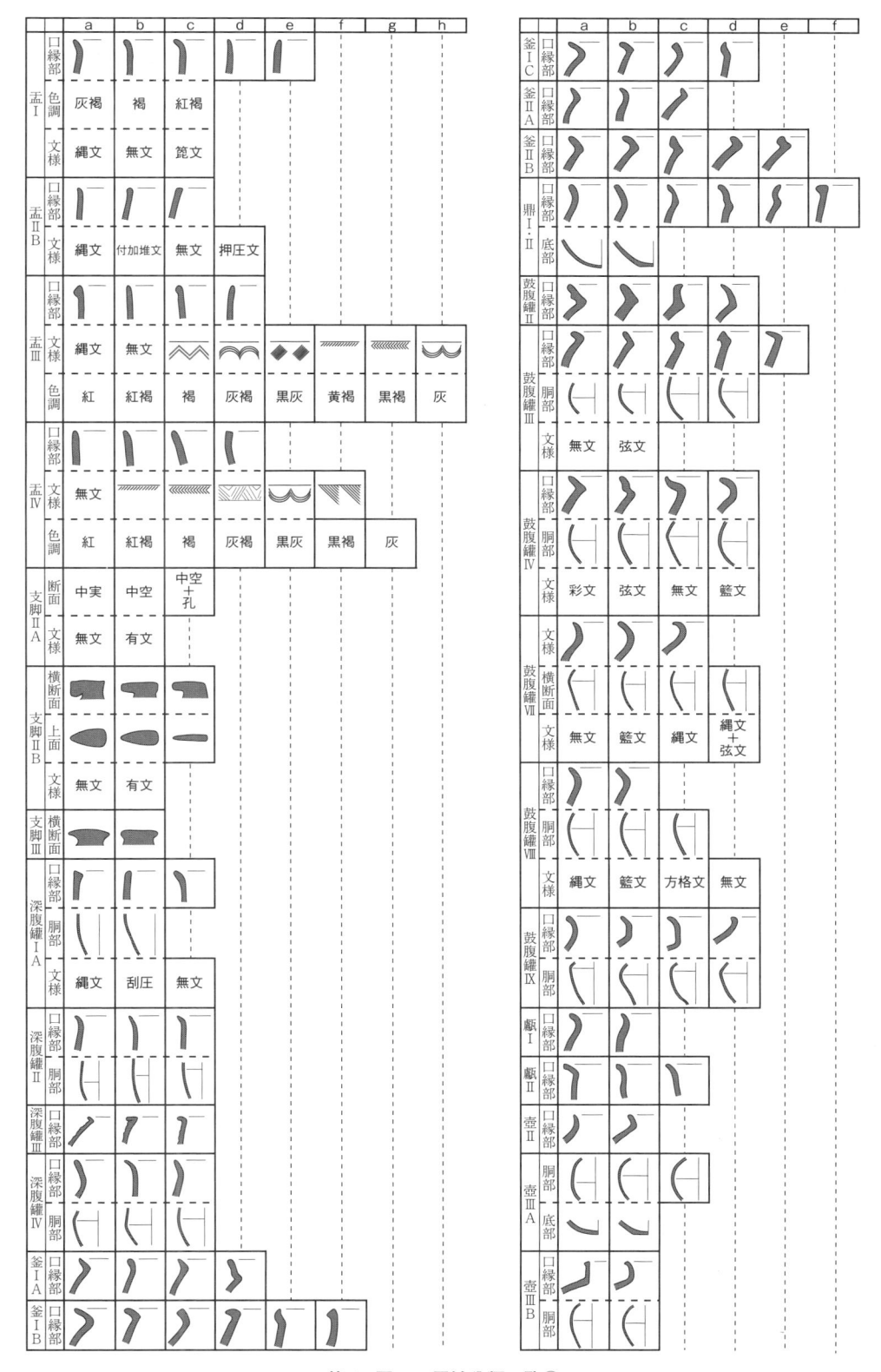

第 27 図-1　属性分類一覧①

小さくなるcに分かれる。また，釜ⅡBも明確に屈曲する幅広のaから次第に幅が狭くなるeがみられる。釜ⅡのAとBは釜Ⅰと同様に，幅広の口縁部から次第に狭くなるような変化の方向を想定できるだろう。釜ⅢとⅣについてはそれぞれ一型式とする。なお，釜Ⅳは平底を呈する。

鼎は6形式に分類することができるが，Ⅲ—Ⅵは出土数が少ないため一型式とし，ここではⅠとⅡについて説明する。なお，両形式ともに同様の型式変化の方向を示すので，ここでは一括して分類する。鼎Ⅰは釜Ⅰと同様に口径と器高の比率より，深いものからA・B・Cの3類に分ける。また，鼎Ⅱも口径と器高の比率からAとBに分ける。これらの分類は口縁部と底部の形態から行う。口縁部は緩く屈曲しながら立ち上がるaから屈曲が強いb・c，緩い「S」字状を呈するd，内湾するe，幅が狭く上端に面ができるfに分かれる。底部は丸底をa，平底をbとする。鼎は基本的に釜と同様の変化を辿るため，口縁の幅が広いaから狭いfへという変化を想定できる。また，南楊荘遺跡T69第3層から丸底，第2層から平底が出土する。同様に，層位を基準に設定した第2期では丸底が主体となるが，第3期では平底が急増する。したがって，丸底から平底への変化が考えられる。

鼓腹罐は10形式に分類する。なお，鼓腹罐Ⅰ・Ⅴ・Ⅵ・Ⅹは，出土数が限られるため型式レベルで分類を行わない。鼓腹罐Ⅱは口縁部から分ける。「く」字状に屈曲するa，段をつけるb，内湾するc，やや直立気味に立ち上がるdに分ける。南楊荘遺跡第2期ではa，第3期ではb・c，また大司空文化に属するとされる中買壁遺跡でdが出土するため，aからdへの変化が推定できる。鼓腹罐Ⅲは口縁部，胴部，文様から分類する。口縁部は短く外反するa，やや上方に立ち上がるb，内湾するc，口唇部に面を作るd，口唇部が尖るeに分かれる。胴部は最大径が中位にあるaからやや上位に移るb，そして胴上半部がやや垂直ぎみに立ち上がり最大径が中位にあるc，同様の形態で最大径が上位に移るdの4類に分ける。文様は無文と胴部上位に弦文を施すものに分ける。鼓腹罐Ⅳも口縁部，胴部，文様から分類する。口縁部は「く」字状に屈曲するa，緩い「S」字状を呈するb，口唇部が上方に立ち上がるc，頸部から口縁部が緩く湾曲するdに分かれる。胴部は最大径が中位にあるa，上位に移るb，胴上位で明確に屈曲するc，中位で屈曲するdがみられる。文様には彩文，弦文，無文，籃文がみられる。石北口遺跡中期や南楊荘遺跡第2期では口縁部a・b，胴部a・bなどが確認でき，大司空文化とされる下潘汪遺跡仰韶文化第一類や界段営遺跡では口縁部dや胴部c・dが出土するため，口縁部と胴部ともにaからdへの変化が想定できる。鼓腹罐Ⅶも同様の属性から分類する。口縁部はaからcにかけて次第に湾曲が強くなる。胴部は上位にある最大径が明確なa，最大径が不明確になるb，胴下半部がやや締まるc，cよりも胴部が細くなるdに分かれる。文様は無文，籃文，縄文，地文の縄文の上に弦文を施すものに分ける。鼓腹罐Ⅶは明確な層位関係や遺構間の切り合いがある報告がみられないため，前後関係は他形式との共伴関係から判断する。鼓腹罐Ⅷも同様に口縁部，胴部，文様から分類する。口縁部は緩く湾曲するものとより明確に屈曲するものに分ける。胴部は最大径が中位やや上にあり緩くカーブするa，aよりも全体が細くなるb，最大径がより上方に上がるcに分ける。文様は縄文，籃文，方格文，無文とする。鼓腹罐Ⅷは多くが啞叭荘遺跡から出土し，

一部は白営遺跡や後岡遺跡でもみられる。啞叭荘遺跡は王青により 2 期 4 段に区分されているが（王青 1995），各時期と鼓腹罐Ⅷの分類がうまく相関しない。分類基準の問題なども考えられるが，ここではとりあえず他形式との共伴から前後関係をおさえることにしたい。鼓腹罐Ⅸは口縁部と胴部から分類する。口縁部は緩く湾曲する a，一度垂直に立ち上がってから短く外傾する b，b よりも長く垂直に立ち上がる c，内傾する d に分かれる。胴部は，上位に明確な最大径をもつ a から最大径が下がる b，上位の最大径に加えて下位でも屈曲するようになる c，最大径が c より明確になり胴部の傾きが強く直線的になる d に分かれる。これらはすべて啞叭荘遺跡から出土する。王青の時期区分の第 2 段から口縁部 b や胴部 a が出土し，第 3・4 段から口縁部 c・d，胴部 c・d が出土するため，それぞれ大まかな変化の方向はわかるだろう。

　鬲は 2 形式に分類した。上部の甑部と空三足部が一体となった完形での出土が多くないため，鬲ⅠとⅡともに口縁部から分類を行った。

　その他の煮沸器として斝や鬲がみられるが，破片資料も含めて斝は 18 点，鬲は 46 点のみの出土であり，さらに細分形式レベルで分類すると一形式の点数が少なくなるため，ここでは型式分類は行わない。なお，斝は釜形のⅠ，罐形のⅡ，口縁が内傾するⅢに分ける。鬲は大型で内蒙古中南部や山西の晋中で多く出土するⅠ，全体が縦長で胴部が筒形のⅡ，縦長で頸部がしまるⅢ，口縁部が直立し口唇部をナデ消すⅣ，単把のⅤ，小型で無文のⅥに分かれる。Ⅵはさらに口縁部が弱く外反しつつ直立する A と明確な頸部をつくる B に細分できる。

　次に，貯蔵器をみてみたい。

　壺は 8 形式に分けられる。壺ⅠとⅦおよびⅧは出土数が少ないため，一型式として扱う。ここでは壺Ⅱ―Ⅵについて説明を加える。壺Ⅱは完形での出土が多くないため，口縁部のみから分類を行う。口縁部 a は緩く立ち上がるもの，b はやや強く外反するものとする。壺Ⅲは把手が肩部につく A と胴部につく B に細分する。壺ⅢA は口縁部が残るものが少ないため，胴部と底部から分類する。胴部について，a は全体が縦長で最大径が中位やや下にあるもの，b は a よりも全体が丸みを帯びて最大径が中位やや上にあるもの，c はより丸く最大径が中位にあるものとする。底部は，丸みを帯びるものと平底に分ける。北福地文化併行とされる鎮江営遺跡第 1 期では胴部 a や b が出土し，後岡一期文化に属する界段営遺跡では c が出土するため，a・b から c へという変化が想定できる。壺ⅢB は口縁部と胴部から分類を行う。口縁部は直立する a と外湾する b に分かれる。胴部は全体が細く最大径が中位やや上にある a，丸みを帯び最大径が中位にある b に分ける。これもやはり鎮江営遺跡第 1 期からは胴部 a が，後岡一期文化に属する四十里坡遺跡からは b が出土するため，a から b という方向に変化すると考えられる。壺Ⅳは口縁部と胴部から分ける。口縁部は「く」字状に屈曲する a と，a よりもやや立ち上がりが短い b に分けられる。胴部は最大径が上半部にある a，中位にある b，a と近いが最大径が大きくなる c，最大径が中位にあり丸みをもつ d に分かれる。南楊荘遺跡第 2 期に相当する T32 や T62 の第 3 層では口縁部 a や胴部 a・b，第 3 期に相当する T56 や T43 の第 2 層では口縁部 b や胴部 d が出土するため，口縁部は a から b，胴部は a から d への変化が想定できる。壺Ⅴも口縁部と胴部から分類する。

口縁部はやや外傾するaから次第に内湾して屈曲が明確になるeに至る。胴部は下膨れで最大径が下位にあるa，最大径が中位にあるb，下半部がやや内側にカーブするc，下半部のカーブがより強くなるdに分ける。北福地文化に属する石北口遺跡で層位から早期とされるH28では口縁部a，また中期とされるH85ではb，後岡一期文化に属する趙窯遺跡ではdが出土するため，aからd・eへの変化が認められる。壺Ⅵも口縁部と胴部から分ける。口縁部は，「く」字状に屈曲するaからやや屈曲する角度が大きくなるb，外傾が強くなるc，口唇部の内傾が強くなり上端が溝状になるdに分ける。胴部は円形を呈し最大径が中位にあるaから次第に最大径が上がるcに至る。南楊荘遺跡では第1期に口縁部a・b，胴部aがみられ，第2期に口縁部b・c，胴部b・cが出現し，第3期には口縁部dが出土するようになる。したがって，変化の方向もこの順序と同様であろう。

　甕は8形式に分かれる。出土数が少ない甕Ⅰ・Ⅲ・Ⅳ・Ⅵ・Ⅶ・Ⅷは一型式とする。ここでは特に甕Ⅴについて説明する。甕Ⅴは口縁部と文様から分類する。口縁部は垂直に立ち上がり口唇部が肥厚するa，やや内傾するbに分かれる。文様は縄文，縄文の上に付加堆文を施すもの，籃文，籃文の上に付加堆文を施すものに分かれる。これらはすべて啞叭荘遺跡や陳圩遺跡など龍山文化併行と考えられる遺跡から出土する。

　ここからは供膳器について，主要なものの説明を行う。

　まず，盆の分類基準を示すが，盆は鉢，碗などと形態的に類似するものが多い。これら類似形式を大別する基準として，便宜的に口径30cm以上は盆，20cm以上30cm未満は鉢，20cm未満は碗とする。

　盆は15形式とかなり多い。ただし，これも出土数が少ないⅤ・Ⅵ・Ⅸ・Ⅻは一型式とする。ここでの説明は最小限に抑え，盆Ⅰ—Ⅳ，Ⅷのみとする。盆Ⅰは底部から丸底のAと平底のBに分ける。盆ⅠAは口縁部と底部から分類する。口縁部は内傾した胴部から強く外へ屈曲するa，屈曲が弱くなり口縁も短くなるb，やや肥厚するcに分ける。底部は丸みをもつa，やや直線的なb，より直線的なcがある。南楊荘遺跡では第1期に口縁部aと底部aが出土し，第2期以降に口縁部と底部ともにb・cが出土するようになる。したがって，両属性ともにaからb・cが出現したことがわかる。盆ⅠBは口縁部，胴部，文様から分ける。口縁部はaからcがそれぞれ盆ⅠAと同様である。dは肩部からの内傾が強くなり短く立ち上がるものとする。胴部はaからdへ次第に最大径の位置が上がり，さらに明確に屈曲する。文様は無文，口縁部付近の紅帯，弦文，紅帯以外の彩文に分かれる。やはり南楊荘遺跡では第1期では口縁部a，胴部a・b，第2期以降に口縁部b・c，胴部cが出現する。またdは石北口遺跡で彩文と相関関係があり，後岡一期文化の晩い段階に出現すると考えられる。盆Ⅱは口縁部，胴部，文様から分類する。口縁部は外傾しながら立ち上がりやや肥厚するa，口唇部で外反するb，やや内に湾曲してから外反するc，直線的に立ち上がるdに分かれる。胴部は直線的なaから次第に外傾が強くなるb，そして中位で屈曲するcがある。文様には無文，紅帯，縄文がみられる。北福地文化に相当するとされる鎮江営遺跡第1期では口縁部aが多く，後岡一期文化併行の劉白塔遺跡T2H1ではbが出

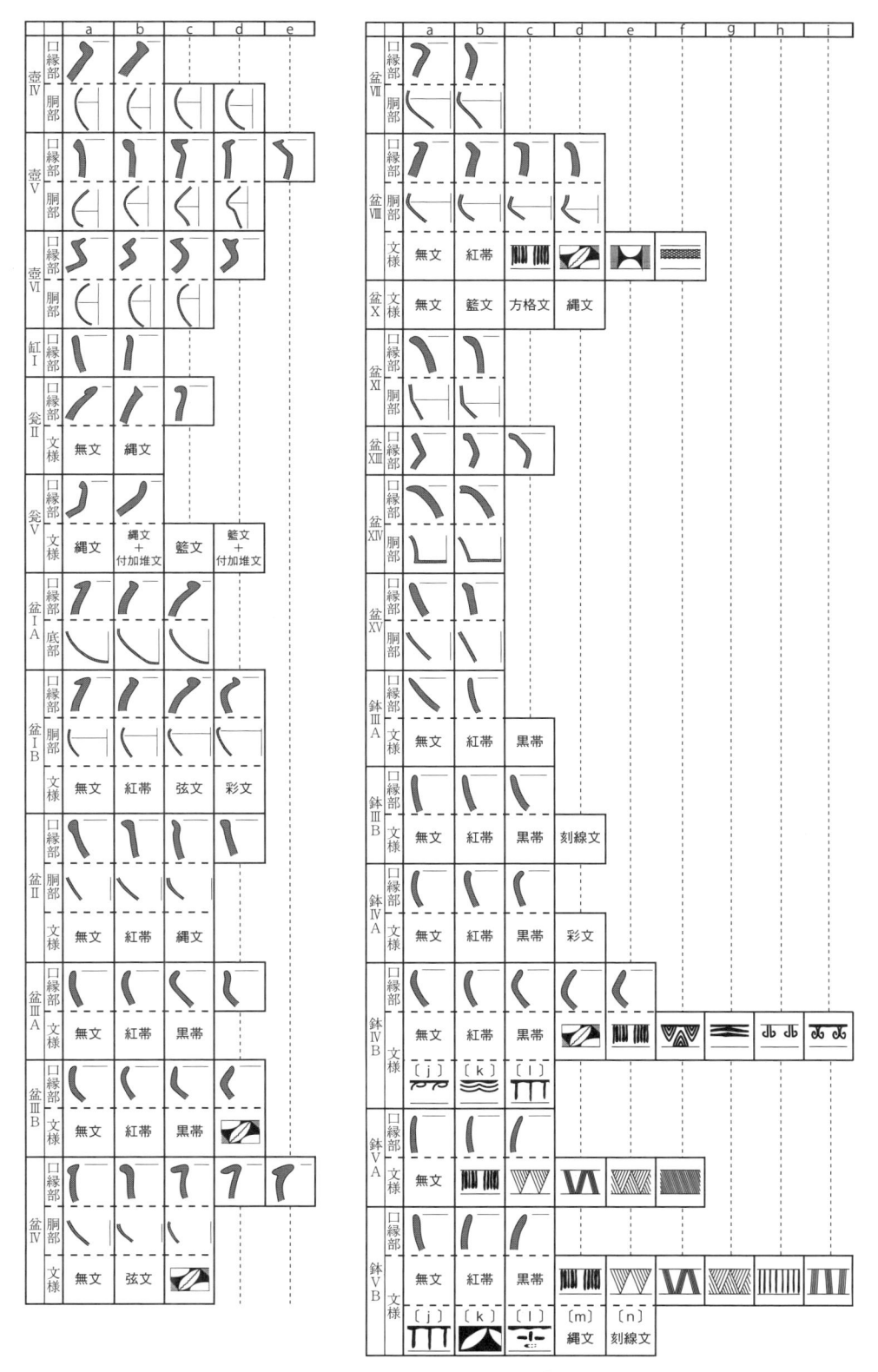

第 27 図-2　属性分類一覧②

現する。また大司空文化に相当する城二荘遺跡T1②ではdがみられる。文様は口縁部aに対して紅帯がよく相関し，口縁部b・cなどには無文が相関する。盆ⅢAは，底部から丸底のA，平底のBに細分する。盆ⅢAは口縁部と文様から分ける。口縁部は緩く内湾しながら立ち上がるaから次第に明確に屈曲するdまでに分かれる。文様は無文，紅帯，黒帯がみられる。盆ⅢBも口縁部と文様から分類を行う。口縁部はⅢAと同様にaからdへと次第に屈曲が明確になるものとする。文様は無文，紅帯，黒帯，さらに斜弧線三角文と呼ばれる彩文がみられる。石北口遺跡早期では口縁部a，中期と晩期ではb・cがみられる。さらに大司空文化とされる柴荘遺跡ではdの口縁部がみられる。したがって，aからdへの変化が想定できる。また，文様も石北口遺跡中期までは無文と紅帯がみられるが，晩期には黒帯が出現し，柴荘遺跡では斜弧線三角文が出土する。出現の順序もこれと同様であろう。盆Ⅳは口縁部，胴部，文様から分類する。口縁部は，内湾しながら口唇部が肥厚するa，口唇部が外反するb，強く外へ屈曲するc・d，より強く屈曲して肥厚するようになるeに分ける。胴部は直線的なaから次第に曲線状になるcに分ける。文様は無文，弦文，斜弧線三角文の三つに分ける。盆Ⅷは口縁部，胴部，文様から分類する。口縁部は内傾しながら強く外反するa，やや内傾し「く」字状に外反するb，直立し外反するc，外傾しながら立ち上がり緩く外反するdに分かれる。胴部はaからdへと最大径が下がり屈曲が明確になっていく。文様は無文と紅帯の他にcの連続竪条文，dの斜弧線三角文，eの縦弧線三角文，fの網状文などの彩文がみられる。口縁部と胴部のa・bおよび無文と紅帯は，後岡遺跡H3や界段営遺跡H50など後岡一期文化併行期で出土する。一方，口縁部と胴部のcやd，彩文は下潘汪遺跡仰韶文化第一期など大司空文化併行とされる遺跡から出土する。したがって変化の方向もこれに準じるだろう。また，彩文も斜弧線三角文から縦弧線三角文への変化が指摘されているように（呉1996)，時間軸に沿った変化があると考えられる。

　鉢は9形式に分かれる。Ⅰ・Ⅱ・Ⅸについては出土数が少ないため，Ⅵについては属性の変化が抽出しにくいため細分しない。また，説明は鉢Ⅲ・Ⅳ・Ⅴ・Ⅷのみとする。鉢Ⅲは底部から丸底のAと平底のBに分ける。鉢ⅢAは口縁部と文様から分類する。口縁部は傾きが強いaと直立に近いbに分ける。文様は無文，紅帯，黒帯に分ける。鎮江営遺跡第1期では口縁部a，第2期ではbが出土し，磁山文化に相当する磁山遺跡では無文，北福地文化に相当する鎮江営遺跡第1期では紅帯，後岡一期文化に相当する後岡遺跡では黒帯が出土するため，口縁部はaからb，文様は無文から紅帯，そして黒帯が出現すると考えられる。鉢ⅢBも口縁部と文様から分類する。口縁部はaからcにかけて次第に傾きが強くなる。文様はⅠAとほぼ同様であるが，さらに刻線文もみられる。鉢Ⅳも底部から丸底のAと平底のBに分ける。鉢ⅣAは口縁部と文様から分ける。口縁部はaからcに向かい次第に内湾が強くなる。文様は無文，紅帯，黒帯に分け，その他の彩文はdにまとめる。南楊荘遺跡では第1期には口縁部aが多いが，第2期以降はb・cがみられるようになる。また，文様では，第1期と第2期には無文と紅帯が主要だが，第3期になると黒帯が出現する。鉢ⅣBも口縁部と文様から分類する。口縁部はaからeにかけてやはり次第に屈曲が明確になっていく。文様は無文，紅帯，黒帯に加え，dの斜弧線三角文，eの連続竪

条文，fの鋸歯文，gの畳三角文，hの線が細い蝶鬚文，iの太い蝶鬚文，jの渦状文，kの波状文，lの竪条文に分かれる。石北口遺跡早期あるいは中期など北福地文化や後岡一期文化に相当する時期では口縁部aやb，老磨崗遺跡や下潘汪遺跡仰韶文化第一類など大司空文化に相当する遺跡からはdやeが出土するため，口縁部はaからeへと変化すると考えられる。文様は口縁部a・bと無文や紅帯，d・eと彩文が相関するため，やはり無文や紅帯から彩文が次第に増加したと考えるべきである。鉢Ⅴも底部から，丸底のAと平底のBに分けられる。鉢ⅤAは口縁部と文様から分類する。口縁部はaからcへ次第に内傾するようになる。文様には無文，連続竪条文，平行斜線三角文，平行斜線文，交錯平行斜線三角文，斜線文がある。南楊荘遺跡では第1期には口縁部aが多数を占めるが，第2期にbとcが出現し，第3

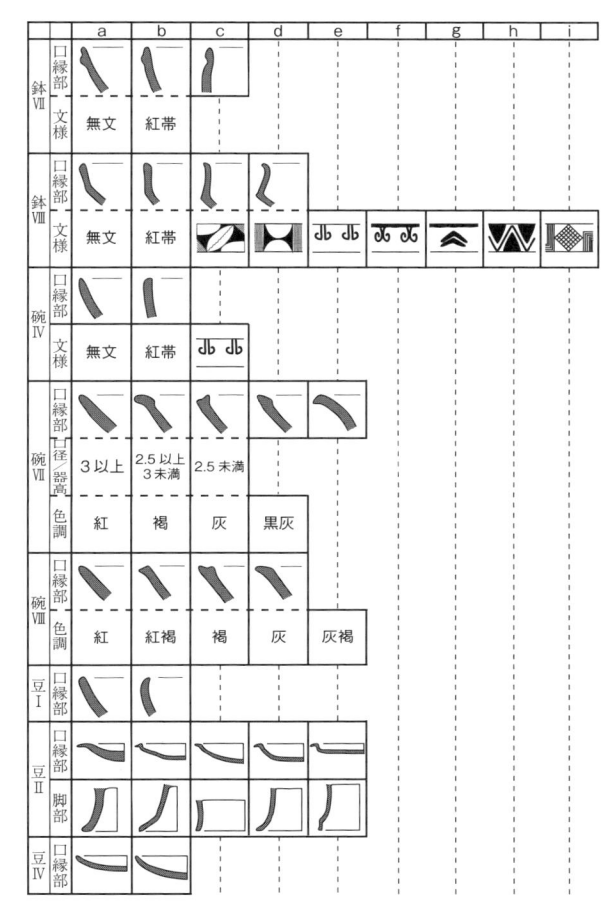

第27図-3 属性分類一覧③

期にはcが主体となる。また文様は口縁部との相関関係をみると，aと無文や紅帯，cと各種彩文が相関するため，やはり彩文が後出したことがわかる。鉢ⅤBも口縁部と文様から分類する。口縁部はaから次第に内湾するcに分ける。文様は無文，紅帯と黒帯に加え，連続竪条文，平行斜線三角文，平行斜線文，交錯平行斜線三角文，竪条文，平行竪線文，紅帯竪条文，花弁文，人面文などがあり，さらに縄文，刻線文もみられる。南楊荘遺跡では第1期に口縁部aが主体となるが，第2期にはb・cが出現し，第3期にはcが多くを占めるようになる。また，文様は南楊荘遺跡第1期では無文と紅帯がみられ，第2・3期にはe・f・gが出現する。さらに第4期ではk，第5期ではlがみられるようになる。鉢Ⅷもやはり口縁部と文様から分類する。口縁部は屈曲した後に外傾しながら立ち上がるaから次第に内傾するdへと至る。文様は無文と紅帯の他に斜弧線三角文，縦弧線三角文，細線蝶鬚文，太線蝶鬚文，畳人字文，鋸歯文，方形網文などがみられる。石北口遺跡早・中期や鎮江営遺跡第1期，劉白塔遺跡などの北福地文化から後岡一期文化に相当する遺跡からは口縁部a・b，後続する大司空文化に相当する遺跡からはc・dが多く出土する。口縁部と文様の相関関係からみると，口縁部a・bには無文と紅帯，c・dには各種の

彩文が相関するため，前者の組み合わせから後者へと大きく変化したことがわかる。

　碗は10形式に分かれる。ただ出土数の関係から，Ⅰ―Ⅲ・Ⅴ・Ⅵ・Ⅸ・Ⅹは一型式とする。説明は碗ⅣとⅦのみにとどめる。碗Ⅳは口縁部と文様から分類する。口縁部は外傾するものと直立に近いものに分かれる。文様は無文，紅帯，細線蝶鬚文がある。碗Ⅶは口縁部，口径／器高の数値，色調から分類する。口縁部は，直線的に外傾するa，口唇部が外反するb，逆に内側に突出するc，面を作るd，ややカーブしながら立ち上がるeに分ける。口径／器高は3以上をa，2.5以上3未満をb，2.5未満をcとする。色調は紅色をa，褐色をb，灰色をc，黒灰色をdとする。午方遺跡では口縁部aや口径／器高a，紅色が多くみられる一方で，龍山文化併行とされる遺跡では口縁部c・d・e，口縁／器高c，灰色が多い。各属性の変化もこれに沿ったものと考えられる。

　豆は5形式に分けられる。ただし，半数近くは上部の盤部と下部の脚部が別々に出土しており，完形が少ない。したがって，本節では全体の形態ではなく，盤部の形態から5類の細分形式に分けた。また，出土数が少ないⅢとⅤに関しては一型式とし，説明は豆Ⅱのみとする。豆Ⅱは盤部に加えて脚部が残るものも一定数あるため，両属性から分類する。盤部はaからcにかけて次第に深くなり，dはcよりも内底部が平らである。eは浅く平らなものとする。脚部は徐々に裾が広がるa，中位やや下で屈曲するb，筒形のc，徐々に広がり径が大きいd，下位で屈曲するeに分ける。大司空文化とされる洺関遺跡からは盤部と脚部ともにaが出土しており，その他は啞叭荘遺跡などの龍山文化併行とされる遺跡でみられる。啞叭荘遺跡の王青編年と照らし合わせても明確な変化の方向がみえないので，各属性が同時期に併存した可能性がある。

　以上が本節で行った主な細別形式内における型式分類の基準である。これら各属性の組み合わせから型式を設定し，細別形式間の一遺構内における共伴関係を確認したうえで，型式の早晩や土器様式に矛盾がないよう並べ替え，**第28図**のような土器編年を作成した。

（2）　時期区分

　ここでは，土器様式の変化を指標として，土器編年を区分する。結果的に本節では河北の新石器時代を5期11段に分けた。

　第Ⅰ期は前葉と後葉に細分できる。前葉では煮沸器として盂ⅠとⅢ，それを支える支脚がみられる。また深腹罐Ⅰも出土する。貯蔵器と供膳器についてはそれほど多くなく，比較的単純な土器様式であることがわかる。後葉になると，胴部が浅い盂Ⅳなども恒常的にみられるようになり，支脚もⅡBなどが増加する。また大きな変化として，貯蔵器に壺が新たに出現する。供膳器については鉢ⅠAがみられるが，これは前葉にも存在し，それを継承したものと考えられる。全体から判断すると，煮沸器は盂とそれを支える支脚，深腹罐から構成される。また，貯蔵器や供膳器は少なく，壺Ⅰや鉢ⅠAがみられる程度である。第Ⅰ期を通じて，基本的な土器様式に大きな変化はなく，さらに盂ⅠやⅢ，深腹罐Ⅰ，支脚ⅡAなど恒常的に出土する形式が多く存在する。したがって，これらを一時期と捉えて問題はなかろう。この第Ⅰ期は一般的にいう磁山文化に相当

する。

　第Ⅱ期も前葉と後葉に分ける。前葉では釜ⅠA・B，釜ⅡA・B，さらに支脚ⅠやⅢなどが煮沸器として出土する。また，貯蔵器としては第Ⅰ期とのつながりが認められる壺Ⅰに加え，壺Ⅱ，ⅢAなどが新たに出現する。供膳器については第Ⅰ期に比べ形式数が急増する。盆Ⅱ・Ⅳ，鉢ⅠA・Ⅱ・ⅢB・ⅣA・ⅤB・Ⅵ・Ⅶなど各形式が出現する。後葉になると釜ⅠCや壺Ⅵ，盆ⅢB，鉢ⅢAなど新たな形式が出現するが，基本的な組み合わせは大きく変わらない。ただ，属性レベルの変化に注目すると，釜ⅠBの口縁部が前葉ではaやbが主要であるが後葉ではdやeが増加し，盆Ⅳでも口縁部がaやbからcやeへと変化する。このように前葉から後葉にかけては様式と型式に若干の変化がある。しかし，基本的には煮沸器に釜ⅠとⅡ，支脚Ⅲ，貯蔵器に壺Ⅰ・Ⅱ・ⅢA，供膳器に各形式の盆と鉢というセット関係は変わらない。したがって，前葉と後葉を一時期と捉えることができる。また，第Ⅰ期との関係について，土器様式はきわめて明瞭に変化する。支脚など第Ⅰ期と共通する形式についても，第Ⅰ期では平底の盂をのせるために上面が平坦であったものが，第Ⅱ期では丸底の釜をのせるために平坦でないものも出現するなどの違いがある。おそらく両者には直接的な継承関係はない。このように，基本的には両時期間に明確な継承関係を認めることはできない。しかし，壺Ⅰや鉢ⅠAのように一部には関係のある形式も存在するため，部分的な連続性も合わせて考える必要があろう。

　第Ⅲ期は前葉と後葉に分ける。前葉ではまだ煮沸器に第Ⅱ期でみられた釜ⅠやⅡが残るが，加えて平底の釜Ⅳが現れる。そして新たに鼎ⅠA・BやⅡA・Bが出現する。また，支脚の出土数が減少し，逆に灶がみられるようになるので，釜は灶にのせて使用されるようになったと考えられる。また，煮沸器には鼓腹罐Ⅲなども新たに出現する。貯蔵器については，やはり第Ⅱ期と同様に壺ⅢAやⅥがみられ，さらに壺ⅣやⅤも現れる。供膳器は大部分が第Ⅱ期を踏襲し，新出の細別形式としては鉢Ⅷがある程度である。後葉になると，釜の出土がなくなり，鼎ⅠとⅡおよび鼓腹罐Ⅲが主な煮沸器となる。貯蔵器については前葉とまったく同様のセットである。また供膳器も盆Ⅱがみられなくなる程度で，あとの組成に大きな変化はない。一方，属性レベルでみると，前葉から後葉にかけて鼎ⅠやⅡの底部がaの丸底からbの平底に変わり，鉢ⅤBの口縁部がa・b主体からb・c主体へと変わるなど，時間軸に沿った型式変化を看取できる。全体では，前葉段階における各形式のつながりが第Ⅱ期と非常に強いことがわかる。時期を分ける最も顕著な変化は鼎の出現であるが，前葉ではまだ釜も残るため，過渡期とみなすことができる。また，この釜から鼎への変化も，鼎を釜と支脚が一体化したものと捉えれば，これは内的な変化と理解できる。鼓腹罐の出現についても，平底の釜Ⅳとの関係から理解すれば，外部からの影響というよりも内部における変化と考えてもよい。つまり，第Ⅱ期から第Ⅲ期への移行は，主に内的な変化のなかで発生したと判断できる。

　第Ⅳ期は前葉，中葉，後葉の3段に細分できる。前葉では煮沸器に鼓腹罐ⅢとⅣしかみられなくなる。また，貯蔵器も高領罐が恒常的に出土する程度である。供膳器は主要なものとして盆ⅣやⅧ，鉢ⅣBやⅧがみられる。中葉の煮沸器と貯蔵器も同様で，基本的には鼓腹罐Ⅳと高領罐Ⅰ

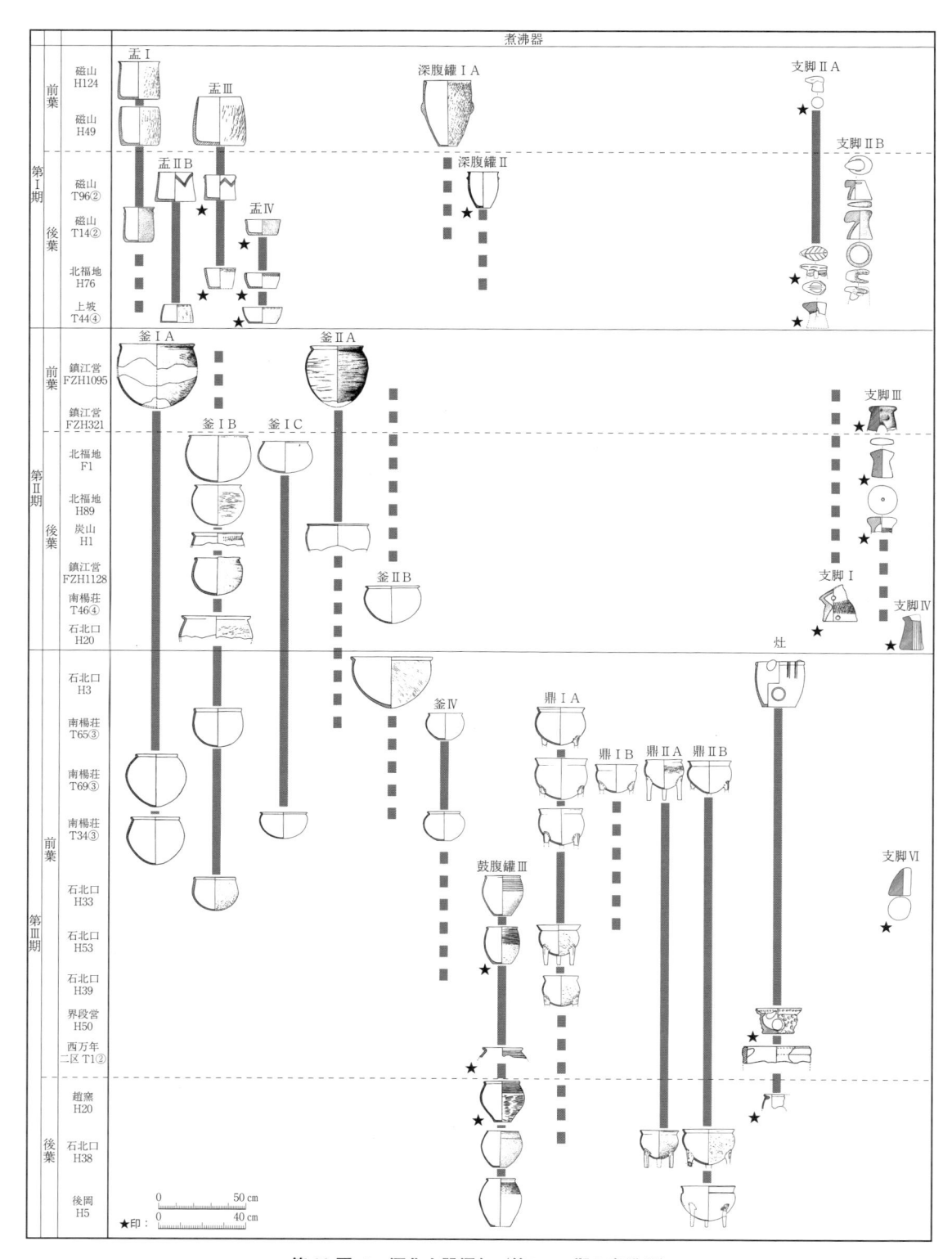

第 28 図-1　河北土器編年（第Ⅰ—Ⅲ期の煮沸器）

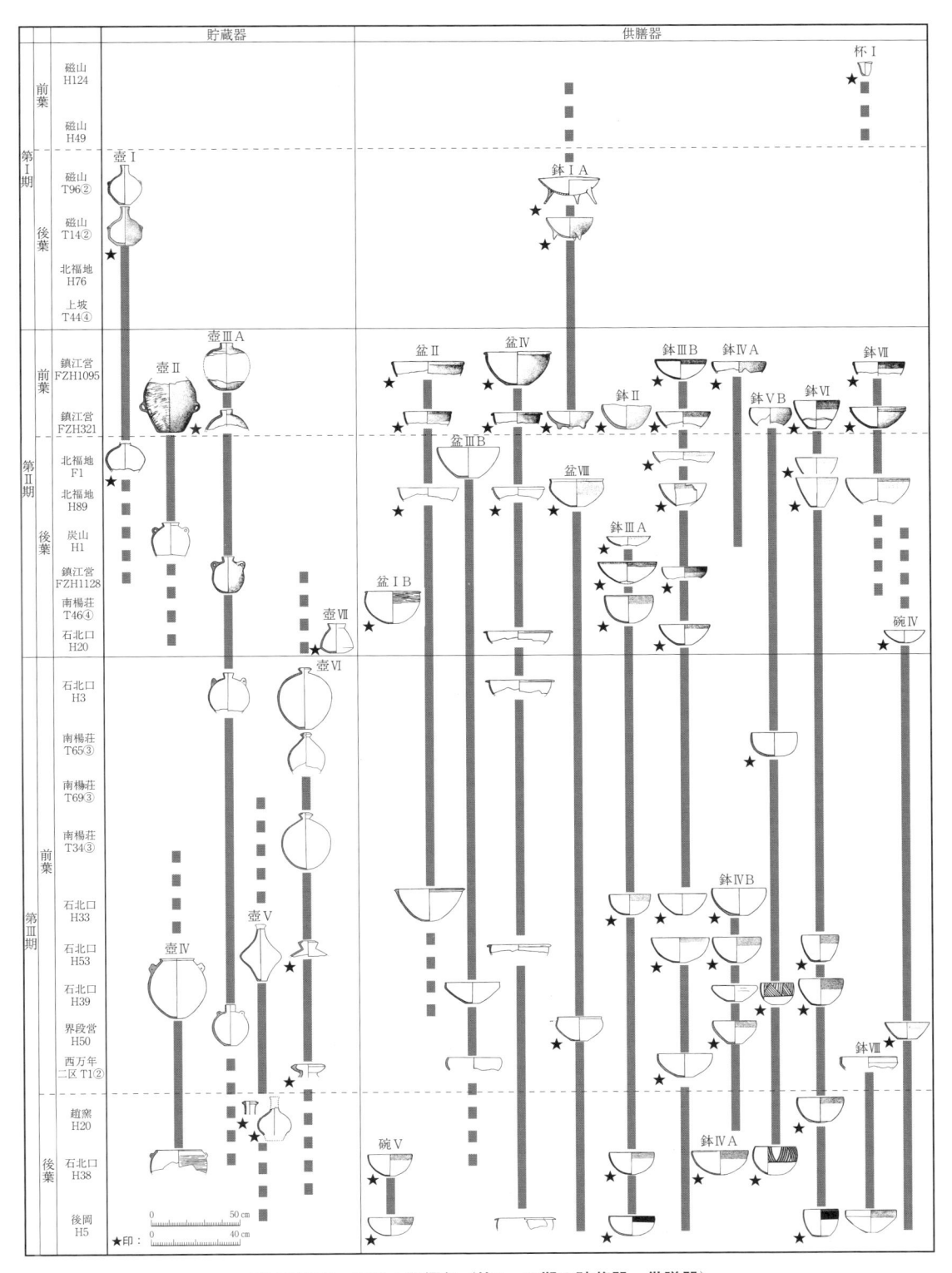

第3章　環太行山脈地区の土器編年と交流関係

第28図-2　河北土器編年（第Ⅰ―Ⅲ期の貯蔵器・供膳器）

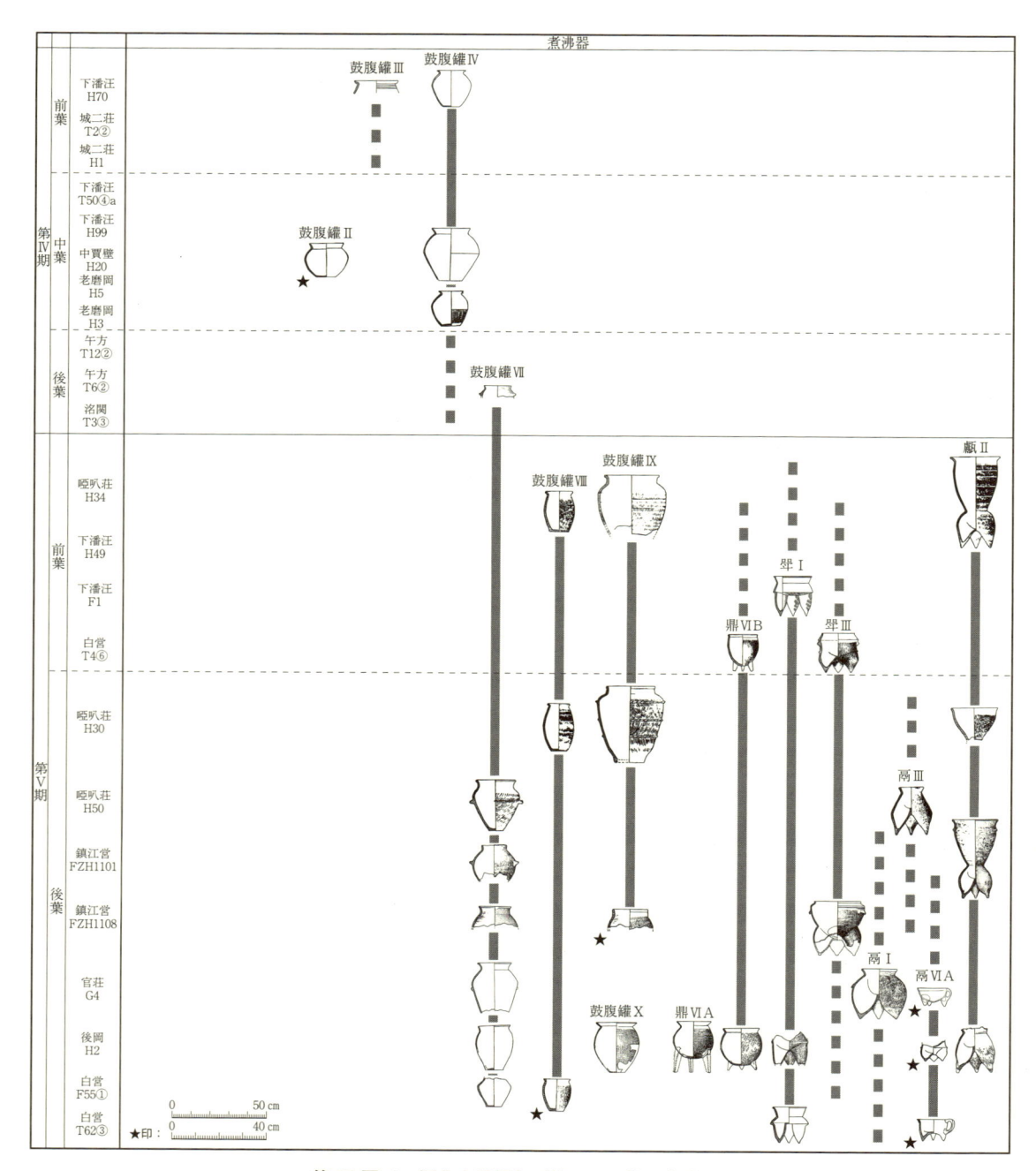

112

第28図-3　河北土器編年（第Ⅳ—Ⅴ期の煮沸器）

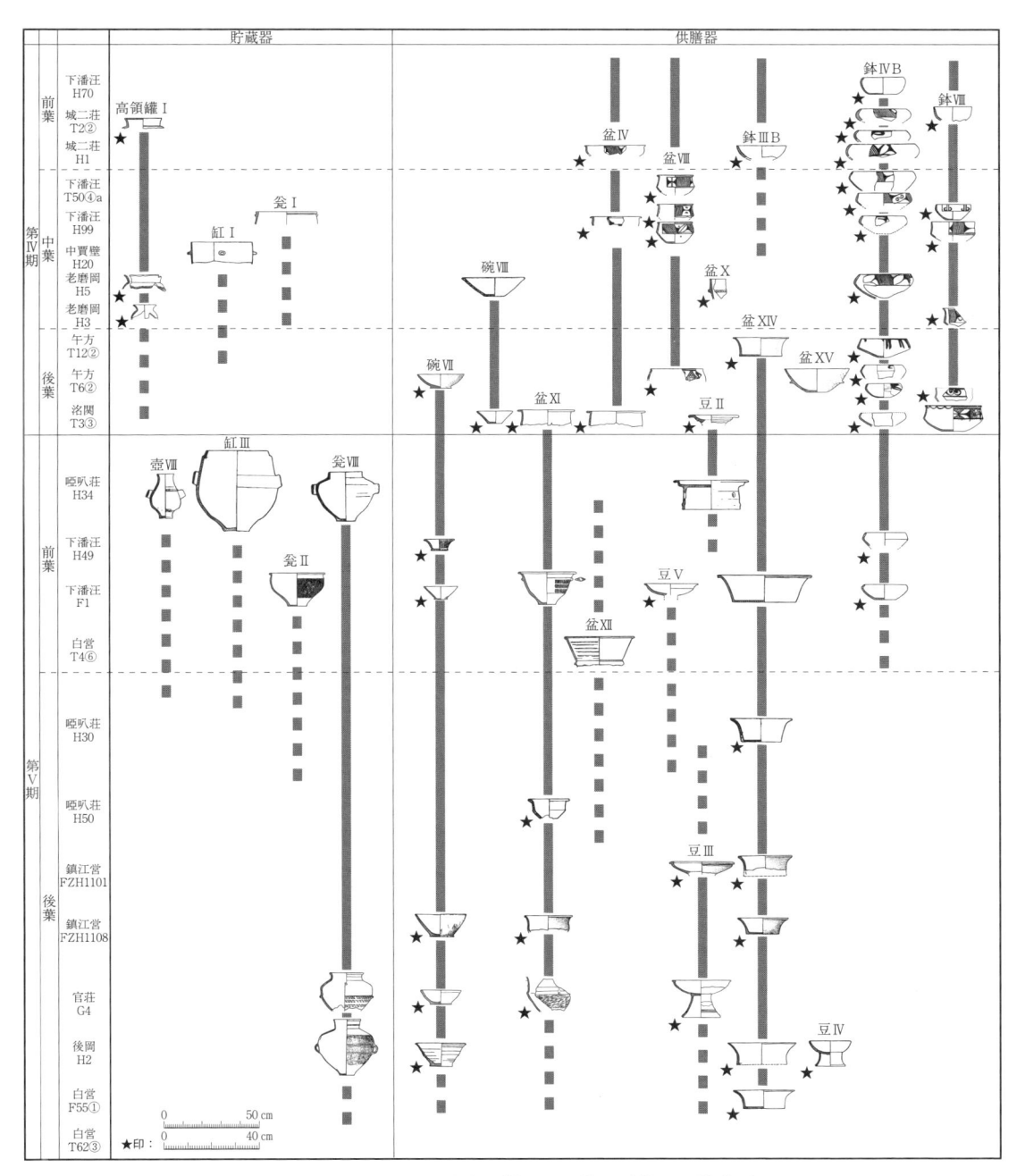

第3章　環太行山脈地区の土器編年と交流関係　113

第28図-4　河北土器編年（第Ⅳ―Ⅴ期の貯蔵器・供膳器）

が主体となる。供膳器には新たに碗Ⅷが加わる。型式レベルで前葉と比較すれば，盆Ⅷの口縁部はbからc・d中心に変化し，文様はdからeの増加が認められる。また，鉢ⅣBの口縁部はd中心からeが増加するようになる。後葉になると，煮沸器の鼓腹罐Ⅳに加えて鼓腹罐Ⅶが出現する。形態から比較すると，鼓腹罐ⅦはⅣから派生した形式と考えられ，後続する時期にも継承される。一方，貯蔵器は相変わらず高領罐Ⅰが中心となる。供膳器には新たに盆ⅩやⅩⅣなど後続する時期につながる形式が出現する。その他に豆が現れる。後葉は盆Ⅷの文様でeがdに替わって主要となる点や，鉢ⅣBの文様でhに対してiが増加する点など形式レベルの変化は認められる。ただ，最大の特徴は鼓腹罐Ⅶや盆ⅩⅣなど新たな形式が出現する点にある。このようにみると，第Ⅳ期は鼓腹罐Ⅳを主要な煮沸器，高領罐Ⅰを貯蔵器とすることができ，きわめて形式数が少ないことがわかる。一方，供膳器は形式数が比較的豊富で盆Ⅳ・Ⅷ，鉢ⅣB・Ⅷなどが全期間にみられ，第Ⅳ期の典型形式ということができよう。第Ⅲ期との関係については，土器様式レベルでみれば大幅に形式数が減少しており，両時期の間に大きな変化を認めざるを得ない。しかし，前葉の鼓腹罐Ⅲや盆Ⅳ・Ⅷ，鉢ⅣBは明らかに第Ⅲ期と同系統にある。このように考えれば，やはり両時期間に一定の継承関係を認めるべきであろう。

　第Ⅴ期は前葉と後葉に分かれる。前葉の煮沸器には再び鼎が出現するほか，斝Ⅰや Ⅲ，鬲Ⅱなどの空三足器が初めて現れる。その他に第Ⅳ期後葉から継承した鼓腹罐Ⅶや新出の鼓腹罐Ⅷ・Ⅸなどもみられる。貯蔵器にも高領罐はみられなくなり，缸Ⅲや甕Ⅷが出現する。供膳器については，その大部分が第Ⅳ期から継承した形式である。盆Ⅺなどは出土数も少なく客体的な存在であるため，他地域に由来する形式であろう。後葉も基本的には近似する土器様式であるが，新たに鬲Ⅰ・Ⅲ・ⅥAなどが出土するようになる。第Ⅳ期との関係を考えると，やはり第Ⅴ期には新たな形式が数多く出現しており，土器様式という面ではまったく異なる。特に煮沸器については斝，鬲，鬲などの空三足器が出現し，それまでにない様相を呈する。一方，供膳器については前葉において5形式におよぶ第Ⅳ期と同系統の形式が確認できる。このように，土器の機能によって第Ⅳ期との関係が異なる状況をどのように捉えるかは非常に難しいが，少なくとも，両時期間に一定の関係性を認めるべきである。ただし，最も第Ⅳ期と関係の多い供膳器も，形態的には比較的類似するが，彩陶が急激に消失するなど急速な変化も看取できる。周辺地域では，河北の第Ⅴ期と併行する時期の前段階にすでに彩陶がみられない点や，新たな煮沸器が多く出現する点などを鑑みると，第Ⅳ期と第Ⅴ期の間には一定の時間差があったと考えてもよかろう。

　以上のように，各時期にはそれぞれ異なる土器様式が認められる。そして各時期内でも新たな形式の出現や型式の変化から編年を細分することができる。また，各時期間の関係も多様であることがわかる。第Ⅰ期と第Ⅱ期の間にはほとんど連続性が認められない一方で，第Ⅱ期と第Ⅲ期はきわめてつながりが強い。第Ⅲ期と第Ⅳ期，第Ⅳ期と第Ⅴ期の間には煮沸器や貯蔵器に系統的なつながりは認められないが，供膳器については比較的形式の連続性を抽出しやすい。形式の連続性から単純に時期間の関係性の強弱を論じられないが，少なくとも一つの指標にはできる。そう考えると，第Ⅰ期と第Ⅱ期の間には煮沸器，貯蔵器，供膳器すべてにわたる変化があるため，

第3章　環太行山脈地区の土器編年と交流関係　115

時期	第Ⅰ期 前葉	第Ⅰ期 後葉	第Ⅱ期 前葉	第Ⅱ期 後葉	第Ⅲ期 前葉	第Ⅲ期 後葉	第Ⅳ期 前葉	第Ⅳ期 中葉	第Ⅳ期 後葉	第Ⅴ期 前葉	第Ⅴ期 後葉
磁山	H49	T96②									
牛洼堡		H4									
北福地		H76		H89					T211①		
上坡		T44④							T31③		
北旺											
梁荘		H4			T2②						
北埝頭											
鎮江営			FZH321	FZH1128	FZH1390				FZH1038		FZH1108
白蟒山											
炭山				H1							
劉白塔				T2H1							
留村				T1②							
北村東											
西侯南											
西寨					T31②						
南楊荘				T46④	T69③	T13②		T21③			
石北口				H20	H3	H38					
安新荘				T3②							
北台											
界段営					H50			H35			
西万年二区					T1②						
義西					H11				H16		
臥龍岡					H1						H2
下潘汪					Y1		H99	H70		F1	
小里村東北											
沙崗地											
上宅					T0408④						
孟各荘					T12②						
趙窯						H20					
四十里坡						H8					
西山南											
後岡						H5				H45	H2
荘棠						T202②					H106
南荘頭						F2					
柴荘										T24②	
台口村											
城二荘						H1					
中賈壁						H18	H20				
鮑家堂							H1				
百家村											
燕園							H1				
周家山											
姜家梁								M75	M15		
老磨崗								H5	H3		
大寒南岡								H1	F1		T1
洺関								T3③			
午方								T6②			
東万年								T2①			
西蒙各荘											
張家園								T26②	T12②		
坡底									H1		
篩子綾羅											H122
囲坊									T8⑤		
澗溝											
啞叭荘									H34	H30	
白営									T4⑥	F55①	
宋家房											
崗沿											
北小霍東南											
水溝口											
韓家街											
官荘											H1
北封村											H6
陳圩											T11②
榆林											H1
大城山											溝8②
西大崖											

第29図　対象遺跡の所属年代

土器を製作・使用した集団の根本的な交替なども想定する必要がある。反対に土器様式の変化が少ない第Ⅱ期と第Ⅲ期の間は，在地に居住しつづけたヒトによる内的な変化であったといえる。第Ⅲ期と第Ⅳ期，第Ⅳ期と第Ⅴ期については，部分的な連続性が認められることから，完全な集団の移住などによる交替現象を想定することは難しい。筆者はこれを土器の製作・使用は在地の居住者が担ったが，それらのヒトが外部の土器に関する情報を受容したことで部分的に新たな形式を導入あるいは創出し，土器様式が変化したと考えたい。当然，その前提として，情報を受容した土器自体に一定の機能的優越性や価値があったと考える。また，第Ⅳ期と第Ⅴ期の間には空白期間があろうが，それでも供膳器の系統が共通するのは，土器製作の「範型」のようなものが遺跡のみられない期間も残存したことを示すのだろう。

なお，第29図に各遺跡の存続期間を示しておく。特に第Ⅰ期後葉と第Ⅱ期前葉，第Ⅲ期後葉と第Ⅳ期前葉それぞれを通して確実に存続する遺跡は見当たらず，一方で第Ⅱ期後葉と第Ⅲ期前葉の間にはいくつか連続して存続する遺跡がみられる。このような状況は各時期における土器様式のつながりとリンクしており，非常に興味深い現象である。

（3）「釣魚台類型」の編年上の位置づけ

ここまで河北新石器時代の土器編年の構築を進めてきたが，このなかに一部含めていない資料がある。それらは研究史上で「釣魚台類型」と呼ばれる土器群である。すでに研究史で示したように，「釣魚台類型」はいわゆる後岡一期文化と大司空文化の間に位置づけられ，編年上で両文化とは併行しない一定の時間幅を与えられている。

釣魚台類型は第30図に示すような内容から判断すると，花弁文の彩陶を特徴とする廟底溝文化の一地方類型に位置づけることができ，土器の形態や文様から特にその後期段階であると考えられる。本節の対象地域のなかで釣魚台類型の土器を出土する遺跡は宋家房遺跡，三関遺跡，釣魚台遺跡，南楊荘遺跡の4遺跡しか確認することができない。釣魚台類型に先行するとされる本節の第Ⅲ期では少なくとも26遺跡，後続する第Ⅳ期にも26遺跡がみられる。この第Ⅲ期と第Ⅳ期の間に釣魚台類型を入れると，遺跡数にきわめて急激な増減があったことになる。筆者はこれをきわめて不自然な現象であると考えている。

遺跡の分布をみても，宋家房遺跡と三関遺跡は河北北部の黄土高原，桑干河の支流沿いに位置する。また，釣魚台遺跡と南楊荘遺跡は河北中部の滏陽河支流近くに位置する。このように各遺跡は河北省の中・北部に片寄り，南部にはみられない。南部にも第Ⅲ期の遺跡が存在することを考えると，やはりみつかっていない釣魚台類型に対して後続する一定の時間幅を与えることに疑問が残る。

また，南楊荘遺跡では第4期に釣魚台類型と同様の土器群を位置づけており，第3期には本節の第Ⅲ期，第5期には本節の第Ⅳ期が相当している（河北省文物研究所 2003）。しかし，報告書をみても第3期や第5期と第4期の遺物に層位的な関係はなく，時期をどのように決定したのかも不明確である。さらに第4期の釣魚台類型に属する遺物が出土したT72③からは第5期の遺物

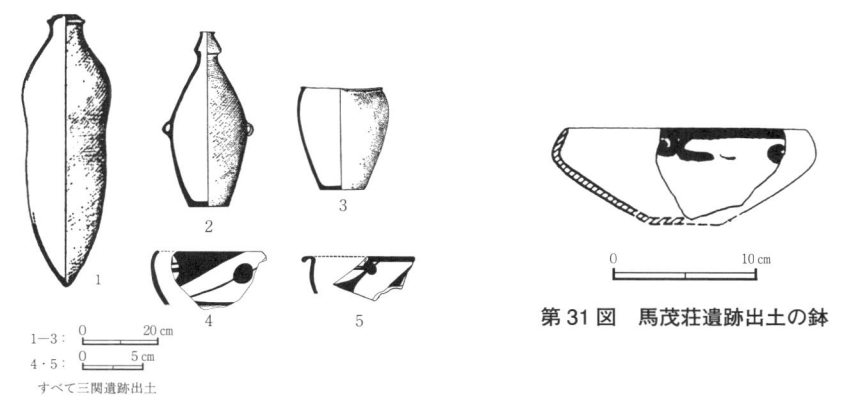

第30図　釣魚台類型の土器

第31図　馬茂荘遺跡出土の鉢

も出土しており，報告そのものに疑問を抱かざるを得ない。

　以上の根拠から，むしろ筆者は，釣魚台類型を第Ⅳ期に併行させるべきだと考える。釣魚台類型の土器を出土する4遺跡はいずれも太行山脈から流れ出る河川近くに位置しており，比較的典型的な廟底溝文化が山西省中部や内蒙古自治区中南部でも出土することを考えると，これらの河川を一つのルートとして太行山脈の西部や北部から入り込んだと考えることもできる。第2章で説明したように，太行山脈東部には山脈を抜けるための「太行八径」と呼ばれるルートがあった（《中国国家地理地図》編委会 2010）。これらの遺跡はその軍都径や飛狐径，井径に近く，それらを通して太行山脈の西部や北部と交流を行ったと考えられる。

　太行山脈西部の山西をみると，すでに本章第2節で明らかにしたように本節第Ⅳ期のいわゆる大司空文化系統の彩陶が出土している。例えば晋中盆地をさらに越えた呂梁山脈地区に位置する馬茂荘遺跡では第31図のような鉢が採集されている。このように，太行山脈東西には既述したルートなどを通した相互交流があったと想定できる。また，第31図の鉢は，本節の鉢ⅣB，口縁部d，文様iに相当し，大体第Ⅳ期中葉から後葉に位置づけられる。この鉢は報告のなかで離石・柳林地区の第3期，本章第2節の第Ⅲ期に位置づけられ，報告の第2期には釣魚台類型と同じ型式の土器をもつ廟底溝文化が当てはめられている（国家文物局ほか 1999）。つまり，離石・柳林地区第3期，本章第2節の第Ⅲ期に本節の第Ⅳ期中葉あるいは後葉が相当すると考えると，第2期は本節の第Ⅳ期前葉以前ということになる。このように考えると，釣魚台類型を本節の第Ⅳ期前葉に併行する時期に置いても矛盾はせず，むしろ遺跡数や分布の問題を合わせて考えれば，妥当な年代観と考えることができよう。

4　地域間における交流関係

　次に，ここまで構築した土器編年に基づいて，各時期における地域間関係について確認し，その変遷を明らかにする。以下，第32図に沿って，時期ごとに分けて記述する。

（1） 各時期における交流関係

i） 第Ⅰ期

　第Ⅰ期は6遺跡しか報告されていない。出土遺物が少ない梁荘遺跡を除けば，河北南部に磁山遺跡と牛洼堡遺跡，中部に北福地遺跡，上坡遺跡，北旺遺跡が位置する。中部の3遺跡ではそれぞれ盂と支脚のみしか出土しない。一方，南部では盂，支脚に加えて三足をもつ鉢ⅠAや深腹罐Ⅰ・Ⅱ，壺Ⅰなどバラエティに富む形式がみられる。すでに指摘されるところだが，これは河南を中心とする裴李崗文化の集団と恒常的な交流をもったことによると考えられる（段ほか 2006）。ただ，筆者が磁山遺跡の土器を実見したところ，壺などは裴李崗文化のものよりも作りが粗く，まったく異なることがわかる。大別形式レベルでは共通性があるが，細別形式レベルでは分けて考えるべきだろう。また，東北系の筒形罐と同系統の平底土器文化圏で括ることはできるものの，中部と南部の盂自体にも文様や器形に若干の違いがみられ，地域性があることがわかる。北福地遺跡の報告書では，この二つの地域性を北福地一期文化と磁山文化というように分けている（河北省文物研究所 2007）。

　以上より，第Ⅰ期は中部と南部で盂や支脚というセット関係では共通性が認められるが，南部は裴李崗文化の影響からより多彩な形式がみられることがわかる。それをもとに，南北に一定の様式分布圏の違いを認めることができよう。

ii） 第Ⅱ期

　第Ⅱ期になると遺跡数が増加し，報告されているだけで14遺跡に及ぶ。遺跡の分布は河北省と北京市全域に広がる。基本的な土器様式は釜Ⅰ・Ⅱ，支脚，壺Ⅱ・Ⅲ，盆Ⅱ・Ⅲ・Ⅳ，鉢Ⅲ・Ⅳ・Ⅴ・Ⅵ・Ⅶなどからなる。支脚が遺跡ごとに異なる形態を呈するが，その他の形式については対象地域全域でほぼ同様の形態を呈する。第Ⅰ期と比較して大きく土器様式が変容するが，特に煮沸器としての釜は外来の影響のもとで出現したと考えられる。同時期以前の周辺を見渡すと，河南の裴李崗文化は主に深腹罐を煮沸器とする一方で，山東の後李文化は胴部が深い釜を主とする。したがって，第Ⅱ期の釜は後李文化の影響のもとで出現した可能性が高い。

　一方，河北東部の劉白塔遺跡でみられる土器様式は，他遺跡と若干異なる。他遺跡と同様に釜や紅帯を有する鉢を出土するが壺類がみられないほか，器表面に刻線文を施した盆や鉢を出土する。河北省中部から北京市周辺は第Ⅰ期において北福地遺跡で「之」字文が出土するように東北系の影響下にあり，これらの地域は元々鉢や壺を出土しない。鉢や壺は本来，河北南部や河南の裴李崗文化で多く出土する器種である。したがって，本節の対象地域でみられる鉢や壺をそれらの地域からの影響と考えると，鉢や壺が東北系の土器様式分布圏で受容される過程で壺が欠落し，鉢だけが採用されたと考えるべきであろう。

　以上を整理すると，第Ⅱ期は次第に河南や山東の影響を受容し，華北平原全体でほぼ同じような土器様式を有するに至る。したがって，第Ⅰ期と比較すると，一定の集団間の交流を想定できる均質な様式分布圏が形成されたと解釈できる。しかし，より東北地方の影響が強い対象地域中

第3章　環太行山脈地区の土器編年と交流関係　119

第Ⅰ期

牛洼堡遺跡

磁山遺跡

東北系筒形罐

北福地遺跡

上坡遺跡

裴李崗文化

第Ⅱ期

北福地遺跡

南楊荘遺跡

石北口遺跡

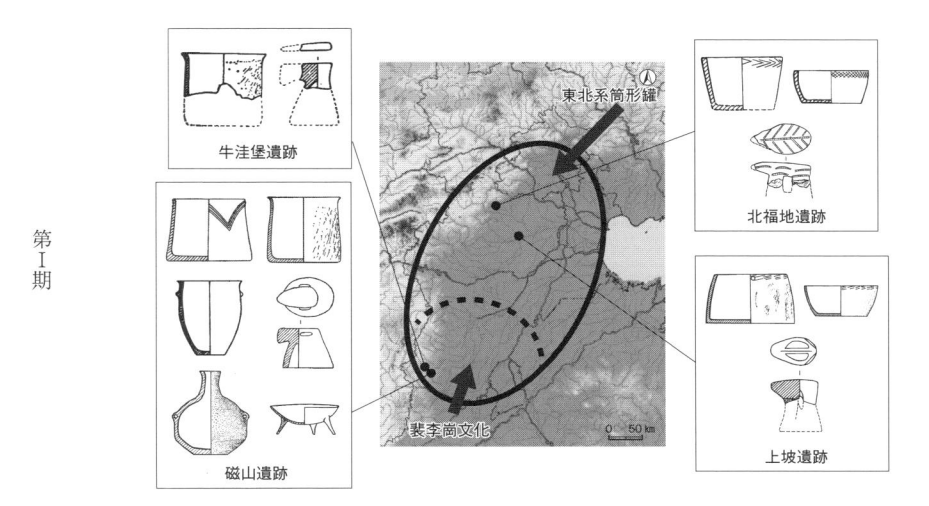

東北系

後李文化系

劉白塔遺跡

鎮江営遺跡

炭山遺跡

第32図-1　時期別土器分布（第Ⅰ−Ⅱ期）

部にみられる一部の遺跡では鉢を中心とした河南や山東の影響を選択的に受容したため，異なる土器様式を形成したと考えられる。

iii) 第Ⅲ期

　第Ⅲ期の土器様式は，既述したように第Ⅱ期の土器様式が内的変化を経て成立する。その分布も第Ⅱ期と大きな違いはない。様式の中心となる形式も煮沸器の鼎Ⅰ・Ⅱ，鼓腹罐が釜と支脚に替わって出現するほかは，大別形式レベルの変化はみられない。そして，ここでも河北東部の西寨遺跡で対象地域の標準的な土器様式から外れる組み合わせが確認できる。西寨遺跡では煮沸器として東北系の「之」字文を施す深腹罐を出土し，さらに鉢や碗なども東北系のものが出土する。そのなかで紅帯をもつ本節のⅢBやⅣBに相当する鉢が出土する。西寨遺跡は地域的にも第Ⅱ期の劉白塔遺跡と遠くないため，このような河北東部の渤海湾北側地域で東北系の要素が強い状況は，第Ⅱ期から土器の様式分布圏が大きく変化していないことを示しており，当該地区が東北系の土器群との過渡地帯であったことを示唆する。また，西寨遺跡の第2期は本節の第Ⅲ期に相当するが，西寨遺跡第1期は土器様式について完全に東北地方と同様である。つまり，西寨遺跡第1期から第2期にかけて紅帯をもつ鉢などを受容したことになり，次第に東北地方の土器様式圏に南部の土器が浸透したことがわかる。一方，第Ⅱ期の劉白塔遺跡では煮沸器として東北系ではない釜が出土したが，第Ⅲ期の西寨遺跡では煮沸器も東北系の深腹罐に交替している。これは，灤河流域に位置する西寨遺跡が劉白塔遺跡よりも東側に位置するためだと考えられる。このような状況も，当該地区が両土器様式分布圏の過渡地帯であり，異なる集団間のネットワークが存在したことをよく示している。

　このように，第Ⅲ期は第Ⅱ期から土器様式の内容も非常にスムーズに変化しており，様式分布圏の広がりもほぼ同範囲であった。したがって，第Ⅱ期から第Ⅲ期への変化は，外部からの強い影響も認められず，きわめて安定的であったと考えられる。ただし，中部と南部の間に壺など若干の違いがみられ，地域性を抽出できる可能性はある。また，「之」字文の深腹罐などを特徴とする東北系土器様式分布圏との境界が，対象地域東部の渤海湾北側にあったことがわかる。

iv) 第Ⅳ期

　第Ⅳ期の遺跡も，ほぼ対象地域全域に分布する。土器様式をみると，第Ⅲ期までのように共通する主要形式を多く抽出することができず，滹沱河を境として河北南部と中部に明確に二分できるようになる。南部は鼓腹罐ⅣあるいはⅦ，盆Ⅳ・Ⅷ，鉢ⅢB・ⅣB・Ⅷなどを主とし，中部は煮沸器として深腹罐Ⅵ，供膳器として盆Ⅶ・Ⅺ，鉢ⅣB・ⅤBなどが中心となる。土器様式だけではなく，彩文などにも明確な違いがみられ，南部では弧線三角文や蝶鬚文が主要であるが，中部ではそれらがほとんどみられない。かつて韓建業が河北省中部から燕山北側までを雪山一期文化として認識したことがあるが（韓 2003b），確かに中部の土器様式や彩文は燕山北側の土器様式と類似点が多く，その影響下で成立したと考えられる。東北系の深腹罐を主な煮沸器とすること

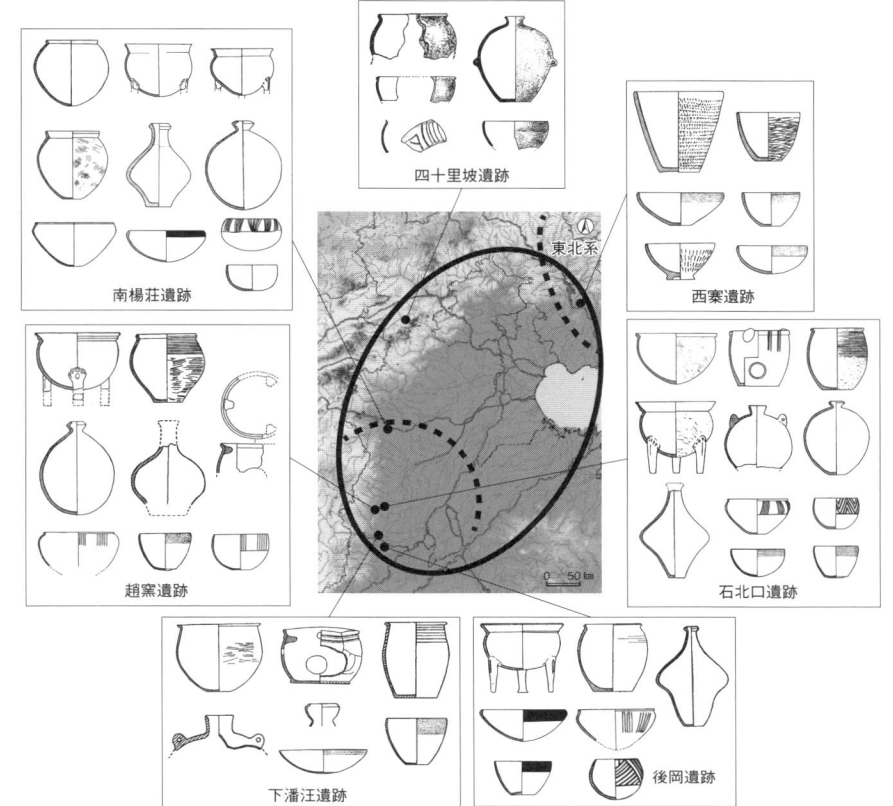

第32図-2　時期別土器分布（第Ⅲ―Ⅳ期）

も，そのような見方を後押しする。また，これは内蒙古中南部とも類似点を看取できるため，東北と河北北・中部，内蒙古中南部の集団間に一定の交流が生まれた可能性がある。

一方，南部も第Ⅲ期と比較して，供膳器には共通性が看取できるが，煮沸器は鼓腹罐のみとなり大きな変化がみられる。鼓腹罐は第Ⅲ期にも存在するためその系統のなかで理解することができるが，鼎の消失や彩文の出現などはきわめて大きな土器様式の転換である。すでに述べたように，第Ⅳ期前葉には釣魚台類型の諸遺跡が併存すると考えられる。釣魚台類型の起源である廟底溝文化は鼓腹罐を煮沸器とし，多くの彩文をもつ盆や鉢がみられる。本節の対象地域以外でも廟底溝文化の影響を受けた河南省中・東部，内蒙古自治区中南部，陝西省西部や甘粛省東部，湖北省などでは，その後に独自の彩文を生み出す現象が確認できる。このように考えると，第Ⅲ期から第Ⅳ期にかけて廟底溝文化の影響をある程度受容した結果，第Ⅳ期のような土器様式が形成されたのではなかろうか。ただし，そのルートについては太行山脈を直接越えるルートだけではなく，河南の秦王寨類型を通した太行山脈南側ルートも考慮すべきであろう。

第Ⅳ期には，第Ⅲ期よりも強烈な東北地方の影響が存在し，土器様式分布圏も南部と中部に別の状況が形成された。つまり，それまでの集団間のネットワークが変化したことになる。盆や鉢には一定の共通性がみられるものの，これら二つの様式分布圏はやはり分けて考えるべきである。

v) 第Ⅴ期

第Ⅴ期は滹沱河流域で遺跡が確認されないものの，ほぼ全域に遺跡が分布する。この時期の最大の特徴は煮沸器としての空三足器の出現であり，第Ⅳ期で二分された土器様式分布圏を越えて出土する。ただし，空三足器にも系統の違いがあり，それぞれ起源を異にする。つまり，釜形の斝Ⅰや罐形の斝Ⅱは黄河流域で成立し，各形式の鬲や斝Ⅲ，甗Ⅱなどは前節でみたように北方，特に内蒙古中南部にその起源を辿ることができる。また，煮沸器として鼓腹罐も出土するが，これもⅦ・Ⅷ・Ⅸのように他地域でみられず在地に系統が辿れるものと，Ⅹのように河南の王湾三期文化で多くみられる系統に分かれる。ただ，これら各系統の形式は南部と中部で排他的に出土するわけではなく共存する。相対的にみれば，特に北方に起源する空三足器の出土が南部と中部ともに多くみられ，その結果として対象地域全体の共通性を第Ⅳ期よりも高めている。逆に，河南の影響のもとで出土する形式は南部に多くみられ，いわゆる後岡二期文化を形成しており，結果的に南部と中部で若干の土器様式の違いを生み出している。日常的に交流ネットワークを異にした両地域の集団間に類似した煮沸器が広がったことになる。

煮沸器以外の形式については，盆Ⅹ・ⅩⅣ，豆Ⅲ，碗Ⅶなど対象地域全域で出土する形式がみられる。この点からも，第Ⅴ期における南部と中部の差異がそれほど大きくないことがわかる。また，特筆すべき点として，特に啞叭荘遺跡で山東半島の強い影響が看取できる点を挙げる。その他，鎮江営遺跡でも若干の影響が認められる。これはすでに王青により指摘されるところだが（王青 1995），距離的にはあまり違わない河北南部よりも中部に山東の強い影響がみられる点は，黄河旧河道などを含めた自然地理的な視点から理解する必要がある。実際に，新石器時代におけ

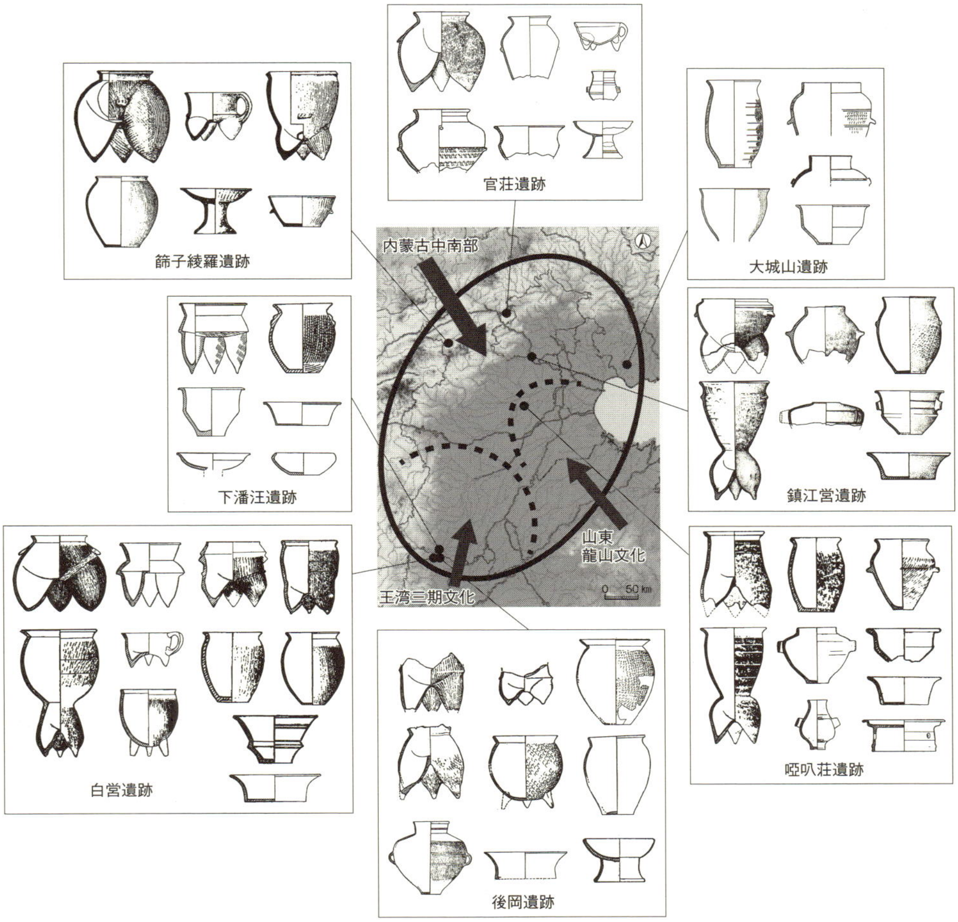

第3章　環太行山脈地区の土器編年と交流関係

第Ⅴ期

第32図-3　時期別土器分布（第Ⅴ期）

る黄河旧河道が啞叭荘遺跡よりも西に位置したと考えられていることを考慮すれば（譚 1981，任 1986，浜川 2009 など），黄河旧河道が山東の影響を区切る一つの障壁となっていた可能性が高い。

（2）　地域間関係の変遷

　各時期における土器の分布状況を通して，太行山脈東側の新石器時代は少しずつ異なる影響関係のもとで土器様式を構成したことがわかる。第Ⅰ期では東北の筒形罐との関連性が考えられる盂を中心に，南部から裴李崗文化の影響を受容して，太行山脈東側の南部と中部に若干異なる様式分布圏が成立する。第Ⅱ期になると，河南や山東の影響力が増すとともに，東北系の要素が渤海湾北側まで退き，全域でかなり統一性の高い様式分布圏が形成される。第Ⅲ期についても第Ⅱ期を安定的に踏襲し，渤海湾北側の灤河流域以外では共通する土器様式がみられる。しかし第Ⅳ期になると，東北系の影響力が再び増大し，滹沱河付近を境として南北に二分される。この変化は，東北地方の影響のもとで内蒙古中南部がいわゆる海生不浪文化を成立させた現象と連動し，

河北中部もその北方における東西交流に一部組み込まれた可能性を想定できる。また，太行山脈を越えるルートなどを通して西から入り込んだ廟底溝文化の影響のもと，彩文を中心に土器様式が変化する。第Ⅴ期には，さらに北方から，特に内蒙古中南部からの影響が強まり，空三足器を中心とした土器群が全域で出土するようになる。一方で，南からは河南の王湾三期文化，東からは山東の龍山文化の影響がみられ，結果的に南部と中部で異なる土器様式を構成するようになる。

このように，太行山脈東側は周辺地域の影響のもとで，各時期の土器様式をつくり上げてきた。特に東北と内蒙古中南部を含む北方系，河南，山東の影響力のバランス関係が土器様式の主要な決定要因となっている。一方，南北に走る太行山脈により，西側からの影響はきわめて少なく，廟底溝文化の影響がみられるだけである。

太行山脈東側にみられる地域間関係には二つのパターンが抽出できる。一つは大きく滹沱河を境として南部と中部に分かれるパターン，二つは渤海湾北側を除いて全域の共通性が高いパターンである。一つ目の場合は，煮沸器にも差異がみられる第Ⅳ期が最も顕著であり，第Ⅰ期や第Ⅴ期では差異のほかに共通性もある程度は認識することができた。一方，二つ目は第Ⅱ期と第Ⅲ期に相当し，全域で共通性の高い土器様式がみられた。これらの両パターンは集団間における交流ネットワークの変質による土器様式の変化から抽出できる。交流の変化を決定した要因については自然地理的な側面や環境変化，土器自体の機能的特徴などを踏まえたうえで，さらに考察を進める必要があろう。

5　河北における地域間交流

河北省や北京市，河南省北部を含む太行山脈東側は，華北平原と呼ばれる平原地帯が大半を占め，当時そこに居住した人々の地域間交流も活発に行われたと想定できる。本節でも，その想定どおりに南北からの複雑な影響のもとで当該地区の各時期における土器様式が決定されたことを明らかにした。遺跡分布をみると，大部分の遺跡が現在の滹陽河，子牙河よりも西に位置しており，黄河の旧河道が現在よりも北側に存在したことを考慮すれば，太行山脈と旧黄河に挟まれた南北に長い地域に遺跡が集中していることがわかる。もちろん，後世における河川氾濫の影響により遺跡が埋没した可能性も排除できないが，いずれにせよ，このように東西の交流が自然地理的に制約された環境であったからこそ，主な交流対象地域が南北となったのである。

視点を転じると，やはり太行山脈は東西交流の障壁であった。しかし，廟底溝文化にはじまり，第Ⅴ期には太行山脈西側と煮沸器としての構造を共有する同系統の空三足器が出現する。これは記述した太行山脈を東西に抜けるルートを介した交流であったといえよう。ただ，空三足器の細部には太行山脈の東西で一定の差異がみられる。この太行山脈東西における空三足器をはじめとした共通要素について，筆者は内蒙古中南部という共通する起源をもつためだと考える。内蒙古中南部で鬲などの空三足器が出現し，それが太行山脈を分水嶺のようにして南下する。しかし，東西間の交流はある程度の制約があるため，結果的に大別形式としては共通するが，細別形式と

しては異なる空三足器が成立したと考えられる。この太行山脈東西の差異が，後続する二里頭文化併行期における東太堡文化や東下馮文化と下七垣文化の成立につながっていくのである。ただし，相対的にみれば第Ⅴ期における東西の交流関係は，それ以前の時期と比較して確実に密接になり，太行山脈を挟んだ地域間にも交流ルートが確実に形成されはじめたことが窺える。このような太行山脈を挟む交流の活発化の流れのなかで，二里頭文化併行期には山西に起源する鬲が太行山脈東側へ伝播し，いわゆる下七垣文化の主体的要素となっていくのである。

このように太行山脈東側は，北方や河南，あるいは山東などの地域の影響を受容してはいたが，ほとんどその独自性を失うことはなかった。例えば内蒙古中南部の石虎山遺跡や王墓山坡下遺跡などでは，土器組成や住居址について外来の影響をほぼそのまま受容している。しかし，太行山脈東側ではそれぞれ周辺地域に起源する土器が認められるものの，それらの地域とは土器様式や型式において一線を画している。これは，当該地区の居住者が外来の文化要素を受容し，それを改変しながら自らのなかに取り込んだ結果にほかならない。

しかし，一定の独自性を保ちながらも，第Ⅱ期に内蒙古中南部のみに当該地域の影響が看取できる以外は文化要素が周辺地域全体へ影響を与えた痕跡は見当たらない。これは，内蒙古中南部のように他地域の文化要素を受容し，それを取り込んで在地化しつつ，他地域の影響を受容しなくなった段階でさらに独自性の強い文化内容をつくり上げた現象とは異なる。あくまでも当該地域が隣接するある地域の影響を受容し在地化した後に，さらに続けて他の地域の影響を受容したように，常に周辺地域の影響を受け続けてきたことが関係しよう。また，外来の影響を在地化しながらも，新たな土器形式を創出しなかったことも対外的な影響力をもたなかった理由の一つである。内蒙古中南部では鬲という新たな形式を創出し，それが広域に伝播する現象が起きる。しかし，太行山脈東側ではそのような現象はみられず，一貫して受身の地域であり続けた。このような周辺地域の文化を柔軟に受け入れ，それらの要素を根本的に改変せずに在地化していく当該地区の性質は，まさに段宏振がいう「太行山脈東麓走廊」という言葉に相応しいといえよう。

第5節　環太行山脈地区における交流の変遷と環太行山脈地区文化圏の形成

1　環太行山脈地区の地域間関係

ここまでみてきた環太行山脈地区の3地域は，土器の様式や細別形式に一定の共通性が存在する。さらにある地域で別の地域系統の土器が点的に出土することがある。それらを根拠に地域間の併行関係を把握することができる。このようにして，本書では新石器時代における環太行山脈地区を第33図のとおり大きく6期に区分した。以下，各時期における土器様式と地域間の交流関係について，第34図をみながら述べる。なお，各地域編年と環太行山脈地区の広域編年では，時期名称としてともに「期」を使用しているが，混乱を避けるため，以後は山西，内蒙古，河北

広域＼地域	山西	内蒙古中南部			河北
^	^	黄河両岸地区	岱海・黄旗海地区	陰山地区	^
第1期					I期前葉
^					I期後葉
第2期					II期前葉
^	I期前葉		I期前葉		II期後葉
^	I期後葉	I期	I期後葉		III期前葉
第3期	II期前葉	II期前葉	II期前葉	I期	III期後葉
^	II期中葉	II期中葉	II期後葉		IV期前葉
^	II期後葉	II期後葉			^
第4期	III期前葉	III期前葉	III期前葉		IV期中葉
^	III期中葉	III期中葉	III期中葉	II期前葉	^
^	III期後葉	III期後葉	III期後葉	II期後葉	^
第5期	IV期前葉	IV期前葉		III期前葉	IV期後葉
^	IV期中葉	IV期中葉		III期中葉	^
^	IV期後葉	IV期後葉	IV期前葉	III期後葉	^
第6期	V期前葉	V期前葉	IV期後葉		V期前葉
^	^	V期中葉			^
^	V期後葉	V期後葉			V期後葉

第33図　環太行山脈地区の併行関係

の各地域編年を「地域第I期，地域第II期……」，3地域を横断した広域編年を「広域第1期，広域第2期……」と呼び分ける。また，地域編年のなかで特に特定地域の時期を示す際は「山西第I期」「河北第II期」「内蒙古第III期」などと使い分ける。

（1）各時期における地域間関係

i） 広域第1期

　当該期は太行山脈東側の河北のみで確認されている。煮沸器に筒形平底の盂が中心となる河北第I期はいわゆる磁山文化に相当し，東北地方の影響下で成立したと考えられる。淮河―秦嶺線以北では，いわゆる裴李崗文化や老官台文化など新石器時代中期の遺跡は多くみられるが，山西および内蒙古中南部では当該期の遺跡は見当たらない。したがって，環太行山脈地区内においてはほとんど明確な交流の痕跡を確認できない。

ii） 広域第2期

　この時期になると，環太行山脈地区の全域で遺跡がみられるようになる。また，貯蔵器に壺類，供膳器に紅帯を施す鉢を出土するなど，環太行山脈地区で比較的高い共通性が形成されるようになる。一方，煮沸器では河北の釜―鼎系統の土器群と密接な交流をもつ内蒙古中南部でも同様の煮沸器がみられる。しかし，内蒙古中南部の黄河両岸地区では甕や壺の形態において山西中部との共通性が強いようにみえる。また，既述したように山西南部では煮沸器として主に深腹罐を使用し，中部とは異なる。ただ壺や鉢の一部は共通するため，若干の差異をもちつつも一定の共通性は抽出できる。

　このように，当該期では環太行山脈地区で共通性を認めることはできるが，煮沸器など一部の土器様式に地域的な差異が存在する。地域的な差異は漸次的な変化を示し，その変化は太行山脈北側地域で主に生じている。逆に，太行山脈東西に位置する河北と山西では，煮沸器として釜―鼎系統と深腹罐系統に明確に分かれる。つまり，当該期は，主に太行山脈北回りで各地域集団が直接・間接的な交流をもった可能性が高い。これは河北の鎮江営遺跡と内蒙古中南部の石虎山遺

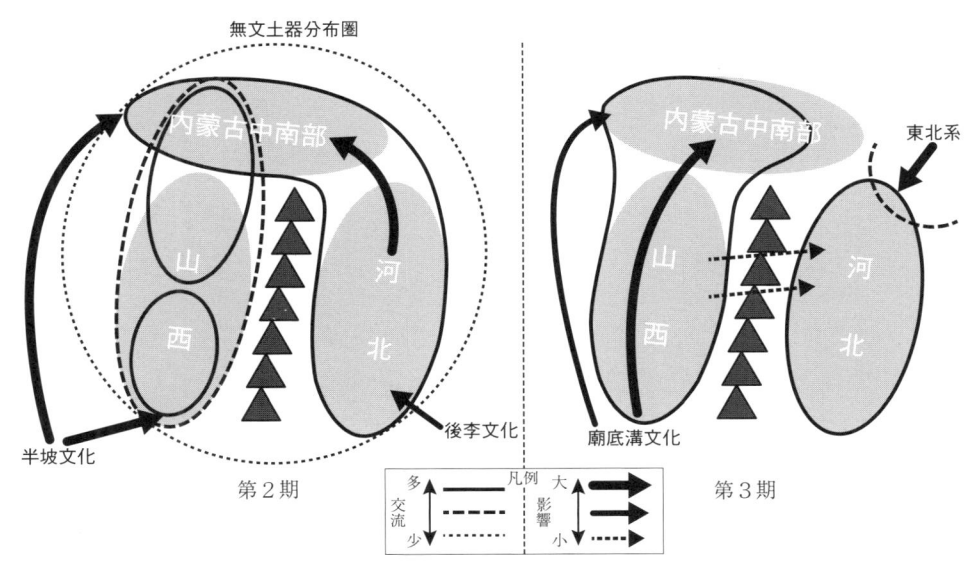

第 34 図-1　環太行山脈地区の地域間関係（広域第 2―3 期）

跡が非常に高い共通性を示す点からも指摘できる。河北と山西の間に連なる太行山脈は，その東西における直接的な交流を遮る自然的要因となり，結果的に内蒙古中南部を通した間接的な交流が行われることになったのであろう。

　さらに 1 点だけ付言しておきたい。内蒙古第 I 期では黄河両岸地区に縄文を施す土器がみられるようになり，半坡文化の影響であることを指摘した。この影響ルートであるが，山西第 I 期では縄文がほぼみられない点や，半坡文化史家類型の要素が山西南部までしか浸透しない点を考慮すれば，内蒙古中南部にみられる半坡文化の影響は黄河に沿ったルートで北上したと考えてよかろう。

　iii)　広域第 3 期
　広域第 3 期には山西と内蒙古中南部できわめて高い共通性が生まれる。花弁文や回旋勾連文などの彩陶および尖底瓶に代表される廟底溝文化が山西南部一帯で出現し，周辺地域に急速に拡散する。その強烈な影響力により太行山脈西部と北部の山西と内蒙古中南部では，前時期にみられた地域性が消失し，広域で共通した土器様式が形成される。その影響力の浸透には，広域第 2 期における一定の地域間交流から想定できる交流ネットワークが関係していよう。また，広域第 2 期の時点ですでに半坡文化の要素が北上して内蒙古中南部に及んだことを考慮すれば，廟底溝文化もその南から北へという流れに乗って内蒙古へ到達したと考えられる。ただし，そのルートについていえば，山西全域から同様の土器様式が確認できるため，黄河沿いだけではなく山西の中央を南北に連なる盆地を伝ったルートも想定するべきである。また，このような影響の背景にはセット関係をもった土器の存在や住居址の構造的な共通性などから，確実に一定の集団的移住が

あったと想定できる。

　一方，太行山脈東側の河北では，いわゆる釣魚台類型とされる土器群以外に廟底溝文化の影響は直接的ではない。河北第Ⅲ期から第Ⅳ期に継続する鼓腹罐や彩陶の多様化などについては廟底溝文化の間接的影響であった可能性は高いが，いずれにせよ明確な影響ではないといえる。逆に，河北第Ⅱ期から安定的に続いた土器様式が深腹罐など東北地方の影響を受容することで変化を示し始める時期に当たる。これは，いわゆる大司空文化に相当する。

　つまり，広域第3期には太行山脈の東西でまったく異なる様式分布圏が成立しており，相互の交流もきわめて限られたものであった。また，広域第2期では河北と密接なつながりをもった内蒙古中南部は山西との交流に転じ，交流ネットワークの大転換があったことがわかる。視点を変えれば，河北は東北地方との関係が強まったことから，太行山脈の東西で異なる南北向きの交流が併存したと理解できよう。ただ，土器のセット関係を保持しつつ太行山脈を越えて河北から出土した釣魚台類型の土器は，地域間交流の障壁となる太行山脈を越えて出土した土器の萌芽として重要である。また，セット関係をもつ点や形態の高い類似性から判断すれば，これは少数の集団が太行山脈を越えて点的に移住した可能性があろう。

iv）広域第4期

　山西と内蒙古中南部は，この時期になっても鼓腹罐や尖底瓶など共通する形式がみられる。また，尖底瓶は型式変化の方向も連動するため，広域第3期からある程度は恒常的な交流が継続していたことが窺える。しかし，内蒙古中南部の岱海・黄旗海地区では尖底瓶が出土せず，貯蔵器として小口双耳罐のみが出土するようになる。小口双耳罐は深腹罐などとともに紅山文化をはじめとする東北系統に起源すると考えられ（韓 2003a），その影響が内蒙古中南部のみならず山西中部まで浸透し，新たな土器様式分布圏を形成する要因となる。この時期の内蒙古中南部は，特に海生不浪文化と呼ばれることがある。また，河北ではすでに東北系土器の影響がみられたがより明確になり，その影響が及ぶ中部と及ばない南部の間で異なる土器様式が形成される。このうちの中部は，韓建業により雪山一期文化とされるものである（韓 2003a）。このように，東北地方の文化が西や南に影響を及ぼすことで，当該期の地域間関係にも一定の変化をもたらしたと考えられる。ただし，土器がセット関係をもって直接的に動くわけではないため，当然その背景にはヒトの移住は考えにくく，何らかの要因による情報の伝播があったと推測できる。また内蒙古中南部，河北，山西の順に距離に比例して東北地方の影響が減じる点も，このような見解を支持するといえよう。

　当該期のもう一つの重要な変化として，河北で広く出土するいわゆる大司空文化の彩陶が太行山脈西側の山西でも確認できる点を挙げられる。広域第3期の時点ですでに釣魚台類型として廟底溝文化の土器が太行山脈を越えて河北の中・北部で出土したが，当該期では逆に河北の彩陶が西側の山西へ伝播する。しかも出土は山西中部から南部と広域に及んでおり，その影響力は比較的強い。このように考えると，広域第3期から第4期にかけて次第に太行山脈東西の交流が増大

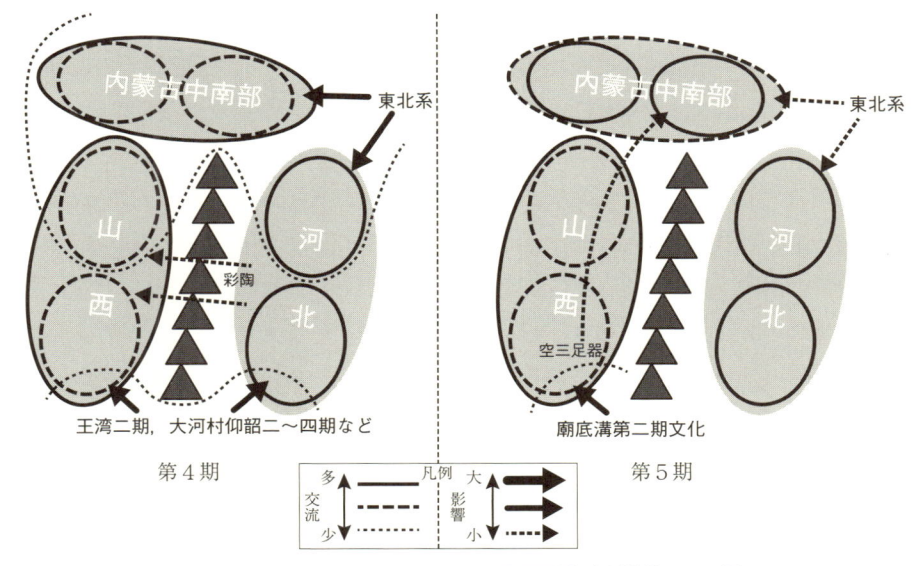

第3章　環太行山脈地区の土器編年と交流関係　129

第34図-2　環太行山脈地区の地域間関係（広域第4-5期）

したと考えられる。しかし，山西で出土するのは彩陶のみであり，他の大司空文化の土器はみられない。これは彩陶自体の機能や価値などから選択的に受け入れられた結果であるとも考えられる。

広域第4期では，第3期の南北方向のネットワークに加え，東西方向の交流も始まる。それは太行山脈北側の内蒙古自治区を通るルートだけでなく，山西における大司空文化系統の彩陶の出土から太行山脈を直接東西に越えるルートも想定できる。また，東北系統の影響の増大のほかに，山西南部では南の河南からの影響も顕著になる。このような南北からの圧力も，東西方向の交流を促進した要因の一つとみなすことができよう。このように新たなネットワークが形成されつつも，広域で同一の土器様式を共有する現象はみられない。むしろ各地域が多地域の要素を取り入れることで，地域的な特色が形成されていく段階ということもできよう。

v)　広域第5期

この時期には広域第4期に少しずつ形成されはじめた地域的特色が，次第に明確になってくる。広域第4期では，鼓腹罐や尖底瓶を通して山西と内蒙古中南部の間になおも交流があったことが窺えた。しかし，広域第5期になると鼓腹罐の型式変化の方向が異なり，さらに山西では尖底瓶が壺Ⅳに変化するのに対し，内蒙古中南部では小沙湾遺跡出土の例のように尖底瓶が残存する。このように両地域間にはほとんど土器製作に関する情報が共有されなくなり，交流関係もきわめて希薄になったと考えられる。この時期の内蒙古中南部は，一般に阿善三期文化が設定される。しかし，山西中部以北では内蒙古中南部の小口双耳罐と同系統の壺Ⅴなどが出土するため，前時期の交流を通して受容した形式を保持し，それを限定された地域内で型式変化させながら使用

しつづけたことがわかる。

　山西と内蒙古中南部の両地域間でみられるさらに重要な点として，空三足器の出現が挙げられる。河南で成立したとされる斝は空三足器で最も早く成立した形式であり，環太行山脈地区では山西中部まで確認されている。その他の2地域では今のところ確実な出土例はみられない。しかし，広域第5期の最晩期に相当する内蒙古中南部の岱海・黄旗海地区では新たな形式の斝が成立しはじめ老虎山文化につながることから，山西を経由して空三足器に関する情報が伝播したことがわかる。時間や形態の差異から両地域に密接な関係が存在したとは考えられないが，この空三足器の内蒙古中南部への伝播が，環太行山脈地区の広域第6期以降の土器様式に大きな影響を与えることになる。

　一方，河北は広域第4期から大司空文化が継続する。ただ，その後から河北第Ⅴ期の間は資料不足もあって不明確な部分が多い。土器様式をみるとやはり中部以北は東北地方の影響下にあるといえる。ただし，内蒙古中南部とは土器様式や個別の形式に共通性がみられないため，相互に関係を見出しがたい。また，前時期では山西で出土した大司空文化系統の彩陶もまったく出土しなくなり，太行山脈が再び東西交流を制限する障壁となる。

　このように当該期では，前時期にみられた南北や東西の広域に及ぶ交流ネットワークが崩壊する。それに伴い，各地域の独自性は比較的明確になっていく。各小地域内における遺跡間相互には一定の集団間交流が継続したことが推測できよう。しかし，黄河以南では屈家嶺文化をはじめとして活発な動きがみられる時期に，黄河以北で交流ネットワークが崩壊し，集団間の接触が停滞した背景については，今のところ明確な答えが見出せない。ただ，この大地域間における交流の欠如と小地域内における交流の継続が，陶寺文化などの特殊で独自性の強い地域色を生み出す素地となったといえよう。また，空三足器の斝について，環太行山脈地区の特に西側から北側への浸透は，恒常的な交流がみられない地域間を越えて土器が伝播した現象として重要である。

vi) 広域第6期

　この時期の最も大きな特徴は，環太行山脈地区の大部分で鬲を中心とした空三足器が出土することである。特に内蒙古中南部では地域内の土器様式がほぼ統一され，一つの土器様式分布圏として捉えることが可能となる。これは山西第Ⅱ期の廟底溝文化と類似した現象であり，内蒙古中南部で他地域に先駆けていち早く成立した鬲などの空三足器が周辺地域へ強い影響力をもって伝播する過程で，その中心地区である当該地区には統一性の高い土器様式が形成された。太行山脈西側の山西でも全域で鬲が出土し，さらに口縁部が内湾する斝もみられる。南部では王湾三期文化や客省荘二期文化の影響を受容するが，一定数の内蒙古中南部系統の空三足器が出土する。それらは客省荘二期文化系統の鬲とは別物である。太行山脈東側の河北でも，南北に土器様式に若干の差異はみられるものの，全域で鬲や口縁が内湾する斝が出土する。山西と河北ではともに南部で王湾三期文化の影響を受容するが，その土器様式に鬲をはじめとする北方の内蒙古中南部に起源する土器を組み込んでいる。このように，土器様式分布圏の境界を越えて空三足器は伝播し，

緩やかなまとまりを示すようになる。

　これら内蒙古中南部に起源して環太行山脈地区全体で出土する空三足器には、大型で双鋬を付す鬲、小型で環状の把手を付す鬲、泥質で器面をナデ調整する無文の鬲、口縁部が内湾する斝などを主に含む。このうち無文の鬲は山西であまり出土がなく、口縁部が内湾する斝は内蒙古中南部で少ない。つまり大型の双鋬鬲と環状把手の鬲が最も広域で出土する形式といえる。前時期ではむしろ環太行山脈地区の地域間交流は停滞しており、交流のネットワークは閉ざされていた。それに反して、当該期になると交流が活発になり、それ

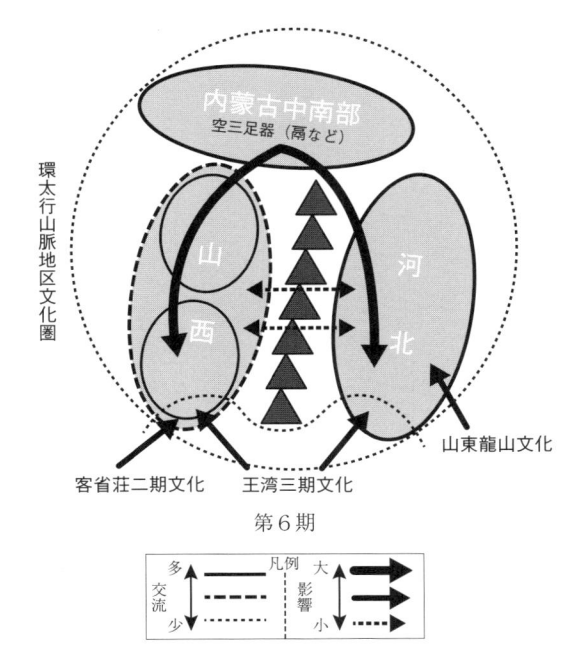

第34図-3　環太行山脈地区の地域間関係（広域第6期）

らの空三足器が各地で出土するようになる。これは、環太行山脈地区内部に再び交流ネットワークが形成されはじめたことを示す。また、このネットワークは内蒙古中南部と河北、内蒙古中南部と山西という関係のなかだけではない。口縁部が内湾する斝は山西と河北に多くみられ、内蒙古中南部からの出土は少ない。したがって釣魚台類型や大司空文化のように内蒙古中南部を通さない太行山脈を直接東西に抜ける交流ルートも再形成されたと考えられる。しかし、あくまでもそのルートは副次的であり、太行山脈東西の共通性は内蒙古中南部をベースとして形成されたものである。いずれにせよ、当該期はそれ以前よりも確実に地域間ネットワークが複雑化しており、多様な交流関係が想定できる。後続する初期王朝の成立には、このような活発な交流のなかで行われた情報やモノの動きがその背景にあったのだろう。

　ただ、注意すべきは煮沸器である鬲や斝のみが広域で出土する点である。煮沸器はヒトの生活のなかで最も頻繁に使用される土器であるため、その伝播にヒトの移動を想定しがちになる。しかし、セット関係をもたない土器の伝播を簡単にヒトの移動と結びつけられない。したがって、動いたのはあくまでも情報やモノが主である。この現象の具体的背景を考えるには、より多面的な分析が必要となろう。

（2）　絶対年代について

　ここまで考古学的な手法を用いて土器を分析対象に、環太行山脈地区の広域編年を構築してきた。ここでは本章に関わる遺跡で行われた放射性炭素年代測定法による絶対年代から、広域編年を区分した各時期の年代について考えておきたい。なお、分析に用いた数値は主に『中国考古学

中碳十四年代数據集 1965—1991』と『中国考古学』新石器時代巻の巻末から採った（中国社会科学院考古研究所 1992, 同 2010）。それらの数値のなかには土器の出土が報告されない遺構や層位から採集されたサンプルで分析したものがあるが，これについては本章の時期区分のどこに対応するのか筆者自ら判断できないため，分析対象から外した。その結果，参考としたのは**第1表**に挙げる数値となる。

　まず広域第1期については磁山遺跡で二つの数値が報告される。較正年代では河北第Ⅰ期のH48と第Ⅱ期のH453の数値が，大まかにB.C. 6000—B.C. 5500年の間におさまる。ただ，後述する広域第2期の数値がB.C. 5000年以降に入るため，下限はもう少し下ると考える。

　広域第2期はデータが少なく，さらにばらつきがある。後岡遺跡ではB.C. 4500—B.C. 4200年ほどの数値が出る一方で，東関遺跡ではB.C. 3800—B.C. 3300年ほどとなる。広域第1期の年代と比較すれば，前者がより正確な数値であろう。ただ，データが少なすぎるため判断が難しいが，後岡遺跡H5は広域第2期の最晩期に近い年代であるため，B.C. 4200年ほどを下限として上限は広域第1期の下限に近いB.C. 5000年前後からB.C. 4500年の間にあると考えておく。

　広域第3期も数値の報告が少ない。白泥窯子遺跡のものは明らかに新石器時代から外れるため分析対象に加えない。三関遺跡ではおよそB.C. 4300—B.C. 3700年ほどの数値が報告される。広域第2期の下限をB.C. 4200年としたので第3期の上限もそれに合わせたい。下限について，三関遺跡は河北第Ⅳ期前葉に属し，廟底溝文化の中期ほどに相当する。このように考えると，下限はB.C. 3700年よりもやや下ると考えてよい。

　広域第4期になると，数値の報告が急激に増加する。西園遺跡の数値はB.C. 4000年をさかのぼり広域第3期よりも早くなるため，誤差がきわめて大きいと考えざるをえない。反対に廟子溝遺跡の数値は第3期との時間差が大きすぎるため，これも分析対象に含めない。そうなると，残りの数値は大体B.C. 3500—B.C. 2800年の間におさまる。これならば上限は広域第3期と整合性がとれる。また最も晩い年代が出ている白燕遺跡は山西第Ⅲ期後葉に属するため，下限もB.C. 2800年前後として問題なかろう。

　広域第5期でも，引き続き多くの数値が報告されている。東関遺跡と園子溝遺跡の一部に突出して早いか晩い数値があるのでそれらを除外して考えると，B.C. 3000—B.C. 2400年の範囲に大体おさまる。上限は広域第4期の下限と200年間重複するが，大きくは外れない。また，下限は当該期の最晩期に属する陶寺遺跡でB.C. 2484—B.C. 2298年という数値が出ており，その中間値をとるとやはりB.C. 2400年ほどとしてよかろう。

　広域第6期は，最も数値の報告が多い時期である。陶寺遺跡と方城遺跡で若干晩すぎる年代が出ているものの，大多数がB.C. 2500—B.C. 1800年の範囲におさまる数値を示す。一部が広域第5期に入り，最も年代が早いと考えられる岔溝遺跡ではB.C. 2500—B.C. 2300年ほどに中間値があり，この年代が上限といえよう。また，下限は陶寺遺跡や方城遺跡，東関遺跡などの第6期の晩い段階に属する遺構からB.C. 2000—B.C. 1900年の数値が得られており，二里頭文化の始まりを考慮すればもっと晩くてもよいが，大きな誤差はない。

第1表 環太行山脈地区の放射性炭素年代一覧

地域	遺跡名	遺構名	地域	広域	資料	C14年代（半減期5730）	樹輪較正年代（cal. BC）
山西	東関遺跡	ⅣT132H37	Ⅰ	Ⅱ	獣骨	4910±220	3780-3340
	白燕遺跡	T15H99	Ⅲ	Ⅳ	木炭	4400±60	2923-2786
	陶寺遺跡	H348	Ⅲ	Ⅳ	木炭	4520±80	3290-2917
	豊村遺跡	T211(5)	Ⅲ	Ⅳ	木炭	4755±95	3509-3145
	東関遺跡	ⅡT6H44	Ⅲ	Ⅳ	木炭	4720±80	3496-3137
	白燕遺跡	T13F2(4)	Ⅳ	Ⅴ	木炭	4240±80	2881-2579
		F2(4)	Ⅳ	Ⅴ	木炭	4435±80	3032-2788
		T33F2	Ⅳ	Ⅴ	木炭	4290±80	2898-2615
	陶寺遺跡	ⅡH102	Ⅳ	Ⅴ	木炭	4340±90	2917-2629
		ⅡT1(3B)	Ⅳ	Ⅴ	木炭	4010±70	2484-2298
	豊村遺跡	T201-T212(3B)	Ⅳ	Ⅴ	木炭	4365±110	3013-2665
	東関遺跡	ⅠT5(2) 下H38	Ⅳ	Ⅴ	木炭	4035±75	2561-2325
		ⅠT17H145	Ⅳ	Ⅴ	木炭	3955±80	2462-2147
		ⅠT14H100	Ⅳ	Ⅴ	木炭	4130±100	2858-2460
		ⅠT19H101	Ⅳ	Ⅴ	木炭	4140±80	2855-2466
		ⅠT11H61(1)	Ⅳ	Ⅴ	木炭	4220±80	2875-2506
		ⅠT29H108	Ⅳ	Ⅴ	木炭	3915±85	2454-2136
		ⅠT1H21	Ⅳ	Ⅴ	木炭	4460±100	3091-2788
		ⅠT2H28 上層	Ⅳ	Ⅴ	木炭	4490±85	3095-2910
		ⅠT11H61(2)	Ⅳ	Ⅴ	草木灰	4085±85	2586-2401
		ⅠT25H185	Ⅳ	Ⅴ	木炭	5865±90	4714-4463
	岔溝遺跡	F1	Ⅴ	Ⅵ	白灰面	4050±110	2580-2300
		F2	Ⅴ	Ⅵ	白灰面	3995±110	2559-2149
		F5	Ⅴ	Ⅵ	白灰面	4025±70	2554-2313
		F12	Ⅴ	Ⅵ	白灰面	3900±70	2344-2137
	陶寺遺跡	H420	Ⅴ	Ⅵ	木炭	3710±70	2124-1888
		H428J401	Ⅴ	Ⅵ	木炭	3765±70	2140-1946
		H303	Ⅴ	Ⅵ	木炭	3560±70	1886-1688
		H1101	Ⅴ	Ⅵ	木炭	3780±70	2183-1959
		H321	Ⅴ	Ⅵ	獣骨	3295±160	1680-1310
	方城遺跡	ⅠF1004	Ⅴ	Ⅵ	白灰面	3415±75	1732-1520
		ⅠF1003	Ⅴ	Ⅵ	木炭	3730±75	2132-1889
		ⅠF1007	Ⅴ	Ⅵ	木炭	3780±95	2197-1930
		ⅠF1009	Ⅴ	Ⅵ	木炭	3800±75	2197-1976
	東下馮遺跡	T208(3)	Ⅴ	Ⅵ	木炭	3595±80	1925-1705
	東関遺跡	ⅠT28H158	Ⅴ	Ⅵ	木炭	3845±80	2289-2037
		ⅠT23H109	Ⅴ	Ⅵ	木炭	3860±85	2307-2038
		ⅠT30H187	Ⅴ	Ⅵ	炭化粟	3655±90	2032-1760
		ⅠT33H158	Ⅴ	Ⅵ	木炭	4040±80	2569-2333
内蒙古	白泥窯子遺跡	ⅠT8(2)	黄Ⅱ	Ⅲ	頭蓋骨	3120±120	1430-1100
	阿善遺跡	T9(4)	陰Ⅱ	Ⅳ	木炭	4475±85	3093-2905
	西園遺跡	H7	陰Ⅱ	Ⅳ	—	5815±74	4550-4440 / 4430-4360
	西園遺跡	H10	陰Ⅱ	Ⅳ	—	5795±74	4540-4360
	西園遺跡	H51	陰Ⅱ	Ⅳ	—	5340±92	4220-4190 / 4160-4120 / 4110-4090 / 4070-4060 / 4050-3930
	王墓山坡上遺跡	95WST14H6	岱Ⅲ	Ⅳ	木炭	4520±+70	3260-3240 / 3100-2910
	廟子溝遺跡	M16	岱Ⅲ	Ⅳ	人骨	3918±87	2399-2048
	廟子溝遺跡	F15	岱Ⅲ	Ⅳ	人骨	3637±90	1970-1740
	寨子塔遺跡	T4(2) H48	黄Ⅳ	Ⅴ	木炭	4295±60	2889-2622
	園子溝遺跡	F3042	岱Ⅳ	Ⅴ	木炭	4910±100	3650-3500 / 3440-3370
	園子溝遺跡	F3043	岱Ⅳ	Ⅴ	木炭	4626±90	3350-3090 / 3060-3040
	園子溝遺跡	Y3005	岱Ⅳ	Ⅴ	木炭	4180±100	2860-2810 / 2740-2720 / 2700-2470
	二里半遺跡	T2(6) 下H10	黄Ⅴ	Ⅳ	木炭・炭土	3810±65	2197-1989
	老虎山遺跡	Y3	岱Ⅳ	Ⅳ	木炭	3870±70	2301-2044
河北	磁山遺跡	T99(2) H453	Ⅰ	Ⅰ	木炭	7060±100	5820-5630
	磁山遺跡	T20(3) H48	Ⅰ	Ⅰ	木炭	7235±105	6032-5750
	後岡遺跡	H5	Ⅲ	Ⅱ	木炭	5680±105	4470-4249
	三関遺跡	T1F2		Ⅲ	木炭	5260±80	3996-3790
	三関遺跡	T4F5		Ⅲ	木炭	5460±200	4360-3828
	下潘汪遺跡	T31-2, 37, 41-2F1	Ⅴ	Ⅵ	貝刀	4050±95	2578-2326
	後岡遺跡	H2(中期)	Ⅴ	Ⅵ	木炭	3910±90	2455-2039
	白営遺跡	F55	Ⅴ	Ⅵ	木炭	4110±80	2601-2459

以上より，大まかな絶対年代をまとめておくと，広域第1期は B.C. 6000—B.C. 5000 年，第2期は B.C. 5000—B.C. 4200 年，第3期は B.C. 4200—B.C. 3500 年，第4期は B.C. 3500—B.C. 2900 年，第5期は B.C. 2900—B.C. 2400 年，第6期は B.C. 2400—B.C. 1900 年としておく。ただし，数値が全体的に不足する点や，山西に片寄る点など今後の課題は多く残る。報告の増加をまって，今回示した数値も調整していく必要があろう。

2　環太行山脈地区文化圏の形成過程

　環太行山脈地区における地域間交流の様相を通時的にみてくると，漸次的に交流ネットワークが形成されてきたことがわかる。広域第2期の東から西への太行山脈北回りのネットワークがあり，広域第3期になると太行山脈西側で南から北へ廟底溝文化が広がるとともに，一部は太行山脈を直接抜けるルートを伝って河北へと至る。そして第4期では前時期以来形成された太行山脈東西を直接つなぐネットワークを通じて大司空文化が山西へと影響を及ぼすようになる。第5期では地域間交流が停滞したが，この時期までに確実に太行山脈北側を抜けるルートや東西を直接結ぶルートが出現しており，より複雑な交流ネットワークが形成される素地が整った。そして広域第6期になると，内蒙古中南部に発した空三足器の影響が，以前に形成されたことのあるルートを通り太行山脈を分水嶺として南下し，そして山西と河北の間では太行山脈を抜け，より共通性の高い土器様式を形成するに至ったのである。

　言葉を換えれば，広域第5期以前，太行山脈は環太行山脈地区における地域間交流を妨げる障壁であった。そのため太行山脈の東西では異なる土器様式が成立した。たとえ釣魚台類型や大司空文化のように東西方向の交流が確認できても，それは遺跡数が少なかったり彩陶だけというように伝播する要素が限られていた。しかしながら，このような経験を経て形成された交流ネットワークを通じて，広域第6期になり新石器時代で初めて環太行山脈地区に煮沸器を中心とする非常に近似した土器様式が生まれるに至る。そして，ここに環太行山脈地区文化圏が形成されるのである。

　ただし，注意しなければならないのは，広域第6期までにみられた交流の内容が，一様ではない点である。広域第2期の河北から内蒙古へという動きや広域第3期における廟底溝文化の広がりなどは明らかにその多くがヒトの移動を伴うと考えられる一方，広域第4期における大司空文化の彩陶の山西への伝播や広域第6期の空三足器の動きは，明らかに限定された器種や要素の交流である。時間が進むに従い，土器伝播が限定的になるのは，おそらく各地域における地域性の確立とも無関係ではないと考えられ，各地域の社会や実生活に沿って選択的な受容が行われたと考えられる。しかし，より重要なのは，これらの交流の内容を質的差異から階梯的に捉え，そこから地域間における結びつきの強弱を把握することである。このように考えると，広域第6期までに複雑な交流ネットワークが形成されてはいるが，太行山脈を挟んだ東西間には直接的な交流の制約があったと考えられよう。そして，このような制約が，後続する初期王朝期において太行山脈東西における差異を生み出す基盤となるのである。

また，太行山脈の南側を流れる黄河中流域を通した太行山脈東西の交流は多くなかった。その理由として黄河以南は一貫して鼎を主な煮沸器とする別系統の考古学文化が存在したためである。広域に影響を及ぼした廟底溝文化でさえも，山西や内蒙古中南部と異なり，セット関係を保った土器群をそのまま伝播することはなかった。逆に，黄河流域以南の影響は，環太行山脈地区でも広域第4期以降に山西や河北の南部でみられる。また，環太行山脈地区文化圏の指標となる鬲や斝も，黄河を越えて伝播することはなかった。このような黄河を挟んだ南北の土器様式分布圏が並立する構図は，新石器時代に後続する二里頭文化期にも影響を及ぼすことになるが，それについては本書の最後に論じることにする。

註
1) 東南部に長治盆地もあるが，本節の対象遺跡に小神遺跡しかみられないように，十分な遺跡数の報告がみられない。
2) 厳密にいえば，尖底瓶は汲水器に区分できる。ただ，ここでは便宜的に貯蔵器に区分しておく。
3) 扁壺とは主に龍山文化期の陶寺遺跡などで出土する断面が半月形の壺のことを指す。廟底溝二期文化の東呈王遺跡などでみられるのは断面円形の壺であり，正確には扁壺という呼称は適当ではない。ただし，両土器間には系統的なつながりがあるため，ともに扁壺としておく。
4) 彩文の名称については，厳文明の論考を参考とした（厳 1965）。
5) 2008年に発表した拙稿では第Ⅳ期に相当する廟底溝二期文化期の斉一性が高いとしたが（久保田 2008），それはあくまでも陶寺文化期と相対的に比較した時のことである。第Ⅱ期の斉一性の高さと比べれば，明らかに第Ⅳ期は地域性がみられるといえよう。
6) 宮本一夫氏は東北地方の小河沿文化の影響を想定する。小河沿文化と紅山文化はその年代観に諸説あるためその正否は東北地方の編年問題で解決するべきだが，いずれにせよやはり東北の影響を認めることは確かである。さらに，東北に加え甘粛の彩陶あるいは斉家文化など西方の影響も想定されている（宮本 2000・2005）。
7) 華北地区の新石器時代前期については，北京市の転年遺跡や東胡林遺跡，河北省の南荘頭遺跡などで土器片が出土している。しかし，遺跡数も少なく，いずれも断片的な資料であるため，いまだに地域間の交流などを論じるに至らない。
8) 筆者が河北省文物研究所で資料調査をさせていただいた際に，研究員の高建強氏よりご教示いただいた。磁山遺跡の報告からでは認識することが難しいが，未報告の資料を合わせた支脚は出土数が非常に多く，形態変化もきわめて明瞭であった。

第4章　環太行山脈地区文化圏形成の背景

　環太行山脈地区文化圏は，第3章における分析を通して，新石器時代末期後葉の龍山文化期に相当する広域第6期に明確になることがわかった。本章では，この第3章で明らかにした環太行山脈地区文化圏の形成過程に注目し，その背景に言及しつつ，さらに土器以外の遺物から検討を加えたい。環太行山脈地区文化圏の形成には，内蒙古中南部を中心とする北方からの空三足器[1]の影響が重要な役割を果たす。交流ルートの複雑化に伴う空三足器の南下現象が進行する過程で，それらがどのようなかたちで伝播し，各地で受け入れられたのか，さらに他の遺物から空三足器の動態をみた時に連動するのか否かを明らかにしていく。これらの点を探ることで，環太行山脈地区文化圏の形成に対して新たな理解を得ることができよう。

　以上に述べた本章の目的を達成するため，まずは新石器時代の中国で出土する空三足器全体を対象資料として扱い，内蒙古中南部から南下する空三足器の伝播形態に関する相対的な位置づけを明確にしていく。

第1節　空三足器の伝播形態からみた環太行山脈地区文化圏

　第3章でもみてきたように，中国では新石器時代末期前葉から末期後葉，つまり本書の時期区分でいう広域第5期から広域第6期併行期にかけて3本の中空の脚部をもつ空三足器が出現する。最も早く出現した空三足器は，山東の大汶口文化後期に成立した鬶である。その後，鬶が周辺地域に伝播する過程で黄河中流域を中心とした地域で斝が生み出される。さらに広域第6期かややそれより早い時期には，斝を基礎に内蒙古中南部や陝西などで鬲が創出される。特に内蒙古中南部における出現時期については岱海・黄旗海編年Ⅳ期前葉に相当し，すでに詳述したとおりである。また，それに伴い環太行山脈地区で甗や盉が製作されるようになる。

　このように中国新石器時代では空三足という特徴をもった土器の出現以後，その形態が各地で受容・改変され，新たな形式が生み出されていく。つまり，空三足器は相互のつながりが比較的明確ということであり，さらに広域に分布する。また，空三足器は環太行山脈地区文化圏の形成に当たり，最も重要な土器群として挙げられる。本節では，空三足器のこのような特徴に注目し，新石器時代における空三足器の伝播形態を抽出したうえで，環太行山脈地区に広まった空三足器の伝播形態が相対的にどのような位置づけにあるのかを明らかにする。また，その伝播形態から環太行山脈地区文化圏形成の背景にまで言及する。

　なお，本節では空三足器出現以後を第3章の編年に則り，第35図のように新石器時代末期前葉の広域第5期併行期と末期後葉の広域第6期併行期に区分する。地域によっては両時期を跨い

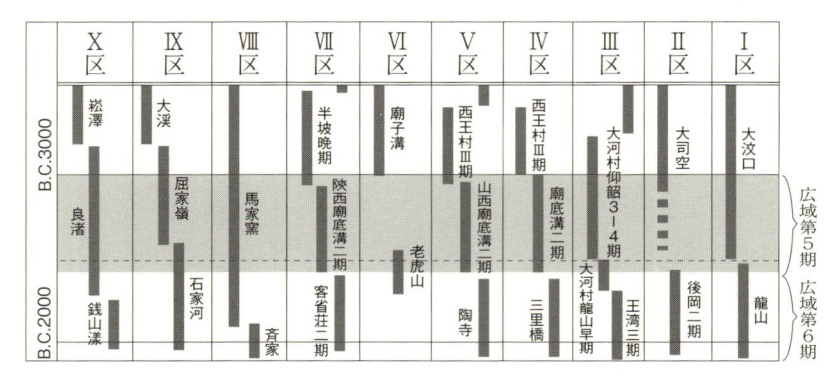

	Ⅹ区	Ⅸ区	Ⅷ区	Ⅶ区	Ⅵ区	Ⅴ区	Ⅳ区	Ⅲ区	Ⅱ区	Ⅰ区	
B.C.3000	崧澤	大渓	半坡晩期	廟子溝	西王村Ⅲ期	西王村Ⅲ期	大河村仰韶3・4期	大司空	大汶口		広域第5期
	良渚	屈家嶺	馬家窯	陝西廟底溝二期		山西廟底溝二期	廟底溝二期				
					老虎山						
B.C.2000	銭山漾	石家河	斉家	客省荘二期		陶寺	三里橋	大河村龍山早期 王湾三期	後岡二期	龍山	広域第6期

第35図　空三足器出土地域の時期区分

で存続する文化も存在する。その場合は，出土する空三足器が各文化のどの段階に位置づけられるのかを判断して帰属する時期を決定した。本節の2時期に相当する各地域で設定される文化名を，特に空三足器を出土する文化を中心に列挙しておくと，広域第5期併行期は，大汶口後期，廟底溝二期，山西廟底溝二期，老虎山前期，陝西廟底溝二期，良渚前・中期の各文化を含む。広域第6期併行期は，龍山，後岡二期，王湾三期，三里橋，陶寺，老虎山後期，客省荘二期，斉家，石家河，良渚後期・銭山漾を含む。また，対象地域は新石器時代における空三足器の分布範囲とするが，これを自然地理的環境に考古学文化の分布状況を加味して**第36図**のとおりⅠ―Ⅹ区に分ける。おおよそⅠ区は黄河下流域，Ⅱ区は太行山脈東側の華北平原，Ⅲ区は黄河中流域の豫東平原部，Ⅳ区は黄河中流域の山地・丘陵部，Ⅴ区は太行山脈西部の黄土高原および南北に連なる盆地，Ⅵ区は内蒙古自治区中南部の陰山山脈南側，Ⅶ区は渭河流域，Ⅷ区は黄河上流域，Ⅸ区は長江中流域，Ⅹ区は長江下流域に相当する[2]。つまり，環太行山脈地区はそれぞれⅡ区，Ⅳ区の一部，Ⅴ区，Ⅵ区に相当する。

1　空三足器の定義と対象資料の選定

　すでに本節以前に何度も使用してきたが，改めて空三足器を定義しなおすと，3本の中空の脚部を有する土器とすることができる。単に三足器というだけでは中実の脚部をもつ鼎と混同してしまうし，袋足器という呼称では脚部の数を表現できない。したがって，空三足器という呼称がより適切と考える。これは筆者のオリジナルではなく，すでに1997年に張忠培がその論考のなかで使用している（張忠培 1997）。張もまた中空の脚部をもつ土器の総称として空三足器という呼称を用いており，基本的には本節もこれに倣った。

　この空三足器には，大きく鬹，斝，鬲，盉，甗の五つの大別形式が含まれる。鬹，盉，甗については中実の脚部をもつ例も存在するが，本節で示すこれらの土器はすべて空三足のものとする。これらは形態や胎土，機能などの面で相互に少しずつ差異がみられるが，空三足をもつという点で共通する。さらに五つの形式間にはその成立過程で直接的あるいは間接的な影響関係が認められる。特に盉については，その成立に鬹の影響が大きく，型式も同一の基準から分類可能である

ことが指摘されている（高広仁ほか 1981）。したがって，本節でも盉は鬹の分析から明らかにすることができると考え，分析対象としない。また，甗は分布範囲が環太行山脈地区に偏るため，環太行山脈地区の相対的位置づけを明らかにする資料としてあまり有効ではない。したがって，甗も分析対象から外した。つまり，本節で扱う分析対象は，鬹，斝，鬲の3形式となる。

それでは同じ空三足をもつ鬹，斝，鬲の間にどのような差異があるのだろうか。斝や鬲については第3章でも一部言及し

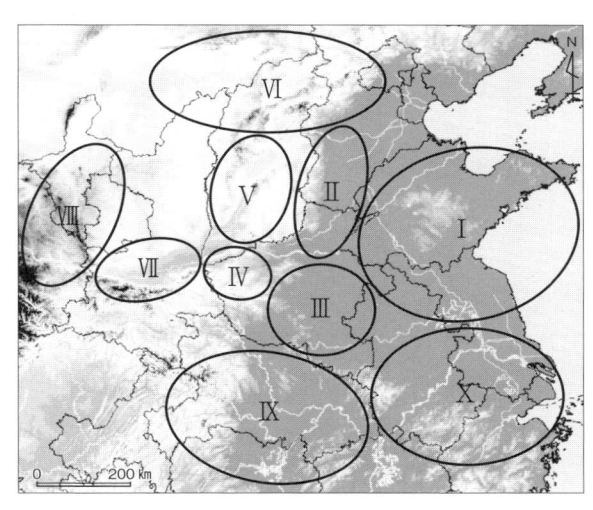

第 36 図　空三足器出土地域の区分

たが，鬹については触れなかったので，ここで改めて形態的差異を中心に説明を加える。鬹は，口縁部の一方に注口となる流がつき，その反対側には把手をもつ。空三足は相互に近接した位置にあり，三足を接合したあと，その上に胴部以上を積む例が多い。斝は，上部の容器部と下部の空三足部の境界が明確に分離する。空三足は相互に接合されず，容器部の底部に穿孔をした後，空三足をそれぞれ差し込むことで作られる。したがって，基本的には空三足が互いに離れた位置にある特徴をもつ。鬲は斝と対蹠的な特徴を示す。容器部と空三足部の境界が不明瞭で，空三足相互が近接した位置にある。これは鬹の製作技法と同様に，空三足を接合した上に胴部以上を積むためである。ただし，鬲には斝と同様の技法で製作される例もある。それらは山西南部の陶寺文化で出土する大型の鬲に多く，第3章第2節の山西で分類した鬲Ⅲに相当する。これは，土器様式のなかにおける位置づけから判断すれば鬲とみなすことができる。鬲Ⅲのような大型の鬲に斝と同様の製作技法が多い理由として，一般的な鬲ははじめに空三足を接合してから胴部以上を積み上げるため，大型のものになると自重を空三足先端の3点で支えきれず，へたってしまう。したがって，先に容器部を作り，ある程度の乾燥段階を挟んでから底部を穿孔して空三足を差し込む。このようにして大型の鬲を製作していたと考えられる（李文傑 1996）。一般的な鬲の製作方法にはサイズにおいて物理的限界があり，そのために大型の例に関しては斝と同様の技法で製作したのであろう。

以上が，分析対象とする各空三足器の特徴である。それぞれの機能的差異については後に詳述するため，ここでは言及しない。

2　研究史

先学の研究を振り返ると，空三足器に関する論考は少なからずみられる。代表的な研究には，個別の空三足器について論じたものとして，まず高広仁と邵望平による鬹の研究が挙げられる。

両氏は新石器時代から二里頭文化に属する鬹を中心に集成し、形態分類を行ったうえで時空間における位置づけを明確にした。そして、鬹の出現から伝播までの様相を明らかにした（高広仁ほか 1981）。また斝については、蔣志龍が釜形斝の形態分類や時空間における位置づけを通して、その起源や展開について検討を加えている（蔣 1995）。鬲に関する研究は比較的豊富である。王立新は単把鬲の系譜に関する研究を行い、新たな分類基準を提示しながら大きく三つの異なる系統が存在することを指摘し、単把鬲の出現・展開を明らかにした（王立新 1993）。高天麟は龍山時代の鬲を集成し、主に形態から分類を行った。そして、これもやはり鬲の起源や拡散について検討を行っている（高天麟 1996）。また、張忠培は楊晶とともに数編の鬲に関する論文を執筆している。それらのなかで客省荘文化や三里橋文化の単把鬲などについて論じ、やはりその起源や展開などを中心に検討を行っている（張忠培 1980、張忠培ほか 2002a・b）。その他に、空三足器全体の出現や展開、相互関係に関する論考がある。陳氷白は空三足器に鬲、斝、鬹、盉、甗および甕などがあるとし、それぞれの起源について検討を加えた（陳氷白 1991）。また、張忠培は鬹、斝、鬲について特に出現や相互の影響関係について論じている（張忠培 1997）。

このように、これまでの空三足器に関する研究は比較的豊富である。しかし、これらの研究の大部分は、各空三足器の起源や展開に焦点を絞ったものである。一部にはさらに空三足器を通した各地域間関係に言及する研究もみられるが、大部分は伝播や拡散の過程を構造的に解明することを目的としない。空三足器に限らず、これまでの中国新石器考古学では、より具体的な遺物の起源や分布、伝播の方向が重視される傾向にあり、その過程や構造的な部分にはほとんど触れられてこなかった。

一方で、日本考古学には土器伝播に関する構造的解釈や背景を論じた研究がいくつもみられる。田中良之氏は中九州への磨消縄文土器の伝播過程を明らかにするために、土器様式間の関係をハイレベルとローレベルの二つにモデル化して理解しており、傑出した成果を挙げている（田中 1982）。また、都出比呂志氏や岩永省三氏は土器の地域性の背景に言及したり、土器伝播の類型化を行う作業を通して、土器の広がりが示す意味の解釈に努めた（都出 1989、岩永 1989）。これらの研究は土器の広がりに関する現象面だけではなく、その構造や背景にまで言及し、モデル化した点で非常に優れた論考といえる。その他、特に挙げておきたいのは松永幸男氏の研究である。松永氏は縄文時代後期の東南九州にみられる指宿式土器について、外来の磨消縄文土器の在来土器に対する影響過程を明らかにした。そのなかで、在来系土器と外来系土器を両端に、その中間には「両系統の属性の比率を漸次的に変えながら存在する土器群」を想定し、指宿式土器という土器群が成立すると図化して示している（松永 1989）。これは本節の目的を達成するために、非常に示唆に富む研究である。つまり、松永論文の一個体内の各属性を各細別形式、各属性が組み合うことで成立する土器の一個体を一地区の土器様式として捉えることで、本節でも様式レベルで地区間における漸次的変化を十分に明らかにすることができると考える。本節ではこのような日本考古学で培われたモデルを参考にしながら、中国ではそれほど注目されてこなかった空三足器の伝播の構造的な側面を明らかにしていく。

3 研究手順

ここでは，本節の目的を達成するための手順について，説明を加える。

まず，各空三足器の全容を把握するとともに，時空間における相対的位置づけを明らかにしやすいよう，形態から細別形式レベルで分類を行う[3]。それをもとに各時期，地域ごとの出土傾向を把握し，形態という見た目から模倣できる要素の広がりから，各空三足器の時期ごとの拡散状況を確認する。そして，そこから各細別形式の伝播パターンを抽出する。これにより，空三足器自体あるいは見た目から模倣された形態面における情報伝達のパターンがわかる。広域に類似性の高い形態が分布すれば，比較的正確に形態に関する情報が共有されたことがわかるし，逆に一つの細別形式の出土が特定の地域に偏る，あるいは一定の範囲から出土するが類似性が低いという状況ならば，形態に関する情報は地域的に非常に限定されて伝わったことがわかる。

次に，文様や色調などの要素から，各時期における地域ごとの出土傾向を把握する。ここでは特に形態から抽出した伝播パターンごとに分析を進める。形態に対して文様や色調はより技術的な制約がある。つまり，形態は見た目から形だけ模倣することができるが，文様や色調を決定する製作技術や焼成技術は簡単に模倣することができない。したがって，見た目から模倣できる形態とは異なる広がりが認められる可能性がある。形態の分布と文様や色調の分布が異なれば，それは見た目と技術という要素の間に伝播・拡散過程の違いがあることを示し，そのような現象を引き起こす何らかの背景を想定する必要がある。一方，形態と文様や色調の分布が合致するならば，一定地域内における結びつきの強さを示すであろう。

最後に，伝播パターンの差異が何に起因するのかについて，各空三足器の機能から言及する。これにより，土器の機能と伝播の関係について，その一端を明らかにする。

ここまでの分析を終えたのち，環太行山脈地区にみられる伝播形態を確認し，そこから空三足器が環太行山脈地区で受容され，一つの文化圏としてまとまっていく背景についても考えてみたい。

4 空三足器の分類

本節ではすでに空三足器を5形式に分類し，さらに対象資料を3形式に絞った。ここでは，これらを形態からさらに細別形式レベルで分類する。第3章で一部の斝や鬶については分類を行ったが，環太行山脈地区以外にもこれらの形式がみられるため，改めて分類を行う。まず鬶については第37図のように8形式に細分する。aは頸部と胴部が明確に分かれ，さらに頸部が長いものとする。また，上面観で頸部以上が中央になく一方に片寄る。bはaと形態的に近いが，頸部が短いものとする。aとbはⅠ区の大汶口文化後期に多く出土する。cは三足部から胴部にかけての境界が緩やかで，口縁部の流が長いものとする。dはcと近似するが，流がより短い。cとdは主に龍山文化期の山東で多くみられる。eも胴部以下はcやdと近いが，流の幅が広いものとする。これは河南東部で比較的多くみられる。fはeと類似するが，上部に伸びる流がなく，

その代わりに注口が作られる。gはaに似て胴部と頸部の境界が明らかであるが，口縁部に突出する流がみられず平坦に近い。また，上面観で頸部は中央に位置する。hはgと近似するが，頸部が短いものとする。gとhは，長江流域で多く出土する。

　斝は地域性が強く，第38図のように19形式に分かれる。aは上半の容器部が緩くカーブする釜形を呈し，口縁部が立ち上がる。bはaよりも胴部が張らず，付加堆文を貼付するものとする。cは横長の釜形を呈し，口縁部が外反する。aからcは黄河中流域を中心とした地域で出土が多い。dは胴部が緩くカーブし，口縁部は短くやや外反する。eは上半が釜形を呈するが，胴部と三足部の境界が不明瞭であり，口縁部も強く外反する。fは小型の斝で，やはり胴部と三足部の境界が不明瞭であり，口縁部は垂直に近く立ち上がる。dからfについては，内蒙古中南部の老虎山文化，つまり岱海・黄旗海編年第Ⅳ期で多く出土する。gは胴部が強く屈曲し，口縁部が外反する。また，1点しか出土が確認できない。hは胴部が明確に屈曲し，三足部との境界も明らかである。おそらくaと同系統に位置づけられる。iも胴部が強く屈曲するが，頸部から口縁部がきわめて長いのが特徴である。胴部最大径の位置などからbとのつながりが推測できる。hとiは，aとb同様に黄河中流域に分布の中心がある。ここまで述べたfを除くaからiは，すべて上半の基本形が釜形である点で共通する。次に，jは上半の容器部が緩くカーブする罐形を呈する。口縁部はやや強く外反する。kは胴部が反りながら立ち上がる杯形の容器部を特徴とする。lは胴部が緩く立ち上がり，口縁部が内傾する。また，口縁部に弦文が施される。mは胴部がやや内傾しながら真直ぐ立ち上がり，口縁部は外反する。kからmについては主に環太行山脈地区で出土する。nは最大径が胴部下半にある罐形の斝である。胴部から口縁部は緩く屈曲する。oは胴部が垂直に立ち上がり，口縁部近くで緩く外傾する。pは胴部が丸い罐形を呈する。ただ，明確な口縁を作らず真直ぐに立ち上がる。また器表面には付加堆文を多く貼付する。qは胴部がやや外傾しながら立ち上がり，口縁部は弱く内湾して弦文を施す。これらの特徴からlとの関係を想定できる。rは胴部が球形を呈し，口縁部は強く外反する。sは胴部から口縁部が緩くカーブしながら外湾する。rとsはともに胴部中央に付加堆文を貼付する。またそれぞれ1点ずつしか出土しておらず，いずれも長江水系における出土である。

　鬲は第39図のように9形式に分かれる。aは胴部が垂直に立ち上がり，口縁部がやや肥厚するものとする。bも胴部は垂直に立ち上がるが，口縁部に段がつくられる。おそらくセットになる蓋を伴うのであろう。aとbは，いずれも山東半島の龍山文化期に多く出土する。cは側面観で大きく弧を描き最大径が中位にある三足部をもつ。さらに頸部が垂直に短く立ち上がり，口縁部は外反する。また，全体的に大型が多い。dは三足部が緩くカーブしながら頸部に至り，口縁部は弱く外反する。全体の印象はやや縦長である。eは三足部と口縁部の境界が明確に屈曲し，器高と最大径が比較的近い比となる。また，その多くが小型である。fは三足部が緩くカーブし，短く立ち上がる口縁部へと至る。上半部はちょうど縦断面が半円形に近い形態を呈する。大型が多く，製作方法も斝に近いと考えられる。gは，三足部はfと類似するが，明確な口縁部がつくられず，三足部からそのまま内湾する。cからgは，主に太行山脈周辺で出土する。hはdとや

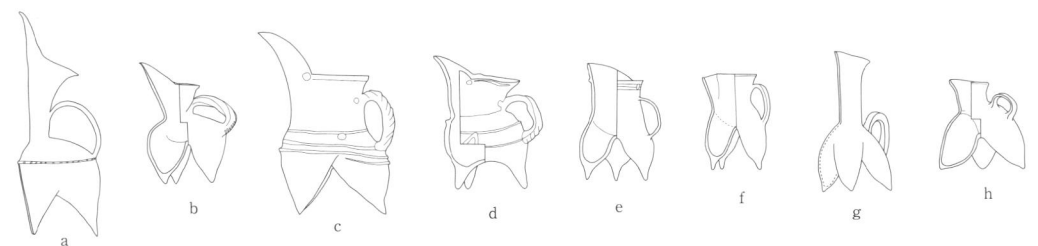

第 4 章　環太行山脈地区文化圏形成の背景　143

a：野店 M51　b：西夏侯 M 8　c：西呉寺 H235　d：呈子 H14　e：鹿台崗 H75　f：郭寨 H 2
g：尉遅寺 F 6　h：新地里 H 1

第 37 図　鬹の分類基準

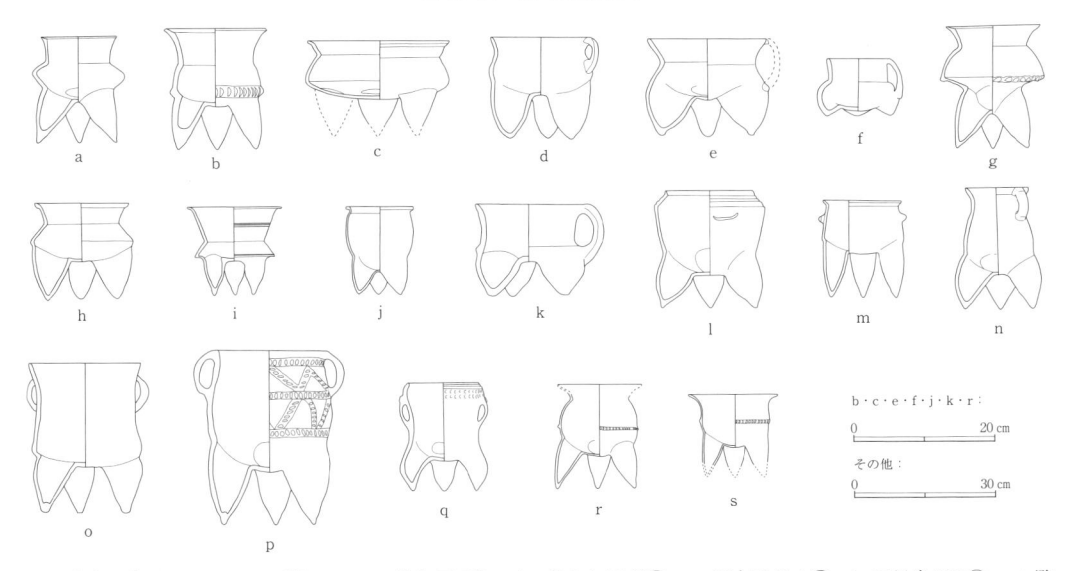

a：垣曲古城東関ⅠH251　b：西沃 H17　c：煤山 T25③c　d：老虎山 T103③　e：西白玉 T 4④　f：二里半 T39④　g：滸西荘 H 8　h：西沃 H 9　i：孟荘ⅧT88J1　j：尚荘 H88　k：簸子綾羅 H104　l：西陽呈 F 1　m：陶寺 M3015　n：滸西荘 H 2　o：趙家来 H 2　p：客省荘 H85　q：師趙村 T318F8　r：青龍泉 T7⑤A　s：青龍泉 T71②B

第 38 図　斝の分類基準

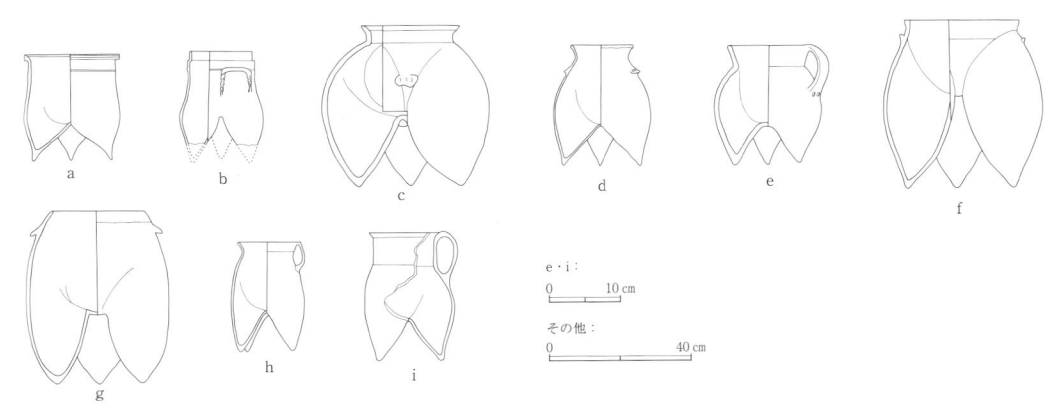

a：丁公 H1142　b：両城鎮 採集　c：簸子綾羅 F101　d：龍王崖 H201　e：杏花村 H6　f：陶寺ⅢH303　g：杏花村 H118　h：康家 H 6　i：客省荘 H206

第 39 図　鬲の分類基準

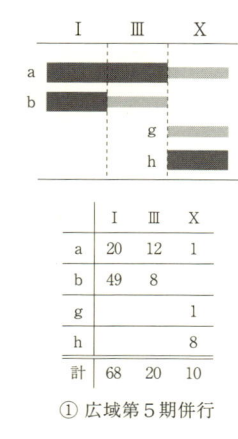

第40図　鬹の地域別出土傾向

① 広域第5期併行

	I	III	X
a	20	12	1
b	49	8	
g			1
h			8
計	68	20	10

凡例
■：主体的出土
▨：従属的出土

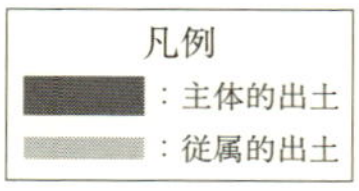

※主体的出土と従属的出土は、地域間および地域内における相対的出土数から判断した。地域間、地域内ともに中心的に出土するものを主体的出土、どちらか一方で中心的に出土するものを従属的出土とした。

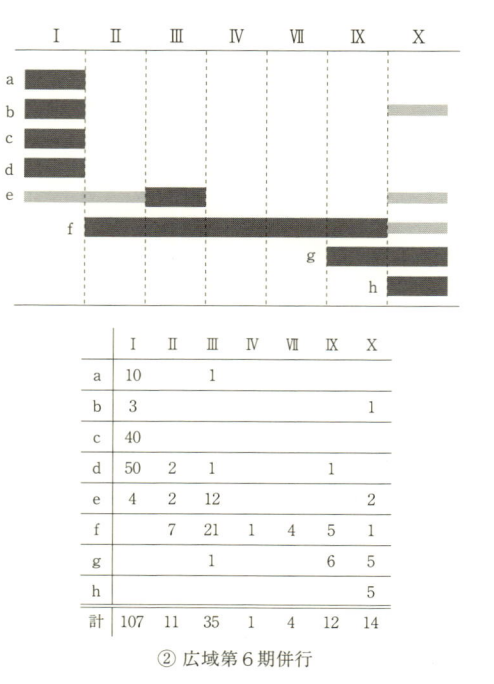

② 広域第6期併行

	I	II	III	IV	VII	IX	X
a	10	1					
b	3						1
c	40						
d	50	2	1		1		
e	4	2	12				2
f		7	21	1	4	5	1
g		1				6	5
h							5
計	107	11	35	1	4	12	14

や類似するが、把手を空三足の一つに対応する位置につくる。ⅰは緩くカーブする三足部から頸部が垂直に立ち上がり、口縁部は短く外反する。ｈやｉについて、報告からは判断が難しいが、三足の平面における位置関係が正三角形を描かず、二等辺三角形の位置にある例が存在するという（王立新 1993）。また、ともに渭河流域から出土する。

以上のように3形式の空三足器を主に形態から細分したが、次にこれらがどのような時空間における分布を示すのかについて整理し、組成と各細別形式に注目しながら伝播のパターンを抽出する。

5　形態からみた空三足器の時期・地域別出土傾向

（1）　形式ごとの時期・地域別出土傾向

ⅰ）鬹

鬹は主に広域第5期から広域第6期併行期にみられる。広域第5期併行期では、Ⅰ区とⅢ区およびⅩ区からしか出土しない（第40図―①）。出土数をみれば、Ⅰ区が分布の中心であったことは一目瞭然である。鬹の組成はⅠ区とⅢ区ともにａとｂが共伴し、両地区で共通する。Ⅹ区については南京の北陰陽営遺跡でａとｇが共伴し、さらにやや晩い段階になるとｈも出現する。ｇやｈは頸部形態がａやｂに類似するため、それらが伝播する過程で在地において創出されたと考えられる。また、個別の形式については、ａはⅠ・Ⅲ・Ⅹ区、ｂはⅠ・Ⅲ区、ｇとｈはⅩ区のみから出土する。このように当該期の鬹は、比較的限られた地域のなかで製作・受容されていたことが

わかる。併せて、高広仁などが指摘するように、山東で出現した鬲はまず南方の長江下流域に伝播したことを明確に読み取ることができる（高広仁ほか 1981）。

一方、広域第6期併行期になると、Ⅴ・Ⅵ・Ⅷ区以外のほぼ平原部全域に鬲の分布が広がる（第40図—②）。しかし組成に注目すると、やはりⅠ区にaからeが集中しており、その他の地域が1—2形式しかもたない状況とは対照的である。Ⅹ区については5形式と比較的多いが、gとhを除けばいずれも出土数が少ない。おそらくⅩ区のgとh以外は、それぞれの分布の中心ではなく、他地区を中心に分布する形式がその辺縁部にあるⅩ区で出土したため、結果的に形式数が多くみえたのだろう。個別の形式レベルでみても、Ⅰ区で出土する鬲はeを除いて他地区でほとんど出土せず、Ⅰ区のきわめて強い独自性を看取できる。その他に特徴的なのがfである。fは黄河中流域から渭河流域、さらに長江流域に及ぶ計6地区から出土し、さらにそのうちの5地区で主体的に出土する。このような1形式が広域から主体的に出土する現象は他になく、特殊な伝播パターンとみなすことができる。

以上のように、鬲は広域第5期併行期にⅠ区とⅢ区、Ⅹ区でしか出土しなかったが、広域第6期併行期になると広域に広がる。Ⅰ区は非常に独自性が高く、独特の形式が組み合う閉鎖的な状況を呈する。一方で、その他の地区はfの出土を通した共通性をもつ。fとともにⅢ区やⅨ区で主体的に出土するeやgは比較的地域性が強いため、それらの地区では他地区とは異なる組成が成立することになる。

ⅱ）斝

広域第5期併行期に出土する斝は、黄河中流域や渭河流域を中心に分布する（第41図—①）。個別にみると、aは比較的広域から出土することがわかる。ただし、主体性をもって出土するのはⅣ区に限られる。従属的な出土はⅣ区の周囲にみられるので、おそらくⅣ区を中心に周辺地区で受容されたと推測できる。その他をみると、大部分が1地区からしか出土しない。それに伴い、組成もⅥ区以外ではaを共有しつつ、さらに各地区独自の形式が組み合い、地域性の強い組成が形成される。このようにみると、aが比較的広域に広がったことで、それを基礎とした各地区独自の形式が創出されたと考えられる。それはm以外の斝がすべて釜形の上半部をもつことからもわかる。一方、Ⅵ区はⅣ区から遠距離に位置することもあり、きわめて独自性の高い形式、組成がみられる。その理由として、Ⅵ区の斝が広域第5期併行期でもやや時間的に晩い段階に属するためという見方もできる。ただし、dはaから派生した可能性が高く、それを基礎にeやfが成立したと考えれば、やはりⅥ区もaから派生した釜形の斝の分布範囲に入るといえよう。

広域第6期併行期になると、Ⅹ区を除く対象地区全域で斝が出土するようになる（第41図—②）。また、各地で在地化が進み形態も多様化する。個別にみると、1形式が広域に分布することはなく、大部分が1地区にしか分布しないものか、あるいは2—3地区に分布するものに限られる。そのうえで組成をみると、隣り合う地区が一つか二つの形式を共有しながら、それに1地区からしか出土しない形式と組み合って、漸移的に組成を変化させていることがわかる。特にⅡ

146

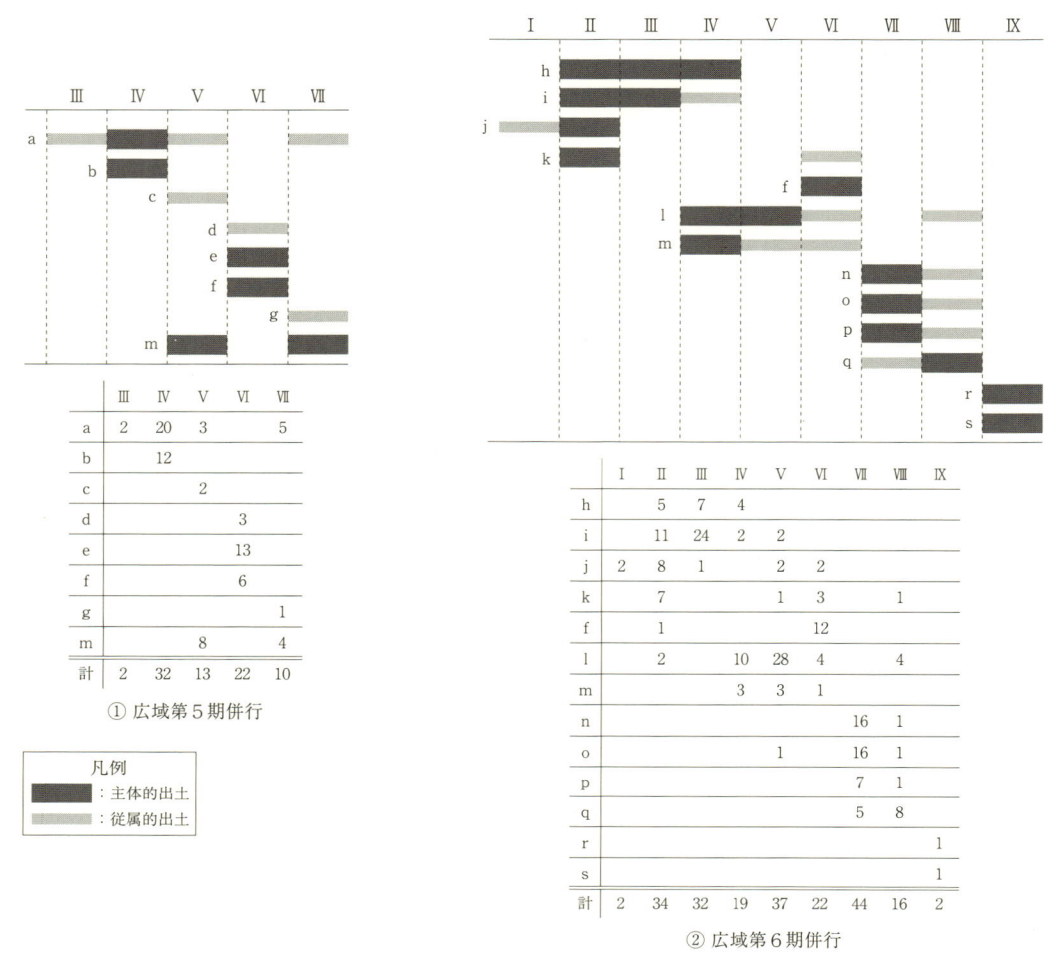

	Ⅲ	Ⅳ	Ⅴ	Ⅵ	Ⅶ
a	2	20	3		5
b		12			
c			2		
d				3	
e				13	
f				6	
g					1
m			8	4	
計	2	32	13	22	10

① 広域第5期併行

凡例
■：主体的出土
▨：従属的出土

	Ⅰ	Ⅱ	Ⅲ	Ⅳ	Ⅴ	Ⅵ	Ⅶ	Ⅷ	Ⅸ
h		5	7	4					
i		11	24	2	2				
j	2	8	1		2	2			
k		7		1	3		1		
f				1		12			
l		2		10	28	4		4	
m			3	3	1				
n							16	1	
o				1			16	1	
p							7	1	
q							5	8	
r									1
s									1
計	2	34	32	19	37	22	44	16	2

② 広域第6期併行

第41図　鬲の地域別出土傾向

　区からⅥ区はhやi，lやmなどを媒介としてそれぞれの地域が直接あるいは間接的につながりをもつことがわかる。これは1形式が直接広域に伝播するのではなく，鬲自体あるいは形態に関する情報が少しずつ動くことで玉突き式に伝播したことを示す。またⅦ区とⅧ区もn, o, p, qなどを共有し，相互に密接な関係があったことが窺える。
　反対に，Ⅰ区はjを従属的に出土するだけであり，他に鬲の出土はみられない。この独自性は，鬹から指摘したⅠ区の独自性と対応する現象であり，他地域の要素を受け入れない何らかの背景を考える必要がある。また，Ⅳ区およびⅤ区とⅦ区の間，ちょうど黄河が屈曲する地域を境に組成が大きく変化する。これについても土器の伝播を制約する要因を考える必要があろう。
　以上より，鬲は広域第5期併行期にⅣ区を中心とした地域でaが出現・受容され，それをもとに各地で在地化されて新たな形態が創出されることがわかる。広域第6期併行期になるとさらに分布範囲を広げ，在地化が進むことで形式数が増加する。そして，それらのうちの一つか二つが

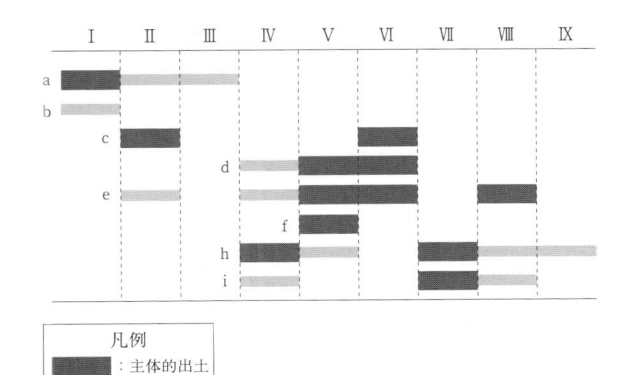

第 4 章　環太行山脈地区文化圏形成の背景　147

	Ⅰ	Ⅱ	Ⅲ	Ⅳ	Ⅴ	Ⅵ	Ⅶ	Ⅷ	Ⅸ
a	9	1	1						
b	1								
c				4	1	2	8		
d					4	21	13		
e		2		9	61	10	2	7	
f					29				
h		1		16	6		28	3	1
i					3		11	2	
計	10	8	1	33	119	31	41	12	1

凡例
■：主体的出土
▬：従属的出土

第42図　鬲の地域別出土傾向

隣接する地区間の交流を通して2―3地域で受容される。その結果として，隣り合う地域がいくつかの形式を共有し，漸移的な組成の変化が地区間で生まれるのである。ただ，漸移的な組成の変化は，Ⅰ区やⅦ・Ⅷ区までは連続せず，それらの地区は独自の組成をもつことになる。

　　iii）鬲

　鬲はⅥ区の内蒙古中南部で広域第5期併行期の最末期，つまり岱海・黄旗海編年第Ⅳ期前葉に属する例が存在するが，大部分が広域第6期併行期に属するため，一時期にまとめて分析を進める。

　鬲も斝と同様に，Ⅹ区を除くすべての地区から出土する（**第42図**）。これは，広域第5期併行期に広く分布した斝をもとに鬲が成立したことや，広域第6期併行期の地域間交流が活発化したことが，その要因として考えられる。ただ，Ⅲ区とⅨ区ではそれぞれ1点しか出土しておらず，周辺地域の鬲が流れ込んで出土したものと判断できる。その他の地区をみると，個別の形式ではやはり斝と同様に1地区からしか出土しないものと，2―3地区で出土するものに分かれる。さらに組成も隣接する地区が一つか二つの形式を共有して，それに1地区からしか出土しない形式と組み合い，各地区で地理的に漸移的変化を示す組成が形成される。特にⅡ区からⅥ区の間でこのような傾向が強く，これらの地区間の集団が直接的あるいは間接的な影響関係にあったことがわかる。Ⅶ区とⅧ区についてはeやh，iを出土するという点でⅡ区からⅥ区と共通点がある。しかし，Ⅳ・Ⅴ・Ⅵ区で出土するdはみられず，Ⅳ区とⅦ区の間を境界に，組成が若干変化することがわかる。この点はやはり斝と同様に，黄河が東へ屈曲する地域を境とする変化を看取できる。また，Ⅰ区についてもaの出土が突出して多く，他地区とは一線を画する。これも鬲や斝でみられたⅠ区の独自性と相関する現象であろう。

（2）伝播のパターン

　ここまで形態を中心にみてきた空三足器の時空間の分布傾向を，組成と細別形式を中心に整理

する。組成については，鬲の広域第6期併行期でみられたⅠ区のように，他地区では出土しない独自の形式が組み合って特殊な様相を呈する地区がある。一方，大部分の地区は，斝や鬲でみたように，隣接する二つ三つの地区が一つか二つの形式を共有し，さらに独自の形式を加えて漸移的な変化を示す状況が看取できた。前者は地域的な独立性が高く，他地域の集団との交流に積極的ではなかったか，あるいは何らかの理由で周辺地域が影響を受け入れなかった可能性が考えられる。後者は隣り合う地区が相互に交流関係にあり，その結果として一定の距離を挟む地区間でも玉突き式に間接的な影響が及ぶことになる。ただ，その影響も無制限に続くのではなく，本節であればⅠ区とⅡ・Ⅲ区，Ⅳ区とⅦ区などの間で比較的明確な断絶がある。その理由として，別の文化的中心地の存在や自然地理的な要因による交流機会の制約などが十分に考えられよう。

次に個別の細別形式に注目すると，大きく三つの分布傾向に分けることができる。一つは鬶，斝，鬲すべてで確認できる1地区からしか出土しない例，二つは斝や鬲に多くみられる2—3地区で出土する例，三つは鬶fでしかみられない4地区以上から主体的に出土する例である。これら三つのパターンは，さらに1地区のみおよび2—3地区から出土するパターン，4地区以上から出土するパターンというように，大きく2パターンにまとめることができる。前者は主に各地区の地域性を形成する主要な要素であり，限定された地域から出土するため「限定分布」とする。また，後者は広域で共通して分布するため「広域分布」とする。

このように見た目から模倣できる形態には，個別の細別形式に二つの分布パターンがある。それでは，次に各パターンについてより技術的な要素が強い色調や文様などの分布状況をみてみたい。形態では広域分布を示してもその他の要素で地域性が抽出できれば，形態的には模倣したが伝播の過程でその他の情報が変容したか，あるいは技術的な制約があり模倣しきれなかったなどの可能性が推測できよう。また，限定分布でもその他の要素が共通すれば，同様の技術的基盤のうえで異なる形態が製作された可能性が指摘できよう。

6 文様・色調などからみた空三足器の出土傾向

（1）広域分布

まず，広域分布を示す鬶fについて分析する。第43図は鬶fの色調を地域別に示している。この図から，Ⅱ区やⅢ区など東方に位置する地区では紅陶と灰陶がほぼ同じような割合で出土し，主体を占めることがわかる。一方，Ⅳ区を挟んだ西側のⅦ区や長江流域のⅨ区，Ⅹ区では灰陶がほとんど出土せず，紅陶が主体を占める。

第44図は鬶fの地区ごとの器高を比較したものである。Ⅱ・Ⅲ・Ⅸ区では大部分が15—25cmにおさまる一方で，Ⅶ区やⅩ区ではすべてが25cmを超える大型に分類できる。つまり，地域ごとに明確にサイズを分けることができる。

以上のように，形態的には共通性が高くても，色調や器高では明確な地域性を抽出することができる。特に黄河が東に屈曲するⅣ区とⅦ区の境界や長江流域などで，比較的明確に地域性が変化する。これは形態からみた組成の玉突き式伝播が途切れる地域と大まかに一致する。したがっ

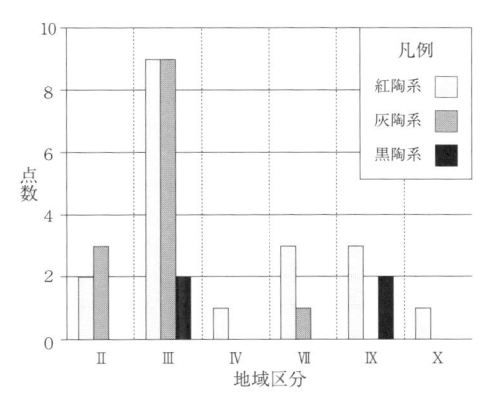

第 43 図　鬲 f の地域別にみた色調

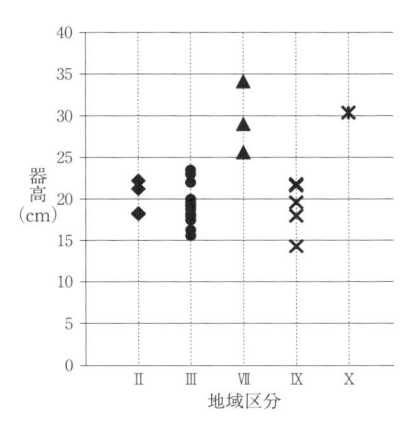

第 44 図　鬲 f の地域別にみた器高

て鬲 f からも，これらの地区間に何らかのモノの伝播を阻害するような要因が存在したことを想定できる。

　また，一定の地区間で鬲 f の形態以外は異なることから，少なくとも鬲 f は直接モノが広域に拡散したのではないことはわかる。つまり，鬲 f の形態に関する情報が広まり，それをもとに各地区の技術や認識を基礎として製作されたと考えられる。

（2）　限定分布

　次に，主に斝や鬲の形態の分布に多くみられた限定分布について分析する。第 45 図は広域第 5 期併行期および広域第 6 期併行期における斝の各要素の地域別出現比を示している。まず広域第 5 期併行期の文様では，Ⅱ区は 1 点しか出土がないため除外して考えると，Ⅴ区で縄文が多い点を除けば，ほぼ全地区で籃文が主体となりそれに縄文が続くという状況を呈す（第 45 図―①）。色調もⅡ区を除くと，基本的には全地区で灰陶が主体を占める（第 45 図―②）。ただ，Ⅳ区とⅦ区の間の黄河屈曲部を境界に，東側では一定数の紅陶が出土する一方で，西側のⅦ区ではすべてが灰陶となる。

　広域第 6 期併行期になると，文様では各地で地域性が強く明確な傾向を把握しにくい（第 45 図―③）。しかし詳細に分析すると，Ⅰ区では方格文が 2 点出土しており，さらにⅡ・Ⅲ区を中心にⅣ・Ⅴ区などでも若干ではあるが方格文がみられる。また，Ⅶ区を中心にⅧ区やⅣ区あるいはⅨ区で一定数の籃文が出土する。このようにⅠ区とⅡ区，Ⅳ区とⅦ区の間を中心に，漸移的ではあるものの若干の地域性を抽出することができる。色調については，全体的に灰陶が主体となるが，やはり詳細に分析すると地域性を抽出することができる（第 45 図―④）。つまり，Ⅱ・Ⅲ・Ⅳ区では一定数の黒陶が出土しており，さらにⅦ区とⅧ区では紅陶が多くみられる。このように色調でもⅠ区とⅡ区，Ⅳ区とⅦ区の間で地域性の差異をみて取ることができる。ここまでみた斝の文様や色調からわかる地域性は，隣接する地区間で各要素が一変するわけではなく，同一の文様や色調を共有しつつ，別の文様や色調の比率を変えながら地域的な独自性が顕在化してい

① 文様（広域第5期併行期）

	籃文	縄文	無文	計
II		1		1
III	3		1	4
IV	27	6	4	37
V	2	8	1	11
VI	14	5	3	22
VII	7	2	2	11

② 色調（広域第5期併行期）

	灰陶系	黒陶系	紅陶系	計
II			1	1
III	3		1	4
IV	27		10	37
V	5		4	9
VI	14	6	4	24
VII	12			12

広域第5期併行期

③ 文様（広域第6期併行期）

	籃文	縄文	無文	方格文	計
I			2		2
II	1	14	15	2	32
III	1	9	18	4	32
IV	2	5	2	1	10
V	2	24	1	1	28
VI	2	5	14		21
VII	24	17	3	1	45
VIII	2	3	9		14
IX	3				3

④ 色調（広域第6期併行期）

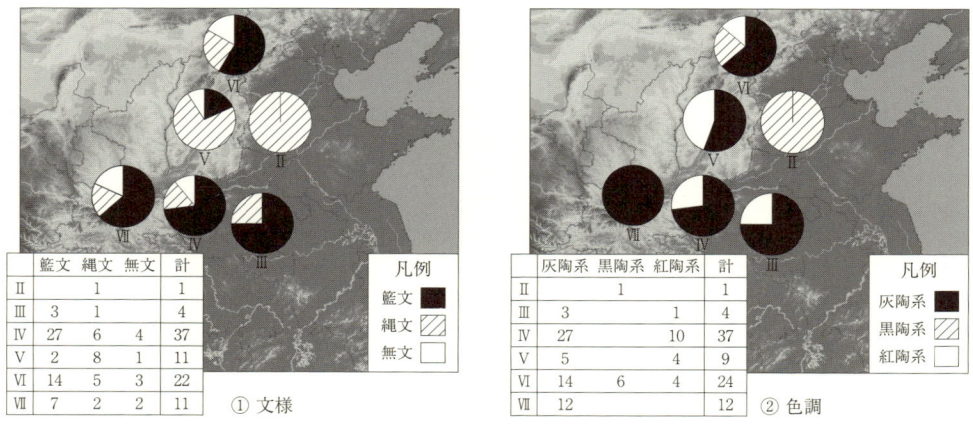

	灰陶系	黒陶系	紅陶系	計
I	2			2
II	20	5		25
III	10	12	4	26
IV	5		5	10
V	16			16
VI	14	1	2	17
VII	27		20	47
VIII	14		7	21
IX	3			3

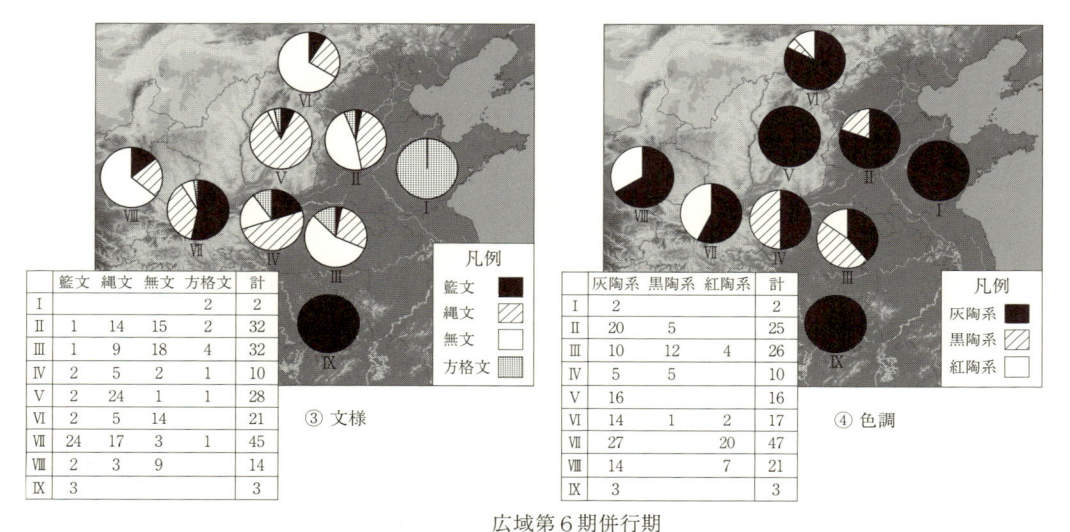

広域第6期併行期

第45図 鬲の各要素の地域別出現比

るのである。

　広域第6期併行期の鬲をみてみると，文様では全体的に縄文が突出することがわかる（第46図—①）。しかし，I区はかなり特殊な状況を呈しており，大部分が無文である。また，VII区を中心にVIII区でも籃文の出土がみられる。次に色調に注目すると，全体的に灰陶が多いが，I区を中心に黒陶が一定の割合で出土する（第46図—②）。さらにVII区とVIII区では紅陶が多く出土する。文様と色調に加え，**第46図—③—2**の基準に基づいて把手の分布もみると，I区を中心にII区などで把手をもたない鬲が一定数出土する（第46図—③—1）。それに対して，II・III・IV・V・VI区などでは双鋬が多くみられる。また，VII区やVIII区，さらにIV区では単環状の把手が主体となる。VIII区では双環状の把手もみられる。このように，鬲の文様や色調，さらに把手の出土傾向からは，一定の地区間で明確な地域性があることがわかる。総じてみるとI区の独自性はきわめて

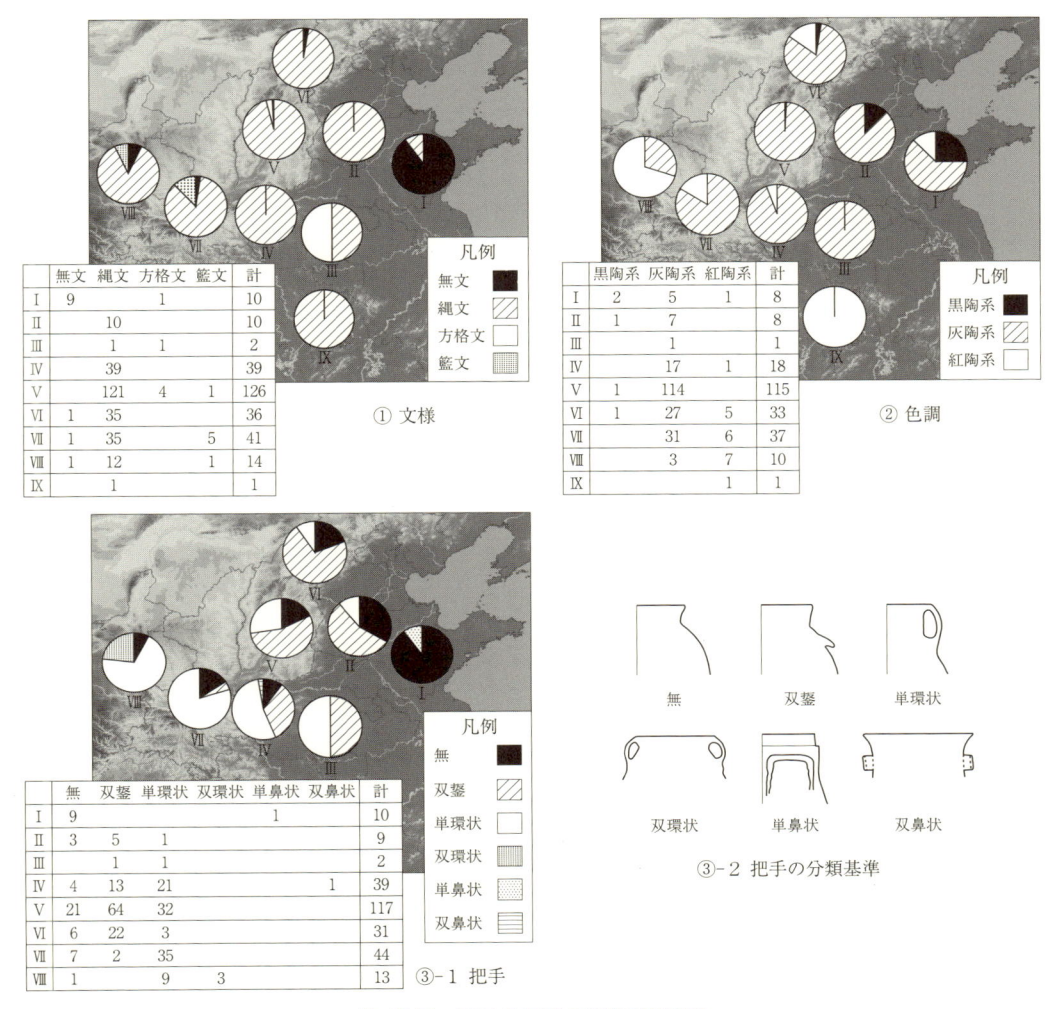

第4章　環太行山脈地区文化圏形成の背景　151

	無文	縄文	方格文	籃文	計
I	9	1			10
II		10			10
III	1	1			2
IV		39			39
V		121	4	1	126
VI	1	35			36
VII	1	35		5	41
VIII	1	12		1	14
IX		1			1

① 文様

凡例
■ 無文
▨ 縄文
□ 方格文
▦ 籃文

	黒陶系	灰陶系	紅陶系	計
I	2	5	1	8
II	1	7		8
III		1		1
IV		17	1	18
V	1	114		115
VI	1	27	5	33
VII		31	6	37
VIII		3	7	10
IX		1		1

② 色調

凡例
■ 黒陶系
▨ 灰陶系
□ 紅陶系

	無	双鋬	単環状	双環状	単鼻状	双鼻状	計
I	9		1				10
II	3	5	1				9
III		1	1				2
IV	4	13	21		1		39
V	21	64	32				117
VI	6	22	3				31
VII	7	2	35				44
VIII	1		9	3			13

凡例
■ 無
▨ 双鋬
□ 単環状
▨ 双環状
▦ 単鼻状
▤ 双鼻状

③-1 把手

③-2 把手の分類基準
無　双鋬　単環状
双環状　単鼻状　双鼻状

第46図　鬲の各要素の地域別出現比

高く，さらにやはりIV区とVII区の間の黄河屈曲部を境界として，その東西で各要素の比率が異なる。また，斝と同様に，各地区で地域性が存在するものの，隣接する地区間で共有する要素が存在し，結果的に漸移的な変化を示すことになる。

　以上のように，形態面で限定分布を示す斝や鬲は，文様や色調などにおいても隣接する地域間で共通する要素をもち，さらに独自あるいは別の地区と共通する要素を加えて地域性を形成している。特にI区やVII・VIII区とその他の地区の間で比較的明確に異なる地域性を抽出することができた。このような一連の状況は形態の分布状況と相関しており，斝や鬲が伝播する際に形態と合わせて文様や色調も各地区の技術や趣向に沿って変化したことが窺える。しかし逆に考えると，形態や文様，色調は各地区で在地化されるが，空三足という大きな枠組みからは外れていない。これは，空三足という形や機能に重要な意味があったことを示唆していよう。

7 機能からみた伝播形態の差異

（1） 各空三足器の機能

　ここまで示したように，空三足器の伝播構造には，以下の2パターンがある。一つは，同一の形態が広域に広がりつつもその他の要素には地域性がみられるパターンである。もう一つは，形態とその他の要素すべてに地域性がみられるパターンである。このような異なる伝播のかたちを生み出した背景についてはさまざまな可能性が考えられるが，ここでは特に空三足器の機能に注目する。

　まず広域分布を示した鬹fであるが，空三足をもつ鬹は既述したように広域第5期併行のⅠ区に属する山東半島で出現したとされる。その出土状況をみると，約51％が墓から副葬品として出土している。広域第6期併行期に出土する鬹fについては文化層や土坑からの出土が多いものの，後続する二里頭文化の特に第2期以降になると，やはり鬹や盉は墓へ副葬されている。したがって，鬹fも副葬品に近い特殊な機能を期待されたと考えられる。また，胎土をみても，鬹fは約83％が泥質あるいは細泥質の粘土で製作されており，精製土器とみなすことができる。鬹には白陶が多く存在することも，精製土器であることを示している。以上より，鬹は主に非日常的な用途に用いられた可能性が高く，鬹fについても同様の機能があったと考えてよかろう。

　次に，限定分布を示す斝と鬲の機能について考える。斝や鬲は，鬹とは異なり陶寺遺跡の広域第5期段階の例を除いて墓から出土するという報告はほとんどみられない。その大部分が文化層や土坑，あるいは住居址からの出土である。また胎土をみても，斝の約81％，鬲の約98％が夾砂という混和材を多く混入した粘土で製作されている。さらに筆者も実見したことがあるが，斝や鬲の器表面を観察すると，煤の付着がみられる例が非常に多い。これらを総合して考えると，すでに第3章で明確に言及してはいるが，やはり斝や鬲は煮沸器として位置づけられる。つまり，鬹とは対照的に日常的，実用的に使用されたと考えられる。

（2） 伝播形態の差異

　空三足器の伝播構造として挙げた2パターンに，機能を加味してその背景を考えてみたい。まず，形態は広域分布を示すが，その他の要素には地域性がみられる鬹fは，非日常的な機能を有する。具体的にどのような状況で使用されたかは推測が難しいが，前後の時期に墓から出土するので葬送儀礼や祭祀に関わる状況で使用された可能性がある。その際に，儀礼や祭祀のなかに占める鬹fの重要性が他地区で認識され，特にその存在を象徴する形態を模倣した鬹fが広く受容されたのではなかろうか。ただ，鬹fは他の形式とセット関係をもちながら広がるわけではないため，必ずしも土器の背景にある行為までが広域に受け入れられたとは限らない。あくまでも鬹fの形態だけが重視されたため，各地区ではその形だけを模して色調や器高は在地の土器製作に則ったと考えられる。一方，f以外の鬹も非日常的な使用方法であると考えられるが，広域分布を示さない。これは，細別形式によって各地で必要とされるものとされないものがあった可能性

もあるし，技術面で特定地区以外での製作が不可能であった可能性もある。

一方，形態とその他の要素すべてに地域性がみられた斝や鬲は，日常的に使用された煮沸器であった。日常的に使用されるなかで実用性が追求されたため，その伝播の過程で各地区の使用方法や煮沸対象，生活方式に適合した形に変えられていった。その結果として形態や文様，色調などが玉突き式に地域的な特徴を帯びたのだろう。一般的に煮沸器は実用性が高いため製作や使用に大きな規制はなく在地性が高い。そのことからも，このような伝播パターンの形成を補強することができる。

これら二つのパターンは，形態とその他の要素が広域で共通して合致しないため，モノ自体が継続的かつ大量に動いたのではなく，ともに情報の伝播が主である。しかし，情報を受容する側の要求には違いがあり，この点も伝播パターンの差異を生み出した要因の一つであろう。つまり，形態，文様，色調などすべてに地域性がみられるパターンは，空三足器が受容される際に空三足の機能が受け入れられて，その他の要素は在地化してしまう。しかし，形態は広域分布を示すが，その他の要素には地域性がみられるパターンは，空三足を含めて全体の形自体に意味が期待されて受容された。このように空三足器の主体的な機能のほかに受容する側の要求もあり，それらが表裏一体の関係となって二つのパターンを形成する背景となったのだろう。ただ，これらはあくまでも異なる伝播パターンを生み出した背景の一つである。当然，より多面的な分析を通して，その他の背景も想定する必要がある。

8　新石器時代における空三足器の伝播形態と環太行山脈地区の位置づけ

最後に分析によって得た結果を整理し，環太行山脈地区の位置づけを明らかにする。

まず，形態からみた空三足器の分布として，1地区のみに分布するもの，2—3地区に分布するもの，4地区以上に分布するものの三つのパターンがあることを明らかにした。これらはそれぞれ広域分布と限定分布にまとめられる。そして，広域分布には鬲fが，限定分布には主に斝や鬲が相当する。各地区の空三足器の組成はこれらが組み合って構成されるが，特に限定分布に含まれる2—3地区に分布する形式が重要な役割を果たす。つまり，これらの形式が隣接する地区集団間の交流を通して共有されることにより，組成が空間的に漸移的な変化を示すことになる。

また，形態以外の要素をみると，広域分布と限定分布ともに地区間で一定の地域性があることがわかった。特に，Ⅰ区とⅡ区あるいはⅣ・Ⅴ区とⅦ区の間では地域性の差が比較的顕著であり，形態からみた限定分布と相関する現象といえる。このように地域間相互に一定の交流関係がみられない状況は，ちょうど田中良之氏がいうハイレベルの地域間関係に近い（田中 1982）。その背景については，黄河河道などの自然地理的な要因による交流範囲の制約など，さまざまな角度から考える必要があろう。また，新石器時代以降には岳石文化や先周文化などⅠ区やⅦ区に独自性の強い文化が出現する。本節で明確にしたⅠ区やⅦ区あるいはⅧ区の地域性は，後続する文化の独自性を創出した素地として位置づけることができるだろう。

形態および文様や色調を中心とした要素の時空間における分布から，新石器時代の空三足器に

空三足器の分布圏

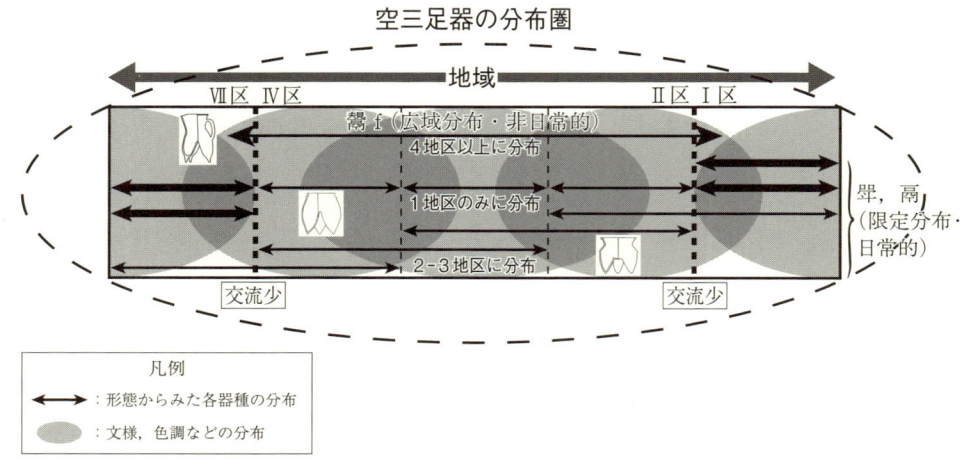

第 47 図　新石器時代における空三足器伝播のモデル図

は，形態は共通するがその他の要素には地域性がみられるパターンと，形態とその他の要素すべてに地域性がみられるパターンがあることがわかった。この2パターンを生み出した背景の一つには，空三足器の機能の違いがある。つまり鬲の非日常的用途と斝や鬲の日常的用途という違いが伝播の過程で広がりの違いを生み出し，さらに受容する側の要求も相まって二つのパターンを生み出す要因の一つとなったのである。このような要因を背景に，空三足器が多様なかたちで伝播し，広大な分布圏が形成されたのである。以上をモデル化したものを第 47 図に示しておく。

　本節が対象とする新石器時代末期前葉から末期後葉は，自然地理的環境に制約される範囲を中心に考古学で認識できる地域的なまとまりが横並びに形成された段階である。それぞれその内部で内向きの域内交流を行い，類似した土器様式，形式を保持していた。これは都出比呂志氏がいう地域的小様式や田中良之氏がいうローレベルの関係という概念に近い（都出 1989，田中 1989）。このような地域が各地に存在するなかで，ある地域の形式が隣接する地域に伝播してその域内交流の流れのなかに組み込まれる時に，その地域の使用方法や生活習慣，土器製作の技術などに適応するかたちで，形態や文様，色調を変えた形式が出現したのだろう。そして，各地域におけるその繰り返しのなかで，漸移的な変化が形成されたのである。つまり，このような横並びの地域文化の構造が存在したために，新石器時代にはモノ自体が広域に伝播しにくかったのである。一方で，各地区を横断して同一の形態が保持された鬲 f は，製作は各地で行われたが，形態自体が普遍的に重視されたため，完全な在地化はなされなかったのである。

　以上のように抽出した2パターンの空三足器の伝播形態のなかで，環太行山脈地区にみられる空三足器の広がりを考える。環太行山脈地区にみられる空三足器は鬲が中心であり，したがって形態とその他の要素すべてに地域性がみられるパターンに属する。また，鬲や斝の広がりからⅠ区とⅡ区およびⅣ・Ⅴ区とⅦ区の間に組成や形式，文様や色調，把手に断絶がみられた。逆にいえば，Ⅰ区とⅦ区に挟まれるⅡ区からⅥ区は比較的共通性が高く，相互に直接・間接的な関係

をもったまとまりとして抽出できる。これらはその大部分が環太行山脈地区に相当する。環太行山脈地区文化圏を主に定義づけるc・d・eなどの鬲に注目すると，その大部分がⅡ・Ⅳ・Ⅴ・Ⅵ区からの出土であるため，中国全土から出土する鬲を通してみても，環太行山脈地区文化圏における相互のつながりの強さを確認することができる。

しかし，第3章でも指摘したように，環太行山脈地区文化圏のなかでも空三足器は他の形式とともにセット関係をもって伝播しない。本節でも隣接する二つ三つの地区が一つか二つの形式を共有し，さらに独自の形式を加えて漸移的な変化を示す状況がみられると指摘した。これらの状況から導き出されるのは，環太行山脈地区に空三足器が浸透する際に直接的な集団の移動が想定されるのではなく，むしろ空三足器の情報が伝わることで広まったという結論である。次節では，この点をより明らかにするため，なぜ空三足器の情報が広く伝播するに至ったのかという問題について議論を深めたい。

第2節　実験考古学からみた鬲の分布圏拡大の背景

第1節では環太行山脈地区文化圏の形成に際し，最も重要な鬲をはじめとする空三足器の広がりについて，情報の伝播が主な要因ではなかったのかという見解を示した。それでは，なぜ空三足器に関する情報が広域で急速に受容されたのかという疑問が生じる。この点に対して一定の回答を示すために，ここでは空三足器の特に鬲が分布範囲を拡大した要因について，熱効率という視点から論じてみたい。

第3章でもみたように，環太行山脈地区文化圏が明らかになる広域第6期には，環太行山脈地区全体で鬲をはじめとする空三足器が受容される。それまでの広域第5期以前は，各地で主に深腹罐や鼓腹罐，鼎，斝，釜灶などが煮沸器として採用されてきた。しかし，鬲の出現以降はこれらの各煮沸器が大きく減少するようになる。このような現象が最も顕著でわかりやすいのが山西南部の臨汾盆地である。

臨汾盆地では鼎，斝そして釜灶という山西編年の第Ⅳ期の特に後葉にみられた煮沸器が，後続する山西第Ⅴ期になると鬲に転換する。この鬲の拡散に対して，本書ではここまで情報の伝播を想定してきたが，一部の研究では鬲を使用した集団の移住や鬲の熱効率の高さを指摘する。前者については，本書第3章で，鬲の分布拡大に他の形式が伴わないことから疑問を投げかけた。一方，後者については感覚的な指摘に終始し，鬲の熱効率の高さを実証的に研究した論考はみられない。したがって，改めて検証が必要な見解といえる。つまり，鬲の熱効率の高さが証明されれば，それを一つの要因として空三足器が広く拡散したということを示すことができる。当然，それだけがすべての理由ではないだろうが，その要因の一つとして非常に有意義な見解を提起することができよう。

以上のような背景から，本節では鬲の熱効率は実際に高いのかという点に着目し，実験的な手法をもとにデータを提示しながら論じる。なお，その比較対象として，山西第Ⅳ期の臨汾盆地で

多く出土し，サイズが鬲と近似するため煮沸器のなかにおける役割が比較的近いと思われる鼎を対象資料に加える。

1　研究史

第3章でも論じたが，これまでの研究でも新石器時代末期において鬲が他の煮沸器に換わり急速に普及することは指摘されている。そのなかで鬲の分布拡大の背景については，主に二方面から理解されている。一つは鬲を使用した集団の移動・拡散に伴い，鬲が広域に分布を広げるという見方である。韓建業はその論考のなかで，山西省西南部が鬲を受容する過程で北方からヒトの移動があったと指摘する（韓 2007）。韓は紀元前3000年紀の気候の寒冷乾燥化に伴い北方に居住した人々が南下し，その結果として鬲の分布も南へ拡大したと考えた。また，鬲の他に細石器も南へ分布を広げるとする。しかし，第3章で得た結論から考えると，臨汾盆地の鬲は確かに内蒙古中南部や山西中部などと同系統のものがみられるが，その他に鬲Ⅲなどきわめて在地性の高い鬲が確認できる。また，煮沸器以外にも在地性が高い形式が多くみられ，これらの現象を総合的に考慮すれば，大規模かつ直接的な集団の移動は考えにくい。また，前節でもみたように，漸移的な伝播をする空三足器からは，ヒトの移動に伴う一定の距離を越えた直接的な伝播は確認できない。したがって，韓が論じるような直接的なヒトの移住は成立しがたい見解といえる。

もう一つの鬲の分布拡大の背景は，本節で論じることとなる熱効率の高さである。先学の研究を概観しても，この点に関して専門的に論じた論考は見当たらない。しかし，鬲の成立背景を説明する際に，熱効率に言及する研究は多々見受けられる。

陳冰白は釜灶から単把鬲が成立する過程で被熱面積が増加し，熱効率が上昇したと指摘する（陳冰白 1991）。単把鬲の成立過程については本書の目的から外れるために触れないが，陳は釜灶と鬲の形態的特徴から熱効率の問題に言及している。

高天麟も鬲の形態的特徴からその熱効率の高さについて論じた（高天麟 1996）。高は釜灶と鬲の構造を比較するなかで，燃料の燃焼空間と通気について釜灶よりも鬲の方が優れるとし，鬲の熱効率の高さを証明する根拠とした。

李文傑もまた袋足，つまり空三足という構造上の特徴から，鬲が燃料のエネルギーを効率的に利用できたとしている（李文傑 1996）。そして，鬲の出現と釜灶の消失を関連づけて考えた。

日本では，飯島武次氏が鬲は何を煮沸したのかという問題のなかで「陶鬲は熱効率がよく，流動性のある粟粥を調理するのに適した器形と思われる」というように鬲の熱効率について言及している（飯島 2006）。

上記4名の研究者のなかで，特に中国の研究者に共通する視点は，鬲の熱効率をその形態的特徴と結びつけて説明する点である。確かに鬲の形態を考えると単純に被熱面積が増加する点を想定することはできる。しかし，鬲の焚き方や炉の形態を考慮せず，さらに実証的なデータが欠落したままの状況で鬲の成立根拠とするにはあまりにも心許ない。

また，その他の共通点として，鬲の熱効率の比較対象が釜灶である点が挙げられる。釜灶は廟

底溝二期文化から龍山文化の山西南部と河南西部というかなり限定された範囲に分布がおさまる。一方，鬲はより広い地域に分布するため，釜灶との比較からだけではその分布拡大の背景を捉えることは難しい。むしろ，鬲の分布拡大以前に各地で広く採用された煮沸器は鼎であるため，鬲と鼎を比較する必要がある。

以上のような研究史上の問題点を踏まえ，本節では鼎から鬲へ煮沸器が転換した背景を，熱効率という視点から論じることにする。特に鼎と鬲の熱効率を実証的に証明するために実験的手法を用いる。対象とする地域は，既述したように山西南部の臨汾盆地とする。これまでの中国考古学史では，実験的手法を用いた研究は非常に少なく，そのような点からも本研究には一定の意義があるといえよう。

2　研究手順

ここでは，本節の目的を達成するために踏む作業手順について説明する。

本節は，大きく実験前の基礎作業，煮沸実験，結論という3段階に分かれる。基礎作業では，まず実験で使用する煮沸器を決定する。そのために，山西南部の山西第Ⅳ期後葉から山西第Ⅴ期に属する遺跡で出土した鼎と鬲を形態と口径から分類して当時の煮沸器のセット関係を明らかにする。そして，そのなかでより一般的に使用されたと考えられる煮沸器を抽出する。

次に，筆者が現地調査で実見した経験から煤の付着状況について論じ，煮沸器の使用時における火の焚き方を明らかにする。併せて，報告された炉をもつ住居址を集成し，そこから実験時に使用する炉の形態を復元する。また，実験とは直接関係ないが，臨汾盆地の陶寺遺跡においてウォーターフローテーション法で検出された植物遺存体の統計から，当時の煮沸対象についても言及する。

ここまでで実験の諸条件を整理し終え，実際の準備として鼎と鬲の製作について述べる。厳密には土器製作も基礎作業に含まれるが，一定の知見が得られたために特に論じておく。

そして実験に入るが，まずは実験に用いた器具や条件などについて述べる。その後に実験の過程と結果について詳述したい。

最後に，実験結果から得られた知見を歴史的に位置づける作業を行い，本節の結論とする。

3　実験前の基礎作業

（1）使用土器

臨汾盆地における山西第Ⅳ期から山西第Ⅴ期にみられる煮沸器には鼎，釜灶，深腹罐，斝，鬲，甗などがある。山西第Ⅳ期後葉では特に鼎，釜灶，深腹罐，斝が出土し，各形式はさらに細分することができる。一方，山西第Ⅴ期になると，特に前葉の早い段階ではいまだ山西第Ⅳ期と同様の形式が残るものの，新たに鬲が出現する。そして山西第Ⅴ期後葉になると，山西第Ⅳ期にみられる煮沸器は消失し，ほぼすべて鬲によって組成が成立するようになる。**第48図**は第3章の分類に沿って，代表的な煮沸器の変遷を示している。

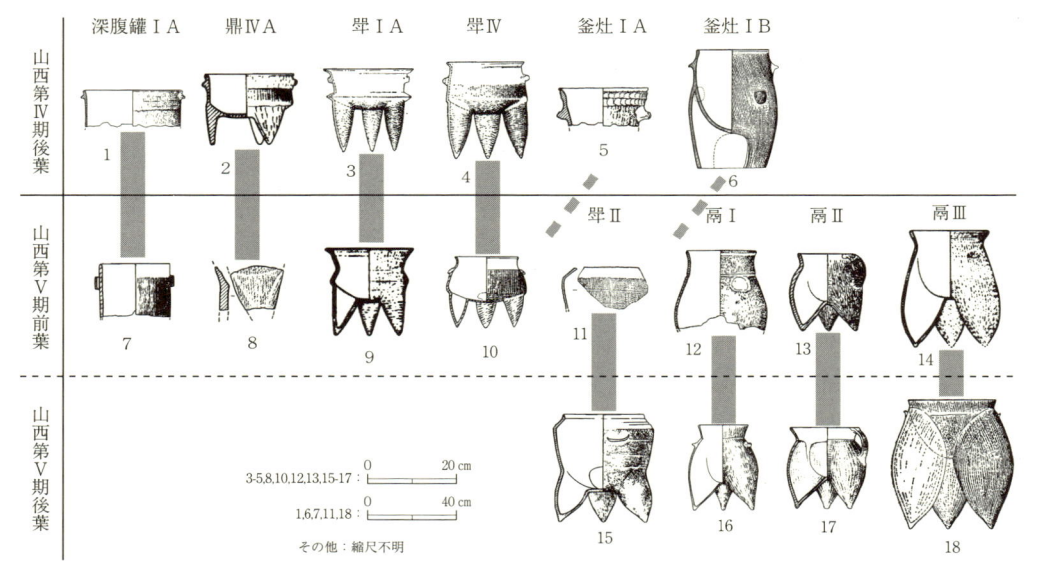

第 48 図　臨汾盆地における山西第Ⅳ期後葉から山西第Ⅴ期の煮沸器

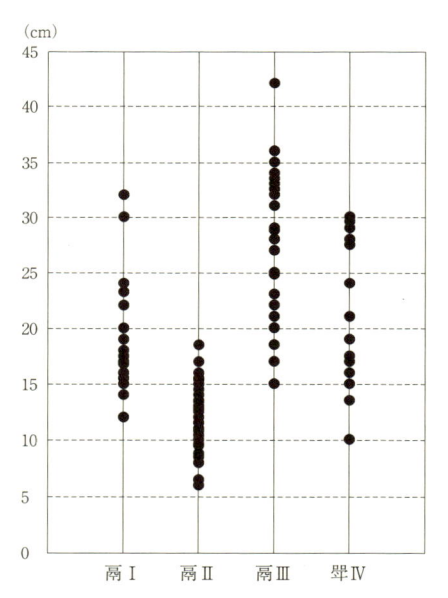

第 49 図　口径からみた臨汾盆地の煮沸器

　上記した山西第Ⅳ期から山西第Ⅴ期にみられる煮沸器は，口径から大型，中型，小型に分けられる。まず，山西第Ⅳ期後葉に属する遺跡から出土した煮沸器の口径をみると，**第 49 図**のとおり鬲Ⅰは中型の1サイズ，鬲Ⅱは 15 cm 未満を中心とする小型の1サイズ，鬲Ⅲは 25 cm 以上の大型と 15 cm 以上 25 cm 未満の中型の2サイズ，斝Ⅱは大型と中型の2サイズというように分かれる。同形式内におけるサイズの違いや複数形式に跨る同一サイズの存在は調理対象による使い分けや調理量に関係すると考えられる。また，出土量や容量を考慮すれば，中型が最も使用頻度が高いと考えられ，本節で行った実験でも中型の鬲を使用した。

　一方，山西第Ⅳ期後葉の煮沸器は報告数が限られ，鼎に至っては完形での出土が正式に報告されていない。一点のみ未報告の鼎が，高天麟などが執筆した論文のなかで図示されているが（高天麟ほか 1984），スケールがないためサイズは不明である。筆者が陶寺遺跡出土の土器を実見した際の印象では，鼎は小型から大型まで幅広く存在する。本節で行った実験では実験条件の平均化のため，山西第Ⅳ期後葉でみられる鼎も他の形式と同様に中型を製

作して使用することにする。その他，斝IA は中型，斝Ⅳは大型と小型，釜灶は大型を中心に中型もみられるというように分けることができる。

（2） 加熱方法

熱効率は土器の形態だけで決定するわけではなく，火の当て方も重要な要素である。つまり，土器の形態にあった火の当て方をすることで，熱効率も変化する。この火の当て方を復元する際に重要な根拠となるのは，土器の外面に付着した煤である。ただ，中国ではあまり煤の付着に注目が集まらず，遺物洗浄時に洗い流してしまう傾向がある。また，特に新石器時代末期の土器は濃灰色が多いため，煤の付着も不明確なものが多い。筆者が現地で陶寺遺跡出土煮沸器の煤付着痕に注目して実見を行った際も確かに煤の付着が不明確な例が存在した。しかし，一定数の煤の付着状況を確認することもできたので，それをもとに以下に私見を述べる。なお，第3章で示したように，陶寺遺跡からは山西第Ⅳ期後葉から山西第Ⅴ期に属する土器が出土している。

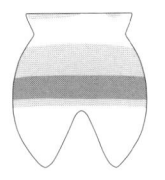

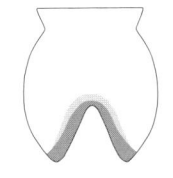

Ⅰ：胴部付着型　　Ⅱ：三足内側付着型　　Ⅲ：三足付着型

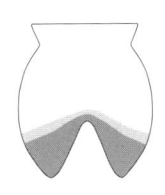

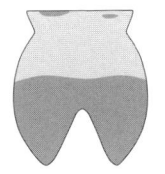

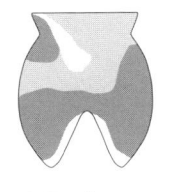

Ⅳ：全体付着型　　Ⅴ：全体付着三足内側未付着型　　Ⅵ：不規則付着型

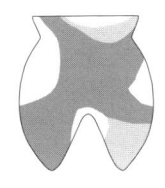

：煤付着強
：煤付着弱

第 50 図　陶寺遺跡の鼎と鬲にみられる煤付着パターン

陶寺遺跡出土の鼎と鬲の煤の付着状況には，**第 50 図**に示したように大きく六つのパターンが存在するようである。Ⅰ類は胴部下位に煤の付着は無く，中位に強い付着があり，上半部には弱い付着がみられる「胴部付着型」である。このような煤の付着は比較的強い炎が土器の下部から当てられた結果，胴部下半は煤が焼き切れて付着がみられず，逆に中位から上半に煤が付着したと理解できる。Ⅱ類は鼎や鬲の三足内側を中心に煤が付着する「三足内側付着型」とする。これは弱い炎あるいはオキの状態で三足内側から土器が被熱したために生じた付着状況と考えられる。Ⅲ類は三足の内側だけでなく，外側にも煤の付着がみられる「三足付着型」とする。基本的にはⅡ類と同様の被熱の結果と考えられるが，Ⅲ類の場合は三足内側からだけではなく外側からも被熱したと理解できる。Ⅱ類とⅢ類については，弱火あるいはオキの状態の火で加熱されたという共通点がある。Ⅳ類は胴部下半から中位にかけて煤の強い付着がみられ，さらに上半部全体に弱い付着がみられる「全体付着型」である。Ⅴ類は全体付着型に近い様相を呈すが三足内側には煤が付着しない「全体付着三足内側未付着型」とする。Ⅳ類とⅤ類はどのような被熱を経て形成された痕跡か理解するのは難しい。基本的に出土土器の煤の付着は，複数回にわたる土器の使用による煤付着の累積と，廃棄あるいは放棄直前の使用によって形成される。そう考えると，Ⅳ類は短期的に形成された可能性のほか，長期にわたる弱火での使用により累積的に煤が付着して

形成された可能性もある。一方，Ⅴ類はⅣ類と同様の煤付着状況の土器を廃棄あるいは放棄直前の使用の際，三足内側から強火で加熱したために形成された可能性がある。Ⅵ類は全体に煤が不規則に付着する「不規則付着型」とする。これらのほかにも未使用でまったく煤の付着がみられない例なども存在する。

　以上の6パターンは，筆者が陶寺遺跡出土の煮沸器を実見した際に観察した結果だが，これらの煤の付着状況と各形式の煮沸器には一定の相関関係があるようである。つまり，山西第Ⅳ期後葉に属する斝や鼎については主にⅠ類の「胴部付着型」が多く，Ⅱ類の「三足内側付着型」やⅢ類の「三足付着型」もみられる。一方，山西第Ⅴ期に属する鬲はⅡ類やⅢ類が多いという傾向がある。簡潔にいえば，山西第Ⅳ期後葉では強火で加熱した痕跡が多く，山西第Ⅴ期では弱火で加熱した痕跡が多いということである。ただ，山西第Ⅳ期で出土する鼎や釜灶，斝には墓の副葬品が含まれるため，使用痕が日常的なものではなく葬送儀礼に関係する可能性も否定できない。しかし，上記のような傾向を観察できたことを考慮して，とりあえず実験では強火と弱火の2種類の火で土器を加熱することにした。

（3）炉の形態

　陶寺遺跡では現在までに約10軒の住居が報告されている。そのなかで炉をもつ例は，山西第Ⅳ期後葉の3軒と山西第Ⅴ期の6軒の計9軒を数える。さらに，確実に炉を使用したとわかる，煮沸器を出土する住居址は5軒である。

　5軒の住居から検出された炉は，大部分が住居中央に位置する。また，平面形には円形と隅丸方形がみられる。円形と隅丸方形の炉に時期差はなく，同時期に併存している。陶寺遺跡から検出される住居址には円形，隅丸方形，不整形などの例があるが，炉の平面形の違いが住居址の平面形と相関関係にあるわけでもない。

　次に炉のサイズをみると，直径はほぼ0.5—1mの範疇におさまる。また，深さは0.1—0.3mにおさまり，それほど深くないことがわかる。つまり，陶寺遺跡で使用されていた炉は，一般的な地床炉であるといえよう。

　以上より，本節の実験でも前述したサイズの地床炉をつくり，煮沸を行った。本来ならば，炉に煮沸器をどのように据えたかまで考慮する必要があるが，現状では炉に煮沸器が据えられた状況で出土したという報告は見当たらない。かつて高天麟は，陶寺遺跡2172号墓から陶灶の中に斝が据えられた状態で出土したことに触れたが（高天麟 1996），これは副葬品という特殊な状況での出土であり，一般的な使用状況を示すとは考えられない。むしろ陶灶の中に斝を据えることは，被熱面積の減少につながり，斝の長所を消すことになる。鼎や鬲，斝などの煮沸器をどのような状態で火に架けたかは今後の調査に委ねるとして，今回の実験では地床炉の上に直接，鼎や鬲を置くことにした。

（4）煮沸対象

本節で行った実験は，鼎と鬲の熱効率について，煮沸時の内容物の温度上昇の差から明らかにしようとするものである。したがって，内容物が同じであれば条件に差はないため，今回の実験でも煮沸対象は水とした。当時の煮沸対象が何であったかについてはまた別の問題設定が必要となろうが，ここで簡単に私見を述べておきたい。

陶寺遺跡では，ウォーターフローテーション法により植物遺存体が検出されている（趙志軍ほか 2007）。植物遺存体は大きく木片，根菜類片，種子に分かれる。まず本節と関係する調理対象について分析すると，少なくとも主食としての穀類が重要な煮沸対象であったことは想像に難くない。したがって，植物遺存体のなかでも特に炭化種子が重要になる。

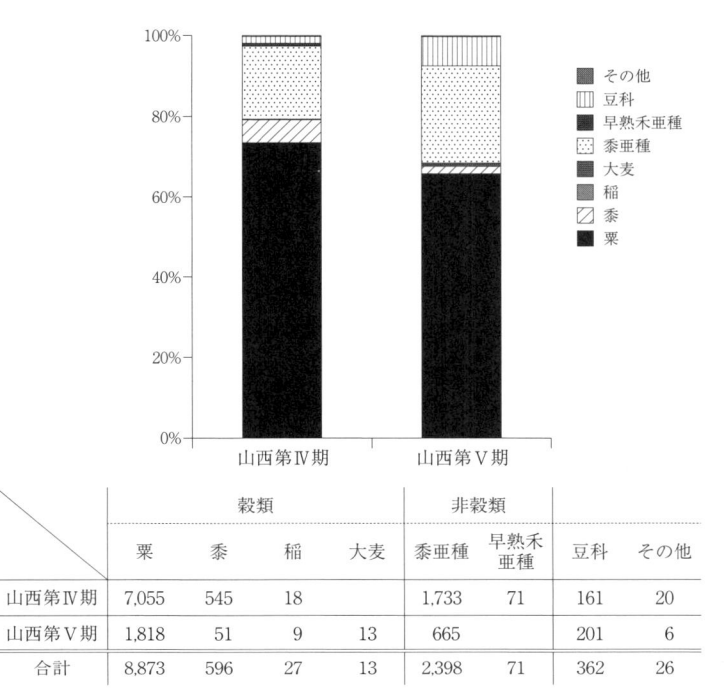

	穀類				非穀類			
	粟	黍	稲	大麦	黍亜種	早熟禾亜種	豆科	その他
山西第Ⅳ期	7,055	545	18		1,733	71	161	20
山西第Ⅴ期	1,818	51	9	13	665		201	6
合計	8,873	596	27	13	2,398	71	362	26

第51図　陶寺遺跡から検出された炭化種子比率

炭化種子は大きく穀類と非穀類に分かれる。穀類には粟，黍，稲，大麦がみられる。ただ大麦について報告では，形態的な特徴が一般的ではなくそれと確定できないとする。また，非穀類には黍亜種，早熟禾亜種がみられ，その他に豆科などが検出されている。

陶寺遺跡のウォーターフローテーション法の結果をもとに，**第51図**を作成した。これをみると，陶寺遺跡では山西第Ⅳ期から山西第Ⅴ期を通して粟が70%前後の割合で出土し，主な穀物であったことがわかる。次いで黍が出土するが，その割合は山西第Ⅳ期で6%，山西第Ⅴ期で2%と，遠く粟に及ばない。稲は両時期ともに1%にも満たない極少量の出土であるが，長江流域を中心に分布する稲が黄河以北の山西南部でも出土することは注目に値する。

以上の分析から陶寺遺跡の主要穀物は粟であることがわかる。粟は新石器時代中期の磁山遺跡の貯蔵穴から大量に出土したように，非常に早い時期から栽培化が進んだ穀物である。そして補助的に少量の黍を栽培していた可能性がある。

山西第Ⅳ期後葉では鼎と斝，釜灶，山西第Ⅴ期では鬲というように両時期で主な煮沸器は変化するが，おそらく煮沸対象は一貫して粟を主とした穀類であったと考えて間違いない。この点からも，煮沸器転換の背景に，煮沸器側あるいはそれを製作・使用した側の要因を考える必要があることがわかる。煮沸対象となったのは主食としての穀類だけではなく，副食としてのその他

第2表　土器焼成窯から検出された植物遺存体

	木炭（10ℓ/g）	粟	黍	稲	大麦	黍亜種	早熟禾亜	豆科	その他
Y1下層燃焼室	0.04	117	2			291		2	

の食物も考慮する必要があろうが，恒常的な煮沸対象という点では穀類が最も頻繁に煮沸されたと考えてよかろう。

　その他，ウォーターフローテーションの結果から，煮沸の際に使用する燃料についても言及しておく。一般的に燃料というとまず薪を想像する。もし薪を燃料とするならば，採集した土のサンプルから多量の木炭が出土するはずである。第2表は，炉ではないが，同様に火を使用する土器焼成窯のY1下層燃焼室より採集したサンプルから検出された植物遺存体の一覧である。木炭の出土量は10ℓ当たり0.04gであり，他の灰坑では1gを超える例もみられるなかで，きわめて出土が少ない。一方，特筆すべきは黍亜種の検出量の多さである。報告によれば，黍亜種は田畑などに生える雑草の一種である。つまり，報告でも指摘するように土器焼成窯では木炭ではなく黍亜種を中心とした草本類を多く燃料としていた可能性が高い。これは同様に火を使用する炉でも共通する可能性がある。したがって，煮沸器に火を当てる際の燃料として，草本類を使用した可能性がある。これは限られた森林資源を考えたときに非常に理に適うといえよう。

4　使用土器の製作

　実験で使用した鼎と鬲は，筆者自らが製作した。基本的には山西南部の陶寺遺跡から出土したものに倣った。サイズは分析結果に則り，中型とした。鼎については上部の容器部をつくり，それに三足を接合する製作方法が想定できるが，鬲には数通りの製作方法が想定できる。

　鬲の製作方法について，早くは蘇秉琦が仰韶文化にみられる尖底瓶の製作技法を取り入れたとし，さらに大きく4通りの製作方法を図示した（蘇 2004）。4通りの製作方法は，さらに空三足を模と呼ばれる型で作る方法と，板状にした粘土を筒状に丸め，その3か所を内側に押し込むことで作出する方法とに分かれる。後者の技法は新石器時代にはみられず，前者が新石器時代の鬲の一般的な製作技法といえる。また，李文傑は各時代・地域の土器の製作方法を研究するなかで陶寺遺跡出土の土器の製作方法について言及している（李 1996）。そのなかで，鬲については模を使用する3通りの製作方法を提示した。一つ目は，空三足を一つ一つ模で作った後に3本を接合し，その上に胴部上半から口縁部を積み上げる方法である。二つ目は，3本の空三足を一度に模で製作する方法である。三つ目は，一つ一つ空三足を製作した後に，別に製作しておいた上部容器の底に孔を開け，そこに接合する方法である。三つ目の方法は大型の鬲にのみ採用される。前節でも説明を加えたが，これは大型であるために，空三足を先に接合すると三足先端は3点で自重を支える必要があり，胴部以上を積み上げる際にへたってしまうからであろう。本節では中型の鬲を製作するため，この方法は適当ではない。

　それでは一つ目と二つ目の方法が残るが，李も指摘するように一つ目の方法がより一般的であ

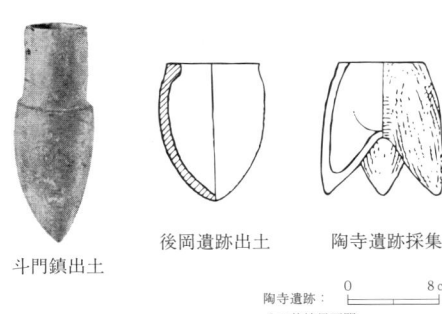

第 4 章　環太行山脈地区文化圏形成の背景　163

斗門鎮出土　　後岡遺跡出土　　陶寺遺跡採集

陶寺遺跡：0　8 cm
その他縮尺不明

**第 52 図　斗門鎮，後岡遺跡および陶寺遺跡
出土の空三足の模**

ったと考える。鬲を詳細に観察すると，襠部に粘土を加えさらに調整痕が重ねられる例が多くみられる。また内面の三足接合部の稜が明確である例も多い。これらは空三足を別々に製作し，その後に 3 本を接合した痕跡あるいは接合痕を補強した痕跡であると判断できる。したがって，やはり一つ目に挙げた製作方法がより一般的であったと考える。

　ただ，管見によれば，現在までに陝西省斗門鎮[4]や河南省後岡遺跡から第 52 図のような空三足を別に作る模が出土している（中国科学院考古研究所 1962b，中国社会科学院考古研究所安陽工作隊 1982）。一方，陶寺遺跡からは出土が報告されておらず，逆に李が著書のなかで提示した小型の口縁を作らない鬲が採集されており（李 1996），これは空三足を一度に製作した模と考えられる[5]。しかし，大型の鬲の存在などを考慮すれば，陶寺遺跡にも確実に空三足を別々に作る模があったはずである。今後の陶寺遺跡における調査報告を期待したい。

　以上より，実験で使用した鬲は，空三足をそれぞれ別の模でつくり，それらを接合したうえで胴部上半から口縁部を積み上げる方法で製作した。空三足を製作するための模はあらかじめつくっておいた。模に直接粘土を巻き上げると，タタキを加えた後に模が取り出しにくくなるため，今回は便宜的に布を模に被せた。実際には何らかの剥離剤や縄のようなものを巻いて使用した可能性があるが，ナデ消すことで成形痕がわからなくなる例が多い。製作した空三足は内面の巻き上げ痕をナデ消した後に先端部に粘土を加えて補強し，温湿度にもよるが，1 時間ほど乾燥させ 3 本を接合する。この乾燥段階を挟まないと，接合時に自重で空三足先端部がへたってしまう。空三足の接合には襠部に粘土を加えて，より接合力を強める必要がある。また，胴部上半以上を積み上げやすくするため，3 本の足の上端部で突出した部分を切り揃えた。三足部は胴部上半以上の重さに耐えられるよう，さらに 30 分ほどの乾燥段階を挟む必要がある。そして，胴部を巻き上げてから粘土紐の隙間をナデ消し，さらに縄を巻いたタタキ板と陶製の当て具でタタキしめた。その後，さらに口縁部まで積み上げ，最後にヨコナデを加えた。

　なお，焼成は陶寺遺跡で報告されるような窯で行うことができないため，電気式の窯で行った。焼成温度および時間は，800 度で 6 時間ほどである。以上の過程を経て，鼎と鬲をそれぞれ 5 点ずつ製作した。

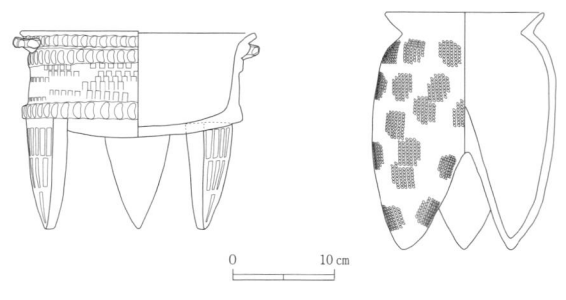

第53図 製作した鬲と鼎

| 第3表 | 製作した鬲と鼎のサイズ |

	口径	器高	器壁厚
鼎1	24.1	21	0.8
鼎2	23.6	20	0.9
鼎3	22.9	20.9	0.8
鬲1	17.3	23	0.8
鬲2	17.4	24.4	0.8
鬲3	17.8	24.2	0.8

単位：cm

5　煮沸実験

（1）　実験概要

　実験は，強火と弱火の2回行ったが，これらは屋外で行うために風や火の安定具合などを一定に保つのが難しい。したがって，完全に同条件下で鼎と鬲の熱効率を比較するため，屋内のガスコンロでも煮沸実験を行った。つまり，合計3回の実験を行ったことになる。それに伴い，土器も鼎と鬲を3点ずつ使用した。それぞれの形態は第53図，サイズは第3表に記しておく。また，その他の実験概要は以下のとおりである。

日時：2011年3月18日　13時30分より
場所：埼玉県東松山市都幾川河原
気象条件：快晴，微風，気温14℃，湿度21％
使用器具：水銀温度計（アイシー　サーモ292　200℃），赤外線温度計（A & D Company
　　　　　AD-5611A），計量カップ，ストップウォッチなど
燃料：スギ薪（1本約80g）

　実験時における温度の測定は，水温の他に煮沸器のどの部分が最も熱を受けるのかを明らかにするため，赤外線温度計を用いて器表面の温度も測定した。1回目と2回目の実験については胴部，3回目の室内実験については，胴部に加えて鼎の底部と鬲の襠部を測定した。

（2）　実験過程

　1回目の実験は強火で行ったため，なるべく炎を三足の内外から胴部上半にまで当たるようにした。鼎と鬲の水温は，火を焚き始めてからすぐ上昇速度に差がみられた。そして，開始から14分後には鬲に入れた水が98℃に達し，ほぼ沸騰状態へと至った。一方，鼎は14分経っても漫然とした温度上昇が続き，76℃までしか達しない。その後，21分を過ぎると90℃となるが，30分間加熱しつづけても92℃を超えることはなかった（第54図—①・②）。胴部の温度は鼎と鬲ともに5分以降はほぼ100℃前後で推移しており，大きな差はみられない（第54図—①）。また，

5分ごとにおける毎分平均水温上昇温度をみると，鼎と鬲ともに10分までの水温上昇が大きく，その後は次第に上昇幅が小さくなることがわかる（第54図—③・④）。その他，煮沸前後の水量は，やはり鼎と鬲ともに65％前後に減少することがわかった（第54図—⑤）。

2回目の実験は弱火で行い，三足の内側から炎を上げずになるべくオキの状態で煮沸器を加熱した。水温は，19分ほどまでは両煮沸器ともにほぼ同じ速度で上昇し，73℃あるいは74℃に達した。しかし，20分以降は鼎の水温上昇が鈍化し，30分までの10分間で3℃しか上昇せず，最高でも76℃までしか上昇しなかった。一方，鬲も20分以降は水温上昇が鈍化するが，24分までは水温が上昇し，81℃に達した（第55図—①・②）。また，胴部の温度については鼎の方が鬲より若干高く数値が出た（第55図—①）。これは，火の焚き方に差があった可能性がある。温度上昇の毎分平均については，やはり鼎も鬲も開始時から漸次的に下がる傾向が読み取れるが，開始直後の10分間には鬲の温度上昇が早い点は，1回目の実験結果と同様である（第55図—③・④）。煮沸前後の水量は，1回目よりも水温が低かったことに起因するのか，特に鬲については約76％と減少幅が小さくなった（第55図—⑤）。

3回目の屋内実験は，ガスコンロで行った。ガスコンロのサイズの問題もあり，三足の内側から加熱するかたちとなった。水温は炎が安定しているため鼎と鬲ともに一定の速度で上昇をしたが，加熱直後から温度差がつき始める。4分間で10℃の温度差がつくが，その後はほぼ同様の速度で上昇し，35分ほどからは上昇がきわめて鈍くなる。40分の加熱を終えた後も温度差は12℃であり，4分の時と大きな差はつかない（第56図—①・②）。毎分の温度上昇平均をみても最初の5分で差がつくが，その後はほぼ同じようなペースで上昇することがわかる（第56図—③・④）。器表面の温度をみると，胴部については鼎よりも鬲の方が総じて10℃以上高いことがわかる。しかし，鼎の底部は鬲の襠部よりも100℃ほど温度が高い（第56図—①）。これは，鼎の底部は炎との間に一定の空間ができるので，より温度が高い外炎をうまく受けることができるためだと考えられる。いずれにせよ，この実験では鼎と鬲で主に被熱する部分が異なることがわかる。また，底部だけで高い温度を受ける鼎よりも，より広い面積で被熱する鬲の方が効率よく内容物を加熱できることがわかる。水量については，1回目や2回目と異なり，鼎が約78％，鬲が約67％と，鼎の方がより減少幅が小さいという結果が出た（第56図—⑤）。

1回目と2回目の実験で使用した土器の煤付着状況を第57図に示しておく。それぞれ強火と弱火と想定した「胴部付着型」および「三足内側付着型」「三足付着型」に近似した煤の付着状況が確認できたため，本実験は一定の有効性をもつことがわかる。

（3）実験結果

以上の実験を通して得られた知見を提示しておく。まず，3回の実験すべてにおいて，鬲の水温が鼎を上回った。この点は，本節の目的である鼎と鬲の熱効率の違いに関して，明確な結論を示している。つまり，鬲の方が鼎よりも熱効率が良いということである。ただ，すべての実験で両煮沸器の温度上昇の過程は異なり，水温差をみると1回目のように強火で内外から加熱する煮

① 水温および胴部の温度

分\器種	鼎 水温	鼎 胴部	鬲 水温	鬲 胴部
0	16	13.9	19	16.1
1	17	63.4	22	47.4
2	20	56.9	26	52.2
3	25	59.1	34	71.5
4	30	109.6	42	64.8
5	36	100.4	49	83.2
6	42	104.3	58	83.6
7	49	90.9	64	90.9
8	56	86.5	73	82.2
9	59	111.4	79	86.4
10	62	119.3	83	102.9
11	66	89.7	87	110.8
12	69	85.3	92	109.4
13	74	103.4	94	99.5
14	76	93.4	98	99.3
15	80	91.9	98	101.4
16	83	95.2	99	98.2
17	85	96.1		
18	86	96		
19	88	113.6		
20	89	90.8		
21	90	89.3		
22	90	94.4		
23	89	94.8		
24	91	97.6		
25	92	91.9		
26	93	99.5		
27	92	94.7		
28	92	92.7		
29	92	85.4		
30	92	90.1		

② 水温および胴部温度の比較

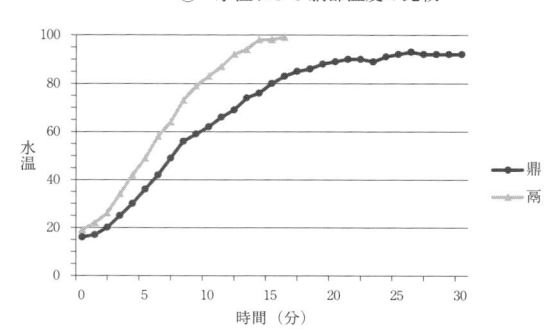

③ 5分ごとの毎分温度上昇平均

分\器種	鼎	鬲
0-5	4	6
5-10	5.2	6.8
10-15	3.6	3
15-20	1.8	
20-25	0.6	
25-30	0	

⑤ 煮沸前後の水量変化

時間\器種	鼎	鬲
煮沸前	2	2
煮沸後	1.29	1.32

単位：ℓ

④ 5分ごとの毎分温度上昇平均比較

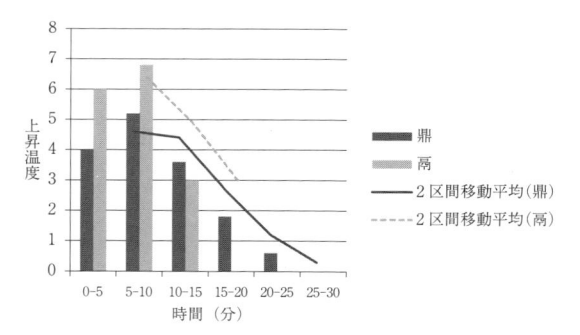

第54図　1回目の実験データ

第4章　環太行山脈地区文化圏形成の背景　167

① 水温および胴部の温度

器種 測定度 分	鼎 水温	鼎 胴部	鬲 水温	鬲 胴部
0	16	14	13	15
1	20	44.1	20	30.8
2	24	38.3	24	38.1
3	29	48.1	28	50.1
4	34	69.1	33	45.9
5	37	70.1	36	50.6
6	41	58.9	41	49.9
7	45	61.6	45	61.2
8	49	69.4	48	55.1
9	53	63	53	56.7
10	56	64.1	57	56.4
11	59	65.9	58	60
12	62	65.7	59	59.1
13	65	63.9	60	58.3
14	67	62.1	65	62.7
15	70	60.3	67	60.6
16	72	57.7	69	56.1
17	72	57.1	69	54.1
18	72	58.7	70	54.3
19	73	59.3	74	51
20	72	57.3	76	53.2
21	73	61.4	78	49.2
22	74	62.3	79	51
23	74	61.3	80	53.4
24	75	59.4	81	49.9
25	75	57	81	51.8
26	75	54.3	82	52
27	76	54.7	82	48.7
28	75	48.2	81	50.9
29	76	52.3	81	51.6
30	75	53.2	81	48.2

② 水温および胴部温度の比較

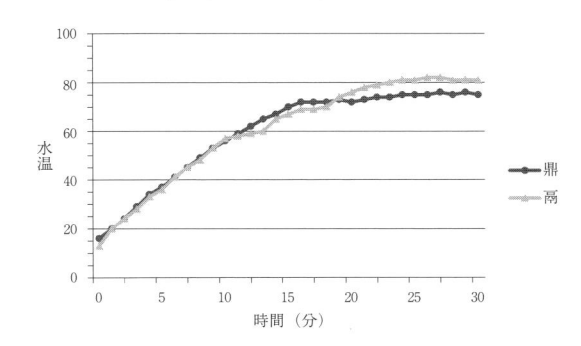

③ 5分ごとの毎分温度上昇平均

器種 分	鼎	鬲
0-5	4.2	4.6
5-10	3.8	4.2
10-15	2.8	2
15-20	0.4	0.11
20-25	0.6	1
25-30	0	0

⑤ 煮沸前後の水量変化

時間\器種	鼎	鬲
煮沸前	2	2
煮沸後	1.32	1.51

単位：ℓ

④ 5分ごとの毎分温度上昇平均比較

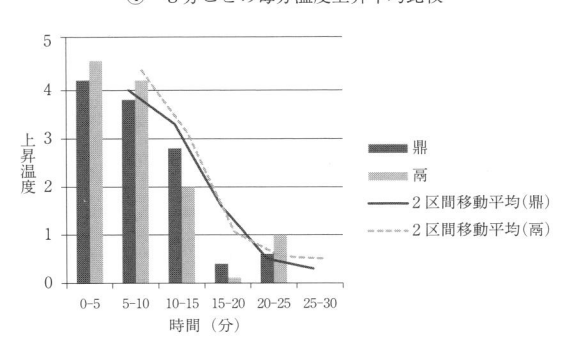

第55図　2回目の実験データ

① 水温および胴部の温度

分 \ 器種	鼎 水温	鼎 胴部	鼎 底部	鬲 水温	鬲 胴部	鬲 襠部裏
0	15	19.3	19.4	18	20.9	21.5
1	16	37.1	213	20	36.4	157.7
2	17	38.1	226	24	53.3	154.8
3	19	41.7	223	27	56.1	152.8
4	21	37.1	229	31	61.4	138.2
5	24	39.1	224	35	62.9	131.9
6	27	40.1	218	38	61.4	128.8
7	30	40.9	204	41	65.7	119.4
8	33	37.3	207	43	59.4	112.3
9	35	43.9	211	45	62.7	107.8
10	37	42.6	210	48	63.3	102.4
11	40	44.6	201	50	58.6	105.2
12	42	44.5	209	52	60.9	104.5
13	44	46.5	223	54	60.6	103.2
14	46	47.1	207	56	64.4	101.6
15	48	48.4	205	58	65.1	107.3
16	49	49.2	203	60	67.6	110.3
17	50	53.4	214	61	63.8	111.8
18	51	51.9	207	62	62.4	110.6
19	53	54.9	210	64	63.1	107.5
20	54	55.3	208	65	66.9	115.7
21	55	54.4	192	67	70.9	105.9
22	58	52.1	213	68	69.4	115.4
23	58	53.9	204	68	68.1	114.1
24	58.5	53.9	202	69	70.1	109.8
25	59	53.9	202	69	70	117.5
26	60	53.3	203	71	69.8	114.1
27	61	52.9	209	72	71.9	114.4
28	63	54.2	216	73	72.9	119.5
29	63	56.2	202	74	73.2	114.4
30	63	54.2	219	75	73.3	114.2
31	64	54.6	202	76	71.1	109.3
32	65	54.2	220	77	68.9	116.3
33	65	53.8	223	77	70.5	112.5
34	65	53.7	212	78	67.8	114.9
35	66	54.4	215	79	68.5	114.9
36	67	55.1	220	79	68.4	115.3
37	67	59.4	212	79	63.3	106
38	67	56.3	217	79	65.3	108.4
39	68	57.4	212	79	67.9	109.9
40	68	54.2	206	80	66.8	110.7

② 水温および胴部温度の比較

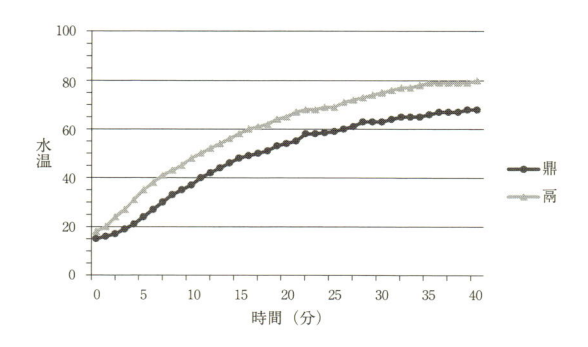

③ 5分ごとの毎分温度上昇平均

分 \ 器種	鼎	鬲
0-5	1.8	3.4
5-10	2.6	2.6
10-15	2.2	2
15-20	1.2	1.4
20-25	1	0.8
25-30	0.8	1.2
30-35	0.6	0.8
35-40	0.4	0.2

④ 5分ごとの毎分温度上昇平均比較

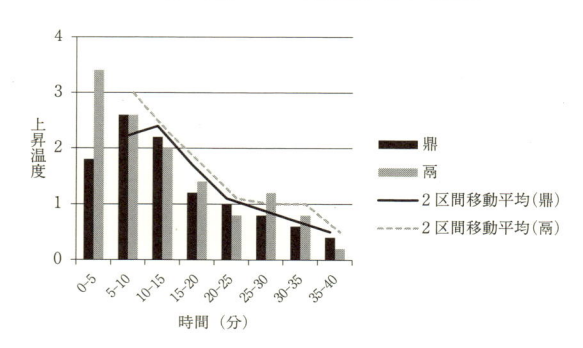

⑤ 煮沸前後の水量変化

時間 \ 器種	鼎	鬲
煮沸前	2	2
煮沸後	1.55	1.33

単位：ℓ

第56図　3回目の実験データ

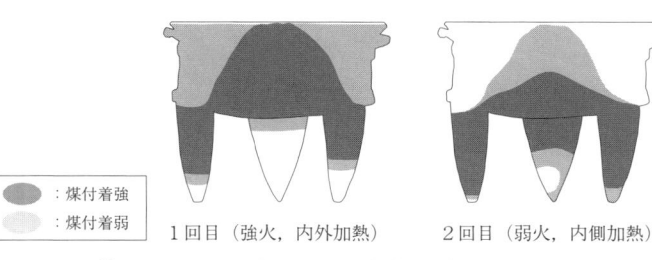

第 57 図　1 回目と 2 回目の実験後の煤付着状況

沸方法がより鬲の煮沸器としての長所を生かせることがわかる。逆に、2 回目のように弱火による三足内側からの加熱では明確な温度差が出るまでに一定時間を必要とした。これは、鼎の三足が中実、鬲の三足が中空である点と関係する。つまり、熱源が三足内側のみだと鼎は底部、鬲は三足内側および襠部で熱を受け、被熱面積にも大きな差はないと考えられる。一方、内外に熱源があることで、鼎はやはり主に底部からしか被熱しないが、鬲は三足の外側からも被熱することができる。したがって、被熱面積に大きな差が出てくる。言い換えれば、鼎は底部という平面的な被熱しかできないが、鬲は三足が中空であるため、内外どちらからでも立体的に被熱することができる。これが、鬲の熱効率の高さの最大の特徴であると考えられる。

次に、鼎と鬲の温度上昇速度は、特に 1 回目と 3 回目の実験では 0—5 分、5—10 分の間に最も大きな差が出る。これは、熱源と煮沸器の内容物との距離に関係する。鬲は三足が中空であるため、熱源との距離が非常に短い。したがって、加熱開始時に熱が内容物に速やかに伝わり、早く温度が上昇したと考えられる。この点も鬲の熱効率の高さを支える大きな要因となっていよう。

最後に燃料の問題を挙げておく。すでに指摘したとおり 1 回目と 2 回目の実験では、ともに鬲の方が鼎よりも高い水温の上昇を示した。しかし燃料である薪の使用量をみると、1 回目の実験では鼎が 19 本、鬲が 9 本、2 回目の実験では鼎が 8 本、鬲が 7 本を使用している。つまり、水温がより高く上昇した鬲の方が、使用した燃料は少ないのである。構造的に効率よく熱を内容物に伝えられるということは、当然使用する燃料も少なくて済む。熱効率が高いということは、単に早く煮沸することができるだけでなく、燃料の節約という面でも非常に大きなメリットがあったことがわかる。

6　鬲の分布域拡大の要因

新石器時代中期以降、黄河中・下流域を中心とした広い地域で使用された鼎を中心とする煮沸器は、新石器時代末期を境として環太行山脈地区を含む黄河以北を中心に鬲へと変化する。鬲の分布圏拡大の背景としてきわめて感覚的に鬲の熱効率の高さが指摘されてきたが、本節を通して熱効率という視点が一定の有効性を有することを証明できた。

また、やはり漠然と主張されてきた鬲などの空三足器の分布拡大がヒトの移動を伴うという見方も、鬲の熱効率の高さという煮沸器としての優位性が証明できたことで、改めて疑問を投げかけることができた。つまり、集団の移動に伴いそれらの人々が使用した鬲も分布を拡大したとい

170

① 1回目の実験（鼎）

② 1回目の実験（鬲）

③ 2回目の実験（鼎）

④ 2回目の実験（鬲）

⑤ 1回目実験後の煤付着状況（鼎）

⑥ 2回目実験後の煤付着状況（鬲底部）

⑦ 1回目実験で使用した薪の量（左：鼎／右：鬲）

⑧ 土器の製作（鬲）

第58図　実験の状況

う解釈ではなく，鬲が煮沸器として優れていたために各地で急速に受容されたという論理が成立するのである。前節までで明らかにした地域間における鬲の形態面での差異やセット関係をもたない土器の分布拡大，空三足器の漸移的な伝播などを考慮すれば，むしろ鬲の煮沸器としての優位性が急速な分布拡大につながった可能性が高い。

　当時の自然環境も，鬲の煮沸器としての優位性による分布拡大と矛盾しない。紀元前3000年紀における寒冷乾燥化についてはすでに第2章で確認したが，寒冷乾燥化の影響を受けやすい中国北部は植生が変化し，火を扱う際に必要となる燃料にも一定の制約が出てきた可能性がある。また，特に山西南部の陶寺遺跡は400年に及ぶ長期居住が想定されており（何 2004），土器の焼成と合わせて大量の燃料を必要とし，周辺環境に対する人為的破壊の存在も想定することができる。ウォーターフローテーションの結果からも土器焼成窯から大量の黍亜種が検出されており，燃料に薪よりも草本を多く用いたことがわかっている。このような燃料が得にくい環境のなかで，より少ない燃料で内容物を加熱することができる鬲が受容されたのは，必然であったのではなかろうか。

　本節で明らかにした鬲の熱効率の高さは，分布拡大の背景にあるいくつかの要因の一つにすぎないだろう。ただ鬲の形態や土器様式，周辺環境に基づく燃料の問題などと整合性が高く，鬲の分布拡大の背景として一定のウェイトを占めたと考えてよい。つまり環太行山脈地区における鬲をはじめとした空三足器の急速な浸透は，その要因の一つに空三足の熱効率の高さがあったといえよう。

　最後にいくつか問題点を挙げておく。一つは蓋の問題である。新石器時代末期の山西南部では，煮沸器の出土数に対して蓋の出土がきわめて少ない。したがって，今回は煮沸実験で蓋を使用しなかった。しかし，木製で蓋を製作した可能性は残る。鼎と鬲は口径が異なるため，蓋の有無により内容物の温度上昇速度も変化すると思われる。この点は発掘調査に期待するしかないが，今後は考慮すべき課題である。二つは斝の問題である。鬲が出現する直前段階まで，斝が黄河中流域を中心に煮沸器として使用される。斝も中空の三足をもつが，その出現時には鼎などと併存する。また鬲の出現以降は，淘汰されていく。なぜ空三足をもつ斝が出現しても鼎が存在しつづけ，逆に同じ空三足をもつ鬲の出現後は淘汰されるのかという問題は非常に興味深い。筆者は，後者の問題の背景に製作効率を想定するが，前者の問題については明確な答えが見出せていない。今後の課題としたい。

第3節　陶鈴からみた環太行山脈地区文化圏

　環太行山脈地区文化圏は広域第6期における鬲をはじめとした空三足器の広がりから定義でき，その伝播の背景には熱効率の高さなどモノ自体の優位性から情報が各地で受容された可能性があることを指摘した。本章の最後に，土器以外の遺物を通して環太行山脈地区文化圏をみることで，別角度から環太行山脈地区文化圏をどのように捉えることができるのかを確認してみたい。また，

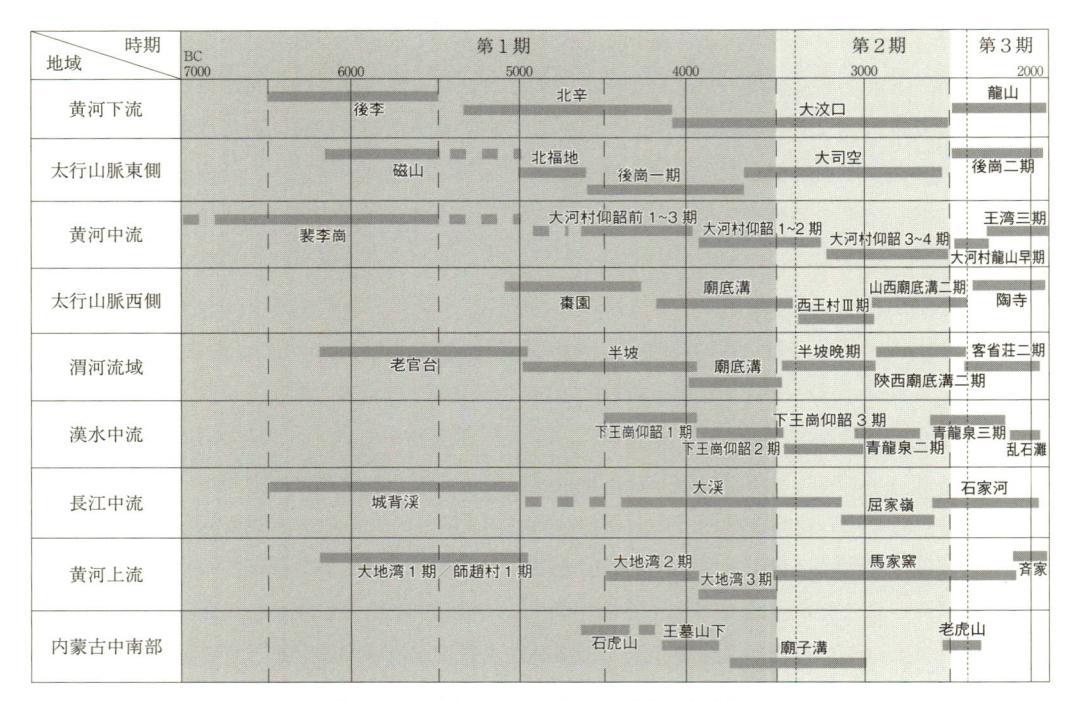

時期 地域	第1期 BC 7000 — 6000 — 5000 — 4000	第2期 3000	第3期 2000
黄河下流	後李　　　　　北辛	大汶口	龍山
太行山脈東側	磁山　　北福地　　後崗一期	大司空	後崗二期
黄河中流	裴李崗　　　大河村仰韶前1〜3期　大河村仰韶1〜2期	大河村仰韶3〜4期	王湾三期／大河村龍山早期
太行山脈西側	棗園　　廟底溝	西王村Ⅲ期	山西廟底溝二期／陶寺
渭河流域	老官台　　半坡　　廟底溝	半坡晩期	客省荘二期／陝西廟底溝二期
漢水中流	下王崗仰韶1期／下王崗仰韶2期	下王崗仰韶3期／青龍泉二期	青龍泉三期／乱石灘
長江中流	城背渓　　　　大渓	屈家嶺	石家河
黄河上流	大地湾1期　師趙村1期　大地湾2期／大地湾3期	馬家窯	斉家
内蒙古中南部	石虎山　王墓山下／廟子溝		老虎山

第59図　本節における新石器時代の年代観

地域ごとにおける出土状況の差異を考慮することで，やはり環太行山脈地区における地域間交流の背景にも言及する。分析対象とする遺物は，土器と同様に新石器時代の中期から継続的に出土し，特に環太行山脈地区でよく出土する陶鈴とする。

1　陶鈴の位置づけと研究史

陶鈴は中国でいち早く銅器化され，その後の礼楽文化の成立に深く関わる遺物とされる。新石器時代末期の山西陶寺遺跡では銅鈴の出土が確認され，二里頭文化期には礼器の一つに組み込まれることで一定の出土位置と組み合わせを保持しつつ墓から出土するようになる。つまり，銅鈴の出現は中国における銅器と礼制に関して重要な位置づけにあるといえる。

その銅鈴の出現について注目されるのが陶鈴である。陶鈴は新石器時代中期以降に環太行山脈地区を含む黄河流域を中心として分布する。特に陶寺遺跡では銅鈴と同時期に出土し，その祖形とされている（高煒 2006）。しかし陶鈴に関する研究は少なく，主に新石器時代における楽器発達史の一部として扱われることが多い[6]。ただ高煒は陶鈴に焦点を絞った論文を発表し，型式分類，用途，銅鈴との関係に言及した（高煒 2006）。しかし陶寺遺跡における銅鈴の出現に重要な太行山脈北側の内蒙古自治区中南部の出土例など資料を集成しきれていない点，空間分布が簡単な記述で終わる点など補足や再考を必要とする部分が多い。

本節では以上のような現状を鑑み，新石器時代の陶鈴を管見の及ぶ限り集成し，その時空間における変化と相互関係を整理する。また，陶寺遺跡や二里頭遺跡などから出土する初期の銅鈴と

第 4 章　環太行山脈地区文化圏形成の背景　173

の関係を考える。さらに出土状況や出土遺構などより鈴の用途や社会的性格について初歩的な見解を述べる。そして最後に，土器から定義した環太行山脈地区文化圏の形成とどのような対応関係を抽出できるのかを確かめ，環太行山脈地区文化圏を別角度から眺めてみたい。

なお，筆者の新石器時代の年代観は**第 59 図**のとおりとする。新石器時代末期については本章第 1 節でも年代観を示したが，それと大差ない。しかし，新石器時代末期以前の詳細な年代観は提示していなかったので，ここで改めて示しておく。ここではこれを便宜的に 3 期に分け，第 1 期は一般的にいう半坡文化以前から廟底溝文化併行，第 2 期は半坡晩期遺存あるいは西王村Ⅲ期文化から廟底溝二期文化併行，第 3 期は龍山文化併行とする。これらを第 3 章の環太行山脈地区の広域編年に対応させると，第 1 期は広域第 1―3 期，第 2 期は広域第 4―5 期，第 3 期は広域第 6 期となる。

2　陶鈴の定義

鈴とは音を発することを意識してつくられた「音具」である。頂部から孔を通して内部に舌を吊るし，鈴の壁に打撃を加えることで音を発する。したがって，その構造も舌が振れる空間を維持しながら壁に打撃を加えやすいよう，楕円形を呈す。

新石器時代の陶鈴は形態や出土状況が具体的な用途と結びつかず舌の出土もみられないため[7]，「澄濾器」や「漏器」などと呼ばれてきた。しかし，分布範囲や形態的特徴の共通性より，多くの資料間に相互関係があると考えられる。ここではその定義を確認しておきたい。

筆者が鈴と認識する確実な例は，二里頭文化第 2 期に属する二里頭遺跡の墓出土の銅鈴である。頂部には鈕と二つの孔，内面には玉製の舌がみられ，器表面には織物痕が残る。縦断面は縦長の台形，横断面は正円ではなく楕円形あるいはアーモンド形を呈し，被葬者の左腰近くから出土する。構造や舌の出土から考えれば，これは確実に鈴と判断できる。また二里頭遺跡の銅鈴の特徴をみれば，陶寺遺跡の M3296 出土の銅製品も鈴と判断できる。舌こそ出土しないが，頂部に孔を穿ち，横断面は正円ではなく菱形を呈す。また器表面には織物痕が残り，被葬者の腰付近から出土する。先学の研究が示すように，陶寺遺跡では銅鈴と同形態の陶製の鈴が出土している（高煒 2006 など）。つまり，材質に関わらず形態的な共通性が認められ，銅鈴を参考に陶鈴を定義することは可能である。

以上の確実に鈴と確認できる例より，機能から規定される形態を考慮して陶鈴の定義を行う。ただし，地域的・時間的差異を考慮し，定義の幅をやや広くとる。つまり，頂部に舌を吊るすための孔があり，横断面が楕円形やアーモンド形，菱形など正円ではないものとする。また，サイズは器高が 2―8 cm を中心に，ほぼ 10 cm 以下におさまるものと定義する。

この定義に基づいて，新石器時代の報告より管見に及んだ 37 遺跡出土の 67 点を対象資料として扱う[8]。具体的な出土遺跡は，節末の**第 4 表**を参考にしてほしい。なお，頂部に柄部としての甬をもつ 4 例[9]，大墩子遺跡出土の石製の例が知られるが，本書ではこれらも構造的な類似から鈴に含めて分析を行う。

3 分類基準

陶鈴の形態も他の遺物と同様に諸属性の組み合わせからなる。製作者が意識的あるいは無意識的に各属性のなかから形態を選択し，一つの陶鈴が成立する。これらの各属性に優先順位を設け階梯的な分類を行うことで型式を設定し，時空間のまとまりを抽出する方法が一般的だが，陶鈴は比較的単純な構造を呈するため時空間を超えた形態的類似が多くみられる。したがって階梯的な分類が有効とは一概にいえず，逆に属性同士の共通性を見落とすことにつながる。陶鈴が各属性の選択的な組み合わせからなるならば，むしろ属性ごとに相互関係をみる方が図示するうえでも有効であると考える。つまり本節では最上位として甬の有無を基準に分類し，それ以下は各属性の時空間の変化を個々に示す。その際に注目する属性は，時空間の特徴が顕著な頂部形態，縦断面，横断面とする。なお，各属性の分類基準は第60図に示し，第61図には銅鈴も合わせて典型例を挙げておく。

(1) 頂部形態

頂部形態は3類に分ける。Ⅰは弧状を呈し，平面がみられない。Ⅱは平頂のものとする。Ⅲは平頂であるが，壁が頂部より突出し，全体が「凹」形を呈する。

(2) 縦断面

縦断面は5類に分ける。Aは下底と高さの比がほぼ等しい台形を呈する。Bは下底よりも高さがやや低い台形を呈する。Cは下底と高さの比が2：1ほどのものとする。A・B・Cは台形を呈するという点で一つのグループとしてまとめられる。Dは横長の長方形，Eは縦長の長方形とする。

(3) 横断面

横断面は6類に分ける。アは楕円形を呈する。イはアよりも細長い楕円形とする。ウはアーモンド形に両端が尖る。ア・イさらにウは，弧をもつ楕円形に近いグループとしてまとめられる。エは菱形を呈する。オは長方形に近いものとする。カについては半月形など出土数が少なく不規則なものを含めておく。

4 時空間における分布

第1期の陶鈴は第62図のとおり黄河流域を中心に渭河，漢水，淮河流域から出土する。頂部形態は下王崗遺跡で弧状の例が1点出土する以外，すべて平頂である。縦断面はすべて台形を呈するが，黄河が南流する地域より東側はAを中心に縦長の例が多く，西側はCを中心に横長の例が多い。横断面も楕円形グループとしてまとめられるが，やはり東側にア，西側にイがそれぞれみられる。また廟底溝遺跡と師趙村遺跡からは，上部が柄部状に突出し，頂部に孔を設ける甬

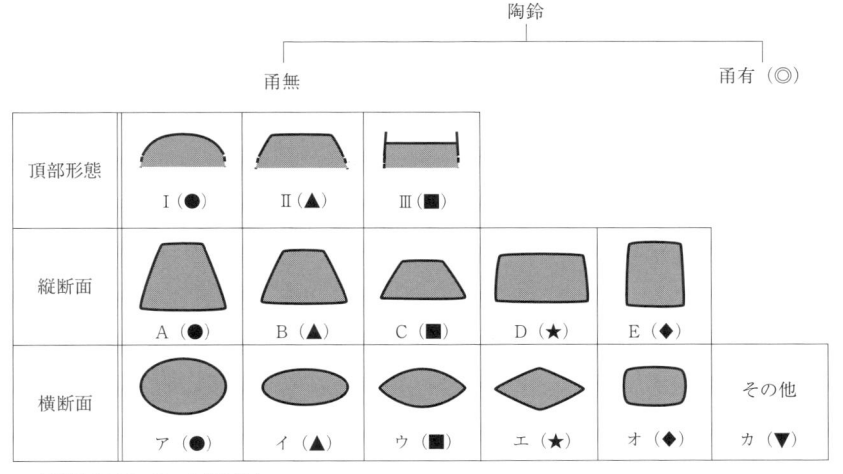

第 60 図　陶鈴の分類基準

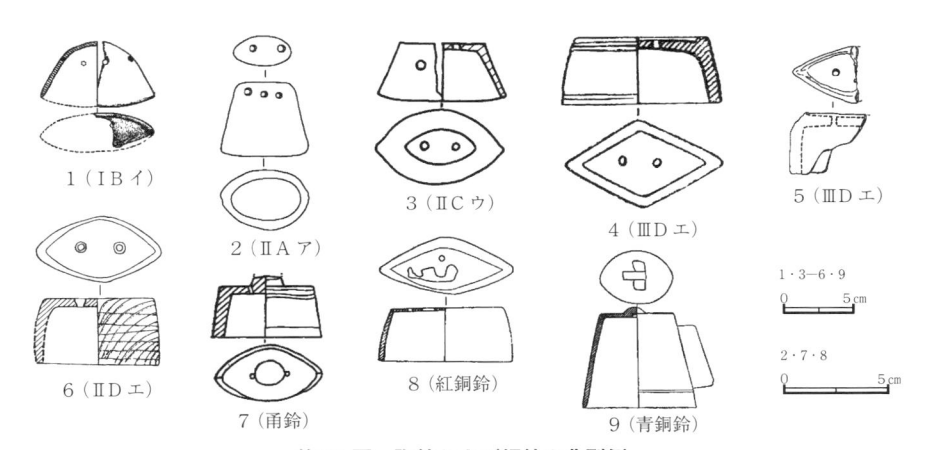

第 61 図　陶鈴および銅鈴の典型例

鈴が出土する。

　第 1 期の陶鈴の分布は，主にいわゆる仰韶文化の分布範囲と重なる。大墩子遺跡や劉林遺跡は大汶口文化に属するが，これは廟底溝文化の花弁文が大汶口文化でも出土することと関係しよう。縦断面と横断面にみられる東西の差異は，半坡文化と後岡一期文化をベースとした土器様式分布圏の差異と重複する。つまり仰韶文化という広く緩いまとまりのなかで陶鈴という文化要素を共有し，さらに各地域間のより狭く密な交流のなかで形態的共通性が形成されたと考えられる。ただし，東では北辛文化，後岡一期文化から，西では半坡文化からと，東西のほぼ同時期に陶鈴が出現しており，その起源についてはさらなる資料の増加を待つ必要がある。

　第 2 期では**第 63 図**のように黄河中流域を中心に，長江中流域にも分布が広がる。また内蒙古中南部の岱海周辺で出土量が増加し，黄河下流域や渭河流域では出土しなくなる。頂部形態は大きく 2 地域に分かれ，内蒙古中南部から太行山脈西側の陶寺遺跡にⅢの凹形が多くみられる。一

頂部形態　　　　　　　　　　　　　　横断面

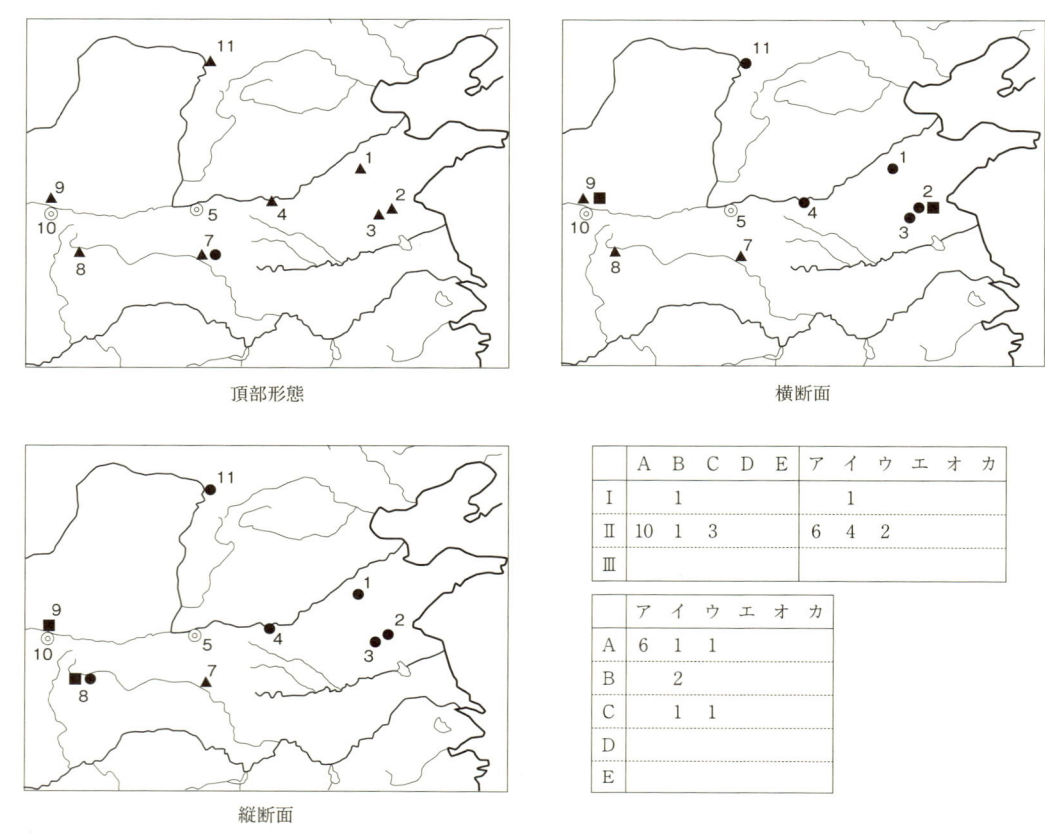

	A	B	C	D	E	ア	イ	ウ	エ	オ	カ
I		1					1				
II	10	1	3			6	4	2			
III											

	ア	イ	ウ	エ	オ	カ
A	6	1	1			
B	2					
C	1	1				
D						
E						

縦断面

第62図　第1期の陶鈴と属性間対応関係

方，黄河中流域以南では第1期と同様にIIの平頂が続く。縦断面はやはり内蒙古中南部から太行山脈西側にDの横長長方形がみられ，黄河中流域以南では第1期からのAと新たに出現するBの台形グループが交錯して分布する。一方，横断面は複雑な分布を示し，ウと新出のエは内蒙古中南部から太行山脈西側を中心に分布する。第1期からみられるアは淮河中流の尉遅寺遺跡以外，長方形のオは長江中流域以外から出土する。

　第2期の最晩期には内蒙古中南部の岱海周辺から太行山脈西側の陶寺遺跡にかけて頂部形態III，縦断面D横断面ウあるいはエの組み合わせが出現する。IIIDウ・エの組み合わせは岱海周辺に出土が多く，内蒙古中南部で創出されたと考えたい。この定型化した一群を「北方系」の陶鈴とする。土器動態を合わせて考えると，第3章でみたように，内蒙古中南部は山西中部を通して太行山脈西側に強い影響を与えている。おそらく北方系陶鈴もその影響関係を通して南へと分布範囲を広げたのであろう。一方，黄河流域以南では第1期を引き継ぎ頂部形態IIに横断面AやBの台形グループが多く組み合う。ただ横断面はヴァリエーションが多く，尉遅寺遺跡など1遺跡から数類がみられるケースもある。これは頂部形態や縦断面に比べ横断面が比較的緩い規制のなかで属性を選択されたほか，大まかな形態が整えば細かい差異は機能に影響を及ぼさなかったこ

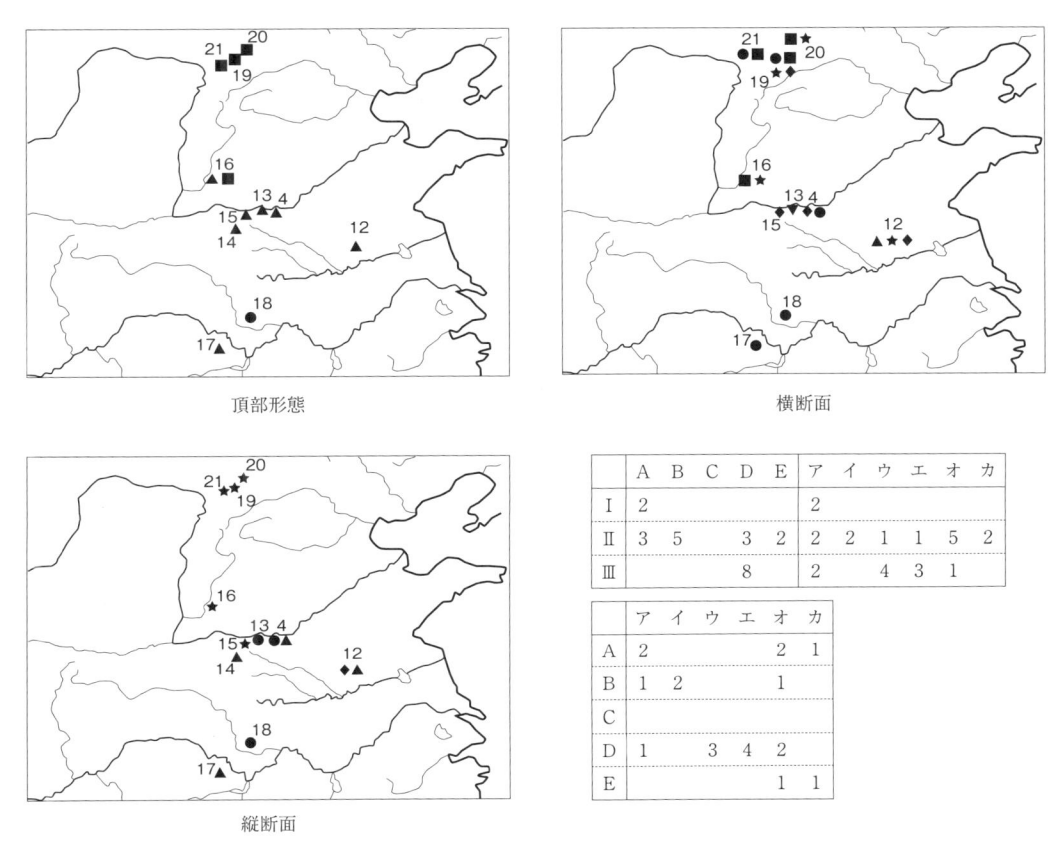

第 4 章　環太行山脈地区文化圏形成の背景　177

頂部形態

横断面

縦断面

	A	B	C	D	E	ア	イ	ウ	エ	オ	カ
I	2					2					
II	3	5		3	2	2	2	1		5	2
III			8			2			4	3	1

	ア	イ	ウ	エ	オ	カ
A	2				2	1
B	1	2			1	
C						
D	1			3	4	2
E					1	1

第 63 図　第 2 期の陶鈴と属性間対応関係

とを示す。長江中流域にみられる例は、屈家嶺文化が黄河流域へ影響を及ぼす過程で出現したと理解できよう。

　第 2 期は、第 1 期の平頂、台形グループ、楕円形グループという緩いまとまりから、やや地域的差異が顕在化してくる。これは第 1 期の廟底溝文化の拡散にみられる広い地域間の交流ネットワークが崩壊し、各地域で比較的独自性の強い文化が形成されたことと関係する可能性がある。

　第 3 期でも**第 64 図**に示すとおり黄河中流域と太行山脈西側を中心に、黄河下流域や長江中流域などに分布がみられる。遼東半島でも 1 点出土するが、これは山東半島の龍山文化との交流が関係しよう。内蒙古中南部では気候変化を要因として遺跡分布が減少するとされ（田広金ほか 2001）、陶鈴も出土がなくなる。頂部形態は第 2 期に続いてIIIが太行山脈西側で出土するほか、黄河中流域でもみられるようになる。平頂のIIはやはり黄河流域を中心に長江中流域にも分布する。縦断面は頂部形態IIIと同様の分布範囲にDが多くみられ、黄河中流域と長江中流域にはA、B、Cの台形グループが分布する。縦長のEは黄河下流域に出土が多い。横断面は太行山脈西側で菱形のエが多く出土し、黄河流域に多いアや北方系のウを含む楕円形グループは全出土地に交錯して分布する。甬鈴は渭河流域と太行山脈西側の丁村遺跡で確認できる。

頂部形態　　　　　　　　　　　　　　　横断面

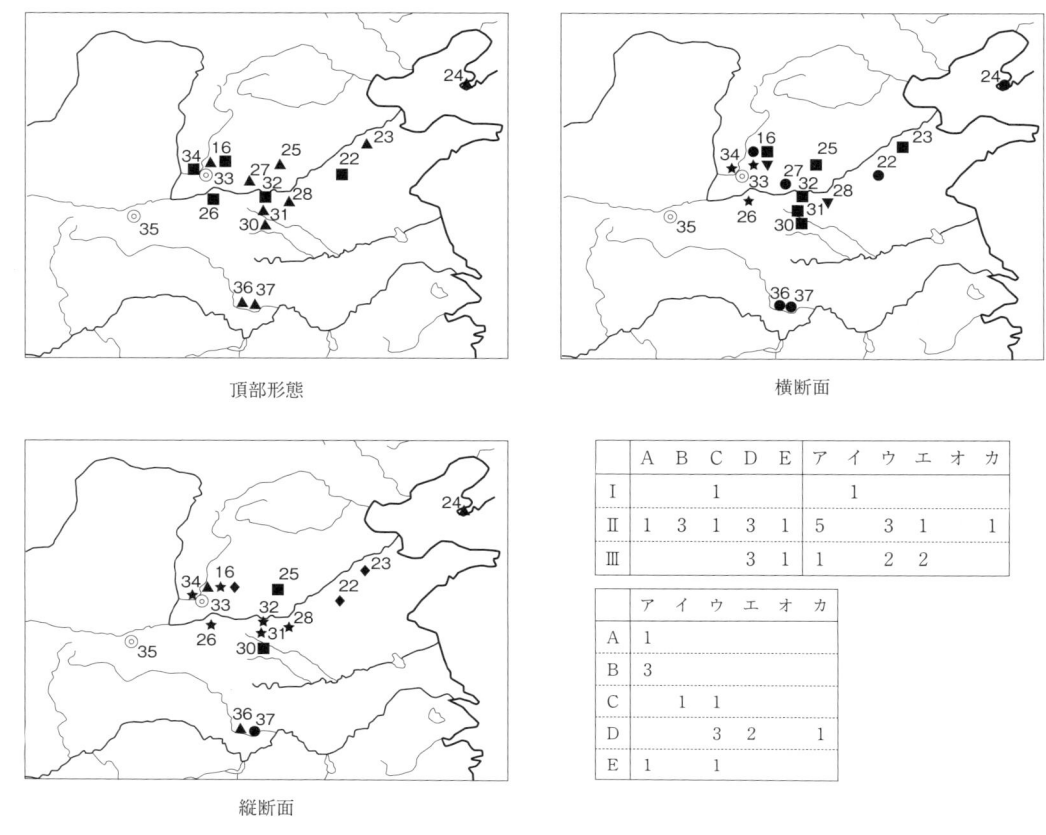

	A	B	C	D	E	ア	イ	ウ	エ	オ	カ
I			1			1					
II	1	3	1	3	1	5		3	1		1
III			3	1		1		2	2		

	ア	イ	ウ	エ	オ	カ
A	1					
B	3					
C			1	1		
D			3	2		1
E	1		1			

縦断面

第64図　第3期の陶鈴と属性間対応関係

　第3期で重要なのは、第2期で北方系としたⅢDウ・エが太行山脈西側に分布するほか、黄河流域を中心に分布する頂部形態Ⅱと結びつき、ⅡDウやⅡDエという組み合わせが出現する点である。詳細は後述するが、これらは陶寺遺跡出土の銅鈴と同形態を呈する。ただ、黄河中流域から長江中流域には頂部形態Ⅱに台形グループと楕円形グループが組み合わさる伝統的な陶鈴が出土する点は留意したい。この組み合わせを「中原系」とする。長江中流域には北方系の影響が及ばず、第2・3期を通じて中原系を出土する。土器分布との関係をみると、北方系の影響がみられる地域には、太行山脈北側の内蒙古中南部に起源する鬲をはじめとした空三足器が多くみられ、大まかに環太行山脈地区文化圏におさまるようである。つまり、土器の影響関係との連動性が窺われるといえる。

　以上より、第1期から出土する中原系の組み合わせに、第2期を境に内蒙古中南部の岱海周辺から北方系が南下する図式を描出できる。第3期には中原系と北方系が黄河中流域を中心に属性レベルで結びつき、新たな形態が出現するようになる。また、陶鈴の動態と土器様式分布圏やその相互影響関係が連動する状況を把握できる。甬鈴に関しては黄河中流域、渭河流域、太行山西側と若干の地域的なまとまりがみられるが、現状では出土量が少ないため、資料の増加を待ち

第 4 章　環太行山脈地区文化圏形成の背景　179

5　銅鈴との形態比較

すでに述べたように新石器時代末期の陶寺遺跡から紅銅製の鈴が出土し，その後の二里頭文化では二里頭遺跡や肥西大墩孜から青銅製の鈴が出土している[10]。陶寺遺跡出土の銅鈴は本節の分類基準に従えばⅡDエに近い形態を呈し，陶寺遺跡出土の陶鈴と同じ形態を呈す。したがって，高煒が指摘するように陶鈴を模して初期の銅鈴は製作されたのだろう（高煒 2006）。ただ，その形態に北方系の要素を多く含むことが重要である。頂部が平頂であるのは，湯が回りきらないなど鋳造技術が未熟な段階であったため，北方系のⅢのように頂部を鋳出すことができなかった可能性がある。

一方，二里頭文化の銅鈴はⅡAアあるいはウに近い。これは新石器時代の陶鈴に一貫してみられた中原系の形態である。時間的には若干離れるが，地理的に考えても二里頭文化の銅鈴は中原の伝統的な形態を呈する。二里頭文化併行の他遺跡で出土する陶鈴も中原系に近い形態を呈しており[11]，第 3 期以降も中原系の陶鈴が製作されつづけ，そのなかで二里頭文化の銅鈴が成立したと考えられよう。

初期の銅鈴は出土数が少なく，陶寺遺跡と二里頭文化の銅鈴も同一線上に置かれた単純な継承関係があるものとして理解されてきた。後述するように，用途には相互に強い関係が認められるが，形態については北方系と中原系という別系統に属する陶鈴の影響のもとで決定されたことを強調しておきたい。

6　陶寺遺跡と二里頭遺跡の銅鈴に関する鋳銅技術の比較

やや本節の目的とは外れるが，ここで陶寺遺跡と二里頭遺跡で出土する銅鈴の鋳造技術について，簡単にまとめておきたい。陶寺遺跡と二里頭遺跡出土の銅鈴については，宮本一夫氏が詳細な研究を行っている。そのなかで，まず陶寺遺跡の銅鈴は紅銅製であり，頂部平坦面や側面に明確な范線がみられない点に加え，頂部平坦面と側端面中央の型持たせの位置などから考えると，外范が分割范ではなく一つであったと指摘している（宮本 2009）。また，陶寺遺跡の銅鈴頂部には吊り下げるための孔が二つ存在するが，一つは湯が回りきらなかったと考えられ，もう一つは鋳造後に穿たれたものである。少なくとも前者は意図的にあけたとは思えない形状を呈しており，十分に鋳造技術の未熟性を示している。

一方，二里頭遺跡の銅鈴は青銅製であり，頂部の長軸線に沿って范線がみられ，それが鈕と銅鈴の側面まで続くものがある。したがって，二里頭遺跡の銅鈴は確実に外范が分割范であったことがわかる（宮本 2009）。また，頂部には型持たせによる孔を利用した鈕がつくられ，さらに側面には鰭が鋳出される。その他，二里頭遺跡をはじめ，二里頭文化で出土する銅鈴は非常に近似した形態を呈しており，当時すでに近い形態の青銅器を鋳造する技術が存在したことが窺える。

このように考えると，技術面において，陶寺遺跡と二里頭遺跡の間には明確な漸次的発展関係

があったと考えられる。したがって、既述したように、陶寺遺跡と二里頭遺跡の銅鈴は形態的にみれば別系統に属するが、鋳造技術面においては何らかの影響関係のもとで二里頭遺跡の工人たちが新石器時代末期の陶寺遺跡で蓄積された鋳銅技術を継承した可能性も考慮する必要があろう。

7 出土状況の検討

陶鈴の出土状況をみると、第1期では文化層や灰坑からの出土が最も多い。次いで劉林遺跡、大墩子遺跡、龍崗寺遺跡では計5点が墓から出土する。出土状況の詳細は不明だが、特に龍崗寺遺跡では一般的な副葬品を共伴するため、一定の副葬品のセットに組み込まれた可能性がある。ただ詳細な出土状況が不明であり、日常の使用方法までは言及できない。また劉林、大墩子遺跡はともに大汶口文化に属し、墓への副葬に関わる共通の使用方法が想定できる。しかし龍崗寺遺跡とは空間的に隔たりがあり、相互に有機的な関係を見出すことは難しい。

第2期でも文化層と灰坑からの出土が多い。その他に尉遅寺遺跡と園子溝遺跡では住居址から出土する。いずれも日用的な土器や石器を共伴し、特に尉遅寺遺跡では3点中2点が炉台付近から出土する。両遺跡合わせて6点に及ぶ陶鈴が住居内から出土しており、住居内で日常的に使用されたと考えられる。しかし住居内における鈴の使用方法は想定が難しく、他の用途があった可能性もある。また尉遅寺、園子溝遺跡は時間的に併行しても距離が離れており、やはり相互に有機的な関係を見出すことは難しい。

第3期では一部の採集資料を除いて、すべてが文化層や灰坑からの出土である。ただし、陶寺遺跡 H3017 出土の陶鈴は墓地区の灰坑から出土し、さらに器表面に朱を塗布した痕跡が確認されたため、高煒により副葬品の可能性が指摘されている（高煒 2006）。

全体的には文化層や灰坑からの出土が多く、灰坑からの出土例は土器をはじめとした日常品を多く伴う。明確な遺構ではなく出土地点が一定でないという点では、陶鈴は空間的に限定された場所で使用されたのではなく、ヒトや家畜が身につけるなど移動を伴う使用方法であった可能性がある。また日用的な遺物を共伴するため、陶鈴に特別な意味が付加されたのではなく、日用品の一つとして使用されたのであろう。一方、墓や住居址から出土する例が散見されるが、出土や形態ごとに規則性がみられないことを考慮すれば、陶鈴分布地域のなかでも比較的多様で緩やかな使用、廃棄、副葬習慣が存在したことがわかる。つまり、二里頭文化のような礼制とのつながりは確認できない。

陶寺遺跡や二里頭文化出土の銅鈴は墓から出土し、被葬者の腰部付近にみられる。特に二里頭文化の銅鈴は、大きく4層の等級に分けられる墓のうち（李志鵬 2008）、最上級の墓から銅牌飾などと一定の組み合わせをもち出土する。これは出土遺物の組み合わせと階層制が結びつくことで想定される礼制の存在を示し、銅鈴が礼制を維持するための礼器に組み込まれたことを窺わせる。陶寺遺跡 M3296 出土の銅鈴は出土状況こそ二里頭文化の銅鈴と同様であるが、大きく4層の等級に分けられる墓のうち、最下層の墓から共伴遺物を伴わずに出土する。大墓がそれと近い時期に盗掘を受けていることから、このような出土状況に疑問を呈する研究者もいるが、現象を

そのまま理解すれば，これは初期的な礼制の存在が指摘される陶寺文化において（高煒 1989），銅鈴が単純な階層制と結びつかないことを示す。ただ，礼制により規定される社会的な上下関係を単線的に捉えず，さまざまな社会的役割に応じた複線的な階層[12]を想定するなら，陶寺遺跡の銅鈴とその被葬者にも二里頭文化とは異なる意味が付されていた可能性がある。そう考えることで階層制と結びつかない鈴が一定の専門知識と労働力を投入して製作された理由を理解できる。いずれにせよ銅鈴の出土からみれば，二里頭文化は陶寺遺跡の銅鈴の使用方法を導入しつつ，異なる社会的役割を付加したことがわかる。

陶鈴と銅鈴の関係については陶寺遺跡 H3017 出土の陶鈴が鍵になろう。これが墓出土であるなら，朱の付着とあわせて陶寺遺跡の銅鈴と近い埋葬方法であった可能性があり，新石器時代の陶鈴から陶寺，二里頭遺跡の銅鈴への過渡的な存在として位置づけることができよう。

8　陶鈴から銅鈴への変遷と礼制への組み入れ

陶鈴は新石器時代中期以降，仰韶文化の分布地域を中心に出土する。第 1 期から第 2 期には頂部形態 II に台形グループと楕円形グループが組み合う中原系が多くみられる。しかし第 2 期の末期には内蒙古中南部に起源する北方系の陶鈴が，鬲など空三足器の土器群と南下を始める。第 3 期には北方系の要素をもつ陶鈴が黄河流域で出土するほか，中原系の頂部形態 II と結びつき折衷的な形態が成立する。

出土状況からみれば，新石器時代の陶鈴は身に付けるなど空間的な移動を伴う使用が主であった。ただ，墓や住居址からの出土も稀にみられることを考慮すれば，土器から区分される文化圏あるいは集落ごとに異なる使用方法も存在したであろう。

そして第 3 期には陶寺遺跡で銅鈴が出土する。形態的には北方系陶鈴を模して製作されている。しかし出土状況をみれば二里頭文化につながる使用，埋葬方法が始まったことがわかる。ただし，礼制を階層化社会のなかにおける上下関係を規定し，それを系統的に維持するための制度とすれば，陶寺遺跡の銅鈴からは礼制を考古学的に検証できる出土遺物の組み合わせや価値的差異の規則性，階層制との結びつきを読み取れない。つまり陶寺遺跡の銅鈴は単純な階層制とは結びつかず，二里頭文化の銅鈴とは異なる社会的意味が付加されたか，あるいは新石器時代の陶鈴と同様に礼器としての意味をもたないものと認識されていたのだろう。それは H3017 出土の陶鈴が示すように，陶寺遺跡が新石器時代の陶鈴から二里頭文化の銅鈴への過渡にあることと関連する。

陶寺遺跡では廟底溝二期文化晩期から陶寺文化，つまり本節の第 2 期から第 3 期にかけて墓の規模や副葬品，城壁や宮殿区の出現などから，一定の階層化された社会が想定される。さらに副葬遺物の組み合わせと階層制が結びつき，すでに初期的な礼制が存在する。特に鼓や磬など音を意識した楽器類が礼器化される点は，鈴の銅による製作や二里頭文化期における銅鈴の礼器化に一定の関係があろう。この陶寺文化の成立期には北方の影響が強く関係し，副葬品の組み合わせなどから社会構成の大きな変化が指摘される（高江涛 2007）。鈴は陶寺文化のなかで礼器化されなかったが，北方の外的影響を含む社会構成の変革期のなかで北方系の陶鈴を模して銅鈴が製作

され，新たに墓へ副葬されるようになったことは注目に値する。その後，二里頭文化は「龍」形文などとともに（朱 2006）陶寺遺跡における銅鈴の使用，埋葬方法を導入しつつ，陶寺遺跡から継承し一定レベルに達した鋳造技術[13]で黄河中流域にみられた中原系の陶鈴を模して銅鈴を製作し，それを自らの礼制へと組み込むことで礼器化していくのである。

9 環太行山脈地区文化圏における陶鈴の位置づけ

最後に陶鈴の動態から環太行山脈地区の位置づけを明確にしておきたい。まず，その分布からみると，第2期を画期として北方系の陶鈴が太行山脈西側の山西へと分布範囲を拡大するが，この現象は，すでに述べたように鬲をはじめとした空三足器の動きと非常によく一致する。ただし，空三足器の分布地域拡大よりも時間的には若干早いため，これらが一つのセット関係をもって動いたとは一概にいえない。

また，太行山脈東側の河北には第2期段階で出土が確認できないため陶鈴が太行山脈西側のルートを通って南下したことがわかるが，この点も空三足器の動態とは異なる。ただし，太行山脈東側における空三足器の分布は西側ほど密ではなく，地域によっては鼓腹罐や鼎も煮沸器として併用していた。このことを考慮すれば，太行山脈東側は相対的に内蒙古中南部の影響が弱いということもでき，そのために陶鈴の出土が確認できないと考えることもできる。第3期になると白営遺跡で横断面に北方系の要素がみられる陶鈴が出土するため，太行山脈東側も少しずつ陶鈴を受容したようである。全体の分布範囲をみると，北方系の陶鈴は第3期に部分的な要素が黄河を越えて出現するが，大まかには環太行山脈地区の範囲内でおさまる。このことからも，やはり環太行山脈地区文化圏における域内交流には，一定の強いつながりがあったといえよう。

しかし，環太行山脈地区文化圏の内部においても，内蒙古中南部と山西では出土状況に一定の差異がみられる。つまり，第2期から第3期にかけて内蒙古中南部では大多数の陶鈴が住居址や灰坑などから出土するが，山西の陶寺遺跡では灰坑などから出土するほかに，銅鈴も含めて墓から出土する例がみられるようになる。これは北から南へと陶鈴が伝播する過程でその使用方法が変化したことを意味する。つまり，空三足器が組み合わせや形式を漸移的に変化させながら広がった現象と同様に，陶鈴も使用方法に関する情報を変えられながら分布範囲を拡大したと考えられる。

以上のように，陶鈴は南への伝播が空三足器よりもやや早いものの，分布範囲は第3期までにほぼ環太行山脈地区文化圏におさまるため，その内部における地域間の交流が相対的に密であったと読み取れる。また，伝播の過程で出土状況が変化する現象は，空三足器の情報が漸移的に伝播した現象と重なり，少なくとも陶鈴を使用するヒトや集団が移動したのではなく，陶鈴の情報あるいはモノだけが伝わったと想定できる。陶鈴を通して環太行山脈地区文化圏をみることで，やはり文化要素の流れが環太行山脈地区北側の内蒙古中南部に発している点や，環太行山脈地区文化圏内部の結びつきの強さなどについて追認することができた。また，空三足器がその後の下七垣文化や殷文化で重要な文化要素になることと同様に，陶鈴も陶寺遺跡の銅鈴を通して二里頭

第 4 章　環太行山脈地区文化圏形成の背景　183

第 4 表　陶鈴出土・採集遺跡一覧

番号	遺跡名	出土数	遺構名	時期	出典
第 1 期					
1	大汶口遺跡	1	H10	北辛文化	『大汶口続集』
2	大墩子遺跡	2	M325／M253	大汶口文化前期	『考古学集刊』1
3	劉林遺跡	1	M118	大汶口文化前期	『考古学報』1965-2
4	大河村遺跡	1	T56⑰	大河村仰韶前 1 期	『鄭州大河村』
5	廟底溝遺跡	1	H387	廟底溝文化	『廟底溝与三里橋』
6	槐林遺跡	1	H8	仰韶文化中期	『考古』2002-5
7	下王崗遺跡	2	H169／T16⑥	廟底溝文化	『淅川下王崗』
8	龍崗寺遺跡	2	M430／M431	半坡文化	『龍崗寺』
9	大地湾遺跡	2	T600④／T600②	大地湾 2 期／3 期	『秦安大地湾』
10	師趙村遺跡	1	T111④	大地湾 3 期	『西山坪与師趙村』
11	岔河口遺跡	4	1997QCH20 など	仰韶文化	『中国音楽文物大系』内蒙古巻
第 2 期					
12	尉遅寺遺跡	4	F23／F33 など	大汶口文化後期	『蒙城尉遅寺』
4	大河村遺跡	5	T13②／H178 など	大河村仰韶第 3 期／4 期／龍山早期	『鄭州大河村』
13	後荘王遺跡	1	H16	大河村仰韶第 4 期	『華夏考古』1988-1
14	大張遺跡	1	T3	龍山文化早期	『考古』1960-6
15	里溝遺跡	1	H01	龍山文化早期	『考古』1995-6
16	陶寺遺跡	3	J301／H340 など	廟底溝二期文化	高煒 2006／『考古』1984-12
17	城頭山遺跡	1	T1351⑯	屈家嶺文化	『澧県城頭山』中
18	鄧家湾遺跡	1	H109	屈家嶺文化	『鄧家湾』
19	老虎山遺跡	5	T104②／T105② など	老虎山文化	『岱海考古』1
20	園子溝遺跡	3	F3021／F3022 など	老虎山文化	『岱海考古』1
21	西白玉遺跡	2	H3	老虎山文化	『岱海考古』1
第 3 期					
22	西呉寺遺跡	1	H4213	龍山文化	『兗州西呉寺』
23	寧家埠遺跡	1	H431	龍山文化	『済青高級公路章丘工段考古発掘報告集』
24	郭家村遺跡	1	ⅠT3②	小珠山上層	『考古学報』1984-3
25	白営遺跡	1	T4②	後崗二期文化	『考古』1980-3／『考古学集刊』1983-3
26	仰韶遺跡	1	T1②	三里橋文化	『史前研究』1985-3
4	大河村遺跡	1	T42②	王湾三期文化	『鄭州大河村』
27	金城遺跡	1	不明	王湾三期文化	『考古』1996-11
28	鹿台崗遺跡	1	H79	王湾三期文化	『豫東杞県発掘報告』
29	河南省博物館	1	—	王湾三期文化？	『中国音楽文物大系』河南巻
30	瓦店遺跡	1	ⅡT7④	王湾三期文化	『禹州瓦店』
31	新砦遺跡	1	—	王湾三期文化？	鄭州市博物館　所蔵
32	二里崗遺跡	1	c9.H163	龍山文化	『鄭州商城』上
16	陶寺遺跡	4	H419／H3017（墓出土？）など	陶寺文化	高煒 2006／『考古』1984-12
33	丁村遺跡	1	T3⑥	陶寺文化	『考古』1991-10
34	古堆村遺跡	1	—	陶寺文化	『考古学集刊』6
35	斗門鎮遺跡	1	—	客省荘二期文化	『中国音楽文物大系』北京巻
36	三房湾遺跡	1	T2⑤	石家河文化	『考古学集刊』10
37	貫平堰遺跡	1	H1②	石家河文化	『考古学集刊』10

文化の礼制確立に大きな役割を果たす。このことからも，歴史上で環太行山脈地区文化圏が果たした役割の重要性がわかるのではなかろうか。

第4節　小結

　本章第1節および第2節を通して，第3章で明らかにしてきた環太行山脈地区文化圏の形成過程の背景について論じ，さらに第3節では土器以外の遺物である陶鈴から環太行山脈地区内の地域間における結びつきの強さを明らかにした。

　環太行山脈地区文化圏は，鬲や斝をはじめとする空三足器の組成や細別形式の分布からみれば，確かに山東や黄河が南流するラインより西側とは異なり，一つの相対的に緊密な関係の交流圏として括ることができた。これは陶鈴からみても同様であり，北方系の陶鈴の分布範囲はまさに環太行山脈地区文化圏におさまることがわかった。共通する組成や遺物が一定地域内から出土するということは，その地域内における集団間の相互交流が活発であったことを示すため，環太行山脈地区文化圏は太行山脈周辺の東西，南北，さらに太行山脈を直接抜けるルートを通して頻繁な交流を行っていたと考えられる。

　また，その交流の背景の一つには，空三足器の煮沸器としての機能的優位性があったと想定できる。空三足器の分布は，隣接する地域間でいくつかの共通する細別形式を共有し，さらに独自の形式をもつことで漸移的に変化する様相を呈す。韓建業などが主張するように，ヒトが直接移動した結果（韓2006），鬲をはじめとする空三足器が分布を拡大したならば，近似した形態がセット関係をもって地域を越えて分布するはずである。しかし，環太行山脈地区ではこのような現象が確認できないため，空三足器の広がりはヒトの直接的な移住ではなく，情報の伝播と考えるべきである。そして，急速に空三足器が広まった要因の一つに，前述した鬲などの熱効率の高さなどが考えられるのである。もちろん急速な伝播の背景にあるのは，空三足器の機能面における優位性だけではないだろう。しかし，新石器時代末期の古気候や陶寺遺跡における土器焼成窯のウォーターフローテーションの結果などから想定できる燃料の問題などと整合性が高く，その要因の一つとしては十分に説得力があるのではなかろうか。

　環太行山脈地区文化圏の成立に際し，最も重要な指標となる空三足器は太行山脈北側の内蒙古中南部から太行山脈を挟んだ東西へと南下して分布域を広げる。それに先立ち広域第5期後葉において陶鈴は主に山西へと南下している。これらの現象は北から南への影響という一連の流れとして捉えることができ，その流れのなかで環太行山脈地区の交流が増加し，近似した複数の土器型式をもつ文化圏へと向かう。ただ，その背景に必ずしもヒトの移動あるいは移住を想定する必要はなく，空三足器自体の優位性などから受け入れられた情報の伝播が存在したのである。

註
1）　文中では「空三足器」「空三足」「三足部」という用語を使い分けている。「空三足器」は本文中でも

説明するように鬲，斝，鬹，盉，甗などの総称，「空三足」は単純に3本の中空の脚部を指し，「三足部」は口縁部や胴部と同様のレベルで一個体内における部位名称である。

2) 夏家店下層文化でも鬲をはじめとする空三足器が出土する。しかし，時間的に一部広域第6期併行期に相当する可能性もあるが，大部分は二里頭文化に併行するため，本節では扱わない。

3) 形式は土器の用途や機能から分けられるが，用途や機能は使用痕や出土状況から判断できるほかに，土器形態にも反映される。例えば，炉から出土し，煤の付着がみられることを根拠に煮沸器と判断できるが，土器形態が異なれば加熱方法や煮沸対象に違いがあったと推測できる。したがって，本節では特に土器形態に注目して形式を分類するが，その背景には当然，用途や機能の差があると想定している。

4) 中国科学院考古研究所により1955年に澧河沿岸の4か所の遺跡が発掘調査されている（中国科学院考古研究所 1962b）。そのうちの一つが斗門鎮である。ただし，具体的な報告がなされているのは客省荘だけであり，斗門鎮の発掘調査の全容は不明である。

5) 山西や陝西でみられる鬲には，空三足の内面に縄文が残る例がある。中国ではこれを「反縄文」と呼ぶ。陶寺遺跡採集の模には器表面に縄文が施されるため，反縄文は模の縄文が転写したものと考えられる。ただ，学習院大学の久慈大介氏によると，空三足内面の縄文には直接縄を圧し当てた痕跡もみられるという。可能性としては，模に縄を巻きつけたか，タタキを加える際に何らかのかたちで縄を用いた当て具を使用したか，直接縄を巻いたタタキ板でタタキを内面に加えたことが考えられる。この場合は模の縄文が転写した反縄文とは凹凸が逆転する文様が形成されることになる。今後，この点を注意しつつ観察する必要がある。

6) 今村氏や黄・陳は鈴以外の楽器も含めて発達段階や音楽文化を設定している（今村 2006，黄厚明ほか 2002）。

7) 筆者が実見した陶寺遺跡や新砦遺跡の例も舌の打撃による内面の磨滅や頂部孔の磨滅は明確ではなかった。

8) 1点の河南省博物館所蔵の収集品を含む。

9) 甬鈴も頂部に孔が確認でき，甬をもたない鈴と同様に舌を吊るしたと考えられる。丁村遺跡出土の甬鈴は，甬以外の部分が同時期の甬をもたない鈴ときわめて近い。

10) 陳国梁によれば二里頭遺跡から6点，肥西大墩孜から1点が二里頭文化期で確認されている（陳国梁 2008）。

11) 楊荘遺跡，朱崗遺跡，鹿台崗遺跡，宋窯遺跡などをはじめとした遺跡からの出土がある。

12) 関雄二氏は社会的役割に応じた階層を「異種階層」という言葉を用いて表現している（関 2006）。

13) 銅鈴の製作技術の変化については宮本一夫氏が詳述している（宮本 2009）。

終　章

　本書では，主に土器の分析を通して新石器時代末期に環太行山脈地区でみられるようになる環太行山脈地区文化圏の形成過程を明らかにし，さらに土器の伝播を多角的に理解することでその背景にまで迫ることを目的としてきた。

　その目的を達成するために，第2章で環太行山脈地区の自然地理的な側面や古気候を整理し，第3章と第4章で環太行山脈地区の広域編年を構築したうえで，さらに一つの文化圏として当該地区がまとまっていく背景の一端について論じた。最後に，ここまで論じた内容を整理し，まず各章の論点を再確認しておきたい。それから，環太行山脈地区文化圏の形成過程とその背景について，最終的な結論を述べたい。

第1節　論点の整理

　まず，第1章において本書で採用する地域区分を提示し，さらに現在の中国考古学の進展を鑑みて最も適当な時期区分を示した。

　第2章では，第1節で中国の地理的環境について触れ，そのなかにおける環太行山脈地区の位置づけを明確にした。太行山脈はまさに第2級階梯と第3級階梯の境界となっており，西側の黄土高原と東側の河北平原，そして北側の黄土高原や平野，砂漠地帯が入り混じる地域に分かれ，水系からもそれらの地域を区分することができるとした。さらに，地形や古典籍などから太行山脈の東西をつなぐルートを示し，その交流の可能性に言及した。第2節では気候についてまとめ，環太行山脈地区が南北で西北内陸部乾燥気候と東部季節風気候に大きく分けられることを明確にした。そして第3節では，環太行山脈地区における土器動態と気候の関係を確認することを一つの目的として，新石器時代の気候を花粉と動物遺体から復元した。土器動態との関係は本章第2節で触れるが，結論としては新石器時代中期以前，つまり広域第1期以前は不安定ななかにも温暖化が進む状況が看取できるが，B.C.5000—B.C.3000年に相当する新石器時代後期前葉から後期後葉あるいは末期前葉まではきわめて温暖な気候へと転換する。その後の新石器時代末期の広域第5期併行期には，反対に寒冷乾燥化した気候を復元することができた。

　第3章では，環太行山脈地区を構成する地域ごとに土器編年を構築し，それらの併行関係を把握することで環太行山脈地区の広域編年を組んだ。そして時期ごとの土器動態を追うことで，環太行山脈地区文化圏の形成過程を明らかにした。まず第1節で用語の定義と研究方法を示したうえで，第2節では太行山脈西側の山西について論じた。その結果，山西の新石器時代を5期12段に区分し，東西を山脈に挟まれる地理的要因から南北方向の交流が頻繁にみられることを明ら

かにした。さらに，山西第Ⅱ期を頂点としてそれ以降に地域間交流が減少に向かうが，その後も一定の交流は継続し，その交流ネットワークを通じて第Ⅴ期に鬲Ⅰ・Ⅱ，斝Ⅱなどを受容して環太行山脈地区文化圏に組み込まれるとした。ただし，土器様式からみれば山西第Ⅱ期のような完全なセット関係を有していないため，集団的なヒトの移住などは伴わないのではないかと推測した。第3節では太行山脈北側の内蒙古中南部の分析を行った。その結果，新石器時代を5期15段に区分した。また，研究史で指摘されたいくつかの問題について答えを出しつつ，内蒙古中南部で最も重要な点として岱海・黄旗海地区の内蒙古中南部第4期後葉において鬲が出現した点を挙げた。そしてこの空三足器の鬲が中国で最も早く出現した可能性を指摘し，それらが山西や河北に広く伝播すると考えた。また，土器からみた内蒙古中南部の特徴について，内蒙古中南部第3期以前は一方的に外部の影響を受容するが，第4期になると独自の土器様式を発展させるようになり，第5期には外部からの影響を独自に発展させて創出した鬲などが他地域へと影響を及ぼしはじめたと理解し，これが環太行山脈地区文化圏の形成に大きな役割を果たしたと考えた。第4節では，河北の土器について分析を加え，5期11段に区分した。そして，河北は周辺文化の影響を受容しつづけ土器様式を形成してきた受身の地域であったと考えた。特に北方や河南あるいは山東の影響が頻繁にみられ，それらのバランス関係が土器様式を決定する主要な要因となっていた。さらに，河北第Ⅳ期の後には一定の空白期間があり，その後の第Ⅴ期に鬲Ⅰ・Ⅲ・ⅣAなどの空三足器が出現する。これを指標に河北も環太行山脈地区文化圏に組み入れることができるが，その背景には第Ⅳ期からの在地のヒトによる土器製作が想定できるとした。第5節では以上の各地区の編年を統合し，環太行山脈地区の編年を提示した。そして，各時期には太行山脈の南北方向や東西方向の交流がみられ，さらに広域第3期や第4期には太行山脈を直接抜けるような交流が存在したと指摘した。結論として，このような各時期における交流ルートの開拓という経験を経て，最終的に広域第6期における鬲をはじめとした空三足器の広域に及ぶ伝播が達成され，環太行山脈地区文化圏が成立したと考えた。

　第4章では，環太行山脈地区文化圏形成の指標となる土器の動態に関する背景を考察し，さらに土器以外の遺物，つまり陶鈴からも環太行山脈地区文化圏を再確認した。第1節では，土器のなかでも空三足器に対象資料を絞り，その伝播形態から環太行山脈地区における空三足器の広がりについて論じた。そして環太行山脈地区文化圏を形成した空三足器の広がりは，二つに分けた伝播のパターンのうち，形態とその他の要素すべてに地域性がみられるパターンに属し，隣接する二つ三つの地区が一つか二つの形式を共有し，さらに独自の形式を加えて全体が漸移的な変化を示す状況を看取できた。それに加え，空三足器が他の形式とセット関係をもって伝播しない点や，各地区の鬲などに若干の形態的差異が存在する点などを合わせて考えると，伝播の背景には集団の移住をほとんど伴わない情報の伝播があると考えた。第2節では，第1節で明らかにした空三足器拡散の背景にある情報の伝播について，熱効率という視点を通して実験考古学的手法を用いて論じた。その結果，鼎との比較では明らかに鬲の方が熱効率が高く，煮沸器としてより機能的に優位であることがわかった。また，遺跡から検出される炭化種子から新石器時代末期の陶

寺遺跡では燃料として黍亜種などの草本を使用したことがわかっており，当時の寒冷な気候や長期居住などを合わせて考えると，燃料に木材を多用できないような状況が想定できた。鬲の熱効率が高いということは少ない燃料で煮沸ができることを示すため，燃料と鬲の熱効率の関係は非常に整合性が高く，この点からも新石器時代末期に鬲をはじめとした空三足器が広く伝播した理由の一つがわかると考えた。第3節では陶鈴を通して環太行山脈地区文化圏の位置づけを新たな角度から検討した。その結果，陶鈴は中原系や北方系などに分けることができるが，特に内蒙古中南部に起源すると考えられる北方系の陶鈴は，空三足器よりも若干早い段階で内蒙古中南部から太行山脈西側を主に南下して分布を広げたことがわかった。その後，新石器時代末期後葉，つまり広域第6期段階になって太行山脈東側でも出土するようになる。この北方系の陶鈴の分布範囲は空三足器のそれと重なり，さらに伝播の方向までも共通することから，やはり環太行山脈地区文化圏の内部には一定の緊密な交流があったと考えた。また，内蒙古中南部と山西では陶鈴の出土状況が一部異なるため，使用方法まで共通するような伝播ではなく，少なくともヒトの集団的な移住は伴わないとした。そして第4節では第4章をまとめ，環太行山脈地区文化圏形成の主要因である鬲をはじめとした空三足器伝播の背景には鬲に関する情報の広がりがあり，その一つとして空三足器の熱効率の高さが挙げられると指摘した。そして，新石器時代以来，地域集団間で次第に増加した交流ネットワークを通してこれらの情報が広がり，環太行山脈地区文化圏が形成されたと考えた。

第2節　環太行山脈地区文化圏の形成過程とその背景

　環太行山脈地区では新石器時代前期に河北を中心とする地域で土器を出土する遺跡が出現する。その後の広域第1期においても山西や内蒙古中南部では遺跡が確認されておらず，やはり河北で東北地方と深い関係をもつ盂を煮沸器とする土器様式がみられるだけであった。この新石器時代中期段階はいまだ気候が安定せず，低温な気候を示す花粉や動物遺体が確認されている。このような不安定な気候は，東北の平底土器群につながる土器様式が河北にまで分布した要因の一つであったろう。

　その後の広域第2期になると気候も次第に温暖へと安定しはじめ，それに伴い河北で出土した東北系の土器様式がみられなくなる。そして，山東の後李文化に起源すると思われる無文の釜や口縁部に紅色彩帯を施す鉢などの土器が，河北で出土するようになる。さらにそれらの土器群は河北東北部の灤河流域や内蒙古中南部にまで分布を広げる。特に内蒙古中南部の岱海周辺には，河北からのヒトの移住がある程度あったと考えられ，すでに直接的な交流ルートが開拓されていたと考えてよかろう。また，太行山脈を越えた山西までこの無文土器がみられる。ただし，煮沸器には深腹罐を採用しているため，部分的な影響であったことがわかる。このように当該期に初めて環太行山脈地区が共通の要素で結ばれた間接的な影響圏として現れる。

　そして広域第3期には，一つの画期がやってくる。いわゆる廟底溝文化の拡散である。山西第

I期の土器を基礎に半坡文化の影響を受容して成立した廟底溝文化が山西南部から各地に伝播し，環太行山脈地区でも内蒙古中南部でみられるようになる。土器のセット関係をもった伝播と住居址などの共通性から，その背景には確実にヒトの集団的な移住が存在した。ここで重要なのが，当該期と気候の温暖化最盛期が重複する点である。このような良好な気候に裏打ちされた安定した環境が内蒙古にまで広がり，周辺環境や生業の共通性が高まった結果，活発な交流関係が生じた可能性もある。ただし太行山脈が障壁となり，河北には部分的な影響しか及ぼさない。しかし，その一部は太行山脈を東西に抜けるルートの要衝である「太行八径」のいくつかを通り，河北で釣魚台類型として出土する。これらが河北第Ⅳ期として成立する土器様式の形成に大きな影響を与えるのである。また，河北で出土する廟底溝文化出現の背景にも，土器の形態や器種から判断すれば，点的ではあるが集団の移住が存在したと考えられる。確かに廟底溝文化の影響は河北では直接的とはいえないが，広域にヒトが動いたという点で非常に興味深い。ただし，その背景については，古気候の問題だけではなく，廟底溝文化中心地の分析なども行ったうえで考えていく必要がある。当該期は環太行山脈地区文化圏が形成される以前に，最も共通性が高まった段階である。そして限定的ではあるが，太行山脈を東西に抜けるルートが開拓された重要な時期であるといえよう。

　広域第4期には一転して廟底溝文化の交流ネットワークが崩壊し，各地区が独自化の道を歩み始める。特に河北は，空三足器の分布からも明らかなようにきわめて閉鎖的な山東と，交流の障壁となる太行山脈に東西を挟まれているため，一貫して独自色の強い土器様式を醸成する。ただし，内蒙古の特に岱海・黄旗海地区は東北地方との東西方向の交流を開始し，黄河両岸地区については尖底瓶の型式変化からもわかるように，山西とともに黄河中流域と恒常的かつ部分的な交流を行っていた。広域第3期に開拓された太行山脈を東西に抜けるルートも，山西の広い地域で河北の彩陶がみられることから，部分的な文化要素の交流は続いていた。その背景について，東北や河南など環太行山脈地区南北からの影響が増加しはじめ，その圧力に押された結果とみることもできよう。いずれにせよ，交流ネットワークは依然としてある程度保たれていたといえる。しかし，全体的にみれば，明らかに前時期よりも交流の機会は減少した時期といえる。

　この交流の減少は，広域第5期になっても止まらず，環太行山脈地区の土器様式には大きな差異が生まれる。また，河北では一定の空白期間がみられる。その要因の詳細は不明だが，黄河の河道が頻繁に変わり，さらに気候についても次第に寒冷化へと向かう時期である。寒冷乾燥化は高緯度地帯や内陸から進んだと考えられるが，やはり河北でも以前とは異なる生活を強いられた可能性は排除できない。これらの要因が複合的に重なり合い，河北の遺跡分布に変化を与えたのだろう。また，各地域間における影響関係の減少は，それぞれの独自化を促進した。そのなかで，広域に広がった少ない要素の一つに空三足器の斝がある。そして，その斝を各地区が在地化するなかで，内蒙古中南部に新たな形式としての鬲が誕生したのである。さらにいえば，北方系の陶鈴も，この独自化のなかで創出された新たな文化要素の一つである。陶鈴は広域第1期から第2期段階ですでに中原系が出土しており，内蒙古中南部でも半坡文化や廟底溝文化の影響のもとで

出土が確認されている。しかし，当該期における各地区の独自化の波のなかで，それが北方系の陶鈴へ交替したと理解できる。

　広域第6期には，この鬲や陶鈴などが一部の細別形式の斝などとともに，内蒙古中南部から南へと分布を広げる。そして，これまで環太行山脈地区の各地区で異なる煮沸器を中心として構成された土器様式が，非常に近似した煮沸器を採用するに至る。その背景には，当該期以前に行われた東西間あるいは南北間における交流という「経験」があったのではなかろうか。各時期ごとに交流ルートが増加し，それらが当該期における空三足器の広域伝播の素地となったのである。また，ちょうどこの時期は気候が寒冷乾燥化へと向かう。内蒙古中南部の文化要素の南下現象と寒冷化をヒトの移住と結びつける考えがあることは何度か述べたが，空三足器の伝播形態や陶鈴の出土状況の比較などからみれば，背景にヒトの大規模な移住はなかった。むしろ，気候の寒冷化と考古遺物を結びつけて考えるならば，気候の変化に従ってヒトがそれに適応し，克服しようと生活方式を変え，それに伴い必要となる物質も変化したと考えるべきである。そう考えることで，本書を通して導き出したいくつかの結論と整合するのである。鬲などの空三足器の環太行山脈地区における受容は，気候の寒冷化に伴う燃料の問題を解決するために，その熱効率が注目されて採用された環境適応の一つである。裏を返せば，その熱効率の高さが，空三足器が広域に広がる要因の一つとなった。このように，環太行山脈地区文化圏の形成の背景にある鬲をはじめとした空三足器の広がりは，各地のヒトがそれぞれの環境に適応するために受け入れたという側面もあったのではなかろうか。ただし，空三足器は無制限に分布を広げるわけではない。第4章第1節で述べたように，黄河の屈曲部や山東と河北の境界などで分布の大きな枠組みは制限されており，その内側における交流を通して相対的に土器様式の共通性が高い環太行山脈地区文化圏が形成されたのである。

　以上のような過程を経て，新石器時代末期後葉に環太行山脈地区文化圏は成立した。本書を通して，これまで注目されなかった新たな文化圏の認識を提示することができたと考える。環太行山脈地区で確認できる土器動態の背景にはいくつかのかたちがある。広域第3期における廟底溝文化のようにセット関係をもった土器が広域に広がるかたちは，明らかにヒトの移住を伴うだろう。一方，広域第4期における河北のいわゆる大司空文化の彩文が山西でみられる現象は，彩文土器だけが伝播することからその象徴性や稀覯性などが重視されたのだろう。これは第4章第1節で扱った鬶fと共通する受容のされ方である。そして鬲をはじめとした空三足器は機能性を主に重視された。このように，環太行山脈地区だけでもさまざまな土器の伝播に関する背景が考えられる。環太行山脈地区文化圏については，その機能性が主に重視された鬲などの空三足器が，新石器時代中期以降に次第に形成されてきた交流ルートを通して，地理的に制限された一定の枠組みのなかで拡散した結果，形成されたのである。自然地理的にみても異なる環境にあり，さらに水系も異なる環太行山脈地区に共通する細別形式が共有される現象は，新石器時代末期後葉における地域間交流の活発化を示す，非常に重要な画期であったといえるのではなかろうか。そして，この地域間交流の活発化に伴い，さまざまなレベルのモノや情報が行きかうなかで，初期王

朝時代の諸文化が形成される素地が整っていく。特に広域第6期における環太行山脈地区の北から南への文化要素の流れのなかで，その南端と接する地域に二里頭文化が成立したことも，偶然ではないのかもしれない。

第3節　初期王朝時代の環太行山脈地区文化圏

　新石器時代末期に続く初期王朝時代には，古典籍にある夏王朝の物質文化に比定される二里頭文化が黄河以南の洛陽盆地を中心に成立する。一方，環太行山脈地区の河北南部河南北部では殷王朝の起源とされ，先商文化に比定される下七垣文化，山西南部では二里頭文化の影響を強く受ける東下馮文化が成立する。これまでの研究では，この二里頭文化，東下馮文化，下七垣文化などは，個別あるいは二里頭文化を介した2文化間の関係のなかで論じられることが多かった（鄒衡 1980，李維明 1997 など）。それはこれらの地域における新石器時代以来の変遷を考慮せずに，各地に設定された文化を理解しようと試みたためである。新石器時代からの流れを把握したうえでこれらの文化の相対的関係を考えると，新たな枠組みで捉えることが可能となる。つまり，環太行山脈地区文化圏という概念が，二里頭文化期でも有効ではないかということである。

　鬲をはじめとする空三足器は，第4章第1節でも図示したように，環太行山脈地区においてほぼ黄河を越えずに分布が収まる。一方，黄河以南は鼎を中心とする煮沸器を採用している。環太行山脈地区文化圏の形成によって，大まかに黄河を挟んでこのような一つの対立構造が描けるようになる。そして，二里頭文化期に至って，空三足器などの文化要素をもつ環太行山脈地区に非空三足器文化の二里頭文化が接触する時，その影響を部分的に受容した山西南部に東下馮文化，受容しない河北南部および河南北部に下七垣文化が成立する。土器様式からみれば，二里頭文化の影響程度の違いは一目瞭然である。ただ，この違いばかりが注目されて両文化はまったく別個のものとして相互の関係が見過ごされがちであった。しかしながら，重要であるのは両文化の根底には新石器時代からつくり上げられた環太行山脈地区文化圏という共通の基盤が存在するという点である。そう考えることで，3文化間の相対的な関係もより理解しやすくなる。二里頭文化をほとんど受け入れなかった河北南部河南北部が後に夏王朝とされる二里頭文化と対立する殷文化につながり，二里頭文化の影響を受容した山西南部はその一部に組み込まれるという構図もスムーズに理解できるであろう。さらに，下七垣文化の成立に山西中部からの影響を想定する見解が散見されるが（鄒衡 1980，張渭蓮 2008 など），その正否はともかく，本来的に同一の文化的基盤をもつ点では共通点の存在も首肯できる。また，殷文化後期の殷墟からは北方系の青銅器なども出土するが，これも元々殷文化が環太行山脈地区文化圏から発したものと理解することで北方からの文化要素の受容も理解することができる。夏王朝が南へいち早く分布を広げる点や殷王朝が北への分布範囲を有する点も，環太行山脈地区文化圏という交流圏の存在を考慮すれば理解しやすい。以上のように，新石器時代末期以降も環太行山脈地区文化圏という枠組みは，一定の影響力をもつ。そして，このように考えることで二里頭文化期の地域間関係を新たな角度から捉え

なおすことができるのである。このような点からも，本書で論じてきた環太行山脈地区文化圏という概念の重要性が再確認できる。

　また，二里頭文化では第3期以降，煮沸器に鬲が出現しはじめる。二里頭遺跡でみられる鬲をみると，大きく三つの系統に分けられる。まず，河北南部河南北部の下七垣文化あるいは輝衛文化に起源する鬲，次に山東の岳石文化に起源する鬲が挙げられる。そして三つ目として在地で製作された鬲の存在が挙げられる。これらの詳細な検討は今後の機会に委ねるとして，これらからわかることは，二里頭文化が分布を広げ環太行山脈地区に接触する時に，河北の器種を受容し，さらに在地でも製作をはじめるという事実である。その受容が能動的であったのか受動的であったのかは現状で判断しかねるが，それまでは黄河を南に越えなかった環太行山脈地区の空三足器が，ここに初めて一定の安定性をもって黄河を越えてみられるようになったのである。これは一つの画期的な事象といえる。さらに二里岡文化以降の殷文化期に至ると鬲は湖南や江西など長江以南でも出土するようになる。これについては殷王朝が環太行山脈地区文化圏に起源することもあるが，それ以上に明確な政治的中央統治機構の出現に伴うヒトやモノのより意図的な移動・伝播が背景にあると考えられよう。これは，環太行山脈地区を形成した空三足器が環境適応の一環として受容されたという筆者の見解と異なる伝播の要因といえる。このように，明確な中央が出現して以降，環太行山脈地区文化圏の文化要素は漸次的にいっそう広がりをみせるが，それに伴い，伝播の背景もより多様になっていったと考えられよう。

　ただし，中央政体の政治的影響力を抽出するには，先学の研究にもあるように王朝祭祀や礼制などの存在を示すハイレベルな遺物から立証していく必要がある（西江 2005，徳留 2009）。本書で扱った新石器時代の土器は後代の礼器などとは異なり，日常生活に密接して製作・使用・廃棄されたものが大多数である。したがって，初期王朝時代以降のより具体的な議論が必要となる政治面をはじめとした問題は，扱う資料を換えた今後の研究に委ねなければならない。あくまでも，本書の分析を通して明らかにしたのは，日常土器を使用した人々がさまざまな要因から変化せしめた生活の痕跡と人間集団間のつながりの遷り変わりなのである。

あとがき

　本書は，筆者が 2012 年度に早稲田大学大学院文学研究科へ提出した博士学位論文『中国新石器時代における環太行山脈地区文化圏の形成過程とその背景』をもとに，一部加筆修正を加えてまとめ直したものである。いくつかの章は，若干の手直しは加えたものの，すでに論文として世に送り出しているので，以下に記しておく。

序章：新稿
第 1 章：新稿
第 2 章
　第 1 節・第 2 節：新稿
　第 3 節：久保田慎二 2013「中国新石器時代の古気候と土器動態」『技術と交流の考古学』岡内三眞（編），同成社（一部修正）
第 3 章
　第 1 節・第 2 節・第 3 節・第 5 節：新稿
　第 4 節：久保田慎二 2014「中国新石器時代の太行山脈東側地区における土器編年と地域間関係」『古代』第 135 号（一部修正）
第 4 章
　第 1 節：久保田慎二 2012「中国新石器時代における鼎から鬲への煮沸器転換に関する実験考古学的研究——山西省西南部を中心に——」『史観』第 166 冊（一部修正）
　第 2 節：久保田慎二 2012「新石器時代におけるモノの伝播形態——空三足器を中心に——」『中国考古学』第 12 号（一部修正）
　第 3 節：久保田慎二 2010「新石器時代陶鈴研究——陶寺遺跡および二里頭遺跡出土の銅鈴を視野に——」『比較考古学の新地平』菊地徹夫（編），同成社（一部修正）
　第 4 節：新稿
終章：新稿

　筆者は，1999 年度に早稲田大学商学部に入学した。当時から考古学への興味はあったものの非常に漠然としており，興味本位で簡単な概説書に目を通す程度であった。しかし，その興味で始めた埼玉県東松山市の発掘調査をきっかけに，真剣に考古学を学びたいという気持ちが高まり，2000 年度に早稲田大学第二文学部へと転部入学することになった。特に，大学 1 年の夏にバックパック一つを背負って旅した中国に強く惹かれ，その歴史に深い興味を抱いた。それ以来，本

書を上梓するまで 16 年の月日が過ぎたが，ここまで中国考古学を続けられたのも，多くの人の支えと教えがあったからである。

　そのなかでも，早稲田大学名誉教授の岡内三眞先生には卒業論文から博士論文までお世話になり，筆舌に尽くしがたいほどの影響を受け，ご指導を賜った。論文の書き方やモノの見方はもちろん，中国の狭い地域だけではなく，東アジアという広い視野から研究を進めなければならないことをお教えいただいた。本書では，まだまだそれが実践できずにいるが，今後の研究には必ず活かしていかなければならない。

　2005 年に入学した早稲田大学大学院では，初めてアカデミックな雰囲気のなかで考古学を学ばせていただいた。岡内先生のゼミでは日本だけでなく中国・モンゴル・ロシア・東南アジアなどを学ぶ学生が在籍しており，幅広い知識を得ることができた。また，菊地徹夫先生，藤本強先生，高橋龍三郎先生，近藤二郎先生，寺崎秀一郎先生の授業では，考古学の基礎だけでなく，世界各地の考古学の知識をお教えいただき，早稲田考古学の底力を実感したことを覚えている。

　博士課程在学中の 2008 年からは，中国社会科学院考古研究所へ高級進修生として留学をさせていただいた。留学先では指導教員を快諾してくださった王巍所長をはじめ，叢徳新，朱岩石の両先生には，公私ともに大変お世話になった。また，資料調査の際には，同研究所の白雲翔，許宏，何駑，王吉懐，唐際根，谷飛，梁中合，高江涛，趙海濤，曹慧奇などの諸先生方にご配慮をいただいた。特に，計 1 か月半にわたり発掘調査へ参加させていただいた安徽省蚌埠市禹会村遺跡では，王吉懐先生，蚌埠市博物館の趙蘭会先生をはじめ現地の先生方や村民の方々に温かく接していただき，中国考古学に関する経験を積ませていただいただけではなく，国籍を越えた人間としてのつながりの大切さを痛感した。何度か訪れた内蒙古自治区では内蒙古文物考古研究所の曹建恩先生，河北省文物研究所では高建強先生および郭済橋先生，山西省では馮九生先生，田建文先生に，資料調査をさせていただいた。これらの調査なしには，本書の刊行はあり得なかっただろう。

　帰国後の 2011 年には，早稲田大学の先生方のご配慮により，早稲田大学考古学研究室で助手に奉職した。在任中は仕事と研究の両立に苦戦したが，長﨑潤一先生には常に有益なアドバイスをいただき，最新の考古学の情報などもお教えいただいた。また，城倉正祥先生には 2011 年度に千葉県芝山町高田 2 号墳での測量調査に参加させていただき，調査のマネージメントをはじめ多くの知識を学ばせていただいた。助手在任中の 2 年間には，早稲田大学に関わるさまざまな先生方と交流させていただき，自らの研究を見直す重要な期間であった。

　2013 年度からは日本学術振興会の特別研究員として，東京大学考古学研究室に籍を移すことになった。まだまだ未熟な筆者を快く受け入れてくださった大貫静夫先生には感謝の念でいっぱいである。今後，大貫先生のご恩に報いられるよういっそう精進していきたい。また，東京大学では佐藤宏之先生，設楽博己先生をはじめ，さまざまな方々のご尽力により研究環境を整えていただいた。今までとはまた異なる論理に厳格で考古学から社会の構造を捉えようとする雰囲気のなかで，非常に充実した毎日を送らせていただいている。

このほか，本書刊行前に急逝された國學院大学の吉田恵二先生には筆者が大学院に入学した頃から，常に激励をいただき，浴びるほどのお酒を飲ませていただいた。鎌倉市教育委員会の後藤健氏には中国考古学の先輩として日頃より的確なご助言をいただいている。また，中国考古学研究会の同志諸君，早稲田大学考古学研究室および東京大学考古学研究室の先輩・後輩には，常に刺激を受けている。中国語要旨の作成には明治大学文学部の李弘喆氏に大変なご協力をいただいた。筆者が考古学を始めるきっかけとなった東松山市の発掘調査では，同市教育委員会の宮島秀夫氏，佐藤幸恵氏，江原昌俊氏に発掘調査の基礎を教えていただいた。

　最後に，これまでやりたい事ばかりやってきた放蕩息子を常に支えてくれた両親，幼少より中国での従軍経験を聞かせてくれながらも博士論文提出間際に亡くなった祖父，筆者に埼玉かるたで日本語を教えてくれた祖母，筆者の研究活動を常に支えてくれている妻・英恵，身近で応援しつづけてくれた方々すべてに，この場を借りて心より感謝したい。

　本書は，六一書房の八木環一会長のご理解と編集を担当していただいた野田美奈子さんのご助力なしには刊行することができなかった。心より御礼申し上げます。

2015 年 3 月

久保田 慎二

引用参考文献

【中国語】（ピンイン順）

半坡博物館・陝西省考古研究所・臨潼県博物館　1988『姜寨』文物出版社
北京大学考古文博学院・河南省文物考古研究所　2007『登封王城崗考古発現与研究』大象出版社
北京市文物研究所　1999『鎮江営与塔照』中国大百科全書出版社
卜　工　1990「廟底溝二期文化的幾個問題」『文物』第 2 期
陳　氷白　1991「新石器時代空足三足器源流新探」『中国考古学会第八次年会論文集』文物出版社
陳　氷白　1993「略論"大司空類型"」『青果集』知識出版社
陳　国梁　2008「二里頭文化銅器研究」『中国早期青銅文化——二里頭文化専題研究——』科学出版社
陳　星燦　1990「中国史前楽器初論」『中原文物』第 2 期
崔璇・斯琴　1985「内蒙古中南部新石器至青銅時代文化初探」『中国考古学会第四次年会論文集』文物出版社
戴　向明　1998「黄河流域新石器時代文化格局之演変」『考古学報』第 4 期
戴　向明　2005「廟底溝文化的時空結構」『文物研究』第 14 輯
董　琦　1998「陶寺遺存与陶寺文化」『華夏考古』第 1 期
段　宏振　1991「試論廟底溝類型彩陶的伝播」『文物春秋』第 1 期
段　宏振　1992「太行山東麓地区新石器時代早期文化的新認識」『文物春秋』第 3 期
段　宏振　1998「試論華北平原龍山時代文化」『河北省考古文集』1
段　宏振　2001a「河北考古的世紀回顧与思考」『考古』第 2 期
段　宏振　2001b「太行山東麓走廊地区的史前文化」『河北省考古文集』2
段宏振・張渭蓮　2006「北福地与磁山——約公元前 6000〜前 5000 年黄河下流地区史前文化的格局——」『文物』第 8 期
方修琦・孫寧　1998「降温事件：4.3kaBP 岱海老虎山文化中断的可能原因」『人文地理』第 1 期
傅　勇　1988「陝西扶風案板遺址動物遺存的研究」『文物与考古』第 5・6 期合刊
甘粛省文物考古研究所　2006『秦安大地湾』文物出版社
高広仁・邵望平　1981「史前陶鬹初論」『考古学報』第 4 期
高　江涛　2007「陶寺遺址聚落形態的初歩考察」『中原文物』第 3 期
高　天麟　1996「黄河流域龍山時代陶鬲研究」『考古学報』第 4 期
高　天麟　1986「黄河前套及其以南地区的龍山文化遺存試析」『史前研究』第 3・4 期
高天麟・張岱海・高煒　1984「龍山文化陶寺類型的年代与分期」『史前研究』第 3 期
高　煒　1989「龍山時代的礼制」『慶祝蘇秉琦考古五十五年論文集』文物出版社
高　煒　2006「史前陶鈴及其相関問題」『二十一世紀的中国考古学』文物出版社
高煒・高天麟・張岱海　1983「関於陶寺墓地的幾個問題」『考古』第 6 期
高煒・張岱海・高天麟　1983「陶寺遺址的発掘与夏文化的探討」『中国考古学会第四次年会論文集』文物出版社
国家文物局 編　2009『中国考古 60 年』文物出版社

国家文物局・山西省考古研究所・吉林大学考古学系　1998『晋中考古』文物出版社
国家文物局考古領隊培訓班　1999『兗州六里井』科学出版社
韓　建業　2003a『中国北方地区新石器時代文化研究』文物出版社
韓　建業　2003b「論雪山一期文化」『華夏考古』第 4 期
韓　建業　2006「晋西南豫西西部廟底溝二期――龍山時代文化的分期与譜系――」『考古学報』第 2 期
韓　建業　2007「老虎山文化的拡張与対外影響」『中原文物』第 1 期
河北省文物管理処　1984「河北遷安安新荘新石器遺址調査和試掘」『考古学集刊』4
河北省文物管理処・邯鄲市文物保管所　1981「河北武安磁山遺址」『考古学報』第 3 期
河北省文物研究所　2003『正定南楊荘』科学出版社
河北省文物研究所　2007『北福地』文物出版社
河北省文物研究所・唐山市文物管理処・遷西県文物管理処　1992「遷西西寨遺址 1988 年発掘報告」『文物春秋』増刊
河南省文物研究所・長江流域規劃辨公室考古隊河南分隊　1989『淅川下王岡』文物出版社
何　駑　2004「陶寺文化譜系研究綜論」『古代文明』第 3 巻，文物出版社
黄厚明・陳雲海　2002「中国史前音楽文化状況初探」『中原文物』第 3 期
黄　蘊平　1996「朱開溝遺址獣骨的鑑定与研究」『考古学報』第 4 期
黄　蘊平　2001「石虎山Ⅰ遺址動物骨骸鑑定与研究」『岱海考古（二）』科学出版社
黄　蘊平　2003「廟子溝与大壩溝遺址動物遺骸鑑定報告」『廟子溝与大壩溝』中国大百科全書出版社
吉林大学辺彊考古研究中心・山西省考古研究所・忻州地区文物管理処　2004『忻州游邀考古』科学出版社
蔣　志龍　1995「釜形斝研究」『考古与文物』第 4 期
靳　桂雲　2004「燕山南北長城地帯中全新世気候環境的演化及影響」『考古学報』第 4 期
孔昭宸・杜乃秋　1992「山西襄汾陶寺遺址胞粉分析」『考古』第 2 期
李　伯謙　1989「先商文化探索」『慶祝蘇秉琦考古五十五年論文集』文物出版社
李　維明　1997「再議東下馮類型」『中原文物』第 2 期
李　文傑　1996『中国古代制陶工芸研究』科学出版社
李　志鵬　2008「二里頭文化墓葬研究」『中国早期青銅文化――二里頭文化専題研究――』科学出版社
鈴木　茂　2001「岱海遺址群的孢粉分析」『岱海考古（二）』科学出版社
羅新・田建文　1991「陶寺文化再研究」『中原文物』第 2 期
羅新・田建文　1994「廟底溝二期文化研究」『文物季刊』第 2 期
梅　鵬雲　2002「磁山文化再観察」『文物春秋』第 4 期
莫多聞・李非・李水城　1996「甘粛葫芦河流域中全新世環境演化及其対人類活動的影響」『地理学報』第 1 期
内蒙古文物考古研究所・日本京都中国考古学研究会「石虎山遺址発掘報告」『岱海考古（二）』科学出版社
喬　登雲　2001「豫北冀中南地区新石器時代考古回顧与展望」『文物春秋』第 5 期
陝西省考古研究所　2004『臨潼零口村』三秦出版社
山西省考古研究所　1996「西陰村史前遺存第二次発掘」『三晋考古』第二輯
山西省考古研究所　2004『翼城棗園』科学技術文献出版社
陝西省考古研究院・宝鶏市考古工作隊　2007『宝鶏関桃園』文物出版社
陝西省考古研究院・西北大学文化遺産与考古学研究中心　2010『高陵東営』科学出版社
山西省歴史地図集編纂委員会　2000『山西省歴史地図集』中国地図出版社

施雅風・孔昭宸・王蘇民・唐領余・王富葆・姚檀棟・趙希濤・張丕遠・施少華　1992「中国全新世大暖気気候与環境的基本特征」『中国全新世大暖気気候与環境』海洋出版社
宋　建忠　1993「山西龍山時代考古遺存的類型与分期」『文物季刊』第 2 期
宋建忠・薛新民　2002「北橄遺存分析──兼論廟底溝文化的淵源──」『考古与文物』第 5 期
蘇　秉琦　1999『中国文明起源新探』三聯書店
蘇秉琦・殷瑋璋　1981「関於考古学文化的区系類型問題」『文物』第 5 期
孫　周勇　2002「関於河套地区龍山時代考古学文化研究的幾個問題」『考古与文物』増刊，先秦考古
譚　其驤　1981「西漢以前的黄河下游河道」『歴史地理』創刊号
田　広金　1991a「内蒙古中南部仰韶時代文化遺存研究」『内蒙古中南部原始文化研究文集』海洋出版社
田　広金　1991b「内蒙古中南部龍山時代文化遺存研究」『内蒙古中南部原始文化研究文集』海洋出版社
田　広金　1997「論内蒙古中南部史前考古」『考古学報』第 2 期
田広金・史培軍　1991「内蒙古中南部原始文化的環境考古研究」『内蒙古中南部原始文化研究文集』海洋出版社
田広金・史培軍　1997「中国北方長城地帯環境考古学的初歩研究」『内蒙古文物考古』第 2 期
田広金・唐暁峰　2001「岱海地区距今 7000─2000 年間人地関係演変研究」『岱海考古（二）』科学出版社
田　建文　1994「尖底瓶的起源──兼談半坡文化与廟底溝文化的関係問題──」『文物季刊』第 1 期
佟　偉華　2000「試論山西垣曲盆地龍山文化遺存的年代与分期」『中国歴史博物館考古部記念文集』科学出版社
王瑋瑜・孫湘君　1997「内蒙古察素泥炭剖面全新世古環境変遷的初歩研究」『科学通報』第 5 期
王　立新　1993「単把鬲譜系研究」『青果集─吉林大学考古専業成立二十周年考古論文集』知識出版社
王　青　1995「試論任邱啞叭荘遺址的龍山文化遺存」『中原文物』第 4 期
王　仁湘　2003「半坡文化和廟底溝文化関係研究検視」『文物』第 4 期
王世和・張宏彦・傅勇・厳軍・周傑　1988「案板遺址孢粉分析」『考古与文物』第 5，6 期合刊
王　宜濤　1991「紫荊遺址動物群及其古環境意義」『環境考古研究』第 1 輯
汪　宇平　1961「内蒙古清水河県白泥窯子村的新石器時代遺址」『文物』第 9 期
王志浩・楊沢蒙　1991「鄂爾多斯地区仰韶時代遺存及其編年与譜系初探」『内蒙古中南部原始文化研究文集』海洋出版社
王　子初　2003『中国音楽考古学』福建教育出版社
魏　堅　1993「試論廟子溝文化」『青果集』知識出版社
文物出版社 編　1999『新中国考古五十年』文物出版社
呉　東風　1996「大司空文化陶器分期研究」『環渤海考古国際学術討論会論文集』知識出版社
西北大学文化遺産与考古学研究中心・陝西省考古研究所　2006『旬邑下魏洛』科学出版社
夏　鼐　1977「碳─14 測定年代和中国史前考古学」『考古』第 4 期
許　宏　2004「略討二里頭時代」『2004 年安陽殷商文明国際学術討論会論文集』社会科学文献出版社
許　偉　1989「晋中地区西周以前古遺存的編年与譜系」『文物』第 4 期
許　永傑　2010「距今五千年前後文化遷徙現象初探」『考古学報』第 2 期
許永傑・卜工　1992「三北地区龍山文化研究」『遼海文物学刊』第 1 期
厳　文明　1965「論廟底溝仰韶文化的分期」『考古学報』第 2 期
厳　文明　1984「論中国的銅石併用時代」『史前研究』第 1 期
厳　文明　1987「中国史前文化的統一性与多様性」『文物』第 3 期

厳文明 著／岡村秀典 訳　1994「中国古代文化三系統説」『日本中国考古学会会報』第 4 号
楊暁燕・夏正楷　2001「中国環境考古学研究綜述」『地球科学進展』第 6 期
于　孝東　2006「鎮江営遺址一，二期遺存的分期及相関問題的討論」『辺境考古研究』第 5 輯
原思訓・陳鉄梅・周昆叔　1992「南荘頭遺址 ^{14}C 年代測定与文化層孢粉分析」『考古』第 11 期
張　光直　1989「中国相互作用圏与文明的形成」『慶祝蘇秉琦考古五十五年論文集』文物出版社
張岱海・高天麟・高煒　1984「晋南廟底溝二期文化分期初探」『史前研究』第 2 期
張　素琳　2000「浅談山西廟底溝二期文化及相関問題」『中国歴史博物館考古部記念文集』科学出版社
張　渭蓮　2008『商文明的形成』文物出版社
張　之恒　1989「磁山裴李崗文化与黄河流域同時代諸文化的関係」『磁山文化論集』河北人民出版社
張　忠培　1980「客省荘文化及其相関諸問題」『考古与文物』第 4 期
張　忠培　1997「黄河流域空三足器的興起」『華夏考古』第 1 期
張忠培・関強　1990「"河套地区"新石器時代遺存的研究」『江漢考古』第 1 期
張忠培・喬梁　1992「後岡一期文化研究」『考古学報』第 3 期
張忠培・楊晶　2002a「客省荘文化単把鬲的研究──兼談客省荘文化流向──」『北方文物』第 3 期
張忠培・楊晶　2002b「客省荘与三里橋文化的単把鬲及其相関問題」『宿白先生八秩華誕記念文集』文物出版社
趙　輝　2000「以中原為中心的歴史趨勢的形成」『文物』第 1 期
趙志軍・何駑　2007「陶寺城址 2002 年度浮選結果及分析」『襄汾陶寺遺址研究』科学出版社
鄭　紹宗　1992「河北考古発現与展望」『文物春秋』増刊
中国科学院考古研究所　1962a『新中国的考古収穫』文物出版社
中国科学院考古研究所　1962b『灃西発掘報告』文物出版社
中国科学院考古研究所山西工作隊　1973「山西芮城東荘村和西王村遺址的発掘」『考古学報』第 1 期
中国科学院中国植物志編輯委員会　1959─2004『中国植物志』全 80 巻，科学出版社
中国歴史博物館考古部・山西省考古研究所・垣曲県博物館　2001『垣曲古城東関』科学出版社
中国社会科学院考古研究所　1984『新中国的考古発現与研究』文物出版社
中国社会科学院考古研究所　1992『中国考古学中碳十四年代数據集 1965─1991』文物出版社
中国社会科学院考古研究所　1997『敖漢旗趙宝溝』中国大百科全書出版社
中国社会科学院考古研究所　1999『師趙村与西山坪』中国大百科全書出版社
中国社会科学院考古研究所　2001『蒙城尉遅寺』科学出版社
中国社会科学院考古研究所　2003『中国考古学』夏商巻，中国社会科学出版社
中国社会科学院考古研究所　2010『中国考古学』新石器時代巻，中国社会科学出版社
中国社会科学院考古研究所安陽工作隊　1982「安陽後岡新石器時代遺址的発掘」『考古』第 6 期
中国社会科学院考古研究所山西工作隊・臨汾地区文化局　1984「山西襄汾陶寺遺址首次発現銅器」『考古』第 12 期
中国社会科学院考古研究所山西工作隊・山西省臨汾行署文化局・中国芸術研究院音楽研究所調査組　2001「陶寺遺址出土的龍山時代楽器」『中国音楽文物大系』山西巻，大象出版社
周　本雄　1981「河北武安磁山遺址的動物骨骸」『考古学報』第 3 期
鄒　衡　1980「試論夏文化」『夏商周考古学論文集』文物出版社
朱　乃誠　2006「二里頭文化"龍"遺存研究」『中原文物』第 4 期
《中国国家地理地図》編委会　2010『中国国家地理地図』中国大百科全書出版

【日本語】

安斎正人　2012『気候変動の考古学』同成社
飯島武次　2003『中国考古学概論』同成社
飯島武次　2006「二里頭文化の陶鬲と粟粥」『生業の考古学』同成社
今村佳子　2006「中国における楽器の発達に関する基礎的研究」『考古学研究』第4号
岩永省三　1989「土器から見た弥生時代社会の動態──北部九州地方の後期を中心として──」『横山浩一先生退官記念論文集』I
小澤正人・谷豊信・西江清高　1999『中国の考古学』世界の考古学⑦，同成社
季　増民　2008『中国地理概論』ナカニシヤ出版
清川昌一　2010「東京地学協会第13回海外巡検報告「中国太行山脈の地形地質とジオパークめぐり」」『地学雑誌』No.2
久保田慎二　2008a「廟底溝文化成立試論」『早稲田大学大学院文学研究科紀要』第4分冊
久保田慎二　2008b「陶寺文化の成立とその背景──土器分析を中心に──」『中国考古学』第8号
甲元眞之　2001『中国新石器時代の生業と文化』中国書店
甲元眞之　2008「気候変動と考古学」『熊本大学文学部論叢』
後藤　健　2009「文化財分野におけるGIS活用事例──石窟寺院基礎データの管理と分析についてのシミュレーション研究──」『太行山脈一帯に点在する仏教石窟群の包括的保護計画策定に関する日中共同研究』平成17年度─20年度科学研究費補助金（基盤研究（B））研究成果報告書
ジュリエット・クラットン＝ブロック 著／渡辺健太郎 訳　2005『世界哺乳類図鑑』新樹社
鈴木和夫・福田健二　2012『図説 日本の樹木』朝倉書店
盛和林・大泰司紀之・陸厚基　2000『中国の野生哺乳動物』中国林業出版社
蘇秉琦／張名聲 訳　2004『新探 中国文明の起源』言叢社
関　雄二　2006『古代アンデス 権力の考古学』京都大学学術出版会
田中良之　1982「磨消縄文土器伝播のプロセス──中九州を中心として──」『森貞次郎博士古稀記念 古文化論集』上巻
都出比呂志　1989『日本農耕社会の成立過程』岩波書店
徳留大輔　2004「中国新石器時代晋南豫西地区の土器から見た地域間交流」『亜洲考古学』Vol.2
徳留大輔　2009「威身財から見た二里頭文化の地域間関係」『中国初期青銅器文化の研究』九州大学出版会
西江清高　2005「第15章　地域間関係からみた中原王朝の成り立ち」『国家形成の比較研究』学生社
任美鍔 著／阿部治平・駒井正一 訳　1986『中国の自然地理』東京大学出版会
浜川　栄　2009『中国古代の社会と黄河』早稲田大学出版部
福沢仁之・加藤めぐみ・山田和芳・藤原治・安田喜憲　1998「湖沼年縞堆積物に記録された最終氷期以降の急激な気候・海水準変動」『名古屋大学加速器質量分析計業績報告書』IX
間瀬収芳　2005「鈴を通して禮樂文化の形成過程を探る」『中国文明の形成』朋友書店
松永幸男　1989「土器様式変化の一類型──縄文時代後期の東南九州地方を事例として──」『横山浩一先生退官記念論文集』I
宮本一夫　2000『中国古代北疆史の考古学的研究』中国書店
宮本一夫　2005『神話から歴史へ』中国の歴史01，講談社
宮本一夫　2009「陶寺文化と二里頭文化の銅鈴」『中国初期青銅器文化の研究』九州大学出版会
山田光洋　1998『楽器の考古学』同成社

山本直人　2010「縄文時代晩期における気候変動と土器型式の変化」『名古屋大学文学部研究論集（史学）』

《報告書・簡報》
【第3章第2節】
北京大学考古系・雁北地区文物工作站・偏関県博物館　1994「山西大同及偏関県新石器時代遺址調査簡報」『考古』第12期
北京大学考古専業商周組・山西省考古研究所・河南省安陽・新郷地区文化局・湖北省孝感地区博物館　1982「晋豫鄂三省考古調査簡報」『文物』第7期
北京大学歴史系考古専業山西実習組　1992「翼城曲沃考古勘察記」『考古学研究』（一）
陳　斌　1997「万榮等四県考古調査和発掘」『中国歴史博物館館刊』
代尊徳・鄧林秀　1963「山西垣曲下馬村発現新石器時代陶器」『考古』第5期
国家文物局・山西省考古研究所・吉林大学　1998『晋中考古』文物出版社
黄河水庫考古工作隊河南分隊　1960「山西平陸新石器時代遺址復査試掘簡報」『考古』第8期
吉林大学辺疆考古研究中心・山西省考古研究所・忻州地区文物管理処　2004『忻州游邀考古』科学出版社
晋中考古隊　1989「山西太谷白燕遺址第一地点発掘簡報」『文物』第3期
晋中考古隊　1989「山西太谷白燕遺址第二，三，四地点発掘簡報」『文物』第3期
晋中考古隊　1989「山西汾陽孝義両県考古調査和杏花村遺址的発掘」『文物』第4期
晋中考古隊　1989「山西婁煩，離石，柳林三県考古調査」『文物』第4期
山西大学歴史系考古専業　2002「山西襄汾県丁村曲舌頭新石器時代遺址発掘簡報」『考古』第4期
山西大学歴史系考古専業・忻州地区文物管理処・五台県博物館　1997「山西五台県陽白遺址発掘簡報」『考古』第4期
山西省博物館　1987「山西定襄県西社村龍山文化遺址調査」『考古』第11期
山西省考古研究所　1983「山西汾陽県峪道河遺址調査」『考古』第11期
山西省考古研究所　1991「山西襄汾県丁村新石器時代遺址発掘簡報」『考古』第10期
山西省考古研究所　1993「山西侯馬褚村遺址試掘簡報」『文物季刊』第2期
山西省考古研究所　1993「山西翼城北橄遺址発掘報告」『文物季刊』第4期
山西省考古研究所　1996「山西翼城県開化遺址調査」『文物季刊』第1期
山西省考古研究所　1999「陶寺遺址陶窯発掘簡報」『文物季刊』第2期
山西省考古研究所　2004『翼城棗園』科学技術出版社
山西省考古研究所・洪洞県博物館　1986「山西洪洞耿壁，侯村新石器時代遺址的調査」『考古』第5期
山西省考古研究所・山西大学歴史系考古専業　1991「山西侯馬東呈王新石器時代遺址」『考古』第2期
山西省考古研究所・山西省考古学会　1996『三晋考古』第2輯，山西人民出版社
山西省考古研究所・襄汾県博物館　1993「山西襄汾陳郭村新石器時代遺址与墓葬発掘簡報」『考古』第2期
山西省考古研究所・沁源県文物館　1989「山西沁源史前文化調査簡報」『文物季刊』第2期
山西省考古研究所・文物局・芮城県文物局　2006「山西芮城清涼寺新石器時代墓地」『文物』第3期
山西省考古研究所侯馬工作站　1996「侯馬西陽呈与陶寺文化遺址調査」『文物季刊』第2期
山西省考古研究所晋東南工作站　1988「山西長治小神村遺址」『考古』第7期
山西省考古研究所晋東南工作站　1996「長治小常郷小神遺址」『考古学報』第1期
山西省臨汾行署文化局・中国社会科学院考古研究所山西工作隊　1999「山西臨汾下靳村陶寺文化墓地発掘報告」『考古学報』第4期

山西省文物管理委員会　1961「太原義井村遺址清理簡報」『考古』第 4 期
山西省文物管理委員会・山西省考古研究所　1961「山西聞喜汀店新石器及周代遺址」『考古』第 5 期
寿　　田　1957「太原光社新石器時代遺址的発現与遭遇」『文物参考資料』第 1 期
王　志敏　1990「山西平陸県西侯新石器時代遺址調査」『考古』第 3 期
張　德光　1989「臨水和吉家荘遺址的調査」『文物季刊』第 2 期
張　国維　1990「山西聞喜古文化遺址調査簡報」『考古』第 3 期
張　辛　2000「山西翼城県故城遺址調査報告」『考古学研究』(四)
中国科学院考古研究所山西工作隊　1962「晋西南地区新石器時代和商代遺址的調査与発掘」『考古』第 9 期
中国科学院考古研究所山西工作隊　1964「山西芮城南礼教村遺址発掘簡報」『考古』第 6 期
中国科学院考古研究所山西工作隊　1973「山西芮城東庄村和西王村遺址的発掘」『考古学報』第 1 期
中国歴史博物館考古部・山西省考古研究所・垣曲県博物館　1986「1982—1984 年山西垣曲古城東関遺址発掘簡報」『文物』第 6 期
中国歴史博物館考古部・山西省考古研究所・垣曲県博物館　1995「山西省垣曲県古城東関遺址 IV 区仰韶早期遺存的新発現」『文物』第 7 期
中国歴史博物館考古部・山西省考古研究所・垣曲県博物館　2001『垣曲古城東関』科学出版社
中国社会科学院考古研究所　1985「山西石楼岔溝原始文化遺存」『考古学報』第 2 期
中国社会科学院考古研究所・山西省考古研究所・臨汾市文物局　2004「山西襄汾県陶寺城址祭祀区大型建築基址 2003 年発掘簡報」『考古』第 7 期
中国社会科学院考古研究所・山西省考古研究所・臨汾市文物局　2005「山西襄汾陶寺城址 2002 年発掘報告」『考古学報』第 3 期
中国社会科学院考古研究所・中国歴史博物館・山西省文物工作委員会・東下馮考古隊　1983「山西夏県東下馮龍山文化遺址」『考古学報』第 1 期
中国社会科学院考古研究所東下馮考古隊　1983「山西夏県東下馮龍山文化遺址」『考古学報』第 1 期
中国社会科学院考古研究所山西隊　1998「山西垣曲県小趙新石器時代遺址的試掘」『考古』第 4 期
中国社会科学院考古研究所山西隊・山西省臨汾行署文化局　2003「山西襄汾県陶寺遺址 II 区居住址 1999—2000 年発掘簡報」『考古』第 3 期
中国社会科学院考古研究所山西工作隊　1985「山西垣曲古文化遺址的調査」『考古』第 10 期
中国社会科学院考古研究所山西工作隊　1986「山西垣曲龍王崖遺址的両次発掘」『考古』第 2 期
中国社会科学院考古研究所山西工作隊　1987「山西垣曲豊村新石器時代遺址的発掘」『考古学集刊』第 5 集
中国社会科学院考古研究所山西工作隊　1989「晋南考古調査報告」『考古学集刊』第 6 集
中国社会科学院考古研究所山西工作隊　2001「山西垣曲小趙遺址 1996 年発掘報告」『考古学報』第 2 期
中国社会科学院考古研究所山西工作隊・臨汾地区文化局　1980「山西襄汾陶寺遺址発掘簡報」『考古』第 1 期
中国社会科学院考古研究所山西工作隊・臨汾地区文化局　1983「1978—1980 年山西襄汾陶寺墓地発掘簡報」『考古』第 1 期
中国社会科学院考古研究所山西工作隊・臨汾地区文化局　2003「陶寺城址発現陶寺文化中期墓葬」『考古』第 9 期
中国社会科学院考古研究所山西隊・山西省考古研究所・臨汾市文物局　2004「山西襄汾県陶寺城址祭祀区大型建築基址 2003 年発掘簡報」『考古』第 7 期
中国社会科学院考古研究所山西工作隊・山西省臨汾地区文化局　1986「陶寺遺址 1983—1984 年 III 区居住址

発掘的主要収穫」『考古』第9期

中国社会科学院考古研究所山西工作隊・山西省臨汾地区文化局　1988「山西曲沃県方城遺址発掘簡報」『考古』第4期

【第3章第3節】

包頭市文物管理所　1986「内蒙古大青山西段新石器時代遺址」『考古』第6期

包頭市文物管理所　2000「大青山内発現的新石器時代遺址」『内蒙古文物考古』第1期

北京大学考古系・内蒙古文物考古研究所・呼和浩特市文物事業管理処　1997「内蒙古托克托県海生不浪遺址発掘報告」『考古学研究』（三）

崔　利明　2003「清水河県後城嘴新石器時代遺址調査」『内蒙古文物考古』第1期

崔利明・秦有雲　1997「内蒙古商都県新石器時代遺址調査」『内蒙古文物考古』第2期

崔　璿　1988「内蒙古清水河白泥窯子L点発掘簡報」『考古』第2期

崔璿・斯琴　1988「内蒙古清水河白泥窯子C，J点発掘簡報」『考古』第2期

崔　璇　1986「白泥窯子考古紀要」『内蒙古文物考古』第4期

鄂爾多斯博物館　2001「准格爾旗寨子圪旦遺址試掘報告」『万家寨―水利枢紐工程考古報告集』遠方出版社

吉　発習　1978「内蒙古托克托県新石器時代遺址調査」『考古』第6期

吉発習・馬耀圻　1979「内蒙古准格爾旗大口遺址的調査与試掘」『考古』第4期

李　逸友　1957「清水河県和郡王旗等地発現的新石器時代文化遺址」『文物参考資料』第4期

内蒙古歴史研究所　1965「内蒙古中南部黄河沿岸新石器時代遺址調査」『考古』第10期

内蒙古歴史研究所　1966「内蒙古清水河県白泥窯子遺址復査」『考古』第3期

内蒙古社会科学院歴史研究所・包頭市文物管理処　1994「内蒙古包頭市西園遺址1985年的発掘」『考古学集刊』第8集

内蒙古社会科学院歴史研究所考古研究室　1997「清水河県白泥窯子遺址K点発掘報告」『内蒙古文物考古文集』第2輯，中国大百科全書出版社

内蒙古社会科学院歴史研究所考古研究室　1997「清水河県白泥窯子遺址A点発掘報告」『内蒙古文物考古文集』第2輯，中国大百科全書出版社

内蒙古社会科学院歴史研究所考古研究室　1997「清水河県白泥窯子遺址D点発掘報告」『内蒙古文物考古文集』第2輯，中国大百科全書出版社

内蒙古社会科学院蒙古史研究所・包頭市文物管理所　1984「内蒙古包頭市阿善遺址発掘簡報」『考古』第2期

内蒙古文物考古研究所　1989「内蒙古察右前旗廟子溝遺址考古紀略」『文物』第12期

内蒙古文物考古研究所　1994「准格爾旗二里半遺址第一次発掘簡報」『内蒙古文物考古文集』第1輯，中国大百科全書出版社

内蒙古文物考古研究所　1994「准格爾旗周家壕遺址仰韶晚期遺存」『内蒙古文物考古文集』第1輯，中国大百科全書出版社

内蒙古文物考古研究所　1994「准格爾旗寨子上遺址発掘簡報」『内蒙古文物考古文集』第1輯，中国大百科全書出版社

内蒙古文物考古研究所　1994「准格爾旗白草塔遺址」『内蒙古文物考古文集』第1輯，中国大百科全書出版社

内蒙古文物考古研究所　1994「准格爾旗南壕遺址」『内蒙古文物考古文集』第1輯，中国大百科全書出版社

内蒙古文物考古研究所　1994「准格爾旗小沙湾遺址及石棺墓地」『内蒙古文物考古文集』第 1 輯，中国大百科全書出版社

内蒙古文物考古研究所　1994「准格爾旗永興店遺址」『内蒙古文物考古文集』第 1 輯，中国大百科全書出版社

内蒙古文物考古研究所　1997「准格爾旗官地遺址」『内蒙古文物考古文集』第 2 輯，中国大百科全書出版社

内蒙古文物考古研究所　1997「准格爾旗魯家坡遺址」『内蒙古文物考古文集』第 2 輯，中国大百科全書出版社

内蒙古文物考古研究所　1997「准格爾旗寨子塔遺址」『内蒙古文物考古文集』第 2 輯，中国大百科全書出版社

内蒙古文物考古研究所　1997「内蒙古准格爾旗二里半遺址第二次発掘報告」『考古学集刊』第 11 集

内蒙古文物考古研究所　2000『岱海考古（一）』科学出版社

内蒙古文物考古研究所　2001「准格爾旗洪水溝遺址発掘報告」『万家寨―水利枢紐工程考古報告集』遠方出版社

内蒙古文物考古研究所　2003『廟子溝与大壩溝』中国大百科全書出版社

内蒙古文物考古研究所　2003「清水河県牛龍湾遺址調査簡報」『内蒙古文物考古』第 1 期

内蒙古文物考古研究所　2003「清水河県岔河口新石器時代遺址調査」『内蒙古文物考古』第 2 期

内蒙古文物考古研究所　2004「清水河県城嘴子遺址発掘報告」『内蒙古文物考古文集』第 3 輯，科学出版社

内蒙古文物考古研究所・北京大学中国考古学研究中心　2003『岱海考古（三）』科学出版社

内蒙古文物考古研究所・達拉特旗文物管理所　2004「達拉特旗草原村遺址調査」『内蒙古文物考古文集』第 3 輯，科学出版社

内蒙古文物考古研究所・達拉特旗文物管理所　2004「達拉特旗瓦窯村遺址」『内蒙古文物考古文集』第 3 輯，科学出版社

内蒙古文物考古研究所・豊鎮市文物管理所　1997「豊鎮市北黄土溝遺址発掘簡報」『内蒙古文物考古文集』第 2 輯，中国大百科全書出版社

内蒙古文物考古研究所・清水河県文物管理所　1997「清水河県後城嘴遺址」『内蒙古文物考古文集』第 2 輯，中国大百科全書出版社

内蒙古文物考古研究所・日本京都中国考古学研究会　1997「内蒙古涼城県王墓山坡上遺址発掘述要」『考古』第 4 期

内蒙古文物考古研究所・日本京都中国考古学研究会　1997「涼城県王墓山坡上遺址発掘報告」『内蒙古文物考古文集』第 2 輯，中国大百科全書出版社

内蒙古文物考古研究所・日本京都中国考古学研究会　1998「内蒙古烏蘭察布盟石虎山遺址発掘紀要」『考古』12 期

内蒙古文物考古研究所・日本京都中国考古学研究会　2001『岱海考古（二）』科学出版社

内蒙古文物考古研究所・商都県文物管理所　1995「内蒙古商都県両処新石器時代遺址的調査与試掘」『北方文物』第 2 期

内蒙古文物考古研究所・托克托県博物館　2004「托克托県耿慶溝上游支流西溝与南溝溝畔遺址的調査与発掘」『内蒙古文物考古文集』第 3 輯，科学出版社

内蒙古文物考古研究所・托克托県博物館　2004「托克托県後郝窯遺址」『内蒙古文物考古文集』第 3 輯，科学出版社

内蒙古文物考古研究所・烏蘭察布博物館・商都県文物管理所　1997「商都県章毛勿素遺址」『内蒙古文物考

古文集』第 2 輯，中国大百科全書出版社
内蒙古文物考古研究所・伊克昭盟文物工作站　1990「内蒙古准格爾煤田黒岱溝鉱区文物普査述要」『考古』第 1 期
内蒙古烏蘭察布盟文物工作站　1992「内蒙古商都県新石器時代遺址調査」『考古』第 12 期
田　広金　1986「涼城県老虎山遺址 1982―1983 年発掘簡報」『内蒙古文物考古』第 4 期
田　広金　1988「内蒙古伊金霍洛旗朱開溝遺址 VII 区考古紀略」『考古』第 6 期
田　広金　1991「内蒙古岱海地区仰韶時代文化遺址的調査」『内蒙古中南部原始文化研究文集』海洋出版社
汪　宇平　1961「伊金霍洛旗新廟子村附近的細石器文化遺址」『文物』第 9 期
汪　宇平　1961「内蒙古清水河県白泥窯子的新石器時代遺址」『文物』第 9 期
汪　宇平　1961「清水河県台子梁的仰韶文化遺址」『文物』第 9 期
烏蘭察布博物館・清水河県文物管理所　1997「清水河県荘窩坪遺址発掘簡報」『内蒙古文物考古文集』第 2 輯，中国大百科全書出版社
烏盟文物站涼城文物普査隊　1989「内蒙古涼城県岱海周囲古遺址調査」『考古』第 2 期
西園遺址発掘組　1990「内蒙古包頭市西園新石器時代遺址発掘簡報」『考古』第 4 期
伊克昭盟文物工作站　1994「伊金霍洛旗架子圪旦遺址発掘簡報」『内蒙古文物考古』第 2 期
張景明・汪英華　1994「呼和浩特市東郊大窯新石器時代遺址清理簡報」『内蒙古文物考古』第 2 期

【第 3 章第 4 節】
安陽地区文物管理委員会　1980「河南湯陰白営龍山文化遺址」『考古』第 3 期
保定地区文物管理所・安新県文化局・河北大学歴史系　1990「河北安新県梁荘，留村新石器時代遺址試掘簡報」『考古』第 6 期
保定地区文物管理所・徐水県文物管理所・北京大学考古系・河北大学歴史系　1992「河北徐水県南荘頭遺址試掘簡報」『考古』第 11 期
北京大学・河北省文化局・邯鄲考古発掘隊　1959「1957 年邯鄲発掘簡報」『考古』第 10 期
北京大学考古実習隊　1990「河北唐山地区史前遺址調査」『考古』第 8 期
北京市文物研究所　1989「北京市拒馬河流域考古調査」『考古』第 3 期
北京市文物研究所　1999『鎮江営与塔照』中国大百科全書出版社
北京市文物研究所・北京市平谷県文物管理所　1989「北京平谷上宅新石器時代遺址発掘簡報」『文物』第 8 期
北京市文物研究所・北京市平谷県文物管理所　1989「北京平谷北埝頭新石器時代遺址的調査与発掘」『文物』第 8 期
趙印堂・楊剣豪　1955「曲陽県附近新発現的古文化遺址」『考古通訊』創刊号
承徳県文物保護管理所　1992「河北省承徳県新石器時代遺址調査」『考古』第 6 期
董増凱・孟昭林　1955「河北省曲陽県発現彩陶遺址」『文物参考資料』第 1 期
邯鄲市文物保管所・邯鄲地区磁山考古隊短訓班　1977「河北磁山新石器遺址試掘」『考古』第 6 期
河北省文管処　1981「正定南楊荘遺址試掘記」『中原文物』第 1 期
河北省文化局文物工作隊　1961「河北邯鄲澗溝村古遺址発掘簡報」『考古』第 4 期
河北省文化局文物工作隊　1962「河北永年県台口村遺址発掘簡報」『考古』第 12 期
河北省文物管理処　1974「磁県界段営発掘簡報」『考古』第 6 期
河北省文物管理処　1975「磁県下潘汪遺址発掘報告」『考古学報』第 1 期

河北省文物管理処　1983「河北三河県孟各荘遺址」『考古』第 5 期
河北省文物管理処　1984「河北遷安安新荘新石器遺址調査和試掘」『考古学集刊』第 4 集
河北省文物管理処・邯鄲地区文物保管所・邯鄲市文物保管所　1984「河北武安洺河流域幾処遺址的試掘」『考古』第 1 期
河北省文物管理処・邯鄲市文物保管所　1981「河北武安磁山遺址」『考古学報』第 3 期
河北省文物管理委員会　1959「河北唐山市大城山遺址発掘報告」『考古学報』第 3 期
河北省文物研究所　1987「河北容城県午方新石器時代遺址試掘」『考古学集刊』第 5 集
河北省文物研究所　1990「河北永年県洺関遺址試掘簡報」『文物春秋』第 4 期
河北省文物研究所　1992「河北省遷西県東寨遺址発掘簡報」『文物春秋』増刊
河北省文物研究所　1992「泜河流域考古調査簡報」『文物春秋』第 1 期
河北省文物研究所　1992「霊寿県文物普査簡報」『文物春秋』第 1 期
河北省文物研究所　1998「河北滄県陳圩遺址発掘簡報」『河北省考古文集』1
河北省文物研究所　1999「河北容城県上坡遺址発掘簡報」『考古』第 7 期
河北省文物研究所　2001「河北陽原県姜家梁新石器時代遺址的発掘」『考古』第 2 期
河北省文物研究所　2003『正定南楊荘』科学出版社
河北省文物研究所　2007『北福地』文物出版社
河北省文物研究所・保定地区文管所・淶水県文保所　1992「河北淶水北封村遺址試掘簡報」『考古』第 10 期
河北省文物研究所・保定市文物管理処・旬邑県博物館　2006「河北易県北福地新石器時代遺址発掘簡報」『文物』第 9 期
河北省文物研究所・滄州地区文物管理所　1992「河北省任邱市啞叭荘遺址発掘報告」『文物春秋』増刊
河北省文物研究所・邯鄲地区文物管理所　1989「河北永年石北口遺址発掘簡報」『文物春秋』第 3 期
河北省文物研究所・邯鄲地区文物管理所　1998「永年県石北口遺址発掘報告」『河北省考古文集』1
河北省文物研究所・邯鄲市文物管理処・永年県文物保管所　1998「永年県楡林遺址発掘簡報」『河北省考古文集』1
河北省文物研究所・邯鄲市文物研究所・峰峰鉱区文物保管所　2001「邯鄲市峰峰電廠義西遺址発掘報告」『文物春秋』第 1 期
河北省文物研究所・河北文化学院　1992「武安趙窰遺址発掘報告」『考古学報』第 3 期
河北省文物研究所・任県文保所　1990「任県臥龍岡遺址調査簡報」『文物春秋』第 4 期
河北省文物研究所・唐山市文物管理処・遷西県文物管理処　1992「遷西西寨遺址 1988 年発掘報告」『文物春秋』増刊
河北省文物研究所・張家口市文物管理処・懐来県博物館　2001「河北省懐来県官荘遺址発掘報告」『河北省考古文集』2
河南省安陽地区文物管理委員会　1983「湯陰白営河南龍山文化村落遺址発掘報告」『考古学集刊』第 3 集
滹沱河考古隊　1993「河北滹沱河流域考古調査与試掘」『考古』第 4 期
懐安県文保所　1993「河北省懐安県新石器時代遺址調査簡報」『文物春秋』第 3 期
懐安県文保所　1997「宋家房遺址調査簡報」『文物春秋』第 2 期
拒馬河考古隊　1988「河北易県淶水古遺址試掘報告」『考古学報』第 4 期
廊坊市文物管理処　2004「河北三河県劉白塔新石器時代遺址第二次発掘」『文物春秋』第 2 期
廊坊市文物管理所・三河県文物管理所　1995「河北三河県劉白塔新石器時代遺址試掘」『考古』第 8 期
李珺・翟良富　2004「1990 年遷西県史前遺址調査」『文物春秋』第 4 期

羅　平　1965「河北邯鄲百家村新石器時代遺址」『考古』第 4 期
唐　雲明　1964「河北邢台柴荘遺址調査」『考古』第 6 期
王　武鈺　1989「雪山遺址第二次考古調査与発掘収穫簡述」『北京考古信息』2
岳　昇陽　2002「燕園遺址調査簡報」『考古与文物』増刊
張家口地区博物館　1988「河北陽県桑干河南岸考古調査簡報」『北方文物』第 2 期
張家口考古隊　1981「一九八七年蔚県新石器時代考古的主要収穫」『考古』第 2 期
張家口考古隊　1982「蔚県考古紀略」『考古与文物』第 4 期
中国科学院考古研究所安陽工作隊　1965「安陽洹河流域幾個遺址的試掘」『考古』第 7 期
中国科学院考古研究所安陽工作隊　1972「1972 年春安陽後岡発掘簡報」『考古』第 5 期
中国科学院考古研究所安陽工作隊　1972「1971 年安陽後岡発掘簡報」『考古』第 3 期
中国科学院考古研究所安陽工作隊　1982「安陽後岡新石器時代遺址的発掘」『考古』第 6 期

【第 4 章第 1 節】
安徽省博物館　1966「安徽肖県花家寺新石器時代遺址」『考古』第 2 期
安徽省文物工作隊　1982「潛山薛家崗新石器時代遺址」『考古学報』第 3 期
安徽省文物考古研究所　1985「安徽肥西県古埂新石器時代遺址」『考古』第 7 期
安陽地区文物管理委員会　1980「河南湯陰白営龍山文化遺址」『考古』第 3 期
安陽地区文物管理委員会　1983「湯陰白営河南龍山文化村落遺址発掘報告」『考古学集刊』第 3 集
半坡博物館・陝西省考古研究所・臨潼県博物館　1988『姜寨』文物出版社
北京大学・河北省文化局邯鄲考古発掘隊　1959「1957 年邯鄲発掘簡報」『考古』第 10 期
北京大学考古実習隊・固原博物館　1997「隆徳頁河子新石器時代遺址発掘報告」『考古学研究』（三）
北京大学考古実習隊・寧夏固原博物館　1990「寧夏隆徳県頁河子新石器時代遺址発掘簡報」『考古』第 4 期
北京大学考古実習隊・山東省文物考古研究所　2000「栖霞楊家圏遺址発掘報告」『胶東考古』文物出版社
北京大学考古文博学院　2002『洛陽王湾』北京大学出版社
北京大学考古文博学院・河南省文物考古研究所　2007『登封王城崗考古発現与研究 2002—2005』大象出版社
北京大学考古文博院・南陽地区文物研究所　2000「南陽勤州八里崗遺址 1998 年度発掘簡報」『文物』第 11 期
北京大学考古学系・安徽省文物考古研究所　2004「安徽安慶市張四墩遺址試掘簡報」『考古』第 1 期
北京大学考古学系・濮陽市文物保管所　1995「豫東北考古調査与試掘」『考古』第 12 期
北京大学考古学系・商丘地区文管会　1997「河南夏邑県清涼山遺址 1988 年発掘簡報」『考古』第 11 期
北京大学考古学系・商丘地区文管会　2000「河南夏邑清涼山遺址発掘報告」『考古学研究』（四）
北京大学考古系商周組・山東省菏澤地区文展館・山東省菏澤市文化館　1987「菏澤安邱固堆遺址発掘簡報」『文物』第 11 期
北京大学考古系商周組・陝西省考古研究所　1994「陝西耀県北村遺址 1984 年発掘報告」『考古学研究』（二）
博興県文物管理所　2009「山東博興県利戴遺址清理簡報」『華夏考古』第 1 期
長江流域規劃辦公室考古隊河南分隊　1990「河南淅川黄楝樹遺址発掘報告」『華夏考古』第 3 期
長蘇文物考古直属隊　1961「1958 至 1961 年湖北鄖県和均県発掘簡報」『考古』第 10 期
昌潍地区文物管理組・諸城県博物館　1980「山東諸城呈子遺址発掘報告」『考古学報』第 3 期
昌潍地区文物組・寿光市博物館　2005「山東寿光市后胡営遺址試掘簡報」『考古』第 9 期
昌潍地区芸術館・考古研究所山東隊　1977「山東胶県三里河遺址発掘簡報」『考古』第 4 期

鄲城県文化館　1981「河南鄲城段砦出土大汶口文化遺物」『考古』第2期
崔　璿　1988「内蒙古清水河白泥窰子L点発掘簡報」『考古』第2期
戴　応新　1977「陝西神木県石峁龍山文化遺址調査」『考古』第3期
馮　沂　2004「山東臨沂市大範荘遺址調査」『華夏考古』第1期
馮沂・楊殿旭　1988「山東臨沂王家三崗新石器時代遺址」『考古』第8期
甘粛省博物館　1960「甘粛古文化遺存」『考古学報』第2期
甘粛省博物館考古隊　1980「甘粛霊台橋村斉家文化遺址試掘簡報」『考古与文物』第3期
国家文物局・山西省考古研究所・吉林大学考古学系　1999『晋中考古』文物出版社
国家文物局考古領隊培訓班　1990『兗州西呉寺』文物出版社
国家文物局考古領隊培訓班　1991「山東済寧程子崖遺址発掘簡報」『文物』第7期
国家文物局考古領隊培訓班　1994「泗水天斉廟遺址発掘的主要収穫」『文物』第12期
河北省文化局文物隊　1961「河北邯鄲澗溝村古遺址発掘簡報」『考古』第4期
河北省文物管理処　1975「磁県下潘汪遺址発掘報告」『考古学報』第1期
河北省文物管理委員会　1959「河北唐山市大城山遺址発掘簡報」『考古学報』第3期
河北省文物研究所　1998「河北滄県陳圩遺址発掘簡報」『河北省考古文集』
河北省文物研究所・邯鄲市文物管理処・永年県文物保管処　1998「永年県楡林遺址発掘簡報」『河北省考古文集』
河北省文物研究所・滄州地区文物管理所　1992「河北省任邱市啞叭荘遺址発掘報告」『文物春秋』増刊
河北省文物研究所・任県文保所　1990「任県臥龍岡遺址調査簡報」『文物春秋』第4期
河北省文物研究所・張家口市文物管理処・懐来県博物館　2001「河北省懐来県官荘遺址発掘報告」『河北省考古文集』2
河南省博物館　1979「禹県谷水河発掘簡報」『考古』第4期
河南省博物館・長江流域規劃辦公室　1972「河南淅川下王崗遺址的試掘」『文物』第10期
河南省文物管理局・河南省文物考古研究所　1999『黄河小浪底水庫考古報告（一）』中州古籍出版社
河南省文化局文物工作隊　1959「河南偃師灰嘴遺址発掘簡報」『文物』第12期
河南省文化局文物工作隊第一隊　1958「鄭州九九王村遺址発掘報告」『考古学報』第3期
河南省文物考古研究所　1998「河南省登封鉱区鉄路登封伊川段古遺址調査発掘簡報」『華夏考古』第2期
河南省文物考古研究所　1999「河南淇県王荘龍山文化遺址発掘簡報」『考古』第5期
河南省文物考古研究所　1999「河南新安県西沃遺址発掘簡報」『考古』第8期
河南省文物考古研究所　2000「河南禹州市瓦店龍山文化遺址1997年的発掘」『考古』第2期
河南省文物考古研究所　2000「河南輝県市孟荘龍山文化遺址発掘簡報」『考古』第3期
河南省文物考古研究所　2001『鄭州商城』文物出版社
河南省文物考古研究所　2003『輝県孟荘』中州古籍出版社
河南省文物考古研究所・文化部文物局鄭州培訓中心　1987「鄭州市站馬屯遺址発掘報告」『華夏考古』第2期
河南省文物考古研究所・新密市炎帝歴史文化研究会　2002「河南新密市古城寨龍山文化城址発掘簡報」『華夏考古』第2期
河南省文物研究所　1984「登封告城北溝遺址発掘簡報」『中原文物』第4期
河南省文物研究所　1988「襄城県台王遺址試掘簡報」『中原文物』第1期
河南省文物研究所　1989「河南鹿邑欒台遺址発掘簡報」『華夏考古』第1期

河南省文物研究所　1989「河南霊宝潤口遺址発掘報告」『華夏考古』第 4 期
河南省文物研究所　1990「河南偃師灰嘴遺址発掘報告」『華夏考古』第 1 期
河南省文物研究所　1991「臨汝煤山遺址 1987—1988 年発掘報告」『華夏考古』第 3 期
河南省文物研究所　1992「鄲城郝家台遺址的発掘」『華夏考古』第 3 期
河南省文物研究所　1996「河南滎陽竪河遺址発掘報告」『考古学集刊』第 10 集
河南省文物研究所・長江流域規劃辦公室考古隊河南分隊　1989『淅川下王崗』文物出版社
河南省文物研究所・新郷地区文管会・孟県文化館　1984「河南孟県西後津遺址発掘簡報」『中原文物』第 4 期
河南省文物研究所・鄭州大学歴史系考古専業　1983「禹県瓦店遺址発掘簡報」『文物』第 3 期
河南省文物研究所・中国歴史博物館考古部　1992『登封王城崗与陽城』文物出版社
河南省文物研究所・周口地区文化局文物科　1983「河南淮陽平粮台龍山文化城址試掘簡報」『文物』第 3 期
河南省駐馬店地区文管会　1983「河南上蔡十里鋪新石器時代遺址」『考古学集刊』第 3 集
侯馬市博物館　1990「侯馬市東陽呈遺址調査簡報」『考古与文物』第 6 期
湖北省荊州地区博物館　1976「湖北松滋県桂花樹新石器時代遺址」『考古』第 3 期
湖北省荊州博物館・湖北省文物考古研究所・北京大学考古学系　1999『肖家屋脊』文物出版社
湖北省文物考古研究所　2001「荊門団林叉堰沖遺址発掘簡報」『江漢考古』第 3 期
湖北省文物考古研究所　2006「荊門叉堰沖新石器時代遺址第二次発掘簡報」『江漢考古』第 1 期
湖北省文物考古研究所　2008『房県七里河』文物出版社
湖北省文物考古研究所・北京大学考古学系・湖北省荊州博物館　2003『鄧家湾』文物出版社
湖北省文物考古研究所・随州市博物館　2011『随州金鶏嶺』科学出版社
湖北省文物考古研究所・中国社会科学院考古研究所　1994「湖北石家河羅家柏嶺新石器時代遺址」『考古学報』第 2 期
湖北省文物考古研究所・中国社会科学院考古研究所　1996「湖北天門市石家河三処新石器時代遺址発掘」『考古学集刊』第 10 集
湖南省博物館　1983「安郷劃城崗新石器時代遺址」『考古学報』第 4 期
湖南省文物考古研究所・常徳地区文物工作隊・臨澧県文物管理所　1989「湖南臨澧県太山廟遺址発掘」『考古』第 10 期
懐安県文保所　1993「河北省懐安県新石器時代遺址調査簡報」『文物春秋』第 3 期
黄岡地区博物館　1989「黄岡地区幾処古文化遺址」『江漢考古』第 1 期
黄河水庫考古工作隊河南分隊　1960「河南霊宝両処新石器時代遺址復査和試掘」『考古』第 7 期
吉発習・馬耀圻　1979「内蒙古准格爾旗大口遺址的調査与試掘」『考古』第 4 期
嘉興市文化局　2005『崧澤・良渚文化在嘉興』浙江撮影出版社
江西省文物考古研究所・廈門大学人類学系・新余市博物館　1991「江西新余市拾年山遺址」『考古学報』第 3 期
晋中考古隊　1989「山西太谷白燕遺址第一地点発掘簡報」『文物』第 3 期
晋中考古隊　1989「山西汾陽孝義両県考古調査与杏花村遺址的発掘」『文物』第 4 期
晋中考古隊　1989「山西婁煩，离石，柳林三県考古調査」『文物』第 4 期
荊州市博物館・石首市博物館・武漢大学歴史系考古専業　1998「湖北石首市走馬嶺新石器時代遺址発掘簡報」『考古』第 4 期
荊州地区博物館・鐘祥県博物館　1987「鐘祥六合遺址」『江漢考古』第 2 期

李昌韜・廖永民　1982「鄭州馬荘龍山文化遺址発掘簡報」『中原文物』第4期
臨忻文物組　1975「山東臨忻大範荘新石器時代墓葬的発掘」『考古』第1期
劉　敦願　1958「日照両城鎮龍山文化遺址調査」『考古学報』第1期
劉　士莪　2001『老牛坡』陝西人民出版社
洛陽博物館　1975「河南臨汝煤山遺址調査与試掘」『考古』第5期
洛陽博物館　1978「洛陽矬李遺址試掘簡報」『考古』第1期
洛陽市博物館　1978「孟津小潘溝遺址試掘簡報」『考古』第4期
洛陽市文物工作隊　1982「洛陽西呂廟龍山文化遺址発掘簡報」『中原文物』第3期
洛陽市文物工作隊　1983「河南洛陽吉利東楊村遺址」『考古』第2期
牟永抗・毛兆廷　1981「江山県南区古遺址墓葬調査試掘」『浙江省文物考古所学刊』
南京博物院　1984「1982年江蘇常州武進寺墩遺址的発掘」『考古』第2期
南京博物院　1993『北陰陽営』文物出版社
南京博物院　2003『花庁』文物出版社
南京博物院・連雲港市博物館　2004「江蘇連雲港朝陽遺址発掘簡報」『東南文化』第2期
南京博物院・呉県文管会　1985「江蘇呉県澄湖古井群的発掘」『文物資料叢刊』9
南京博物院考古研究所・揚州博物館・興化博物館　1995「江蘇興化戴家舎南蕩遺址」『文物』第4期
内蒙古社会科学院歴史研究所考古研究室　1997「清水河県白泥窰子遺址K点発掘報告」『内蒙古文物考古文集』第2輯, 中国大百科全書出版社
内蒙古文物考古研究所　1994「准格爾旗寨子上遺址発掘簡報」『内蒙古文物考古文集』第1輯, 中国大百科全書出版社
内蒙古文物考古研究所　1994「准格爾旗白草塔遺址」『内蒙古文物考古文集』第1輯, 中国大百科全書出版社
内蒙古文物考古研究所　1994「准格爾旗永興店遺址」『内蒙古文物考古文集』第1輯, 中国大百科全書出版社
内蒙古文物考古研究所　1994「准格爾旗二里半遺址第一次発掘簡報」『内蒙古文物考古文集』第1輯, 中国大百科全書出版社
内蒙古文物考古研究所　1997「内蒙古准格爾旗二里半遺址第二次発掘報告」『考古学集刊』第11集
内蒙古文物考古研究所　2000「園子溝遺址」『岱海考古（一）』科学出版社
内蒙古文物考古研究所　2000「老虎山遺址」『岱海考古（一）』科学出版社
内蒙古文物考古研究所　2000「西白玉遺址」『岱海考古（一）』科学出版社
内蒙古文物考古研究所　2000「面坡遺址」『岱海考古（一）』科学出版社
内蒙古文物考古研究所　2000「大廟坡遺址」『岱海考古（一）』科学出版社
内蒙古文物考古研究所　2001「准格爾旗洪水溝遺址発掘報告」『万家寨―水利枢紐工程考古報告集』遠方出版社
内蒙古文物考古研究所　2004「清水河県城嘴子遺址発掘報告」『内蒙古文物考古文集』第3輯, 科学出版社
内蒙古文物考古研究所・清水河県文物管理所　2001「清水河県西岔遺址発掘簡報」『万家寨―水利枢紐工程考古報告集』遠方出版社
内蒙古文物考古研究所・日本京都中国考古学研究会岱海地区考察隊　2001「板城遺址勘査与発掘報告」『岱海考古（二）』科学出版社
内蒙古文物考古研究所・伊克昭盟文物工作站　1990「内蒙古准格爾煤田黒岱溝鉱区文物普査述要」『考古』

第 1 期

内蒙古自治区文物考古研究所　2004「清水河県城嘴子遺址発掘報告」『内蒙古文物考古文集』第 3 輯，科学出版社

寧夏文物考古研究所・中国歴史博物館考古部　2002『海園菜園』科学出版社

戚城文物景区管理処　2007「濮陽戚城遺址龍山文化灰坑清理簡報」『中原文物』第 5 期

任　歩雲　1958「甘粛秦安県新石器時代居住遺址」『考古通訊』第 5 期

日照市図書館・臨忻地区文管会　1986「山東日照龍山文化遺址調査」『考古』第 8 期

山東大学歴史系考古専業　1980「山東泗水尹家城第一次試掘簡報」『考古』第 1 期

山東大学歴史系考古専業　1987「山東泗水尹家城遺址第四次発掘簡報」『考古』第 4 期

山東大学歴史系考古専業　1992「山東鄒平丁公遺址第二，三次発掘簡報」『考古』第 6 期

山東大学歴史系考古専業・済寧地区文物科・泗水県文化館　1985「泗水尹家城遺址第二，三次発掘簡報」『考古』第 7 期

山東大学歴史系考古専業・聊城地区文化局・茌平県図書館　1985「山東省茌平県南陳荘遺址発掘簡報」『考古』第 4 期

山東大学歴史系考古専業・莒南県文物管理所　1989「山東莒南化家村遺址試掘」『考古』第 5 期

山東大学歴史系考古専業教研室　1990『泗水尹家城』文物出版社

山東省博物館　1963「山東安丘峒峪，胡峪新石器時代遺址調査」『考古』第 10 期

山東省博物館・聊城地区文化局・茌平県文化館　1978「山東茌平県尚荘遺址第一次発掘簡報」『文物』第 4 期

山東省博物館・日照県文化館東海峪発掘小組　1976「一九七五年東海峪遺址的発掘」『考古』第 6 期

山東省博物館・山東省文物考古研究所　1985『鄒県野店』文物出版社

山東省平邑県博物館　2001「山東省平邑県新石器時代遺址調査」『華夏考古』第 3 期

山東省文物管理処・済南市博物館　1974『大汶口』文物出版社

山東省文物考古研究所　1985「茌平尚荘新石器時代遺址」『考古学報』第 4 期

山東省文物考古研究所　1995「山東棗荘市建新遺址第二，三次発掘簡報」『考古』第 1 期

山東省文物考古研究所　2000「山東滕州市西公橋大汶口文化遺址発掘簡報」『考古』第 10 期

山東省文物考古研究所　2007「滕州西公橋遺址考古発掘報告」『海岱考古』第二輯，科学出版社

山東省文物考古研究所・莒県博物館　1991「莒県大朱家村大汶口文化墓葬」『考古学報』第 2 期

山東省文物考古研究所・広饒県博物館　1985「山東広饒新石器時代遺址調査考古」『考古』第 9 期

山東省文物考古研究所・聊城地区文化局文物研究室　1997「山東陽谷県景陽崗龍山文化城址調査与試掘」『考古』第 5 期

山東省文物考古研究所・曲阜市文物管理委員会　2007「曲阜董大城遺址的発掘」『海岱考古』第二輯，科学出版社

山東省文物考古研究所・山東省博物館・中国社会科学院考古研究所山東隊・山東省昌潍地区文物管理小組　1981「山東姚官荘遺址発掘報告」『文物資料叢刊』5

山東省文物考古研究所・棗荘市文化局　1996『棗荘建新』科学出版社

山東省文物考古研究所魯中南考古隊・沂水県博物館　2002「山東沂水県城北郊新石器時代遺址発掘」『考古』第 1 期

山東省文物考古研究所魯中南考古隊・滕州市博物館　1995「山東滕州市西康留遺址調査，発掘簡報」『考古』第 3 期

山西省博物館　1987「山西定襄県西社村龍山文化遺址調査」『考古』第 11 期

山西大学歴史系考古専業　2002「山西襄汾県丁村曲舌頭新石器時代遺址発掘簡報」『考古』第 4 期

山西大学歴史系考古専業・忻州地区文物管理処・五台県博物館　1997「山東五台県陽白遺址発掘簡報」『考古』第 4 期

山西省考古研究所　1983「山西汾陽県峪道河遺址調査」『考古』第 11 期

山西省考古研究所　1991「山西襄汾県丁村新石器時代遺址発掘簡報」『考古』第 10 期

山西省考古研究所　1996「山西河津固鎮遺址発掘報告」『三晋考古』第二輯，山西人民出版社

山西省考古研究所　1996「山西翼城南石遺址調査，試掘報告」『三晋考古』第二輯，山西人民出版社

山西省考古研究所　1999「陶寺遺址陶窯発掘簡報」『文物季刊』第 2 期

山西省考古研究所・洪洞県博物館　1986「山西洪洞県耿壁侯村新石器時代遺址的調査」『考古』第 5 期

山西省考古研究所・洪洞県博物館　1996「洪洞侯村新石器時代遺址調査，試掘報告」『三晋考古』第二輯，山西人民出版社

山西省考古研究所・曲沃県博物館　1996「山西曲沃東許遺址調査，発掘報告」『三晋考古』第二輯，山西人民出版社

陝西省考古研究所・延安地区文管会・甘泉県文管所　1992「陝北甘泉県史家湾遺址」『文物』第 11 期

陝西省考古研究所康家考古隊　1988「陝西臨潼康家遺址発掘簡報」『考古与文物』第 5・6 期

陝西省考古研究所康家考古隊　1992「陝西省臨潼権家遺址 1987 年発掘簡報」『考古与文物』第 4 期

上海博物館考古研究部　2002「上海松江区広福林遺址 1999—2000 年発掘簡報」『考古』第 10 期

上海博物館考古研究部　2008「上海松江区広福林遺址 2001—2005 年発掘簡報」『考古』第 8 期

商丘地区文物管理委員会・中国社会科学院考古研究所洛陽工作隊　1978「1977 年河南永城王油坊遺址発掘概況」『考古』第 1 期

商県図書館　1981「陝西商県紫荊遺址発掘簡報」『考古与文物』第 3 期

石家考古隊　1990「湖北省石家遺址群 1987 年発掘簡報」『文物』第 8 期

蘇州市考古研究所　2011『昆山綽墩遺址』文物出版社

孫　維昌　1997「上海市金山県査山和亭林遺址試掘」『南方文物』第 3 期

孫　維昌　1998「上海青寺浦前村和果園村遺址試掘」『南方文物』第 1 期

陶　宗治　1985「河北張家口市考古調査簡報」『考古与文物』第 6 期

濰坊市文物管理委員会辦公室・昌楽県文物管理処　2005「山東昌楽県謝家埠遺址的発掘」『考古』第 5 期

濰坊市芸術館・濰坊市寒亭区図書館　1984「山東濰県獅子行遺址発掘簡報」『考古』第 8 期

文化部文物局田野考古領隊培訓班　1986「兗州西呉寺遺址第一，二次発掘簡報」『文物』第 8 期

王　亮　1990「山東臨沭県北溝頭和寨子遺址調査」『考古』第 6 期

王　思礼　1959「山東安邱景芝鎮新石器時代墓葬発掘」『考古学報』第 4 期

武漢大学歴史系考古専業・咸寧地区博物館・通城県文化館　1983「湖北通城尭家林遺址的発掘」『江漢考古』第 3 期

烏蘭察布博物館・清水河県文物管理所　1997「清水河県荘窩坪遺址発掘簡報」『内蒙古文物考古文集』第 2 輯，中国大百科全書出版社

西安半坡博物館　1980「臨潼姜寨遺址第四至十一次発掘紀要」『考古与文物』第 3 期

西安半坡博物館　1983「陝西岐山双庵新石器時代遺址」『考古学集刊』第 3 集

西安半坡博物館　1983「陝西神木石峁遺址調査試掘簡報」『史前研究』第 2 期

西安半坡博物館　1985「陝西臨潼康家遺址第一，二次試掘簡報」『史前研究』第 1 期

西北大学文化遺産与考古学研究中心・陝西省考古研究所　2006『旬邑下魏洛』科学出版社
西北大学文博学院考古専業　2000『扶風案板遺址発掘報告』科学出版社
西北大学歴史系　1982「陝西華県梓里村発掘収穫」『西北大学学報（哲社版）』第3期
西北大学歴史系考古専業　1987「陝西扶風案板遺址第二次発掘」『考古』第10期
西北大学歴史系考古専業82級実習隊　1987「宝鶏石嘴頭東区発掘報告」『考古学報』第2期
薛新民・宋建忠　2004「山西垣曲県寧家坡遺址発掘紀要」『華夏考古』第2期
新郷地区文管会・新郷県文化館　1985「河南新郷県洛絲潭遺址試掘簡報」『考古』第2期
新郷市市文物工作隊・衛輝市博物館　2005「河南衛輝市倪湾遺址発掘簡報」『華夏考古』第3期
忻州考古隊　1989「山西忻州市游邀遺址発掘簡報」『考古』第4期
忻州考古隊　2004『忻州游邀』科学出版社
塩城市博物館・東台市博物館　2005「江蘇東台市開荘新石器時代遺址」『考古』第4期
苑勝龍・程兆奎・徐基　2006「山東肥城市北坦遺址的大汶口文化遺存」『考古』第4期
張　国維　1990「山西聞喜古文化遺址調査簡報」『考古』第3期
張家口考古隊　1981「一九七九年蔚県新石器時代考古的主要収穫」『考古』第2期
張家口考古隊　1988「河北懐来官庁水庫沿岸考古調査簡報」『考古』第8期
章丘市博物館　1998「山東章丘市焦家遺址調査」『考古』第6期
章丘市博物館　2005「山東章丘市大康遺址発掘簡報」『華夏考古』第1期
張　松林　1983「鄭州閣荘龍山文化遺址発掘簡報」『中原文物』第4期
張　脱　1977「河南平頂山市発現一座大汶口類型墓葬」『考古』第5期
張　彦煌　1961「漣灞両河沿岸的古文化遺址」『考古』第11期
趙清・張松林　1982「榮水点軍台遺址1980年発掘簡報」『中原文物』第4期
浙江省文物管理委員会　1960「呉興銭山漾遺址第一，二次発掘報告」『考古学報』第2期
浙江省文物考古研究所　1993「嘉興双橋遺址発掘簡報」『浙江省文物考古研究所学刊』
浙江省文物考古研究所　2002「桐郷叭喇浜遺址発掘」『滬杭甬高速公路考古報告』文物出版社
浙江省文物考古研究所　2005『廟前』文物出版社
浙江省文物考古研究所・湖州市博物館　2010「浙江湖州銭山漾遺址第三次発掘簡報」『文物』第7期
浙江省文物考古研究所・寧波市文物考古研究所　1993「寧波慈湖遺址発掘簡報」『浙江省文物考古研究所学刊』
浙江省文物考古研究所・桐郷市文物管理委員会　2006『新地里』文物出版社
浙江省文物考古研究所・諸曁博物館・浦江博物館　2010『楼家橋　直塘山背　尖山湾』文物出版社
鎮江博物館　1985「江蘇丹陽王家山遺址発掘簡報」『考古』第5期
鄭岩・徐真華　1992「山東安邱老峒峪遺跡再調査」『考古』第9期
鄭州市博物館　1979「鄭州大河村遺址発掘報告」『考古学報』第3期
鄭州大学考古専業・開封市文物工作隊・杞県文物管理処　1994「河南杞県鹿台崗遺址発掘簡報」『考古』第8期
鄭州大学歴史学院考古系・韓国河・趙海洲　2006『新郷李大召』科学出版社
鄭州大学文博学院・開封市文物工作隊　2000「鹿台崗遺址」『豫東杞県発掘報告』科学出版社
鄭州市文物考古研究所　2001『鄭州大河村』科学出版社
中国科学院考古研究所　1959『廟底溝与三里橋』科学出版社
中国科学院考古研究所安陽工作隊　1972「1972年春安陽後岡発掘簡報」『考古』第5期

中国科学院考古研究所甘青工作隊　1990「甘粛天水師趙村史前文化遺址発掘」『考古』第7期
中国科学院考古研究所甘粛工作隊　1975「甘粛永靖秦魏家斉家文化墓地」『考古学報』第2期
中国科学院考古研究所洛陽発掘隊　1964「河南澠池県考古調査簡報」『考古』第9期
中国科学院考古研究所山東隊　1979「山東兗州王因新石器時代遺址発掘簡報」『考古』第1期
中国科学院考古研究所山東工作隊　1964「山東曲阜西夏侯第一次発掘報告」『考古学報』第2期
中国科学院考古研究所山西工作隊　1964「山西芮城南礼教遺址発掘簡報」『考古』第6期
中国歴史博物館考古部・山西省考古研究所・垣曲県博物館　1986「1982—1984年山西垣曲古城東関遺址発掘簡報」『文物』第6期
中国歴史博物館考古部・山西省考古研究所・垣曲県博物館　2001『垣曲古城東関』科学出版社
中国社会科学院考古所安陽隊　1985「1979年安陽後岡遺址発掘報告」『考古学報』第1期
中国社会科学院考古所山東工作隊　1986「西夏侯遺址第二次発掘報告」『考古学報』第3期
中国社会科学院考古研究所　1962『灃西発掘報告』文物出版社
中国社会科学院考古研究所　1988『武功発掘報告』文物出版社
中国社会科学院考古研究所　1988『胶県三里河』文物出版社
中国社会科学院考古研究所　1989『洛陽発掘報告』北京燕山出版社
中国社会科学院考古研究所　1991『青龍泉与大寺』科学出版社
中国社会科学院考古研究所　1999『師趙村与西山坪』中国大百科全書出版社
中国社会科学院考古研究所　2001『蒙城尉遅寺』科学出版社
中国社会科学院考古研究所・安徽省蒙城県文化局　2007『蒙城尉遅寺（第二部)』科学出版社
中国社会科学院考古研究所・中国歴史博物館・山西考古研究所　1988『夏県東下馮』文物出版社
中国社会科学院考古研究所・中国歴史博物館・山西省文物工作委員会　1983「山西夏県東下馮龍山文化遺址」『考古学報』第1期
中国社会科学院考古研究所安徽工作隊　1994「安徽蒙城尉遲寺遺址発掘簡報」『考古』第1期
中国社会科学院考古研究所安徽工作隊・蒙城県文化局　2005「安徽蒙城県尉遲寺遺址2003年発掘簡報」『考古』第10期
中国社会科学院考古研究所安陽工作隊　1982「安陽後岡新石器時代遺址的発掘」『考古』第6期
中国社会科学院考古研究所安陽工作隊　1990「安陽大寒村南崗遺址」『考古学報』第1期
中国社会科学院考古研究所二里頭工作隊　1982「河南偃師二里頭遺址発現龍山文化早期遺存」『考古』第5期
中国社会科学院考古研究所河南一隊　1994「河南汝州李楼遺址的発掘」『考古学報』第1期
中国社会科学院考古研究所河南二隊　1982「河南臨汝煤山遺址発掘簡報」『考古学報』第4期
中国社会科学院考古研究所河南二隊　1987「河南永城王油坊遺址発掘報告」『考古学集刊』第5集
中国社会科学院考古研究所山東工作隊　1990「山東臨朐朱封龍山文化墓葬」『考古』第7期
中国社会科学院考古研究所山東隊・山東省文物考古研究所・聊城市文物局　2005「山東荏平教場鋪遺址龍山文化城墻的発現与研究」『考古』第1期
中国社会科学院考古研究所山西隊・山西省考古研究所・臨汾市文物局　2004「山西襄汾県陶寺城址祭祀区大型建築基址2003年発掘簡報」『考古』第7期
中国社会科学院考古研究所山西隊・山西省考古研究所・臨汾市文物局　2005「山西襄汾陶寺城址2002年発掘報告」『考古学報』第3期
中国社会科学院考古研究所山西隊・山西省臨汾行署文化局　2003「山西襄汾県陶寺遺址Ⅱ区居住址1999—

2000 年発掘簡報」『考古』第 3 期
中国社会科学院考古研究所山西隊・山西省臨汾行署文化局　1988「山西曲沃県方城遺址発掘簡報」『考古』第 4 期
中国社会科学院考古研究所山西工作隊　1986「山西垣曲龍王崖遺址的両次発掘」『考古』第 2 期
中国社会科学院考古研究所山西工作隊　1987「山西垣曲豊村新石器時代遺址的発掘」『考古学集刊』第 5 集
中国社会科学院考古研究所山西工作隊　1989「晋南考古調査報告」『考古学集刊』第 6 集
中国社会科学院考古研究所山西工作隊・臨汾地区文化局　1980「山西襄汾陶寺遺址発掘簡報」『考古』第 1 期
中国社会科学院考古研究所山西工作隊・臨汾地区文化局　1983「1978—1980 年山西襄汾陶寺墓地発掘簡報」『考古』第 1 期
中国社会科学院考古研究所山西工作隊・臨汾地区文化局　1983「1978—1980 年山西襄汾陶寺墓地発掘簡報」『考古』第 1 期
中国社会科学院考古研究所山西工作隊・山西省臨汾地区文化局　1986「陶寺遺址 1983—1984 年 III 区居住址発掘的主要収穫」『考古』第 9 期
中国社会科学院考古研究所山西考古隊　1985「山西石楼岔溝原始文化遺存」『考古学報』第 2 期
中国社会科学院考古研究所山西考古隊　1987「山西襄汾大柴遺址発掘簡報」『考古』第 7 期
中国社会科学院考古研究所陝西六隊　1991「陝西藍田泄湖遺址」『考古学報』第 4 期
中国社会科学院考古研究所陝西工作隊　1984「陝西華陰横陣遺址発掘簡報」『考古学集刊』第 4 期
中国社会科学院考古研究所渭水考古調査発掘隊　1992「陝西渭水流域龍山文化遺址調査」『考古』第 12 期
中国社会科学院考古研究所武功発掘隊　1983「1981—1982 年陝西武功県趙家来遺址発掘的主要収穫」『考古』第 7 期

【第 4 章第 2 節】
山西省考古研究所　1986「山西洪洞耿壁，侯村新石器時代遺址的調査」『考古』第 5 期
山西省考古研究所　1991「山西襄汾県丁村新石器時代遺址発掘簡報」『考古』第 10 期
山西省考古研究所　1996『三晋考古』第 2 輯，山西人民出版社
山西省考古研究所　1996「山西翼城県開化遺址調査」『文物季刊』第 1 期
山西省考古研究所侯馬工作站　1996「侯馬西陽呈陶寺文化遺址調査」『文物季刊』第 2 期
山西大学歴史系考古専業　2002「山西襄汾県丁村曲舌頭新石器時代遺址発掘簡報」『考古』第 4 期
中国社会科学院考古研究所山西工作隊　1980「山西襄汾陶寺遺址発掘簡報」『考古』第 1 期
中国社会科学院考古研究所山西工作隊　1983「1978—1980 年山西襄汾陶寺墓地発掘簡報」『考古』第 1 期
中国社会科学院考古研究所山西工作隊　1986「陶寺遺址 1983—1984 年 III 区居住址発掘的主要収穫」『考古』第 9 期
中国社会科学院考古研究所山西工作隊　1988「山西曲沃県方城遺址発掘簡報」『考古』第 4 期
中国社会科学院考古研究所山西工作隊　1989「晋南考古調査報告」『考古学集刊』第 6 集
中国社会科学院考古研究所山西工作隊　1999「山西臨汾下靳村陶寺文化墓地発掘報告」『考古学報』第 4 期
中国社会科学院考古研究所山西工作隊　2003「陶寺城址発現陶寺文化中期墓葬」『考古』第 9 期
中国社会科学院考古研究所山西工作隊　2003「山西襄汾県陶寺遺址 II 区居住址 1999—2000 年発掘簡報」『考古』第 3 期
中国社会科学院考古研究所山西工作隊　2004「山西襄汾県陶寺城址祭祀区大型建築基址 2003 年発掘簡報」

『考古』第 7 期
中国社会科学院考古研究所山西工作隊　2005「山西襄汾陶寺城址 2002 年発掘報告」『考古学報』第 3 期
張　辛　2000「山西翼城県故城遺址調査報告」『考古学研究』（四）
陳　斌　1997「万榮等四県考古調査和発掘」『中国歴史博物館館刊』
北京大学歴史系考古専業山西実習組　1992「翼城曲沃考古勘察記」『考古学研究』（一）

【第 4 章第 3 節】
安陽地区文物管理委員会　1980「河南湯陰白営龍山文化遺址」『考古』第 3 期
安陽地区文物管理委員会　1983「湯陰白営河南龍山文化村落遺址発掘報告」『考古学集刊』第 3 集
高　煒　2006「史前陶鈴及其相関問題」『二十一世紀的中国考古学』文物出版社
国家文物局考古領隊培訓班　1990『兗州西呉寺』文物出版社
河南省文化局文物工作隊　1960「河南臨汝大張新石器時代遺址発掘簡報」『考古』第 6 期
河南省文物考古研究所　2001『鄭州商城』上，文物出版社
河南省文物考古研究所　2002「河南新安県槐林遺址仰韶文化陶窯的清理」『考古』第 5 期
河南省文物考古研究所　2004『禹州瓦店』世界図書出版公司
河南省文物研究所　1985「澠池仰韶遺址 1980—1981 年発掘簡報」『史前研究』第 3 期
河南省文物研究所・長江流域規劃辨公室考古隊河南分隊　1989『淅川下王崗』文物出版社
湖北省文物考古研究所・北京大学考古学系・湖北省荊州博物館　2003『鄧家湾』文物出版社
湖北省文物考古研究所・中国社会科学院考古研究所　1996「湖北天門市石家河三処新石器時代遺址発掘」『考古学集刊』第 10 集
湖南省文物考古研究所　2007『澧県城頭山』（中），文物出版社
金戈・王明瑞・楊唐琛　1988「鄭州後荘王遺址的発掘」『華夏考古』第 1 期
遼寧省博物館・旅順博物館　1984「大連市郭家村新石器時代遺址」『考古学報』第 3 期
南京博物院　1965「江蘇邳県劉林新石器時代遺址第二次発掘」『考古学報』第 2 期
南京博物院　1981「江蘇邳県大墩子遺址第二次発掘」『考古学集刊』第 1 集
内蒙古文物考古研究所　2000「園子溝遺址」『岱海考古（一）』科学出版社
内蒙古文物考古研究所　2000「老虎山遺址」『岱海考古（一）』科学出版社
内蒙古文物考古研究所　2000「西白玉遺址」『岱海考古（一）』科学出版社
山東省文物考古研究所　1993『済青高級公路章丘工段考古発掘報告集』斉魯書社
山東省文物考古研究所　1997『大汶口続集』科学出版社
山西省考古研究所　1991「山西襄汾県丁村新石器時代遺址発掘簡報」『考古』第 10 期
陝西省考古研究所　1990『龍崗寺』文物出版社
張　岱海　1984「山西襄汾陶寺遺址首次発現銅器」『考古』第 12 期
鄭州大学文博学院・開封市文物工作隊　2000『鹿台崗遺址』『豫東杞県発掘報告』科学出版社
鄭州市文物工作隊・鞏義市文物保管所　1995「河南鞏義市里溝遺址発掘簡報」『考古』第 6 期
鄭州市文物考古研究所　2001『鄭州大河村』科学出版社
中国科学院考古研究所　1959『廟底溝与三里橋』科学出版社
中国社会科学院考古研究所　1999『師趙村与西山坪』中国大百科全書出版社
中国社会科学院考古研究所　2001『蒙城尉遅寺』科学出版社
中国社会科学院考古研究所河南一隊・焦作市文物工作隊　1996「河南焦作地区的考古調査」『考古』第 11 期

中国社会科学院考古研究所山西工作隊　1989「晋南考古調査報告」『考古学集刊』第 6 集
《中国音楽文物大系》総編輯部　1996『中国音楽文物大系』北京巻，大象出版社
《中国音楽文物大系》総編輯部　1996『中国音楽文物大系』河南巻，大象出版社
《中国音楽文物大系》総編輯部　2000『中国音楽文物大系』内蒙古巻，大象出版社

中国語要旨

　首先，序论的第1节介绍了本论的目的。本论的目的在于通过陶器的分析，辨明新石器时代 环太行山脉地区内的地域间交流，从新石器时代末期最终阶段的陶器样式的类似性能够定义环太行山脉地区文化圈这一概念，并理清其形成过程。进而，针对以陶器的传播而呈现出的地域间交流的背景，通过人的移居和陶器的机能性等角度来阐述自己的见解。序论的第2节，整理了与本论的目的相关的研究史，提出了相应的问题点。在第3节中，解决这些问题，并阐述了为达成本论的目的而做的分析中所使用的资料和研究步骤。
　第1章的第一节，对环太行山脉地区做了地域区分。将环太行山脉地区分为西侧的山西，北侧的内蒙古中南部和东侧的河北三个区域。第2节参照中国考古学的现状，支持将新石器时代分为前，中，后，末期的4期区分理论。
　第2章的第1节介绍中国的地理环境，明确了环太行山脉地区的地理位置。第2节，论述了现在的气候状况。第3节中，以确认环太行山脉地区内的陶器动态和气候的关系为目的，通过花粉和动物遗体的分析复原新石器时代的气候。
　第3章，通过构筑各地域的陶器编年并掌握相互间的并行关系，组成环太行山脉地区文化圈的广域编年。再逐一分析各时期的陶器动态，阐述了环太行山脉地区文化圈的形成过程。首先，在第1节中，介绍了进行陶器分析时，所使用的用语的定义和研究方法；从第2节开始到第4节，整理山西，内蒙古中南部，河北各地区的陶器编年，明确了各地区间交流的实际情况；第5节，汇总前文中各地区的编年，将环太行山脉地区的广域编年分为6期。笔者指出，在各时期中都能观察到沿太行山的南北方向或东西方向的交流，伴随时间的推移各时期内的交流路线呈现多样化。特别是第3期和第4期存在直接穿越太行山脉的交流。笔者认为在各时期中开拓的交流路线的基础上，最终在广域第6期，以鬲为代表的空三足器得以广泛的普及，形成了环太行山脉文化圈。
　第4章，关注环太行山脉地区文化圈形成的指标性陶器，特别是以鬲为代表的空三足器的动态，通过对这些的分析，考察了环太行山脉地区文化圈形成的背景。进而，以陶器之外的遗物，即通过陶铃再次确认环太行山脉地区文化圈，对以陶器推测得到的背景进行了交叉验证。第1节，从陶器中选出空三足器的资料为对象，就其传播形态对环太行山脉地区的空三足器的传播展开了论述。分析的结果，明确了空三足器的细别形式的渐次式变化，空三足器不与其他的形式呈组合关系而传播，各地区的鬲等（陶器）能够观察到若干形态的差异等问题，笔者认为空三足器传播的背景并非人的直接迁移，而是关于陶器制作信息的传播。
　第2节，针对第1节中得到明确的空三足器扩散背景，即信息（情报）的传播，以热效率为视点，用实验考古学的手法展开讨论。其结果，与鼎相比鬲的热效率明显高出一筹。作为煮沸器而言，鬲有机能性的优势。此外，通过遗址中检出的碳化种子发现了新石器时代末期的陶寺遗址将黍的亚种等草本植物作为燃料进行使用，综合考虑当时寒冷的气候和长期居住等要素，可推测出无法以大量

木材为燃料。笔者认为，鬲的高热效率说明其可以用较少的燃料煮沸食物，燃料和鬲的热效率的关系呈现非常高的整合性，这一点也是新石器时代末期以鬲为代表的空三足器得以广泛传播的一个理由。

第3节，通过陶铃这一新的角度讨论了环太行山脉地区文化圈的地位。得到了如下的结果：陶铃可以分为中原系和北方系等类型，特别是被视为内蒙古中南部起源的北方系陶铃要早于空三足器从内蒙古中南部沿太行山脉西侧南下展开分布的。笔者认为，空三足器的分布范围和北方系陶铃相重叠，进一步而言连传播方向也是共通的。由此可见，环太行山脉地区文化圈的内部也是存在一定的紧密交流的。另外，在内蒙古中南部和山西，陶铃的出土状态存在着一定的差异。笔者认为从不同步的使用方法来看，可以推测至少在传播的过程中没有伴随着人的移居。

第4节是对第四章的总结，以鬲为代表的空三足器的传播是环太行山脉地区文化圈形成的主要成因，其背景是与鬲相关的信息的传播。笔者指出空三足器的热效率的高低是其中的一个要素。笔者认为，新石器时代以来，这些信息通过逐渐增加的交流网得到传播，形成了环太行山脉地区文化圈。

最后一章，总结到目前为止的研究成果，从历史的角度定位环太行山脉地区文化圈的成立过程。首先，广域第1期，只在河北发现了遗址。这一时期，看不出环太行山脉地区内的具体交流，反而能推测出和中国东北地区的交流。广域第2期，伴随着气候的温暖化，在河北出现的陶器扩散到太行山北侧的内蒙古中南部。笔者认为，这一现象的背景确实是人的移动。不仅如此，太行山脉西侧的山西也出土了与河北有共同要素的陶器。广域第3期，从山西南部开始庙底沟文化传播到各地，内蒙古中南部也有出土。从房屋遗址的共通性和陶器的组合等因素判断，可以推测存在人的移住现象。这一时期，随着气候的进一步温暖化，笔者认为陶器的传播和气候变化之间存在着某种有机的关系。广域第4期，各地区开始独自发展。与第3期相比，地域间的交流关系弱化，各地区的自主性开始显现。但是，河北的彩陶等非实用型陶器，在太行山脉的另一侧的山西有大量的出土。在广域第5期，气候开始寒冷化，各地区间的相互交流也相应的减少。在内蒙古中南部，从斝到鬲等空三足器诞生，还出现了北方系陶铃。笔者认为，在从第4期开始的自主化的潮流中，极具特征的空三足器和北方系陶铃被创造出来。广域第6期中，从内蒙古中南部开始向南扩散。到此为止单方面接受其他地域的影响的内蒙古中南部地区，进入了给予河北和山西强烈影响的划时代的时期。笔者认为，其背景是通过利用草本植物解决了伴随着气候的寒冷化，干燥化而出现的燃料减少问题，进一步通过高热效率的鬲的使用，煮沸效率得到提高，从而适应了环境。

经过以上的过程，在新石器时代末期最终阶段形成了环太行山脉地区文化圈。从大方向上说，在新石器时代的环太行山脉地区，地域间的交流逐渐的活化过程中，交流通道得以形成。经由这些通道，空三足器得以广域传播，进而形成了环太行山脉地区文化圈。另外，其背景相对于人的移动而言，基于陶器等器物自身所持有的机能的优越性的传播更为重要。笔者认为，环境变化是各地区接受这一传播的先决条件。

在此之后的初期王朝时代，在黄河以南的环太行山脉地区文化圈的南侧，形成了被视为夏王朝的二里头文化；另一方面，在环太行山脉地区文化圈内的河北南部，河南北部，诞生了商王朝的起源——先商文化；在山西南部形成了被视为二里头文化地方类型的东下冯文化。笔者认为要理解这些

文化的成立的本质，对环太行山脉地区文化圈的认识是不可缺少的。也就是说，新石器时代末期以后，环太行山脉地区文化圈这一文化构成，保有一定的影响力的同时在后世得到了继承，这一持有强力相互关系的交流圈得以维持。笔者认为，从这一点来看，能充分的理解环太行山脉地区文化圈的重要性。

著者略歴

久保田　慎二（くぼた　しんじ）
1979 年　埼玉県東松山市に生まれる
2013 年　早稲田大学大学院文学研究科博士後期課程人文科学専攻考古学コース修了，博士（文学）
現　　在　日本学術振興会特別研究員 PD（東京大学）

主要論文

「陶寺与二里頭銅鈴的出現背景──由対新石器時代陶鈴的分析入手──」『夏商都邑与文化』中国社会科学院考古研究所編，315-328 頁，2014 年

「中国新石器時代の太行山脈東側地区における土器編年と地域間関係」『古代』第 135 号，67-102 頁，2014 年

「中国新石器時代の古気候と土器動態」『技術と交流の考古学』岡内三眞編，同成社，397-410 頁，2013 年

「新石器時代におけるモノの伝播形態──空三足器を中心に──」『中国考古学』第 12 号，7-34 頁，2012 年

など。

中国新石器時代の変遷と交流
── 環太行山脈地区文化圏の成立過程とその背景 ──

2015 年 7 月 10 日　初版発行

著　者　久保田　慎二

発行者　八木　唯史

発行所　株式会社　六一書房
　　　　〒101-0051　東京都千代田区神田神保町 2-2-22
　　　　TEL　03-5213-6161　　FAX　03-5213-6160
　　　　http://www.book61.co.jp　　E-mail　info@book61.co.jp
　　　　振替　00160-7-35346

印　刷　株式会社　三陽社

ISBN 978-4-86445-065-2 C3022　　Ⓒ Shinji Kubota 2015　　Printed in Japan